El pecado original de la Familia Real Española

El pecado original de la Familia Real Española

Josep Carles Clemente

Styria

Tuset, 3 2º — 08006 Barcelona
www.styria.es
Primera edición: septiembre de 2007

Diseño de cubierta: Enrique Iborra
Maquetación: Cristina Payà (www.ipstudio.es)
ISBN: 978-84-96626-57-7
Depósito Legal: B-38.706-2007

Impreso y encuadernado por Liberdúplex

Impreso en España – Printed in Spain

Índice General

Introducción

El origen del presente texto hay que buscarlo en septiembre del año 2003, cuando participé en Ediciones B en la colección «Cara y Cruz», que dirigía Rafael Borrás. Se trataba de una singular crítica a la figura de Don Juan Carlos I, cuya «cara» realizó Tom Burns Marañón mientras que a mí me correspondió escribir la «cruz». Al cabo de cierto tiempo el libro se descatalogó y ya no se encuentra en las librerías, después de llegar a un nivel de ventas muy aceptable.

Después de cuatro años, vuelvo a la carga con el mismo tema, pero esta vez englobando a toda la Familia Real Española e incorporando datos nuevos y situaciones distintas.

Aquí se destacan los aspectos más críticos y polémicos del actual jefe de una de las ramas de la Casa de Borbón y de su Real Familia, rama que empezó a reinar en España con el duque de Anjou, Felipe V, que ganó el trono al representante de la Casa de Austria, el archiduque Don Carlos en la Guerra de Sucesión.

Reconozco que no me cuesta demasiado realizar este papel de crítico, ya que no soy monárquico. Existen fuentes y suficientes autores responsables españoles que han puesto las cosas claras y en su debido lugar, dejando al descubierto deslealtades, felonías y comportamientos antidemocráticos de todos estos personajes.

El sentimiento no monárquico está actualmente bastante extendido en nuestro país, ya que se considera que la Monarquía es una institución totalmente desfasada y poco acorde, por ejemplo, con el debido respeto a los Derechos Humanos.

La Monarquía fue desde sus inicios un invento de los poderosos para controlar a las clases populares. A lo largo del tiempo, los monarcas fueron adaptándose, en contra de su voluntad, al ímpetu imparable de la modernidad de cada época. Pactó primero con la nobleza, más tarde con la burguesía adinerada y, actualmente, con los poderes fácticos de la Iglesia —que en su tiempo llegó a dotarla de un poder divino— y, fundamentalmente, con los llamados grupos de presión económico-financieros. No han tenido el menor rubor en pactar con cualquiera que le asegurara su posición hegemónica.

La falla del Antiguo Régimen a finales del siglo XVIII significó la llamada quiebra de la monarquía absoluta. A partir de entonces, y para no retrotraernos a épocas anteriores, todos los titulares de esta rama de la Casa de Borbón incurrieron en graves comportamientos antidemocráticos, con continuos golpes de Estado y burlando una y otra vez la legalidad vigente en cada tiempo. Los juristas señalan claramente estos comportamientos con el resultado de la pérdida de la legitimidad de ejercicio.

La otra legitimidad, la de origen, también la perdieron, por lo menos a partir de Isabel II, cuya descendencia directa se produjo a extramuros del matrimonio oficial. El «pecado original» definitivo de Don Juan Carlos ha sido el de haber sido, a conciencia, el heredero político de Franco y no el de su padre, el conde de Barcelona.

De todos modos he intentado que este trabajo no se convirtiera en un panfleto antimonárquico. Existen innumerables fuentes y autores que avalan las tesis aquí sustentadas. Todo lo aquí manifestado está convenientemente basado en escritos y fuentes suficientemente contrastadas y al alcance de todos los interesados en el tema.

El Espinar (Segovia), 2007.

I

No todos los Borbones lo son

Una familia de moral distraída

El primer Borbón de la España contemporánea fue Fernando VII, conocido popularmente como «el Rey felón», y del que Don Juan Carlos de Borbón y Borbón es heredero dinástico y familiar.

La trayectoria de Fernando VII ha dejado mucho que desear. No fue precisamente un Rey ejemplar. Conspiró y traicionó a su padre, Carlos IV. Traicionó repetidamente a su país, mediante golpes militares, aboliendo la Constitución, la famosa «Pepa», de 1812. Ello no impidió que cuando llegaron los días difíciles, proclamara que «marchemos todos francamente y yo el primero, por la senda constitucional», pero cuando escampó la tormenta, fusilase a los disidentes y restableciese su poder dictatorial y absoluto.

Durante la Guerra de la Independencia, Fernando VII dio muestras en Valençay de las más repugnantes de las conductas. Mientras los españoles se batían a muerte en los campos de batalla contra el invasor francés, felicitaba a Napoleón por sus victorias en el suelo español. De una forma voluntaria y espontánea pidió al emperador francés ser aceptado como hijo adoptivo. Esto último era solicitado en los mismos días en que los ejércitos franceses culminaban la ocupación de Andalucía y un puñado de españoles acorralados en Cádiz estaban organizando la apertura de las Cortes y se disponían a derramar hasta su última gota de sangre por el retorno del que creían su leal y valiente Rey. El cinismo, la doblez y la cobardía del «Rey deseado» todavía daría, en el futuro, innumerables muestras de su peculiar agradecimiento al pueblo español con las más abyectas y traicioneras de las conductas.

Para muestra un botón. Mientras ocurría todo esto, Fernando le escribía a Napoleón lo siguiente: «El placer que he tenido viendo en los papeles públicos las victorias con que la providencia corona nuevamente la augusta frente de V.M.I. y R., el grande interés que tomamos, mi hermano, mi tío y yo en la satisfacción de V.M.I. y R., nos estimulan a felicitarle con el respeto, el amor, la sinceridad y el reconocimiento que vivimos bajo la protección de V.M.I. y R.».[1]

Por si hubiera alguna duda, el propio Fernando declaraba: «Mi gran deseo es ser hijo adoptivo de V.M. el Emperador, nuestro augusto soberano. Yo me creo digno de esta adopción, que sería, verdaderamente la felicidad de mi vida, dado mi amor y mi perfecta adhesión a la sagrada persona de V.M.I. y R., y mi sumisión y entera obediencia a sus pensamientos y a sus órdenes».[2] Por si hubiera alguna duda, Izquierdo publica en su libro la fotocopia del texto original escrito en francés, en el que se muestra la caligrafía indiscutible de Fernando VII. Todo un ejemplo de patriotismo.

Las Cortes de Cádiz aprobaron en 1812 la primera Constitución liberal, en la que se decretaba la desamortización de los bienes eclesiásticos, se suprimía la Inquisición, se proclamaba la libertad de imprenta, la soberanía nacional, las libertades fundamentales, la división de poderes, la abolición de las jurisdicciones de señorío, cámara elegida por dos años mediante sufragio indirecto y con obligación de votar los presupuestos, Rey constitucional limitando sus poderes absolutos y reorganización uniforme de los municipios y las provincias. Era el triunfo del ideal burgués.

Fernando VII, el «Rey felón»

En 1814 Fernando VII regresa de Valençay y de la mano del Ejército y de la Iglesia da un golpe de Estado y anula la Constitución, todas sus reformas y se retorna al sistema absolutista. Los pocos liberales que escaparon a la consiguiente escabechina y no pasaron al exilio, se lanzaron en brazos de las sectas masónicas y empezaron a trabajar junto a los militares.

La primera sublevación contra Fernando VII la protagonizó Espoz y Mina ese mismo año de 1814 en Navarra. La segunda, en 1815, Juan Díaz Porlier. En 1816 se produjo la intentona denominada «conspiración del triángulo». El siguiente en alzarse fue el general Lacy en Cataluña en 1817. Valencia lo intentó un año más tarde. Pero todas ellas acabaron en prisiones y ajusticiamientos.

El triunfo de la revolución no llegaría hasta 1820, en que se inauguraría el Trienio Constitucional. Había triunfado en dos tiempos: sublevación de Riego en Andalucía y del general Enrique O'Donnell en Ocaña. Fernando VII, entonces, se vio obligado a jurar la Constitución, pronunciando la famosa y ya citada frase de «marchemos todos francamente y yo el primero, por la senda constitucional».

Pero no duraría demasiado esta situación. Como se dice popularmente, poco dura la alegría en casa del pobre. Fernando VII retornaría a su natural inclinación: al poder absoluto y a las ejecuciones de turno. En efecto, el 1 de octubre de 1823 y a resguardo de las tropas francesas de los denominados «Cien Mil Hijos de San Luis», Fernando VII firma un decreto en el que declara «nulos y sin ningún valor todos los actos del gobierno llamado constitucional». Y vuelta a empezar. El péndulo fernandino cambia otra vez de posición. Corrupción, represiones violentas y exilio es la tónica cotidiana de todo el reinado del llamado «Rey felón».

La última década fernandina tiene dos aspectos importantes de cara al futuro: la sublevación realista de 1825, que culminó en la guerra de los «malcontents» o agraviados y, lo que es más grave todavía: el planteamiento del problema sucesorio, que culminaría en guerra civil generalizada en 1833 a la muerte de Fernando VII y el inicio de la primera contienda carlista.

El problema sucesorio

El problema sucesorio consistía en que al no tener Fernando VII descendencia masculina directa, la Corona pasaba legalmente a su hermano Don Carlos María Isidro de Borbón. Pero Fernando se saltó a la torera todas las leyes monárquicas habituales y designó a su hija Isabel como titular de la Corona. Don Carlos no acepta esta nueva cacicada y estalla la guerra civil. Incluso después de muerto, Fernando VII legó al país tres largas guerras civiles que teñirían de sangre el suelo español, desde 1833 hasta 1876. El Ejército y la Iglesia apoyaron y reconocieron a Isabel II. En su minoría de edad, el país se gobernó bajo la regencia de Doña María Cristina.

Doña Isabel, tatarabuela de Don Juan Carlos de Borbón, fue declarada mayor de edad el 8 de noviembre de 1843. Tenía trece años y un mes. A los dos días, presta en el Senado juramento a la Constitución y a las leyes. Ya es oficialmente Reina de España. Los historiadores la bautizaron como la *Reina de los tristes destinos*. Protagonizaría una época de continuas intrigas palaciegas, aventuras de alcoba, trasiego de generales, políticos corruptos y golpes de Estado. Los historiadores han bautizado estos tiempos como «la era de los pronunciamientos».

El antecedente de María Cristina de Borbón-Sicilia

Su madre, la Reina regente Doña María Cristina de Borbón-Sicilia había dedicado sus esfuerzos a legalizar, tres meses después de fallecer Fernando VII, su matrimonio morganático con Fernando Muñoz, un bello guardia de «corps», hijo de una estanquera de Tarancón y a quien la regente le confirió el título de duque de Riánsares. A cambio, el hijo de la estanquera le dio un montón de hijos. La agudeza castiza cantó: «Clamaban los liberales, que la Reina no paría, ¡y ha parido más Muñoces que liberales había!». Muñoz fue bautizado popularmente con el remoquete de Fernando VIII.

A Doña Isabel la casan con su primo «gay», Don Francisco de Asís de Borbón y Borbón

Pero el problema más agudo se presentó más tarde cuando había que casar a Doña Isabel para que diera descendientes a la Corona. Y aquí se produjo el gran escándalo. Después de intrigas palaciegas, presiones de otras potencias y recomendaciones monjiles, se obligó a Doña Isabel a casarse con su primo el infante Don Francisco de Asís de Borbón y Borbón, hijo de Don Francisco de Paula, hermano de Fernando VII, y de Doña Luisa Carlota. Su tío se convirtió en suegro y su primo hermano en marido. Pura endogamia. Pero el escándalo no estalló por esto, sino porque era público y notorio que Don Francisco de Asís era homosexual y conocidas eran sus relaciones masculinas y sus novios ocasionales. El asunto transcurrió como era natural. Isabel pataleó y lloró negándose a tal aberración. Pero prevaleció la socorrida razón de Estado. El matrimonio no llegó a consumarse y cada uno se alivió por su cuenta. La misma Isabel denominaba *Paquita* a su marido, como lo hacían también las cortes europeas, y llegó a comentar que en la fracasada noche de bodas su marido llevaba más encajes que ella. Cuando las desavenencias eran ya públicas y patentes, la Reina madre le reprochó al Rey consorte que no merecía compartir el lecho y el amor de su hija, a lo que Don Francisco de Asís respondió: «Quédate tranquila, mamá: no comparto ni lo uno ni lo otro».

Una larga lista de amantes

Los historiadores y memorialistas coetáneos han puesto de manifiesto los huéspedes de la alcoba de Doña Isabel. Contemporáneamente, el periodista Manuel Barrios ha descrito, basándose en testimonios de la época, los periodos más intensos de la vida amorosa de Isabel II: «la aventura de una mujer que, tras demostrar el error de su matrimonio, se entregó a una ininterrumpida sucesión de hombres que saciaran su sed de amor»[3].

Alfonso XII, hijo de Isabel y del teniente Enrique Puigmoltó

La lista de amantes de Doña Isabel es bastante significativa. Los más llamativos, sin agotar la nómina, fueron los siguientes: su maestro, José Vicente Ventosa, que fue expulsado de palacio por «razones graves»; otro maestro, el de canto, Francisco Frontela, llamado Valldemosa por haber nacido en Palma de Mallorca, a quien Doña Isabel le concedió la Cruz de Carlos III y que todo el mundo conocía como «el amante de la reina»; el político Salustiano Olózaga, quien según Ricardo de la Cierva fue «el gran garañón, que se encargó de desflorarla y de iniciarla en las lides del amor»; el general Francisco Serrano, más conocido como el «general bonito»; el cantante José Mirall, cuya voz de bajo embelesaba a la Reina; el compositor Emilio Arrieta; el coronel Gándara; Manuel Lorenzo de Acuña, marqués de Bedmar; el capitán Ruiz Arana, a quien ascendió a coronel y otorgó la Cruz Laureada de San Fernando; el teniente de ingenieros, Enrique Puigmoltó y Mayans, de cuya relación nacería el futuro Alfonso XII; el general Leopoldo O'Donnell; el secretario, Miguel Tenorio; el cantante, Tirso Obregón; José de Murga y Reolid, primer marqués de Linares por gracia real; Carlos Marfori y Calleja, gobernador de Madrid y ministro de Ultramar, quien seguirá a Doña Isabel en la hora de su destronamiento y exilio; el capitán de artillería, José Ramiro de la Puente; su administrador y secretario en París, José Altmann; y un largo etcétera.

Si no hubiera sido una maldición para el país tener una Reina de este perfil, la vida de Doña Isabel resultó ser todo un cúmulo de desgracias y escándalos, que en el fondo no deja de hacernos sentir cierta lástima y conmiseración. Pero las cosas fueron como fueron.

La «banda de Palacio». Don Alfonso, Rey de garitos y tabernas

Alfonso Puigmoltó y Borbón, bisabuelo de Don Juan Carlos de Borbón, fue registrado y bautizado como Alfonso de Borbón y Borbón.

Don Francisco de Asís se tragó lo evidente y accedió a darle su apellido, quizá también por las recurridas razones de Estado. Don Alfonso accedería al poder mediante un golpe de Estado militar producido en Sagunto el año 1874, protagonizado por el general Arsenio Martínez Campos y auspiciado por el muñidor Antonio Cánovas del Castillo.

El joven Alfonso XII no duraría demasiado en el trono, ya que fallecería de tuberculosis el 25 de noviembre de 1885, a la edad de 27 años. No obstante, tuvo el tiempo suficiente para tener amantes, procrear fuera del matrimonio y casarse dos veces, además de dar un heredero oficial a la Monarquía.

Al llegar a Madrid quiso visitar el frente de la guerra carlista en el norte, con tan mala fortuna que en la batalla de Lácar, si se descuida, cae prisionero. El cancionero popular ha reflejado esta circunstancia:

En Lácar chiquillo,
te viste en un tris.
Si Don Carlos te da con la bota,
como una pelota te manda a París.

A los pocos días de su regreso a España, Don Alfonso inició sus aventuras amorosas, como la que mantuvo con la famosa contralto Adela Borghi. Dada la resonancia que iba adquiriendo tal relación, el propio Cánovas del Castillo, según relata Isabel Margarit, encargó al gobernador de Madrid, marqués de Elduayen, de ponerla en la estación y cerciorarse de su marcha.[4]

Se hicieron famosas las correrías nocturnas del monarca, acompañado por la denominada «banda de palacio»: el marqués de Alcañices, Tamames y Benalúa. Siguiendo a la citada Margarit, los pasos del Rey se perdían por la noche en garitos y tabernas de poca monta. Sus excesos eran vistos con mirada cómplice en el Madrid barriobajero, donde la prostitución era evasión para la miseria, y el juego, vicio predilecto de bolsillos vacíos.[5]

Se planteó el tema del matrimonio para intentar acabar con las correrías nocturnas reales y estabilizar su vida emocional. Y el propio Don Alfonso eligió para ello a su prima hermana María de las Mercedes de Orleáns y Borbón, hija del duque de Montpensier. La elección no gustó a su madre, la ex Reina Isabel, que le proporcionó un regalo envenenado: la posibilidad de la reanudación de sus relaciones íntimas con la cantante Elena Sanz, con el deseo oculto de que olvidara la boda con su prima hermana. Don Alfonso había conocido a la diva castellonense en Viena, en su época de estudiante.

Los hijos con Elena Sanz: Alfonso y Fernando

Don Alfonso consiguió sus propósitos y se casó el 24 de junio de 1878 con su prima hermana María de las Mercedes. El matrimonio sólo duró cinco meses, ya que una tisis galopante se llevó por delante a Doña María de las Mercedes. No obstante, durante los escasos cinco meses de matrimonio, Don Alfonso no interrumpió su relación con la cantante, con la que tuvo dos hijos: Alfonso, nacido en 1880 y un año después, Fernando. Hijos que, también por razones de Estado, no fueron reconocidos.

Se volvió a plantear el tema del matrimonio del Rey y fue elegida esta vez Doña María Cristina de Habsburgo-Lorena, hija de los archiduques Carlos Fernando e Isabel, que Don Alfonso ya había conocido fugazmente durante su estancia en Viena y que los madrileños motejarían como «Doña Virtudes». La boda se celebró el 28 de noviembre de 1879. Una de las condiciones impuestas al monarca por la nueva Reina era que terminaran sus relaciones con Elena Sanz. Como aparentemente así se hizo.

El matrimonio tuvo sus primeros hijos, que resultaron ser niñas: María de las Mercedes y María Teresa. Don Alfonso, como ya se ha señalado, falleció en 1885, pero en el vientre de su esposa se estaba gestando el hijo varón deseado por todos, que nacería el 17 de mayo de 1886. Recibiría el nombre de Alfonso XIII.

Realidades siniestras: el panteón y el pudridero reales

En el Monasterio de San Lorenzo de El Escorial, muy cerca de Madrid, se haya enclavado el Panteón de Reyes, el último lugar destinado para ser enterrados los Reyes de España. Su conocimiento está suficientemente al alcance de todos. Se trata de una pequeña joya del barroco, una estancia octogonal de apenas diez metros cuadrados cubierta de mármol, donde se emplazan 26 urnas sepulcrales sostenidas por garras de león en bronce dorado. Se encuentra enclavado en el subsuelo de la Basílica, concebida por Felipe II como una parte del monumento representativo de su poder, pues reinaba entonces sobre un imperio que tenía su leyenda negra pero donde no se ponía el sol. Pues allí reposan los restos de todos los Reyes de España desde Carlos I —con sus esposas, si habían sido madres de un Rey, ya que de lo contrario, lo tenían vetado—. Y sólo faltan dos: Felipe V, que prefirió ser inhumado en La Granja de San Ildefonso; y Fernando VI, que eligió la iglesia de las Salesas para estar junto a su esposa, Bárbara de Braganza, que no había tenido descendencia.

Lo que realmente causa un real desagrado es la existencia del Pudridero Real, que es el lugar donde los cadáveres de los Reyes pasan un tiempo en él hasta el momento que su cuerpo es depositado en la urna correspondiente.

Patricia Sverlo ha indagado en este tétrico lugar y señala que se trata de una estancia toda de piedra, con los suelos de granito y el techo en forma abovedada, de unos 16 metros cuadrados, distribuida en tres cuartos a manera de alcobas, sin luz ni ventilación alguna. Un descanso, si no eterno, al menos pleno: «Allí se depositan los cadáveres, para entrar en real descomposición durante un tiempo prudencial, de 20 a 40 años. Lo que se estime necesario para que culmine el proceso biológico de su reducción natural. Unos tardan más y otros menos. Alfonso XII, por ejemplo, sólo esperó 13 años —de 1885 a 1898— antes de pasar al Panteón Real. Se pudrió enseguida. Y Alfonso XIII ni siquiera llegó a pasar por él. Había fallecido en Roma en 1941 y transcurrieron 40 años hasta que fue trasladado a España, en 1980. Sin embargo, presentó problemas. Como estaba embalsamado, no cabía en la urna y hubo que romperle las piernas en una ceremonia que le tocó al entonces jefe de la casa del Rey, el marqués de Mondéjar». No debió ser una fiesta y no es de extrañar que el Príncipe Felipe, en una entrevista, cuando le preguntaron lo que más le había impresionado en su vida, recordara aquel momento: «En El Escorial, cuando la transferencia de las cenizas de Alfonso XIII».

Para facilitar la descomposición de los cuerpos, se depositan una caja dentro del cuarto, sobre cuatro cuñas de madera que la sostienen como a dos o tres pulgadas del suelo. El féretro se apoya sobre una bandeja de cal, tras practicarle agujeros en la base para que salga la materia orgánica y se desinfecte al contacto con dicha sustancia. Y, fuera, se coloca una sencilla lápida de mármol negro con el nombre de a quien pertenecen los restos. Allí se quedan hasta que, consumida la humedad y cuando ya no despiden mal olor, son trasladados al Panteón, en una urna más pequeña —de apenas un metro de largo y 40 centímetros de ancho—.

Parece ser que no existe un documento que recoja la fecha de creación del Pudridero Real, aunque debió de ser próxima a la del Panteón —inaugurado en 1654, bajo el reinado de Felipe IV—. El primer testimonio sobre su existencia data de 1854. Si toda esta información tiene importancia es porqué el Pudridero Real será, con toda probabilidad, el destino definitivo de Don Juan Carlos I, debido a que en la cripta octogonal no queda espacio para nadie más. La entrada al Pudridero está prohibida para todo el mundo, excepto para sus guardianes, una comunidad de padres agustinos. Ni siquiera tiene puerta. Cada vez que se accede, los albañiles han de derribar un tabique, y volver a levantarlo después.

El Panteón ha tenido algún movimiento en estos últimos años. Actualmente hay tres cadáveres en descomposición en el Pudridero, en espera de plaza definitiva: el de la Reina Victoria Eugenia, abuela de Don Juan Carlos, fallecida en 1969 y trasladada en 1985 a El Escorial procedente de Lausana; el de Don Juan, conde de Barcelona, desde su muerte en abril de 1993, un hombre que no fue Rey pero que fue enterrado como tal por expreso deseo de su hijo; y el de la condesa de Barcelona, madre del actual monarca, que murió el 4 de enero de 2000. Con el paso de estos tres cadáveres al panteón, la estancia quedará completa.

La entrega de un cuerpo al Pudridero Real tiene todo un ceremonial digno de un Rey, algo que no sucede en el traslado habitual de allí al sepulcro definitivo. Sverlo nos señala el procedimiento: se celebra en la intimidad, salvo por la presencia de un miembro de la comunidad agustina como testigo, de un arquitecto del Patrimonio Nacional para dirigir la operación, de dos operarios, y de un médico que testimonie que el proceso de descomposición ha finalizado. A la ceremonia del Pudridero, en cambio, asiste hasta el ministro de Justicia, que ha de pronunciar las palabras «Padre prior y padres diputados, reconozcan vuestras paternidades el cuerpo del señor/señora..., que conforme al estilo y la orden de su majestad que ha sido dada voy a entregar para que lo tengáis en vuestra guarda y custodia». Luego el prior y los padres agustinos ancianos presentes contestan: «Lo reconocemos». Se cierra el féretro, se levanta el acta de entrega y los agustinos se hacen cargo de la llave del ataúd. La tradición manda también que se den tres fuertes golpes en la caja del monarca difunto, llamándole por su nombre, tras lo cual el jefe de la Casa Real ha de declarar solemnemente: «Puesto que el Rey no responde, está muerto».

La maldición borbónica de los hijos muertos

Desde el primer Borbón español, Felipe V, las reinas han sufrido el maleficio de engendrar hijos muertos o de vida efímera. Su primera esposa, María Luisa Gabriela de Saboya y Orleáns, dio a luz el 2 de julio de 1709. El recién nacido, Felipe Pedro, sólo sobrevivió siete días, falleciendo el 9 de julio. La autopsia señaló una considerable hipertrofia del corazón y una deformación craneana. Quedó de nuevo embarazada y el 7 de junio de 1712 tuvo otro hijo, bautizado con el mismo nombre de su hermano fallecido, Felipe Pedro, que sólo vivió siete años, hasta el 20 de diciembre de 1719. La Reina, a su vez, falleció el 14 de febrero de 1714, a causa de una tuberculosis pulmonar.

La segunda esposa de Felipe V, Isabel de Farnesio, el 21 de marzo de 1717 dio a luz a un varón, de nombre Francisco, que falleció treinta y seis días después.

Carlos III, casado con María Amalia de Sajonia, vio como ésta dio a luz a una niña el 6 de septiembre de 1714: María Isabel, que fallecería con sólo dos años, el 31 de octubre de 1742. Su segunda hija, María Josefa Antonia, nacería el 30 de abril de 1743, pero falleció a la edad de seis años, el 17 de marzo de 1749. La Reina volvería a engendrar el 3 de diciembre de ese mismo año, una niña de nombre María Teresa, que sólo vivió cinco meses, hasta el 2 de mayo de 1750.

La infanta María Ana de Braganza, casada con Gabriel Antonio, cuarto hijo de Carlos III, murió el 2 de noviembre de 1788, a causa de un ataque de viruelas malignas, que contagió a su recién nacido, Carlos José, y a su propio esposo, que murieron respectivamente el 9 y 13 de noviembre de 1788.

La Reina María Amalia siguió engendrando, naciendo María Ana el 3 de julio de 1754, que falleció seis meses después. Ana tuvo un hijo, Francisco Javier, que falleció también de viruelas el 10 de abril de 1771, siendo un adolescente.

Carlos IV se casó con su prima de Parma, María Luisa de Borbón y Borbón. Su primer hijo, Carlos Clemente, falleció antes de cumplir los tres años. Abortó dos veces antes de alumbrar a la infanta María Luisa Carlota, que falleció antes de cumplir los seis años, en 1783.

El 5 de marzo de 1780, María Luisa de Parma dio a luz a su quinto hijo, Carlos Domingo Eusebio, que murió antes de cumplir los tres años, el 11 de junio de 1783.

El 5 de septiembre de 1783, María Luisa alumbró, por vez primera en la familia, a dos niños gemelos: Carlos Francisco de Paula y Felipe Francisco de Paula, que morirían aquel mismo año. La Reina en total, tuvo 10 abortos y 14 partos. En 1794 sólo quedaron con vida siete de los catorce hijos, según señala José María Zavala, que ha estudiado minuciosamente esta maldición de los borbones españoles.

El infante Francisco de Paula perdió a tres de sus hijos prematuramente: Francisco de Asís (1821), Eduardo (1830) y Fernando (1834). Su hermano, Fernando VII, heredó el gafe de la familia. Su primera esposa, María Antonia de Borbón Lorena, murió a los 22 años, después de tener dos embarazos malogrados.

La segunda esposa de Fernando VII fue su sobrina carnal Isabel de Braganza. El 21 de agosto de 1817 alumbró a una niña, que murió al cabo de cuatro meses y medio. El siguiente embarazo, el 26 de diciembre de 1818, hubo de practicársele una cesárea para extraerle el hijo muerto, tras lo cual falleció la Reina.

La tercera esposa de Fernando VII fue su prima y sobrina segunda, María Josefa Amalia de Sajonia, de sólo 15 años. Su infecundidad propició la cuarta boda, tras el fallecimiento de la Reina, con su sobrina María Cristina de Borbón y Borbón, cuyo matrimonio se consumó con una salvaje violación, de la cual quedó embarazada y dio a luz a la que sería Isabel II.

Isabel se casó con su primo hermano Francisco de Asís de Borbón, homosexual. No obstante, el 12 de julio de 1850 la Reina dio a luz a un varón, que apenas vivió una hora. En 1851 nació una niña, María Isabel Francisca de Asís, la popular «Chata», cuyo padre se rumoreó era José Ruiz de Arana, comandante y gentilhombre. Por eso popularmente se la denominó también la «Araneja». Su tercer parto tuvo lugar el 5 de enero de 1854, del que nacería la infanta María Cristina, que falleció a los tres días. A este evento le siguió un aborto y dos años después el alumbramiento de un niño muerto. Y el 5 de junio de 1865 otro niño, de nombre Francisco de Asís y Leopoldo, que nació también muerto.

El 28 de noviembre de 1857 la Reina tuvo un varón, el futuro Alfonso XII, fruto de su relación con el capitán de ingenieros, Enrique Puigmoltó Mayans. El séptimo parto, dos años después, fue el de la infanta María Concepción Francisca de Asís, que también fallecería antes de cumplir los dos años. El octavo fue el 4 de junio de 1861, la infanta María del Pilar Berenguela, que moriría a la temprana edad de 17 años. Al año siguiente nacería la infanta Paz, futura esposa de Luis Fernando de Baviera. Y el 12 de febrero de 1854, lo haría la infanta Eulalia, que casó con Antonio María de Orleáns. Finalmente, Isabel II dio a luz un infante, Francisco de Asís Leopoldo, que falleció antes de cumplir un mes.

Alfonso XII se casó con María de las Mercedes de Orleáns y Borbón, que falleció a la edad de 18 años de fiebres tifoideas, dejando tras de sí un montón de abortos. Su segunda esposa, María Cristina de Habsburgo Lorena, alumbraría al futuro Alfonso XIII.

La desgracia de la familia no había terminado. Alfonso XIII se casaría con Victoria Eugenia de Battenberg, que llevaba consigo el veneno en la sangre: la hemofilia, que infectaría a futuros descendientes, como el primogénito Alfonso, Príncipe de Asturias.

Y en este momento paramos, aunque las desgracias, como ya veremos, no se alejarán de la Familia Real española, gafada con maldiciones como las aquí relatadas.

NOTAS

1. IZQUIERDO, Manuel: *Antecedentes y comienzo del reinado de Fernando VII*, pág. 577.
2. *Íbid*, pág. 584.
3. BARRIOS, Manuel: *Los amantes de Isabel II,* Temas de Hoy. Madrid, 1996, pág. 274.
4. MARGARIT, Isabel: *La vida y la época de Alfonso XII,* Planeta. Barcelona, 1999, pág. 157.
5. *Íbid,* pág. 158.

2
Alfonso XIII, el abuelo perjuro

La boda con Victoria Eugenia, que transmitirá la hemofilia a dos hijos varones: Alfonso, Príncipe de Asturias y Gonzalo

Alfonso XIII, abuelo de Don Juan Carlos de Borbón fue coronado Rey de España el año 1902. El centenario de este evento no fue celebrado, quizá por el pésimo recuerdo que dejó su reinado en nuestro país. Un conocido periodista, Eduardo Haro Tecglen, resumió en pocas líneas la trayectoria de Don Alfonso: «Se le echó encima el desastre (bendito desastre, que encaminó España hacia otros horizontes), la pobreza de este país cuajó en la bomba fallida de Mateo Morral en 1906, se sintió militarote y lanzó la guerra de Marruecos (por eso le llamaron los aduladores *El Africano*), con dictador a la italiana, a lo Mussolini (el general Primo de Rivera, nefasto para España y padre de José Antonio, nefasto también para España), y pasaron las tragedias marroquíes, se gastó el dinero que ganó con la neutralidad en la guerra mundial, se le echaron encima sindicatos, burguesía, intelectuales; firmó penas de muerte (Galán y García Hernández) y, finalmente, tuvo que huir para dejar paso a una república, que prometía. Una república intelectual, moderna, que incorporaba el pensamiento europeo y laico que él había despreciado»[1].

Parece imposible retratar en tan pocas líneas la vida y el comportamiento de este personaje. Y Haro añade que también tenía sus virtudes: «Era dicharachero, madrileñista castizo, buen garañón adulterino y tirador de pichón de rara puntería»[2]. Todo esto lo vamos a comprobar a continuación.

La regente María Cristina pasó los primeros y siguientes años de su regencia en pleito con Elena Sanz, con objeto de que sus dos hijos no fueran reconocidos como vástagos reales. Mientras tanto, al Rey niño se le dotó de una educación militar y ella, la regente, siguió los consejos de su marido en su lecho de muerte: «Cristinita, guarda el coño, y en política, ya lo sabes, de Cánovas a Sagasta, y de Sagasta a Cánovas»[3]. La Monarquía era gobernada como una finca privada. Y producto de ello fue el desmoronamiento del imperio colonial español, con la pérdida de Cuba y la venta a Estados Unidos de América del archipiélago filipino por veinte millones de dólares. El desastre del 98 ratificó el desprestigio de la Monarquía, si ya no lo estaba, el despertar de las inquietudes democráticas y, sobre todo, republicanas.

La infanta Eulalia, hija menor de Isabel II, ha reflejado, según el experto monárquico Juan Balansó, el sentimiento de la Corte: «Cada vez que regresaba a Madrid, se me hacía pesada la vida de la Corte, sin libertad, sin sonrisas, sin el aire, el sol y la ligereza a que me habituaba lejos de ella. En la corte española, de la Regencia, todo terminaba y empezaba con rezos y, fuera de orar, nada se hacía»[4]. El propio Balansó pone de manifiesto la deficiente y equivocada educación —¿o no?— recibida por Don Alfonso.

Rafael Borrás, en su exhaustivo y documentado libro sobre el reinado de Alfonso XIII, señala al respecto: «Los profesores particulares de Don Alfonso XIII —curas ultramontanos como su confesor padre Montaña, o preceptores militares—, cuya rectitud no se cuestiona, no son, sin embargo, los titulares de una cátedra en propiedad; saben que su permanencia en el cargo es aleatoria y depende en gran medida del capricho regio. La no asistencia de Don Alfonso XIII a unos centros de enseñanza —todo lo elitistas que se quiera— con otros muchachos de su edad en régimen de igualdad relativa, le aísla del mundo en torno; sus únicos compañeros son quienes comparten con él, desde crío, los ejercicios militares». Y añade: «El ambiente castrense en que se desarrollan la infancia y la adolescencia de Don Alfonso XIII le reafirma de una manera natural, como jefe máximo de las Fuerzas Armadas, en la creencia de que todo el mundo le debe obediencia sin discrepancia posible»[5].

Con estos mimbres ya se puede entender cómo fueron las cosas y que todo acabó como acabó.

Don Alfonso alcanzó la mayoría de edad y juró la Constitución, que más adelante traicionaría, el 17 de mayo de 1902. Y se planteó el tema de la boda del monarca. En junio de 1905 Don Alfonso viajó a Londres para conocer a la candidata, Patricia, sobrina del Rey Eduardo VII, hijo de la Reina madre Victoria. Pero al conocer personalmente a Don Alfonso, Doña Patricia comentó que físicamente le repelía. Además, no pensaba convertirse al catolicismo, condición indispensable para el enlace. Don Alfonso dedicó entonces su atención a otra sobrina del Rey inglés, Victoria Eugenia Julia Ena de Battenberg, de diecisiete años de edad, de quien se enamoró perdidamente. Pero la rubia Princesa llevaba consigo un gran peligro: el germen de la hemofilia. Doña Paz, tía de Don Alfonso, le informó de tal peligro para la dinastía: «Cuando se proyectó la boda de Alfonso con la Reina, le prevenimos de que los Battenberg transmitían la hemofilia. No nos escuchó»[6].

Don Alfonso, en efecto, no escuchó a nadie y se casó con Doña Victoria Eugenia. El resultado fue que transmitió la hemofilia a dos de sus cuatro hijos varones; al mayor, Alfonso, Príncipe de Asturias, y al menor, Don Gonzalo. El segundo, Don Jaime, tras una delicada operación, quedó sordomudo. Sólo uno de sus hijos, Don Juan, era sano y sin tara alguna aparente.

Baile de amantes e hijos extraconyugales

El Rey echó la culpa de estos desastres a su esposa, a pesar de que fue advertido a tiempo de ello. Y empezaron los bailes de amantes. Tres de ellas le dieron a Don Alfonso hijos extramatrimoniales. Melanie de Vilmorín, con Don Alfonso todavía soltero, fue una de ellas, que llegó a declarar: «Jamás he engañado a mi marido; los Reyes no cuentan...»[7]. El quinto hijo de la Valmorín, Roger de Vilmorín, nacido en 1906, se le atribuye a Don Alfonso. La siguiente, fue una institutriz de palacio, la escocesa Beatrice Noon, a quien el Rey dejó embarazada de una niña, Juana Alfonsa Milán, nacida en París el año 1916. La tercera, quizá, fue la favorita de Don Alfonso: la actriz Carmen Ruiz Moragas, a quien instaló en un lujoso chalet en la madrileña Avenida del Valle. En 1926 dio a luz a Teresa Alfonsa y tres años después a Leandro Alfonso. El Rey, por lo menos, tuvo el detalle de encomendar una cantidad fija a su albacea el conde de los Andes, depositada en un banco suizo y cuyos intereses debían recaer en Leandro, María Alfonsa y Juana Alfonsa Milán.

El desastre del 98 y la derrota en África

No vamos a seguir narrando las trapacerías y francachelas de Don Alfonso. Existen autores suficientes que ya lo ha hecho fehacientemente. Sólo nos vamos a detener en algunos hechos que tuvieron una importancia capital para el país: la guerra de Marruecos; el apoyo y advenimiento de la dictadura del general Miguel Primo de Rivera y la caída de la Monarquía en 1931, cuyo principal culpable fue el propio Don Alfonso.

Con objeto de hacer olvidar el desastre colonial del 98, Don Alfonso y sus ministros alentaron el inicio de otro frente que diera respiro al desprestigiado y vetusto Ejército español: el norte de África. En 1909, el levantamiento rifeño motivó una sangrienta batalla que desembocó en el llamado descalabro del Barranco del Lobo. Esta situación de inestabilidad se prolongó hasta la década de los años veinte. En 1921 sucedió una de las más grandes y humillantes derrotas del Ejército español: el desastre de Annual. Alfonso XIII animó al general Silvestre a una acción rápida y directa, en contra de la opinión del general Berenguer, que era el Alto Comisario. El resultado fue una victoria de Abd-el-Krim, que produce en los españoles de 13.000 a 19.000 muertos; los heridos son innumerables; los prisioneros unos 1.000; y se desconoce el número de desaparecidos. España entera se estremece y señala la responsabilidad de Don Alfonso.

Traición a la Constitución jurada en 1902 y el fin de la Monarquía alfonsina

El Ejército español tardó en reponerse de esta derrota. Don Alfonso da paso a la dictadura del general Primo de Rivera y abjura de los hábitos constitucionales. Aquí es cuando empezó a denominársele «el Rey perjuro», por traicionar la Constitución que juró respetar en 1902.

A partir de aquí, la acción regia de Don Alfonso es un viaje sin retorno hacia el desmoronamiento del tinglado de la Monarquía. Empezó con un golpe de Estado en Sagunto, con su padre Alfonso XII, y acabó en unas elecciones municipales el 12 de abril de 1931. El pueblo español no aguantó más tantas indignidades ni tanta desvergüenza real. Don Alfonso embarcó en Cartagena hacia el exilio y ya no volvió más, afortunadamente, a España. El destronado Rey falleció el 28 de febrero de 1941 en una habitación del Grand Hotel de Roma. No obstante, el 15 de enero había realizado su abdicación, cuyos derechos pasarían a su hijo Don Juan de Borbón, que nunca llegó a reinar porque, en primer lugar, nunca lo quiso el dictador Francisco Franco y, en segundo término, porque lo impidió su propio hijo, Don Juan Carlos de Borbón.

Antes de que Don Juan acceda al título de Príncipe de Asturias, es decir, el heredero dinástico de su padre Don Alfonso XIII, es necesario que sus hermanos, por un motivo u otro, vayan renunciando a sus derechos de sucesión. El infante Don Alfonso, aquejado de hemofilia, lo hizo el 11 de junio de 1933 al tiempo que había contraído matrimonio con una cubana rica, ligera de cascos, según Juan Balansó[8]. El enlace con Edelmira Sampedro Lobato comportó que dejara de formar parte de la Casa Real. Diez días más tarde lo hace el infante

Don Jaime, sordomudo. El hermano pequeño, Don Gonzalo, también hemofílico, ya no contaba para la sucesión, falleciendo al año siguiente en Austria en accidente automovilístico. El único hijo sano era, pues, Don Juan.

La dinámica política de Don Juan fue errática. En 1936, iniciada la guerra civil española, entró por la frontera navarra y embutido con el típico mono azul de los falangistas, intentó ingresar en un Tercio de Requetés. Enterado el general Mola, le devolvió a cajas destempladas de nuevo a la frontera. Al finalizar la guerra mundial, con la victoria de los Aliados, Don Juan cambió sus convicciones fascistas y maniobró entre los vencedores para que echaran a Franco y le pusieran a él en el trono. En la década de los cincuenta, un grupo de tradicionalistas e integristas le encasquetaron a Don Juan en Estoril una boina roja, pretendiendo con ello ser el Rey de los carlistas. El error de Don Juan es que confundió el Tradicionalismo con el Carlismo. Fracasado también este intento, se acercó a Franco y le ofreció a su hijo Don Juan Carlos para que fuese educado en España. Más adelante, para completar la pirueta y cuando entendió que Franco jamás le designaría Rey, pensó en la posibilidad de aceptar la oferta que le hizo la Junta Democrática de España para que la presidiera. La vida política de Don Juan fue un cúmulo de errores y de ambiciones fallidas.

El 12 de octubre de 1935, Don Juan contraería matrimonio en Roma con Doña María de las Mercedes de Borbón y Orleáns, con quien tuvo cuatro hijos: Doña Pilar (1936), Don Juan Carlos (1938), Doña Margarita (1939) y Don Alfonso (1941). La infanta Margarita nacería ciega y el infante Don Alfonso moriría al dispararse accidentalmente en 1956 un arma mientras jugaba con su hermano mayor Don Juan Carlos. Alfonso, al que en la familia todos llamaban el «Senequita», era el menor pero el más querido de los hijos de Don Juan. Lo era fundamentalmente por su inteligencia y por sus dotes para afrontar con más decisión la vida que su hermano mayor. A sus 14 años Alfonso era un buen estudiante, a diferencia de su hermano, y un gran deportista. Jugaba razonablemente bien el golf y le gustaba practicar deportes náuticos, como la vela, a los que el conde de Barcelona era también un gran aficionado y practicante.

Don Juan estaba orgulloso de que su hijo se hubiese preparado para ingresar en la Escuela Naval de Marina, hecho que se iba a producir al año siguiente si no le hubiese sobrevenido la muerte. Don Juan siempre había mostrado un gran amor hacia el mar y recordaba siempre satisfecho su estancia en la Marina inglesa. Alfonso tenía el mismo carácter abierto, divertido, simpático y decidido que Don Juan y se mostraba como un joven desinhibido porque no tenía que preocuparse de la rigidez y las formas que se exigían en la formación como heredero a la corona de España. Don Juan Carlos estaba seriamente comprometido con su deber de Estado. Son varios los historiadores que sostienen que la debilidad de carácter de Don Juan Carlos era uno de los aspectos que más valoró Franco para aceptar al actual Rey como su sucesor en la jefatura del Estado. Don Juan Carlos era un hombre tímido, presionado por las circunstancias, y fácilmente manejable por los hombres del régimen. ¿Se planteó en alguna ocasión Don Juan la posibilidad de que el infante Don Alfonso le sucediera en el trono de España?

El trágico accidente que provocó el fallecimiento de Don Alfonso tuvo lugar en Estoril el 29 de marzo, durante las vacaciones de Semana Santa. Los dos hermanos se encontraban estudiando en Madrid, Don Alfonso —de 14 años— en el Colegio Santa María de los Rosales y el Príncipe Juan Carlos —de 18— realizaba su formación de cadete en la Academia Militar de Zaragoza. No hacía mucho que habían llegado de España con el Lusitania Express para reunirse con sus padres. El Jueves Santo, Don Alfonso había disputado un torneo de golf en el Club de Golf de Estoril y había accedido a la final que se disputaría al día siguiente. Por la tarde, la familia real al completo asistió a los oficios vespertinos propios de la Semana Santa en la Iglesia de San Antonio.

Al regresar, los hermanos se dirigieron directamente a sus estancias en el piso superior de «Villa Giralda». Momentos antes de la cena, un disparo seco sonó en la estancia donde se encontraban los jóvenes. Una bala del calibre 22 disparada por error por Don Juan Carlos traspasó el cerebro del menor de los hijos del conde de Barcelona. Lleno de estupor, el actual Rey bajó a la sala de estar donde se encontraban sus padres. Apenas pudo articular palabra por la impresión. Sólo era capaz de gritar. Don Juan subió de tres en tres las escaleras hasta entrar en la habitación donde se desangraba su hijo preferido. Se reclamó la presencia del médico de la familia, el doctor Joaquín Abreu Lorenzo. Cuando llegó, el joven ya había fallecido. Entonces, Don Juan le colocó una bandera de España sobre el cuerpo y obligó a Don Juan Carlos a jurar que aquel había sido un accidente fortuito.

Don Juan Carlos no permaneció mucho más tiempo en Estoril. El conde de Barcelona ordenó que tras el entierro en el cementerio de Guía, a poca distancia de la residencia real, viajara de nuevo a la Academia Militar de Zaragoza acompañado de su preceptor, el duque de la Torre, que se vio obligado a desplazarse sin demora a la ciudad portuguesa para embarcar al Príncipe en un avión militar con destino a España. No lo quería tener más cerca de él. La presencia de su hijo mayor, que asistió al entierro con el uniforme de oficial cadete, le resultaba insoportable. Este suceso y la reacción de su padre, hicieron del Príncipe una persona taciturna y más retraída. La soledad del Príncipe se hacía cada vez más evidente.

Aquel suceso marcó el destino de la familia. Aunque Don Juan Carlos reconoció a su amigo portugués, Bernardo Arnoso, que desconocía que el arma estaba cargada y que apretó el gatillo de manera inconsciente alcanzando la cara de Alfonsito, versión que años más tarde corroboraría Doña María de las Mercedes, desde ese momento Don Juan sintió gran rencor por su hijo. A la condesa de Barcelona, Doña María de las Mercedes, tuvieron que ingresarla de urgencia en un hospital para recuperarse de la profunda depresión que le invadía.

Hasta unos meses más tarde, Franco no dio el pésame a Don Juan. Lo hizo a través de Julio Dánvila, en una de sus frecuentes visitas a Estoril. Para minimizar los efectos que podía provocar la explicación del accidente, Efe[9], la agencia oficial de noticias española —a través de la embajada española en Lisboa—, informó de que el accidente se había producido mientras Alfonso se encontraba limpiando la pistola Long Star de calibre 22. La orden de esta noticia procedía directamente de Franco. El verdadero suceso no pudo ser ocultado por mucho tiempo y la prensa internacional se hizo eco de lo que había ocurrido realmente en el interior de «Villa Giralda».

Por decisión de Don Juan, se decidió que no se realizaría ninguna autopsia al cadáver. Esta decisión provocó un grave enfrentamiento en la familia ya que, al año siguiente, Don Jaime exigió explicaciones a su hermano y en un documento firmado en 1957 dejaba bien claras sus intenciones: «Me han confirmado que fue mi sobrino Juan Carlos quien disparó accidentalmente a su hermano Alfonso. Esta confirmación de la certidumbre que yo tenía desde el día en que mi hermano Juan se abstuvo de citar ante los tribunales a quienes habían expuesto públicamente tan terrible realidad, me obliga a solicitar de las jurisdicciones nacionales e internacionales adecuadas que se proceda a la encuesta judicial indispensable para establecer oficialmente las circunstancias de la muerte de mi sobrino Alfonso. Exijo que se proceda a esta encuesta judicial porque es mi deber de jefe de la Casa de Borbón y porque no puedo aceptar que aspire al trono de España quien no ha sabido asumir sus responsabilidades». La petición quedó en el olvido.

La desgracia seguía cebándose con los Borbones.

«Para superar la tragedia de la muerte de Alfonsito, parece que Don Juan Carlos adoptó una especie de alegría forzada y, como correspondía a un joven de 19 años, pasaba todo el tiempo que sus estudios le permitían en compañía de chicas. Hubo muchas y él sentía una cierta disposición a pensar que se enamoraba de todas. La que parecía la candidata más probable a casarse con él era una amiga suya de la infancia, Maria Gabriella di Savoia, una vivaz y atractiva rubia, hija del exiliado Rey Humberto. Sin embargo, en diciembre de 1956, durante las vacaciones de Navidad en Estoril, conoció a la condesa Olghina Nicolis de Robilant, una aristócrata italiana de extraordinaria belleza, que había intervenido como actriz en algunas películas de escaso relieve. Mantuvieron unas relaciones amorosas esporádicas que duraron hasta 1960. Ella le encontraba apasionado e impulsivo.

A pesar de sus relaciones con Olghina de Robilant, tenía la foto de Maria Gabriella di Savoia en su habitación de la Academia de Zaragoza. Le ordenaron que la retirara de su mesilla de noche con el pretexto de que «el general Franco podría disgustarse en caso de que viniera a hacer una visita a la Academia». Tan ridícula injerencia en la vida íntima del Príncipe se volvió a repetir en 1958. Cuando visitó Estados Unidos, el Príncipe se quedó prendado de una guapísima brasileña. Pasado el tiempo, le siguió escribiendo hasta que se descubrió que todas sus cartas habían terminado en la mesa de despacho de Franco. En enero de 1960, el Caudillo comunicó a uno de los hombres de confianza más cercanos del Príncipe, el comandante del Ejército del Aire, Emilio García Conde, que «al Príncipe hay que buscarle una Princesa»[10].

En 1957, cuando tiene lugar el primer aniversario del fallecimiento de Don Alfonsito, Juan Claudio Güell, conde de Ruiseñada, tras el fallecimiento de Juan Bautista Sánchez que participará en una conspiración contra Franco de la mano de algunos conspiradores del entorno del conde de Barcelona, propone levantar un busto en su esplendorosa finca de «El Alamín». Se organiza de manera que puedan acudir un gran número de monárquicos residentes en España. Pese a la preocupación que existía porque Don Juan Carlos tuviera que rememorar tan triste suceso, Ruiseñada impone que la inauguración del busto corra a cargo de Alfonso de Borbón Dampierre. Don Juan Carlos queda apartado del evento. El verdadero instigador de este encontronazo monárquico es el propio Franco[11], que es consciente de que si no puede controlar a Don Juan Carlos tiene en la recámara al hijo mayor del primogénito de Alfonso XIII, un hombre de ambiciones desmedidas con las que Don Juan Carlos tendrá que lidiar de la mejor manera, especialmente porque durante un tiempo estará cuidadosamente amparado por los falangistas de la Secretaría General del Movimiento.

NOTAS

1. *El País,* 6 de junio de 2002.
2. *Ibid.*
3. BALANSÓ, Juan: *La Corona vacilante.* Planeta. Barcelona, 1996, pág. 236.
4. *Ibidem,* pág. 239.
5. BORRÁS, Rafael: *El Rey perjuro.* Editorial Los Libros de Abril. Barcelona, 1997, pág. 43.
6. *Ibídem,* pág. 69.
7. BALANSÓ, Juan: Op. cit., pág. 252.
8. Op. cit. pág. 269.
9. «Mientras su Alteza el Infante Alfonso limpiaba un revólver aquella noche con su hermano, se disparó un tiro que le alcanzó la frente y le mató en pocos minutos. El accidente se produjo a las 20.30, después de que el Infante volviera del servicio religioso del Jueves Santo, en el transcurso del cual había recibido la Santa Comunión».
10. PRESTON, Paul: *Don Juan Carlos. El Rey de un pueblo.* Plaza & Janés. Madrid, 2003.
11. Franco dijo textualmente a Ruiseñada: «Que inaugure el busto Alfonso de Borbón Dampierre. Quiero que le cultive usted, Ruiseñada. Porque si el hijo nos sale rana, como nos ha salido el padre, habrá que pensar en Don Alfonso». Fuente: ANSON, Luis María: *Don Juan,* Plaza & Janés. Barcelona, 1994.

Documento 1

Último manifiesto de Alfonso XIII antes de abandonar España (14 de abril de 1931)

Las elecciones celebradas el domingo se revelan claramente que no tengo hoy el amor de mi pueblo. Mi conciencia dice que ese desvío no será definitivo porque procuré siempre servir a España, puesto que el único afán era el interés público, hasta en las más críticas coyunturas.

Un Rey puede equivocarse, y sin duda yo erré alguna vez; pero bien sé que nuestra patria se mostró en todo momento generosa ante las culpas sin malicia.

Soy el Rey de todos los españoles, y también un español. Hallaría medios sobrados para mantener mis regias prerrogativas en eficaz forcejeo con quienes las combaten. Pero, resueltamente, quiero apartarme de cuanto sea lanzar a un compatriota contra otro, en fratricida guerra civil. No renuncio a ninguno de mis derechos, porque más que míos son depósito acumulado por la Historia, cuya custodia ha de pedirme un día cuenta rigurosa.

Espero conocer la auténtica y adecuada expresión de la conciencia colectiva, y mientras habla la nación, suspendo deliberadamente el ejercicio del poder real y me aparto de España, reconociéndola así como única señora de sus destinos.

Fuente: Balansó, Juan: *La Corona vacilante.* Editorial Plaza & Janés. Barcelona, 1996, pág. 263.

Documento 2

Acusación de la II República contra Alfonso XIII (Otoño de 1931)

A fines de otoño de 1931, las Cortes españolas abrieron un proceso contra Alfonso XIII, acusado, principalmente, de estos delitos:

Primero: Haber faltado el Rey a sus deberes de soberano constitucional, con iniciativas personales a su guisa salpicando todo su mandato.

Segundo: Haber aceptado el golpe de Estado de Primo de Rivera en 1923 y cometido perjurio.

Tercero: Ser cómplice de la corrupción administrativa durante su reinado.

El acta de acusación terminaba de este modo: «No podrá alegarse, para defender la irresponsabilidad de Don Alfonso de Borbón, el artículo 48 de la fenecida Constitución de 1876, según el cual la persona del Rey es sagrada e inviolable. Su irresponsabilidad sólo puede ampararle cuando actúa dentro de la Constitución, y en manera alguna puede hacerse extensiva a las extralimitaciones de su poder personal.

Terminamos este dictamen con la sincera sugestión de que las Cortes, refrendando el veredicto del pueblo español, deben declarar a Don Alfonso de Borbón y Habsburgo-Lorena responsable del delito de alta traición, cualificado moralmente por el perjurio y jurídicamente por el secuestro alevoso de la soberanía nacional, y que por todo ello debe ser condenado a la pena de extrañamiento perpetuo y a la accesoria inhabilitación, también perpetua, para el ejercicio de todo cargo público».

Fuente: BALANSÓ, Juan: *La Corona vacilante.* Editorial Plaza & Janés. Barcelona, 1996, págs. 264-266.

DOCUMENTO 3

CARTA DE DON ALFONSO XIII FELICITANDO A FRANCO POR LA VICTORIA SOBRE LA REPÚBLICA

Mi querido general:

Vivamente agradezco su cariñosa carta y me es grato significar la satisfacción con que la recibí, al propio tiempo que le reitero las más efusivas felicitaciones por la victoria final de las gloriosas tropas a su mando.

Conociendo sus dotes personales nunca dudé acerca del triunfo definitivo, salvo complicaciones internacionales tan temidas, que afortunadamente se evitaron.

Ahora empieza la segunda campaña para la cual se necesita que todos se agrupen y con decidido entusiasmo, le ayuden en su magna labor regeneradora y patriótica; el carácter exageradamente individualista de muchos españoles dificultará en cierto modo esa unión, pero abrigo la firme esperanza de que la verá lograda.

Desde luego le repito que estoy a sus órdenes como siempre, para cooperar en lo que de mí dependa a esta difícil tarea, seguro de que triunfará y llevará a España hasta el final por el camino de la gloria y de la grandeza que todos anhelamos.

Y ahora, mi general, creyéndome autorizado para ello por haber sido jefe nato de la Real y Militar Orden de San Fernando, permítame le exprese cuán dichoso me consideraría si, recogiendo el común sentir y justificado anhelo del gloriosísimo Ejército de Tierra, Mar y Aire español y de todos los buenos compatriotas, viéramos sobre su pecho esa invicta y heroica condecoración jamás tan bien otorgada al caudillo que tan brillantemente salvó a España y la llevó a la victoria.

Y como final, faltando al protocolo, le envía hoy como en otros tiempos un fuerte abrazo.

De V.E. affmo. Y buen amigo,

Alfonso XIII

Fuente: PLATÓN, Miguel: *Alfonso XIII: De Primo de Rivera a Franco. La tentación autoritaria de la Monarquía.* Plaza & Janés. Barcelona, 1998.

3

Los dos pretendientes históricos a la corona de España: Don Juan de Borbón y Don Javier de Borbón Parma

La situación tras la huída de Alfonso XIII

Las elecciones municipales de 1931 resultaron favorables a la República. Don Alfonso XIII abdicó y abandonó España por Cartagena en dirección al exilio francés, dejando a los españoles dueños absolutos de sus destinos. La alegría general fue inenarrable. Los repetidos errores políticos del Rey, su apoyo anticonstitucional al advenimiento de la dictadura del general Primo de Rivera, la ineficaz gestión de sus gobiernos, la derrota en la guerra africana y el abandono de sus propios partidarios monárquicos, fueron las principales causas de esta debacle.

La dinastía quedaba acéfala, ya que el Príncipe de Asturias, Don Alfonso, su sucesor directo, que era su hijo mayor, renunció el 11 de junio de 1933 para casarse con una rica heredera cubana. Pasó el testigo a su hermano Don Jaime, que era sordomudo de nacimiento y, por tanto, no apto para asumir tal papel. Don Jaime renunció el 21 de junio de 1933. Su tercer hijo, el conde de Barcelona, saltó a la escena y en marzo de 1935 asumió la titularidad dinástica y el papel de pretendiente de la Corona española. Papel que no le gustaba nada: «Prefiero que me llamen maricón que pretendiente. La política es una mierda y yo soy víctima de la política, porque no he sido Rey de España por culpa de la política», llegó a decir en los últimos años de su vida.

Don Juan de Borbón: ¿El Rey de los rojos?

En los últimos años del franquismo, en plena ebullición por la sucesión al Régimen, la propaganda oficial tildó a Don Juan como «el Rey de los rojos», cosa que tampoco le gustaba demasiado, llegando a declarar al respecto: «A mi hijo le han puesto en el trono los franquistas. A mi no me han dejado ya más que ser «el Rey de los rojos». Comprenderás que tampoco es eso. ¡El Rey de los rojos!...Tampoco puedo aceptar esto».

Y tenía razón el conde de Barcelona, ya que el 1 de abril de 1939, en telegrama desde Roma al general Franco, le decía: «Uno mi voz nuevamente a la de tantos españoles para felicitar, entusiasta y emocionadamente a V. E. por la liberación de la capital de España. La sangre generosa derramada por su mejor juventud será prenda segura del glorioso porvenir de España. Una, Grande y Libre. ¡Arriba España!».

La oportunidad de ser ese hipotético «Rey de los rojos» lo rechazó tajantemente Don Juan tras ofrecerle Santiago Carrillo y Rafael Calvo Serer ser el presidente de la Junta Democrática de España, el máximo organismo de la oposición al Régimen franquista.

En carta al general Franco, fechada el 10 de julio de 1961 en Estoril, le manifestaba: «El sistema político de constitución abierta que hoy rige y que será heredado por el régimen futuro, me permite afirmar sin hacer violencia alguna a mi pensamiento, mi adhesión a los principios y leyes fundamentales del Movimiento, que además de estar implícitos en la doctrina tradicional española, llevan en sí prevista la flexibilidad necesaria frente a todas las exigencias de la evolución y de la vida».

A lo largo de toda su vida, Don Juan siempre intentó agradar a Franco. Al estallar la guerra civil en julio de 1936 se presentó en la frontera española para pedirle al dictador permiso para ingresar como voluntario en alguna milicia del bando nacional. Al obtener la negativa, en diciembre de ese mismo año volvió a la carga y pidió a Franco permiso para ingresar en el crucero *Baleares*, anuencia que tampoco consiguió. Como comprobaremos más adelante, intentó encasquetarse la boina roja y encabezar el Carlismo. Fue la famosa «estorilada» de 1957. Evidentemente lo de «el Rey de los rojos» era una exageración y una expresión poco afortunada, sin base alguna.

Una adolescencia con profesores militares

Don Juan de Borbón y Battenberg nació el 20 de junio de 1913 y era hijo de los Reyes de España Don Alfonso XIII y Doña Victoria Eugenia de Battenberg. Era el quinto hijo de una familia de seis hermanos: Don Alfonso (1907), Don Jaime (1908), Doña Beatriz (1909), Doña María Cristina (1911), Don Juan (1913) y Don Gonzalo (1914). En 1910 había nacido sin vida, prematuramente, un infante que no está inscrito en el Registro de la Familia Real y que estaba previsto fuera bautizado con el nombre de Fernando.

Don Juan nació en el Real Palacio de San Ildefonso de La Granja, en la provincia de Segovia, donde todos los años la Corte acostumbraba a pasar el primer mes de veraneo. El 28 es bautizado en el Salón del Trono, apadrinado por el Rey Carol de Rumania y por la archiduquesa María Teresa de Habsburgo-Lorena. El jefe del Gobierno y su ministro de Gracia y Justicia asisten días antes como testigos a la inscripción del infante en el Registro de la Casa Real. Veintiuna salvas anuncian al pueblo de Madrid, en su momento, el nacimiento del nuevo infante, que es confiado a los cuidados de Constantina Oñizo, una hija del portero mayor del Gobierno Civil de la capital de España, donde es empadronado.

Los primeros años de la vida de Don Juan transcurren entre el Real Palacio de Oriente, en Madrid, y los palacios de la Granja, en Segovia, La Magdalena —Santander— y Ayete —San Sebastián—. En Madrid comparte juegos y estudios con su hermano menor Don Gonzalo, hemofílico como el primogénito, de quien prácticamente no se separará hasta su ingreso en la Escuela Naval Militar de San Fernando, en Cádiz, en septiembre de 1930.

El Rey nombra preceptor de Don Juan al conde de Grove. Su vida, según relata Juan Balansó, fue metódica y regulada como un reloj: levantarse a las ocho y saludar a sus padres, tras un parco desayuno. De nueve y media a doce y media, estudio y gimnasia sueca hasta cerca de las dos. Almuerzo y recreo en los jardines palatinos del Campo del Moro de cuatro a seis, nuevo estudio y, a continuación, algunos días, un paseo con su hermano menor Gonzalo hasta la Casa de Campo. Cena a las nueve y media y seguidamente reunión familiar y juegos con la abuelita, la antigua Reina regente. Luego, el rezo del rosario y a dormir.

Diversos autores, entre ellos Juan Balansó, Ramón Sierra, Víctor Salmador, Gutiérrez-Ravé y Luis María Anson, entre otros, coinciden en que Don Alfonso XIII quiso inculcar a sus hijos desde muy pequeños, su devoción por todo lo militar. Desde niños se familiarizaban los infantes con las armas de fuego, pues todos ellos debían participar muy jóvenes en los ejercicios militares. Ramón Sierra explica a propósito de aquellos años, la enorme ilusión de Don Juan por su primer uniforme, el de «quinto» del Regimiento de Húsares de Pavía, cuando aun no había cumplido los seis años. Alberto Ranz, el sastre militar de la calle del Arenal, se había esmerado en aquel gorro de «quinto» que daba a todos los soldados de la época el aspecto de «botones» de gran hotel. Por su parte, Salmador señala el arraigo militar en que vivía Don Juan: le entusiasmaban los desfiles y el relevo de la Guardia de Palacio. El 30 de mayo de 1920, próximo a cumplir los siete años, Don Juan ingresa en la 1ª Compañía del I Batallón del Regimiento de Ingenieros, adscrito al Cuartel de la Montaña, de Madrid. El acta de su afiliación como soldado la firman el ministro de la Guerra, vizconde de Eza, y el capitán general de la I Región, Francisco Aguilera.

En 1921, junto con su hermano Gonzalo, recibe la primera comunión de manos del Vicario General castrense en la capilla de palacio.

Durante el año académico 1923-1924 a los dos infantes se les prepara mediante profesores particulares, militares, por supuesto, para que en junio del año siguiente inicien el bachillerato, cuyos exámenes de ingreso realizan en el instituto madrileño de San Isidro.

La vocación marinera

En el verano de 1928, Don Juan comunica a su padre su deseo de convertirse en marino. A Bonmatí de Codecido, le confiesa el conde de Barcelona: «La afición al mar y mi vocación de marino, que sentí desde muy niño, despertaron en mí porque durante la vacaciones veraniegas me pasaba el día embarcado entre balandros, barcos de guerra y barquichuelas, y me sentía de tal manera atraído hacia esto, que lo prefería a cualquier esparcimiento por divertido que fuera».

En septiembre de 1930, después de dos años de intensa preparación, Don Juan ingresa en la Escuela Naval de San Fernando, en Cádiz. Los exámenes realizados tres meses antes, en junio, merecen por parte del ministro del ramo, general Carvia, el calificativo de «brillantísimos». Para festejar tal evento, Don Alfonso XIII regala al infante el sable reglamentario. La formación militar que recibe en un cuerpo tan elitista como la Marina no contribuirá, ciertamente, a contrarrestar sus convicciones antidemocráticas. En San Fernando Don Juan fijará su residencia no en la Escuela, sino en una villa particular, «Nuestra Señora del Recreo». En San Fernando, y en presencia de Don Alfonso XIII, Don Juan jurará bandera.

La caída de la Monarquía, la huída y el exilio

Ya se ha señalado antes los motivos por los que cayó la Monarquía alfonsina. La jornada del 14 de abril, le sorprende a Don Juan en la Escuela Naval Militar de San Fernando. Sus ayudantes le embarcaron en uno de los torpederos que había anclados en el caño del arsenal, camino de Gibraltar, donde fue a parar para alojarse en el Hotel Bristol. En el palacio del Gobernador, sir Alexandre Godley, tuvo noticias de sus padres: el Rey se dirige a Marsella sin novedad, a bordo del crucero *Príncipe Alfonso*, y la Reina y los Infantes han cruzado la frontera hispano-francesa por Irún. Pocos días más tarde, en el trasatlántico italiano *Roma*, embarca rumbo a Génova. De allí, en tren, a París, para trasladarse a Fontainebleau, donde en el Hotel Savoy abraza a su madre y sus hermanos. A sus 18 años esta es su primera salida al extranjero, iniciando así, como hace notar Rafael Borrás, «sin él saberlo, ni sin que nadie lo sepa, un exilio que durará prácticamente hasta el fin de sus días, pues vuelto a España en 1982, más de medio siglo después y tras siete años desde que su hijo Don Juan Carlos ocupa el trono que el destino parecía tenerle reservado, su asentamiento en Madrid no será sino la continuación de un largo peregrinaje, esta vez en su patria, marcado por el desarraigo de quien ha sido olvidado por sus compatriotas —a excepción de un grupo escaso de leales— antes, incluso, de haber sido conocido».

En París meditó sobre su futuro y le pidió a su padre que le permitiera seguir en la Marina. Este le contestó que iría a Inglaterra, a ver si Jorge V le aceptaba en la Marina inglesa. Un telegrama urgente le hace trasladarse al hotel Claridge, donde Don Alfonso le comunica el buen fin de sus gestiones, y Don Juan ingresa en la escuela Naval de Darmuth. Después de pasar los correspondientes exámenes, que aprobó, en abril del año siguiente, 1932, sale hacia la India destinado en el crucero *Enterprise* de la Cuarta Escuadra. En febrero de 1933 se le concede un permiso especial de quince días para que pueda reunirse con su padre en Madrás, huéspedes ambos del gobernador británico, y visitar Mijsore, donde el Maharajá les agasajó con cacerías y fiestas en su honor.

Las renuncias sucesivas de sus hermanos Alfonso y Jaime, convierten a Don Juan en el heredero de la dinastía en el exilio. Un telegrama de su padre, recibido a bordo del *Enterprise*, en junio de 1933, le comunica las novedades familiares y dinásticas, y le previene de que a de ir haciéndose a la idea de renunciar a la carrera de marino, si acepta, como espera, los derechos sucesorios. Tardó ocho días en contestarle afirmativamente. Don Juan, ya Príncipe de Asturias, sigue en la Royal Navy, de la que en 1934 recibe el título de Oficial, hasta marzo de 1935, en que es nombrado teniente honorario de la Marina británica, al salir de la misma. Ingresó en la Universidad de Florencia, con objeto de adquirir nuevos conocimientos. Permaneció en ella tres meses, estudiando ciencias políticas, tomando contacto con destacados elementos del fascismo italiano. Mas tarde pasó unos pocos años en Suiza para trasladarse definitivamente a residir en el Portugal del dictador Oliveira Salazar.

Boda en Roma con el fin de asegurar la sucesión dinástica

Alfonso XIII piensa en 1935 que ya era hora de casar a su heredero. El ex Rey se había fijado en las hijas solteras del Príncipe Carlos de Borbón y su segunda esposa, Luisa de Francia: Dolores, María de las Mercedes y Esperanza. Don Juan escogió la segunda, ya que la primera no era ciertamente muy agraciada y la tercera, después de una serie de pruebas y análisis, recayó sobre ella la duda de su fertilidad.

El 12 de octubre de 1935, festividad de la Virgen del Pilar, el cardenal arzobispo de Florencia, legado pontificio, bendecía en la basílica de Santa María de los Ángeles, de Roma, la unión de los Príncipes de Asturias. Cuenta Balansó que, a pesar de las dificultades de la época, pues estamos en plena inestabilidad republicana, casi diez mil españoles se desplazaron a la capital italiana para asistir al histórico acontecimiento. La novia entró del brazo de Don Alfonso XIII, mientras Don Juan, a falta de su madre ausente, iba acompañado por su suegra y madrina de boda. Al finalizar, se dirigieron al Vaticano, donde fueron recibidos por el Papa Pío XI con todos los honores.

Los primeros días los recién casados los pasaron en Tívoli y después se dirigieron a Cannes para visitar a la octogenaria abuela paterna de la novia, la condesa de Caserta, Reina titular de las Dos Sicilias. Seguidamente emprendieron viaje de novios alrededor del mundo.

El 15 de enero de 1941, tras la abdicación de su padre, Don Juan se convirtió en el Rey de derecho. Dos días después de las exequias de

Don Alfonso XIII, manifestó que mientras permaneciera alejado del ejercicio efectivo de las funciones reales, adoptaba el título de conde de Barcelona.

Don Juan y los demás miembros de la familia Real se habían instalado en «Villa Giralda», una tranquila residencia de Estoril. Del matrimonio real nacieron cuatro hijos: Doña Pilar, nacida en Cannes, el 30 de julio de 1936 y que ostenta el título de duquesa de Badajoz; Don Juan Carlos, nacido en Roma el 5 de enero de 1938. Proclamado sucesor a la jefatura del Estado por el general Franco, el 22 de julio de 1969. Proclamado Rey de España ante las Cortes el 22 de noviembre de 1975. Adoptó el título de Juan Carlos I; Doña Margarita, nacida en Roma el 6 de marzo de 1939. Tiene el título de duquesa de Soria y de Hernáni; y Don Alfonso, nacido en Roma el 3 de octubre de 1941. Murió accidentalmente en Estoril el 29 de marzo de 1956. A diferencia de lo que siempre se ha contado sobre la sencillez de los Borbones en Portugal, hay que conocer la realidad de su existencia en el exilio.

Estoril, 1957: De cuando Don Juan quiso ser carlista

Los carlistas de Don Javier y su hijo Don Carlos Hugo estaban ganando terreno en plena trifulca monárquica. Ante ello los colaboracionistas que todavía quedaban en el Partido Carlista y los infiltrados proalfonsinos preparan una maniobra a favor de Don Juan de Borbón: la llamada «estorilada» de 1957, recién presentado en Montejurra el hijo de Don Javier.

Ya en 1956, el historiador carlista Melchor Ferrer, en *Observaciones de un viejo carlista a unas cartas del Conde de Rodezno,* publicadas el 4 de noviembre en Madrid por Gráficas Legier, denunciaba la maniobra con toda crudeza. Es el alegato más duro contra el conde de Rodezno y su reducido grupo puesto al servicio primero del Partido Único y más delante de Don Juan de Borbón. Para dar una idea del alegato de Ferrer, voy a espigar ciertos párrafos muy significativos que explicarán con toda claridad el Acto de Estoril, organizado para que el conde de Barcelona engullera la herencia dinástica del Carlismo.

«Lo que quiere Rodezno es lo que no queremos los carlistas. Al carlismo no se le entrega, sean quienes sean, sean cuantos sean los que sigan en su vía al conde de Rodezno. El carlismo no se entrega, porque quedaría por entregar la bandera que sostiene Don Javier. El carlismo no se entregó en los campos de Vergara, cuando una gran cantidad de «personalidades» abrazaron al «mamarracho» de Espartero; el carlismo no se entregó cuando en 1849 se acogieron muchas «personalidades» a la amnistía que les daba el «espadón» Narváez; el carlismo no se entregó cuando impulsado por el traidor Lezeu, Don Juan III —padre de Carlos VII— pedía ser reconocido por Doña Isabel como infante de España; el carlismo no se entregó cuando Cabrera y otras «personalidades» reconocieron al abuelo de Don Juan; el carlismo no se entregó cuando en 1879 eran invitadas las honradas masas para que acudieran a la Unión Católica, aunque muchas «personalidades» claudicaron; el carlismo no se entregó cuando la madre de Don Juan iba a aplaudir a Mella, no sé si en la Zarzuela o en la Comedia; el carlismo no se entregó cuando Esteban Bilbao y tantos otros se fueron a la Unión Patriótica; el carlismo no se entregó cuando el conde de Rodezno y sus correligionarios se fueron con el general Franco a la Falange; ni el carlismo se entrega ahora, aunque Rodezno y todos los que como él piensan vayan a Lisboa a «reconocer» a su Rey».

La acerada y mordiente pluma del historiador catalán Melchor Ferrer continúa: «Mientras quede un español que no reniegue de las esencias tradicionales de España, ni deserciones, ni claudicaciones, ni apostasías políticas acabarán con el carlismo. Hay ahora una nueva rebeldía que quiere encabezar el conde de Rodezno. Los carlistas de verdad ya saben como deben considerarlo y tratarlo, y Don Juan, al recibirlo, ha de saber que es un desertor de nuestra Causa y de Falange, el que va con unos amigos a ofrecerse. Pero el carlismo ¡jamás!... Lo que no podemos tolerar es que se pretenda hablar en nombre de Navarra carlista; ellos no son Navarra carlista; el pueblo leal navarro no se merece esta injuria. No hay navarros que puedan abandonar nuestras banderas tras las «singularidades» del conde de Rodezno... Esto no es y no será. No sólo Navarra, sino Cataluña, Castilla, las Vascongadas, Valencia, Aragón, Andalucía, Asturias, Galicia... es decir, España entera, fiel a sus juramentos y sus convicciones, no abandonarán por un conde de Rodezno, aunque vayan con un Don Juan, la alta figura del Abanderado designado por nuestro último Rey en plenitud de sus funciones, Don Javier de Borbón Parma».

¿Pero quien era Melchor Ferrer? Él mismo lo dice en la publicación citada: «Nunca fui integrista, ni fui minimista, ni fui mellista, ni fui de la Unión Patriótica, ni fui cruzadista, ni fui ni soy de FET. Ni alfonsino ni juanista. Carlista soy, carlista desde mi mocedad a las órdenes de Carlos VII el Grande; carlista al servicio muy cerca del caballeroso Jaime III; carlista bajo el recto Alfonso Carlos, carlista en la disciplina del nobilísimo Don Javier de Borbón Parma». A ello habría que añadir que fue la máxima autoridad en Historia del Carlismo, autor de la monumental *Historia del Tradicionalismo Español* en treinta volúmenes y otras obras importantes. Desde el punto de vista carlista, no hay duda de cuál fue en realidad la opinión del pueblo carlista cuando el conde de Rodezno, el 20 de diciembre de 1957, con otras cuarenta y cuatro personas, juraron fidelidad a Don Juan de Borbón.

Cabe preguntarse: ¿es que en España sólo existían 45 carlistas? ¿Eran en realidad carlistas los que asistieron al acto de Estoril? ¿Todos ellos formaban el Partido Carlista? Evidentemente, los alfonsinos que lucharon enrolados en Tercios de Requetés, pues no eran otra cosa los firmantes del Acta de Estoril, volvían a sus lares de origen. Y nada más. Los alfonsinos y juanistas estaban donde debían estar y los carlistas estuvieron donde siempre estuvieron.

Realmente, el acto de Estoril fue muy útil a los carlistas. Mucho más que a Don Juan. Una de las «gangas» del Carlismo se esfumaba. La otra, el integrismo, se esfumaría a partir del acto de Montejurra de 1965 y, definitivamente, con los acontecimientos internos dentro del Partido Carlista ocurridos en los años 70 y 71.

Traición filial y renuncia de tapadillo

A raíz de su entrevista con Franco, el 25 de agosto de 1948, a bordo del yate «Azor» en aguas de San Sebastián, Don Juan, sobre lo acordado referente a la educación de Don Juan Carlos, declaró:

«El general Franco pensaba que yo deseaba verlo educarse en el ambiente español. Yo era de la misma opinión. Decidimos que Juanito debería tener en España una completa libertad de movimientos y no ser objeto de ninguna presión. Los profesores, los compañeros y el género de vida debían ser fijados por mí. Nunca tocamos en nuestras conversaciones el tema de que mi hijo fuese el futuro sucesor de él en la jefatura del Estado. Quien iba a educarse en España era mi representante y mi heredero».

Todos conocen los acontecimientos posteriores. En una ocasión Don Juan Carlos declaró en la prensa extranjera: «No puede haber problema entre mi padre y yo. La ley dinástica existe y nadie puede hacer nada contra ella. Jamás, jamás aceptaré reinar en España mientras mi padre esté vivo: él es el Rey. Si yo estoy aquí es para que haya una representación viviente de la dinastía en España, ya que mi padre está en Portugal».

Sin embargo, Franco y su entorno pensaba otra cosa. En enero de 1969, la agencia oficial Efe distribuyó una entrevista con Don Juan Carlos, en la que parecía haber cambiado de opinión sobre ese tema: «No quiero plantearme una cuestión de derechos, sino, sencillamente, ser útil a lo que mejor convenga a mi patria. Esto es lo que vengo haciendo al dedicar mi vida a una formación adecuada para dicho servicio, que significa un sacrificio de otras actividades o apetencias personales. Estoy donde me ha puesto un conjunto de circunstancias, unas de origen histórico y otras de origen actual».

Estaba claro que Don Juan Carlos se saltaba a la torera a su padre y accedía a ser nombrado por Franco su sucesor a la jefatura del Estado.

El 22 de julio de 1969 se consumaba el «dinasticidio» y Don Juan Carlos fue proclamado en las Cortes sucesor de Franco. El 14 de mayo de 1977 Don Juan Carlos asumió la jefatura dinástica de la Casa Real, como consecuencia de la expresa renuncia de su padre en un sencillo acto que se desarrolló de tapadillo en uno de los salones de La Zarzuela, en presencia de unos pocos íntimos y el ministro de Justicia como Notario Mayor del Reino. La restauración se había consumado. El «reinado» del conde de Barcelona había durado 36 años y 4 meses.

Desde su renuncia, Don Juan y su esposa Doña María de las Mercedes vivieron en un chalet del barrio residencial de Puerta de Hierro, en Madrid.

El 1 de abril de 1993, aniversario de la victoria militar de Franco, Don Juan muere en la Clínica Universitaria de Navarra que el Opus Dei regenta en Pamplona, donde había ingresado el 16 de septiembre del año anterior a causa de una parada cardiorrespiratoria. Aquí terminaba la aventura monárquica del sucesor de Alfonso XIII y empezaba la de su hijo Don Juan Carlos I.

Don Javier, el «viejo Rey» carlista que se enfrentó a Hitler. Su herencia histórica y militar

El apellido Borbón Parma está íntimamente ligado a la herencia histórica y dinástica recibida de España. Los predecesores de S. A. R. Don Javier de Borbón Parma personificaron y lideraron el periodo histórico conocido como carlista, que desde el primer tercio del siglo XIX, cumplieron un papel importante en el devenir contemporáneo de nuestro país.

La disidencia popular carlista nació en 1833, producto de un enfrentamiento dinástico tras la muerte del Rey Fernando VII. Pero tras el tema dinástico, unos fueron partidarios del hermano del difunto Fernando, Don Carlos de Borbón, otros de su hija, la futura Isabel II. Latía, pues, una fuerte escisión ideológica que llegó a transformarse en una protesta social. La llamada «cuestión dinástica» fue la mecha que hizo estallar el polvorín ochocentista español.

Los carlistas se enfrentaron a los gubernamentales en tres largas guerras civiles. La primera fue liderada por el primer Don Carlos, denominado Carlos V en la genealogía legitimista y transcurrió de 1833 a 1839. La segunda, conocida como la «guerra de los matiners», se inició en 1846 y finalizó en 1849, siendo dirigida por Carlos VI, conde de Montemolín —hijo de Carlos V— y el mítico general Ramón Cabrera. Y la tercera desde 1872 hasta 1876, la de Carlos VII, fue la última gran contienda propiamente carlista. La gran reivindicación carlista, los Fueros para todas las comunidades, regiones o nacionalidades españolas, se saldó con la supresión de lo que quedaba de ellos en el País Vasco en 1876.

El Partido Carlista inició a partir de entonces el intento de participar en el juego parlamentario, abandonando la lucha armada. Con la muerte de Carlos VII y la llegada al liderazgo del partido de su hijo Don Jaime, los carlistas continuaron por la misma línea constitucional, pero reemprendieron una profunda renovación política e ideológica. Los «jaimistas» fueron abandonando los arcaicos esquemas legitimistas y religiosos, para profundizar e incidir en los problemas autonomistas, foralistas o federales y en el social.

Cuando llegó la II República Española, Don Jaime recomendó a sus militantes que colaboraran con la construcción del nuevo Estado. El proyecto canovista de la Restauración había llegado a sus últimas consecuencias. La aceptación de la dictadura del general Primo de Rivera llevó a Alfonso XIII al descrédito y a la vulneración del sistema constitucional.

Pero el repentino fallecimiento de Don Jaime, sin sucesión directa, llevó a la cabeza del partido a su octogenario tío Don Alfonso de Borbón y Austria-Este, de mentalidad e ideas conservadoras. Las distintas facciones del partido que se habían desgajado en la época «jaimista», los tradicionalistas y los integristas, volvieron al seno carlista. El partido pasó a denominarse Comunión Tradicionalista, lo que ya en sí mismo muestra las verdaderas intenciones de los nuevos dirigentes.

El primer trabajo que iniciaron fue el de preparar la insurrección contra la República. En su origen, la planificaron como un alzamiento carlista a la antigua usanza, pero tras el ejemplo del fracaso del general Sanjurjo en la intentona del 10 de agosto de 1932, los planes insurreccionales se fusionaron con los que llevaban a cabo un sector del Ejército, liderado por el general Mola.

Carlos María Isidro de Borbón, Carlos V, fue el primer monarca de la dinastía carlista. Al perder la primera guerra carlista marcha al destierro. Luis Felipe, le señala Bourges como lugar de confinamiento. Después de un incipiente periodo de actividad política, los carlistas reciben proposiciones para unir las dos ramas dinásticas: la isabelina y la carlista. Propugnan esta solución Pedro de la Hoz y el filósofo catalán Jaime Balmes. La Santa Sede aconseja a Don Carlos la reconciliación.

Se trataba del matrimonio entre Don Carlos Luis de Borbón y Braganza, futuro Carlos VI, con Doña Isabel de Borbón. Carlos V, para favorecer la unión dinástica, abdica en su hijo en mayo de 1845, toma el título de conde de Molina y se retira a Trieste, donde fallece el 10 de marzo de 1855. Más adelante, otro Rey, Carlos VII, conmemorará esta fecha instituyendo la festividad de los Mártires de la Tradición, en memoria de Carlos V y de todos aquellos que murieron en defensa de las libertades concretas, enfrentados al poder oligárquico de los caciques conservadores.

Carlos VI, conde de Montemolín, vivió una época plagada de acontecimientos políticos. Se puede decir que durante su jefatura en el carlismo se concretaron tres puntos: fracaso de la reconciliación dinástica, fijación primaria de la doctrina carlista y reanudación de la guerra civil. Los militares cortesanos que rodeaban a Isabel II, impidieron el avance democrático que hubiera significado la aportación de las ideas populares mediante la boda de Montemolín.

Los periódicos y publicaciones carlistas toman auge. Se dan a conocer, a través de ellos, las soluciones carlistas a problemas de todo tipo que tiene planteados el país.

Fracasada la unión dinástica, Jaime Balmes se retira de la política y Carlos VI, después de fracasado el intento de alzamiento de San Carlos de la Rápita, se traslada a Trieste, donde en enero de 1861 fallece víctima de una extraña enfermedad todavía no aclarada por la Historia. También fallecen su hermano Fernando y su esposa María Carolina de Borbón Dos Sicilias.

A Carlos VI, sin descendiente directo, le sucede su hermano Don Juan, que pasa a titularse Juan III. Por no cumplir el denominado pacto Dinastía-Pueblo, el carlismo le destituye y le sucede su hijo primogénito Carlos María de los Dolores, que vendría a titularse Carlos VII en la genealogía carlista.

Carlos VII llegó a ser el Rey más político del carlismo. Según algunos historiadores, él era el único que en aquellos momentos hubiera encauzado al país por unos derroteros de justicia y libertad.

Carlos VII impulsó en todo momento soluciones tendentes a resolver la crisis social. A través de sus documentos políticos se van perfilando las bases de una doctrina democrática.

Don Carlos se casó con Doña Margarita de Borbón Parma y el gobierno isabelino le llegó a proponer la devolución de su nacionalidad e incluso el trono, si aceptaba mantener los privilegios de quienes rodeaban a Isabel, condiciones éstas que no fueron aceptadas.

Acaudilló la tercera guerra carlista, llegando a dominar una gran parte del territorio español, especialmente el norte y el este. Creó la Universidad de Oñate, restauró los Fueros catalanes, valencianos y vascos, y la Generalitat catalana. Pero pudo más el apoyo económico de los magnates isabelinos que la razón popular. Don Carlos pierde la guerra y abandona España por Valcarlos lanzando su famoso «¡Volveré!».

Carlos VII consiguió la adhesión de otros grupos y personalidades políticas: los integristas, los neocatólicos de Nocedal, republicanos federales, algunos políticos liberales de Isabel II, radicales amadeístas e incluso alfonsinos. Pero un sector del carlismo, recién incorporado a él, llegó acusar a Carlos VII de desviacionista. Se trataba de la conocida maniobra integrista, más doctrinaria y teórica que popular y dinástica. Carlos VII y los carlistas los expulsaron del partido.

En plena concreción ideológica, los carlistas reciben otra proposición matrimonial de los isabelinos: boda de Don Alfonso, hijo de Isabel II, con Doña Blanca, hija mayor de Carlos VII. Proposición que no fue aceptada ya que los carlistas consideraron ilegítimo al hijo de Doña Isabel.

En 1897, Carlos VII, después de una reunión de trabajo con los más destacados intelectuales carlistas, da a conocer el Acta de Loredán, documento que refleja la actualización del programa carlista y la fijación de su doctrina social. Los integristas consideraron este programa demasiado avanzado, pero Don Carlos no tuvo en cuenta la opinión de esta minoría, que más tarde confirmó sus sospechas al escindirse y marcharse a su hogar materno: el conservadurismo isabelino.

El duque de Solferino, jefe carlista de Cataluña, de común acuerdo con Carlos VII, se adhiere a la «Solidaritat Catalana», movimiento político de reivindicación nacional que integró a regionalistas, republicanos federales, nacionalistas catalanes, carlistas y Unión Republicana, cuyo objetivo principal era luchar contra la famosa Ley de Jurisdicciones.

Carlos VII muere repentinamente en Varesse (Italia) y le sucede su hijo Don Jaime.

Jaime III fue un Rey dotado con unas actitudes políticas poco comunes. Fue el digno sucesor de Carlos VII. Impulsó en todo momento las organizaciones obreras y juveniles.

Los restos de los integristas que permanecían en el Carlismo no tardaron en llamarle «desviacionista». Aducían que mantenía un contacto demasiado estrecho con el Pueblo y que se comprometía demasiado en apoyar sus reivindicaciones.

Debido a los constantes ataques de la burguesía al carlismo, Don Jaime alienta la creación de las nuevas milicias carlistas. En 1907,

Juan María Roma crea en Cataluña el Requeté, organización que pronto iba a extenderse por todo el país.

Estalla la guerra europea y Don Jaime recomienda estricta neutralidad, pero el tradicionalista Juan Vázquez de Mella es contrario a ello, ya que opinaba que se debía apoyar a los Imperios Centrales absolutistas. El pueblo carlista siguió a su Rey.

Mella, Pradera y otros caciques se separan. Los mellistas entran en las filas del alfonsinismo, a través de Unión Patriótica y los integristas puros reconocen, por fin, a Alfonso XIII.

Don Jaime se entrevista en París con Franscec Cambó, líder del regionalismo catalán, y lanza un manifiesto contra la dictadura del general Primo de Rivera. El gobierno, como respuesta, cierra todos los círculos y locales carlistas y encarcela a sus líderes. Pero la dictadura cae y se proclama la II República Española, que es saludada con entusiasmo por los carlistas.

Alfonso XIII visita en París a Don Jaime y le hace proposiciones para otra reconciliación dinástica, pero antes de llegar a ningún acuerdo, Don Jaime fallece el 2 de octubre de 1931. Al no dejar descendencia, los carlistas proclaman Rey a su tío Don Alfonso Carlos, hermano de Carlos VII.

Don Alfonso Carlos tenía entonces 82 años. El viejo Rey vivió una época difícil para el carlismo, ya que Don Alfonso Carlos tampoco tenía descendientes varones.

A fines de 1934, Rodezno, Oriol y otros, firman a espaldas del Rey y del pueblo carlista, su adhesión al Bloque Nacional, que preside el monárquico alfonsino José Calvo Sotelo. Don Alfonso Carlos cesa a la Junta y excluye del partido a todos los integristas alfonsinos. Se hace cargo del partido el líder andaluz Manuel Fal Conde.

Fal Conde organiza militarmente al partido y apoya al Rey en su deseo de nombrar un regente. Deseo que se cumple el 23 de enero de 1936 al instituir la Regencia a favor de su sobrino Francisco Javier de Borbón Parma y Braganza, señalando expresamente que esto no privaría al Príncipe de su legítimo derecho a la Corona.

El viejo Rey fallece en Viena y toma las riendas del carlismo el Príncipe Don Javier, en calidad de regente, colaborando estrechamente con Fal Conde en la preparación del alzamiento militar que estallaría el 18 de julio de 1936.

El 20 de mayo de 1952, el pleno del Consejo Nacional de la Comunión Tradicionalista, reunido en Barcelona, proclama a Don Javier sucesor legítimo a la Corona de España y jefe de la Dinastía Carlista. Don Javier acepta, finalizando con ello la Regencia.

El 22 de febrero de 1972, Don Javier sufre un serio accidente automovilístico que hace temer por su vida. Después de reponerse con lentitud, Don Javier manifiesta que su hijo se hace cargo de la dirección política del carlismo. Finalmente, el 8 de abril de 1975, Don Javier abdica en su hijo Don Carlos Hugo, hecho que ratificó formalmente ante la Junta de Gobierno del Partido Carlista en su sesión de 20 de abril del mismo año. Don Javier falleció en Chur (Suiza) el 9 de mayo de 1977.

Don Carlos Hugo de Borbón Parma y Borbón Busset, había nacido el año 1930 en el exilio francés, en París. Obtuvo el grado de Doctor en Ciencias Económicas por la Universidad de Oxford y había cursado la Licenciatura en Ciencias Políticas en la Universidad de La Sorbona francesa. En 1964 contrajo matrimonio con la Princesa de los Países Bajos, Doña Irene de Orange-Nassau, con la que tuvo cuatro hijos: Carlos Javier (1970), Margarita (1972), Jaime (1972) y María Carolina (1974).

Las guerras civiles

La I Guerra Carlista se inicia el 3 de octubre de 1833, cuando el funcionario de Correos, Manuel María González, al frente de una partida de antiguos realistas, se alza en Talavera de la Reina, al grito de «¡Viva Carlos V!».

Las partidas van saltando en un lugar y en otro. El 5 de octubre, Valdespina, Zavala, La Torre, Bengoechea y Batiz proclaman a Don

Carlos en Bilbao, cuya plaza tiene que ser recuperada por una columna al mando de Sarsfield. En la misma fecha lo hacen Verástegui, Uranga y Villarreal en Álava. El 8 surgen en Guipúzcoa Andéchaga, Iturriaga, Eraso, Simón de Torre, Alzaá y Lardizábal. Navarra y La Rioja, casi al unísono, con Santos Ladrón, Iturralde, Echeverría y Sarasa. Cataluña, Valencia y Aragón se unen a la insurrección casi generalizada en todo el norte del país. El cura Merino y Cuevillas lo hacen en Burgos.

A pesar de que el movimiento se había producido a lo largo de todo el país, sólo se consolidó en el País Vasco, en el norte de Cataluña y en el Maestrazgo. La guerra, en principio, cabe estudiarla en varias fases o momentos culminantes de la lucha armada:

1. Fase de mando único de Zumalacárregui, hasta su fallecimiento en 1835 en el sitio de Bilbao. Don Carlos entra en España.
2. Los carlistas cuentan ya, gracias a la labor realizada por el general Tomás de Zumalacárregui, con un ejército numeroso y bien organizado. Los ejércitos se enfrentan en el norte a campo abierto, pasando a un segundo plano la táctica guerrillera. Lo mismo ocurre en el Maestrazgo con el general Ramón Cabrera. Expedición del general Gómez, en 1836, por toda la península. Expedición Real de 1837 con Don Carlos al frente, que llega hasta las puertas de Madrid.
3. Repliegue de la Expedición Real al norte. Toma de Morella por Ramón Cabrera. Se notan ya los primeros síntomas de cansancio. Las arcas carlistas están casi vacías. Maroto negocia con Espartero el «abrazo de Vergara» (31 de agosto de 1839). En septiembre, Don Carlos pasa a Francia.

La guerra, durante varios meses, continúa en los Países Catalanes, gracias a Cabrera. Al liquidarse la guerra en el norte, todos los esfuerzos del Ejército cristino se concentran en esta zona. Es el fin de la guerra (4 de julio de 1840).

El 12 de septiembre de 1846, el conde Montemolín, Carlos VI, lanza un manifiesto que inicia la II Guerra Carlista. No obstante, es bastante impreciso señalar una fecha concreta del primer alzamiento, ya que algunas partidas se habían adelantado y ya estaban maniobrando por los montes. Por ello, a estos guerrilleros se les denominó «matiners» (madrugadores), apelativo con el que pasó a conocerse esta guerra.

El intento fracasó en otras zonas del país y sólo arraigó en los Países Catalanes. Los «matiners» contaron con el apoyo del campesinado y contaron con una extensa red de informadores que cubría prácticamente toda Cataluña. El Ejército de Madrid siempre llegaba tarde para copar alguna guerrilla. Se necesitaron 70.000 soldados para acabar con la guerra. Y aún así, la derrota no se debió a una solución de tipo militar, sino a la falta de apoyos internacionales y a la penuria de medios técnicos bélicos.

La relación de los hechos militares de los «matiners» es fácil. La táctica siempre es la misma: respeto a los pueblos y ciudades, no molestando para nada a sus habitantes, recaudar contribuciones en metálico a los ayuntamientos gubernamentales y a los campesinos ricos sospechosos de simpatía progubernamental, destrucción del catastro o registro de la propiedad y desarmar a las guarniciones militares.

El número de miembros de las partidas variaba según las acciones a realizar, y en término medio, el total de efectivos se estabilizó durante la guerra en unos 4.000 «matiners». A raíz de la entrada de Cabrera en Cataluña, estos efectivos llegaron incluso a cerca de 10.000 hombres.

Una de las consecuencias de la revolución de 1848 en Francia, fue el alzamiento de partidas progresistas y republicanas en Cataluña. Rápidamente, estas partidas confraternizaron con las carlistas. Al conocerse la alianza carlo-progresista, las republicanas anuncian desde París la insurrección general, al lado de los «matiners».

La actividad guerrillera crece. Las autoridades gubernamentales constatan, sorprendidos, la ayuda mutua entre progresistas, republicanos y carlistas.

Tras el fracaso de la entrada de Carlos VI a España, la lucha guerrillera va decreciendo. Las partidas republicanas y progresistas son totalmente diezmadas, con lo que los «matiners» van disolviéndose poco a poco. El 25 de abril de 1849, Cabrera entra en Francia con su Estado Mayor, siendo detenido en Err por las autoridades francesas. La guerra estaba prácticamente terminada. Poco a poco todas las partidas fueron traspasando las fronteras.

La III Guerra Carlista se inició el 14 de abril de 1872, cuando Don Carlos de Borbón, Carlos VII, autoriza el levantamiento enviando un telegrama desde Ginebra al general Díaz de Rada.

Los primeros intentos fracasan, por lo que se firma el Convenio de Amorebieta mediante el cual se indulta a los militares sublevados. Pero esto es un espejismo: se trataba de ganar tiempo hasta el levantamiento definitivo. Al proclamarse en Madrid la I República Española, la situación política cambia respecto a los carlistas. Ahora los burgueses y los capitalistas, asustados ante el cariz que toma la revolución, retroceden y ven en Don Carlos el hombre que puede equilibrar la situación. Los empréstitos y las ayudas económicas afluyen al carlismo con sospechosa celeridad.

Dorregaray penetra en España en febrero de 1873. El brigadier Ollo organiza el Primer Batallón de Navarra; Rada («Radica») el Segundo y Pérula la caballería. Marchan y contramarchan. Al fin, para medir sus fuerzas, se enfrentan a la brigada de Nouvilas y logran vencerla. La primera confrontación en el norte se realiza en Eraul, donde los carlistas vencen al general Navarro.

A partir de ahí, la guerra se extiende por todo el norte. Don Carlos entra el 16 de julio a España y los carlistas van creciéndose. La primera gran batalla, en que se enfrentan dos ejércitos, se da los días 7 al 9 de noviembre, en Montejurra. Moriones cuenta con 16.000 soldados y Don Carlos con 9.000 voluntarios. Los gubernamentales inician el ataque general, pero son rechazados una y otra vez por los carlistas. En la noche del 8 al 9, Moriones se da por vencido y retira todas sus tropas. Los carlistas se posesionan de todas las poblaciones de los alrededores.

Una a una van cayendo las guarniciones gubernamentales. Los carlistas copan casi todo el territorio vasco. En los Países Catalanes, la guerra sigue una marcha también positiva. Es el gran momento de los carlistas.

Al iniciar el sitio de Bilbao, los carlistas cometieron el mismo error sucedido en la I Guerra, que condujo a la pérdida de la contienda. La mayoría de los generales carlistas opinaban que no se debía insistir en Bilbao sino ensanchar el radio de acción y extender el territorio en dirección a Madrid. Pero puede más la razón política, ya que se necesitaba la conquista de una plaza como la de Bilbao para que los préstamos extranjeros fueran concedidos y así poder mantener al Ejército en lucha. Los gubernamentales logran romper el cerco, después de sangrientos enfrentamientos, y los carlistas levantan el sitio. Los generales Serrano y Concha entran triunfantes en Bilbao.

Cabizbajo y desmoralizado, el grueso del Ejército carlista se retira a Durango y empiezan las disensiones internas, acusándose unos a otros del fracaso.

El general Concha, pretende dar el golpe de gracia a los carlistas e intenta la toma de Estella. Los carlistas le plantan cara en Abárzuza y destrozan al ejército del marqués del Duero, que pierde su vida en esta batalla. Es la revancha de Bilbao. Pero es la última gran victoria carlista.

La Restauración canovista mermó las últimas posibilidades del carlismo. El nuevo régimen alfonsino formó a finales de 1875 un ejército de 150.000 soldados de infantería, 5.000 de caballería y 500 piezas de artillería. Ante estas fuerzas, Don Carlos opuso 33.000 voluntarios, 1.700 jinetes y 100 cañones. La relación de fuerzas lo dice todo.

El 16 de febrero de 1876, Primo de Rivera toma Montejurra y recupera Estella. Pocos días más tarde, ante la evaporación del ejército carlista vasco, Don Carlos se retira por Valcarlos a Francia. Es el fin de la tercera guerra. Quince mil carlistas, según las autoridades francesas, no quisieron entregarse y siguieron a Don Carlos al exilio.

Las guerras carlistas ponen de manifiesto un problema crucial: la resistencia de las clases populares españolas —sean campesinas, artesanas o urbanas o pequeña nobleza rural— a integrarse en las nuevas formulaciones del liberalismo económico. Y ello por una simple razón: con el sistema liberal empeoraba ostensiblemente su ya penosa situación. Su hambre de tierra no era satisfecha por los nuevos gobernantes, sino al contrario, los bienes comunales también les eran arrebatados. Las tierras pasaron de un amo a otro, llámese «señor» o «rico». Además, se les amenazaba con la supresión de los Fueros, una peculiar democracia que, en el caso de los vascos y catalanes, les había permitido hasta entonces gobernarse a su modo sin esperar instrucciones de un lugar tan lejano para ellos, llamado Madrid. En las guerras carlistas, pues, se dilucidó un contencioso ideológico-político, basado en una protesta social.

La derrota del 2 de marzo de 1876, que significó el fin de la III Guerra Carlista, con la consiguiente secuela de la abolición foral y del aceleramiento de la desamortización religiosa y de la comunal, el Partido Carlista quedó exhausto y en un aparente estado letárgico.

En efecto, la derrota carlista fue duramente reprimida y soportada, fundamentalmente, por el pueblo vasco que había apoyado masivamente el alzamiento. El 21 de julio de 1876, recién acabada la guerra, las Cortes Españolas castigaban a los vascos aprobando la ley abolitoria de los Fueros.

Al iniciarse el siglo, el Partido Carlista estaba casi en cuadro y en vías de extinción. Sólo le sostenía una base popular que se mantenía fiel al jefe que nunca le había defraudado: Carlos VII, que nada podía hacer ante el sector tradicionalista que ocupaba el aparato dirigente del partido y abocado a la vía parlamentaria.

La vía parlamentaria, no obstante, en sus inicios no cosechó los éxitos que sus propiciadores habían augurado. En las elecciones a Cortes de marzo de 1901 sólo se consiguieron 6 actas. En las de 1903 se consiguió un diputado más, entre ellos estaba Vázquez de Mella y el catedrático Gil Robles, padre del líder de la CEDA en la II República. Se consiguieron, además, dos puestos en el Senado. En las elecciones de 1905 se registró un retroceso en el Congreso al conseguirse sólo cuatro representantes, mientras que los dos del Senado se mantuvieron, pero en las municipales de noviembre se consiguieron ciento catorce concejales. Este último dato es revelador, ya que significaba que el Partido Carlista seguía siendo importante en el sector rural.

Esta vía cosecharía algunos éxitos importantes, como el de 1905 en el que el Partido Carlista entraría a formar parte de la oposición en Cataluña con fuerzas políticas distintas a su ideario. Este frente común, la Solidaritat Catalana, fue motivado por la llamada Ley de Jurisdicciones, según la cual el Gobierno quería erradicar el anarquismo y desarticular a los partidos carlista y republicano federal, así como debilitar a los crecientes nacionalismos catalán y vasco. En el Congreso, los diputados carlistas, con Llorens a la cabeza, se aliaron con los partidos de la izquierda para oponerse a la citada ley.

En las elecciones parlamentarias de 1907, el carlismo recogería los frutos de su acción solidaria, consiguiendo la elección de 14 diputados. Sólo en Cataluña obtuvo 7 actas. En cuanto al Senado, consiguió 6, tres de los cuales fueron conseguidas también en Cataluña. Fue la minoría carlista más numerosa conseguida en la etapa de la Restauración, todo ello gracias a su política de oposición y su colaboración con la izquierda nacional.

Los éxitos electorales trajeron, como corolario, la reorganización y el fortalecimiento del partido. Los actos de propaganda, los mítines y las conferencias esmaltaron el territorio nacional. Esta presencia pública del carlismo y su imagen de partido en evolución, conllevó una recuperación de su prestigio ante la opinión pública.

En 1909 Carlos VII fallece en Varesse (Italia), sucediéndole su hijo Don Jaime, Jaime III en la genealogía carlista.

Don Jaime fue un auténtico líder popular que basó su línea política fundamentalmente en los sectores obreros y juveniles del carlismo.

De mentalidad moderna y progresista no dudó en proclamarse socialista: «me considero y me he considerado siempre como un socialista sincero, en el sentido exacto de la palabra».

El «jaimismo» se dividió en tres fases. La primera llega hasta los inicios de la I Guerra Mundial, en 1914. Una segunda, abarca precisamente los años de la guerra y su inmediata postguerra, es decir, hasta 1919. Y la tercera, hasta la proclamación en 1931 de la II República Española.

El primer periodo puede considerarse como tranquilo, sin excesivas convulsiones internas. Era un tanteo y un periodo de información directa de Don Jaime sobre el pensamiento de la base y de las propias jerarquías del partido, con los primeros y tímidos intentos de evolución ideológica, con todas las cautelas y prudencia imaginables.

En el segundo, 1914-1919, Don Jaime se vio confinado en Austria, por sus ideas y sus simpatías aliadófilas y, por lo tanto, desconectado de la dirección política directa del carlismo. Este hecho fue aprovechado por el sector de jefes conservadores que apoyaron al bando germanófilo o a los Imperios Centrales, cuya principal cabeza era Vázquez de Mella, en connivencia con el «maurismo» y el integrismo católico de la post-restauración.

El tercer periodo es el más conflictivo y, por otro lado, el de más intensa lucha política. Se produce la llegada de Don Jaime, ya libre de su confinamiento austriaco, con la consiguiente denuncia de la base por las manipulaciones de los mellistas y la defección del propio Vázquez de Mella. Es también la época de enfrentamiento frontal con la dictadura de Primo de Rivera y la correspondiente tanda de represiones, cierre de locales y periódicos carlistas, con la secuela de encarcelamientos de los líderes populares del partido. Este periodo finalizó, tras el fracaso de la táctica jaimista y el fallecimiento de Don Jaime, con el retorno una vez proclamada la República, de los integristas y tradicionalistas. El ciclo se había vuelto a cumplir. Los llamados «nobles requetés» iban a ponerse al servicio, de mano de los recién llegados, de la oligarquía contra la que siempre habían combatido.

La aportación de los voluntarios carlistas o requetés en la primera hora de la guerra civil fue masiva. Dieron carácter popular al alzamiento de los militares. Se calcula que en los primeros días se integran cerca de 40.000 voluntarios. Pero no todos eran voluntarios carlistas: a los Tercios de Requetés fueron a parar monárquicos alfonsinos o conservadores; los miembros de las Juventudes de Acción Popular de Gil Robles, de tendencia demócrata-cristiana; y los legionarios del doctor Albiñana, de tendencia totalitaria. Este dato hay que retenerlo en la memoria, ya que una vez finalizada la contienda, estos individuos volverían a sus lares de origen, pero, cuando se considerara necesario para sus intereses, esgrimirían su calidad de «carlistas» por el simple hecho de haber pertenecido momentáneamente a algunas de estas unidades del Requeté. Algunos de ellos, incluso, no llegaron ni a combatir, se limitaron a pasear su uniforme y su boina roja por Burgos y Salamanca, la retaguardia, bien pertrechados en una cómoda y poco comprometida situación.

El 28 de septiembre de 1936 fallece en Viena, víctima de un oscuro y poco aclarado accidente de tráfico, el Rey Don Alfonso Carlos. Manuel Fal Conde, secretario general del carlismo, pone en marcha inmediatamente el mecanismo de sucesión previsto anteriormente: el 1 de octubre da a conocer desde Burgos el decreto por el que Don Javier de Borbón Parma y Braganza, sobrino de Don Alfonso Carlos, es designado oficialmente regente del carlismo.

Ante la inminente toma de Madrid por los ejércitos del general Francisco Franco, carlistas y falangistas —el ala fascista del levantamiento militar— realizan una primera toma de contacto tendente a llegar a un acuerdo para ocupar los principales edificios y medios de comunicación de la capital, firmando a tal efecto un documento,

Este contacto entre carlistas y falangistas, realizado al margen de los militares, enojó a Franco. Ahí empezaron a surgir las primeras diferencias entre Fal Conde y el general. Este último empezó a madurar la conveniencia de un plan para fusionar las fuerzas autónomas al Ejército. Y circularon entonces por Salamanca, cuartel general de los militares, los primeros rumores de unificación.

La ocasión de la eliminación política de Fal Conde se le presenta a Franco muy pronto. El 8 de diciembre de 1936, Fal es citado con urgencia a Salamanca y en el cuartel general de Franco se entrevista con su ayudante el general Dávila, que le comunica, de parte de Franco, que «o se expatría usted o tendrá que someterse a un Consejo de Guerra». El líder de los carlistas había confeccionado un plan para crear una Real Academia Militar Carlista, para nutrir de jefes y oficiales a los Tercios de Requetés que luchaban en el frente.

Los jefes carlistas se reúnen en la «Casa de las Conchas» de aquella ciudad, donde se hallaban sus oficinas, y al pedirles Fal que resolvieran lo que tenía que contestar, éstos ante el peligro de inminente detención y posterior fusilamiento, deciden la expatriación y eligen Lisboa. Y Fal Conde marcha a Portugal, pero no por ello decrece su actividad en la dirección del carlismo.

En la retaguardia se lucha por el poder político. El 14 de febrero de 1937, Manuel Hedilla, jefe de la Junta de Mandos de Falange, autoriza a José Luis Escario y a Pedro Gamero del Castillo a trasladarse a Lisboa para conectar con Fal Conde y discutir las bases de un acuerdo sobre el futuro régimen español. Por el camino y por indicación de Ramón Serrano Súñer, cuñado de Franco, se une a la comisión Sancho Dávila. No se llega a ningún acuerdo, ya que los falangistas proponen como futuro Rey de España al hijo de Alfonso XIII, Don Juan de Borbón, padre del actual Rey de España, Don Juan Carlos de Borbón y Borbón.

Mientras tanto, los tradicionalistas pro-alfonsinos o juanistas trabajan los medios carlistas en pro de la unificación, cuyos rumores son cada vez más insistentes. El conde de Rodezno y Luis Arellano aparecen como las figuras más notorias de este sector.

El 6 de abril, Manuel Hedilla se entrevista en Villarreal de Álava con los representantes de la Comunión Tradicionalista, Arauz de Robles y Lamamié de Clairac. Esta reunión fue un signo de claro enfrentamiento con Serrano Súñer —hombre destinado por Franco para la ejecución del proyecto unificador— y, por lo tanto, con el propio Franco. Los reunidos acordaron no aceptar la unificación si ésta se realizaba al margen de ambas organizaciones políticas; además se comprometieron a no aceptar ningún cargo en la primera Junta Política que se formara.

Los falangistas, encabezados por José María de Areilza, conde de Motrico, y el juanista Pedro Sainz Rodríguez, realizan un último esfuerzo para convencer a los carlistas de que acepten unificarse y, para ello, visitan el 18 de abril en San Juan de Luz a Don Javier de Borbón Parma. Le proponen directamente la fusión voluntaria con Falange y otros grupos derechistas. El Regente carlista se negó rotundamente a ello y apoyó la postura de su secretario general, Fal Conde, y los acuerdos con los comisionados de Villarreal de Álava.

Veinticuatro horas más tarde de esta reunión en el sur de Francia, el 19 de abril de 1937, la emisora dependiente del Cuartel General del Ejército franquista, emite un discurso de Franco y da a conocer el texto del Decreto de Unificación, según el cual todas las organizaciones políticas quedan disueltas e integradas en el partido único Falange Española Tradicionalista y de la JONS.

La reacción carlista no se hace esperar. Desde Lisboa, Fal Conde amenaza con expulsar del carlismo a todos los que acepten cargos en el nuevo partido de corte fascista.

El 22 de abril, Franco nombra por decreto la primera Junta Política de FET y de las JONS, de la que forman parte cuatro tradicionalistas pro-alfonsinos: el conde de Rodezno, Luis Arellano, José María Mazón y el conde de La Florida. Aquel mismo día, Don Javier de Borbón Parma y Manuel Fal Conde anuncian la expulsión de los cuatro de la Comunión Tradicionalista, a la que desde entonces dejaron de pertenecer. La guerra entre falangistas y carlistas ya estaba, de esta manera, declarada formalmente.

La oposición frontal del carlismo a Franco, iniciada con la negativa a unificarse en el partido único, iba a tener importantes consecuencias. De entrada, todos los miembros de la Comunión Tradicionalista quedaron marginados de los puestos de responsabilidad política, excepto los tradicionalistas alfonsinos que, con el conde de Rodezno a la cabeza, son aupados a importantes puestos ministeriales: Esteban Bilbao llegaría a ser ministro de Justicia y primer presidente de las Cortes franquistas. El propio conde de Rodezno ocuparía también el cargo de ministro de Justicia, y años más tarde, el 20 de diciembre de 1957, sería el primer firmante del Acta de Estoril, por la cual 44 tradicionalistas aceptaron la jefatura dinástica de Don Juan de Borbón, conde de Barcelona, siendo uno de los elementos clave del entendimiento entre Franco y Don Juan, que culminó con el envío a España del Príncipe Don Juan Carlos de Borbón, para ser educado cerca y bajo la dirección de Franco y designado más tarde Rey de España. Otro alfonsino, Antonio María de Oriol y Urquijo, que circuló por la retaguardia uniformado con boina roja y representante vasco en el sector hidroeléctrico, también sería premiado con el ministerio de Justicia.

No obstante, Don Javier intenta contrarrestar esta marginación penetrando en España el 17 de mayo de aquel mismo año. Visita a los requetés en el frente y con su presencia activa llena el hueco dejado por el destierro de Fal Conde. Se entrevista con Franco y le explica el motivo de su discrepancia con el Decreto de Unificación y su resistencia a la construcción de un nuevo Estado. La reacción de Franco, que escuchó impertérrito, se conoce dos días después: estando en pleno frente, Don Javier recibe a un ayudante del general que le entrega una carta en la que le dice que debe abandonar el territorio español en un espacio de veinticuatro horas. Sería la primera expulsión de un miembro de la familia Borbón Parma.

El 11 de agosto, intentando atraerse la voluntad de Fal, Franco decide terminar con el destierro del líder carlista y le recibe en su cuartel general. Franco le propone formar parte del gobierno, pero Fal rechaza su colaboración en la formación del nuevo Régimen.

El 12 de diciembre, «Festividad de la Raza», instituida mediante decreto, se suceden en todo el territorio nacional dominado por Franco diversas manifestaciones de protesta protagonizadas y organizadas por la AET (Estudiantes Carlistas). Se realizan detenciones en Pamplona, Burgos, San Sebastián y Vitoria.

Estos mismos estudiantes carlistas serían los que, en el año 1941, intentaron organizar el envío de un Tercio de Requetés a luchar al lado de los Aliados en la II Guerra Mundial, para contrarrestar así los efectos propagandísticos de la División Azul, fascista y española. No lograron sus proyectos, siendo detenidos todos los miembros del Comité organizador y encerrados en prisión.

El enfrentamiento Franco-Carlismo duraría toda la larga postguerra.

La larga marcha contra el franquismo

Una vez finalizada la guerra, el sistema impuesto por Franco confirmó las tesis carlistas de construcción de un Estado totalitario y fascista. Su oposición desde la primera hora le valió una represión solapada y subterránea. Numerosos jefes y militantes carlistas irían a parar a la cárcel o a los campos de concentración franquistas. Este es el caso de un joven militante e intelectual carlista, Fernando Polo, autor de *¿Quién es el Rey?*, obra fundamental en el tema de la cuestión dinástica, que falleció a consecuencia de una tuberculosis contraída en uno de esos campos de concentración de Franco. Pagó con su vida su oposición al franquismo.

Un hecho vendría a incidir a favor de Franco. Iniciada la guerra mundial, Don Javier tomó partido —consecuentemente con la línea propugnada por el Carlismo— por el bando aliado y amparó un maquis en Francia, enlazado a la Resistencia contra los nazis. Pero, desgraciadamente, fue descubierto por los alemanes y confinado en el campo de concentración de Dachau hasta el final de la guerra. Los nazis descubrieron su personalidad española y escribieron a Franco comunicándole que tenían en su poder «al jefe de los Requetés» y que esperaban instrucciones suyas al respecto. Franco vio aquí la gran oportunidad de deshacerse de un enemigo peligroso y contestó que «no conocía a ese señor de nacionalidad francesa y que hicieran con él lo que quisieran». Es decir, lo condenaba explícitamente a la muerte.

Don Javier logró subsistir a las penalidades de Dachau —salió con un peso de 35 kilos—, pero estuvo apartado de España hasta 1945, año en que fue liberado por los aliados.

El 21 de julio de 1945, el carlismo denuncia la grave situación que sufre el País Vasco, mediante una Declaración, en la que señala que: «el Estado falangista frente al problema vasco se ha dedicado únicamente a esconder la cabeza bajo el ala y a producir agravios nuevos: la abolición del Concierto Económico con Vizcaya y Guipúzcoa; la persecución de la lengua vascongada, contra el Derecho Natural y la costumbre tradicional; la represión, acerba y desatinada».

El 26 de julio de 1950, ya repuesto de las heridas y enfermedades sufridas en Dachau, Don Javier entra clandestinamente en España y renueva el juramento de los Fueros vascos hecho en Guernica en plena guerra civil. Lo mismo realiza en Cataluña, el año 1951, con los Fueros catalanes. La policía franquista le descubre y vuelve a expulsarlo del territorio nacional.

La presencia y actividad de Don Javier renueva los ánimos en la base del Carlismo, que le insta a que considere finalizado su periodo de Regencia y que asuma la titularidad dinástica, lo que realiza en Barcelona el año 1952, ante el Consejo de Gobierno de la Comunión Tradicionalista.

El 6 de enero de 1955, el partido lanza una nota a la opinión pública con motivo de la entrevista de Franco con Don Juan y un mes más tarde Don Javier entra en España acompañado, por vez primera, de su hijo Carlos Hugo. Ello era una clara muestra de que el Carlismo no se arredraba ante la ofensiva franco-juanista y que presentaba al país a un joven Príncipe bien preparado en universidades europeas. Inmediatamente, y por directa indicación de Don Javier, inició sus contactos con los jóvenes universitarios del Carlismo. La clara inteligencia y las agudas intenciones del joven Príncipe entusiasmaron a los carlistas: ya tenían un «candidato» que ofrecer al país. La batalla por la Corona se había abierto.

Pero para que el partido lleve adelante sus planes necesita una nueva dirección política en el interior. El 11 de agosto de 1955, Don Javier cesa a Manuel Fal Conde y nombra para sustituirle a José María Valiente. Mientras tanto, Don Carlos Hugo traspasa la frontera clandestinamente y se instala en casa de un obrero vasco, antiguo fundador de los Sindicatos Libres: Pedro Olaortúa. Vive una temporada en Bilbao sin que nadie llegara a adivinar su verdadera identidad y conoce la dura lucha diaria del obrero vasco en aquellos años de desarrollismo tecnocrático. Don Javier culmina la operación enviando a España a sus hijas: María Teresa, Cecilia y María de las Nieves, que recorren casi toda España, visitando círculos carlistas y suscitando adhesiones dinásticas. Esta vanguardia política de la Dinastía sería la llave que apartaría la costra integrista y tradicionalista enquistada en el partido, permitiendo con ello, bajo la paciente y eficaz dirección de Don Carlos Hugo, el inicio de la evolución ideológica.

La presentación oficial y pública de Don Carlos Hugo se efectuó el 5 de mayo de 1957 en el acto de Montejurra, donde compareció ante 40.000 carlistas en esta mítica cumbre de la historia del Carlismo, acompañado por sus tres hermanas.

El 31 de mayo de este mismo año, el franco-juanismo organizó el Acto de Estoril, mediante el cual falsos ex carlistas rendían pleitesía a Don Juan, en concordancia con el general Franco.

Este evento favoreció a los carlistas, ya que propició la reacción de todas las juntas locales, provinciales y regionales del Carlismo, que se solidarizaron con Don Javier y su hijo Don Carlos Hugo.

El franquismo no paró de maniobrar, intentando presentar a la opinión pública otras supuestas escisiones y «pretendientes carlistas», como fueron la «sivattista» de Mauricio de Sivatte y la «carloctavista» del almirante Cora y Lira. Todas ellas acabaron como la «estorilada», consiguiendo objetivos contrarios a los esperados. La unidad del pueblo carlista con Don Javier y Don Carlos Hugo fue cada vez más estrecha, a pesar de la expulsión del territorio nacional de los miembros de la Dinastía, la excarcelación de sus líderes, cierre de su prensa y locales del partido, así como las campañas informativas oficiales contra el Carlismo, todo ello ordenado por el dictador, el general Francisco Franco.

Se inicia así la conquista de las libertades democráticas.

La evolución ideológica y doctrinal del Carlismo en esa época no fue un hecho fortuito ni un hecho impuesto, sino una consecuencia lógica de su propio ser y de su propia esencia popular. Tiene, por tanto, esta evolución un origen ideológico y una causa nacida de los deseos de desarrollo del Carlismo como grupo humano y dinámico.

La gran fuerza y energía popular del Carlismo, basadas en sus ansias democráticas y de libertad, se veían frenadas y reprimidas por el esfuerzo de un grupo minoritario que durante más de cuarenta años ocupó y detentó los puestos de responsabilidad y de decisión del Carlismo, hasta ahora denominado también Comunión Tradicionalista.

Esta minoría, procedente en su mayor parte del integrismo, manipulaba una serie de valores que el pueblo carlista conservaba como elementos de base de su doctrina: la unidad religiosa, el concepto de patria, la propiedad, etc. Eran manipulados de tal forma que su interpretación conducía a la defensa de los intereses particulares de este grupo o de aquellos que utilizaban al Carlismo como grupo idealista contrarrevolucionario. La consecuencia de esta manipulación era impedir el desarrollo democrático y revolucionario que se manifestaba en el seno del Carlismo, produciéndose en definitiva el estancamiento ideológico y doctrinal.

El 1 de abril de 1967, consecuente con la línea de renovación de cargos, Don Javier designa nuevos jefes regionales carlistas. Entre otros, Miguel de San Cristóbal es nombrado jefe en Navarra; Luis Doreste Manchado para Canarias; y Joaquín Chico de Guzmán para Murcia. Todos ellos son hombres de la «antigua ola», pero totalmente identificados con la evolución ideológica del partido. Y su incidencia iba a ser importante, ya que permitirían la promoción de líderes de la base. El gran salto adelante del Carlismo iba a deberle mucho a estos jefes. Conscientemente se enfrentarían con el ala conservadora y colaboracionista con el franquismo. Estos hombres, evidentemente, de la última guerra civil y su prestigio intocable en el seno del partido estaba a salvo de los ataques de los caciques. Carlos Hugo diría en carta-mensaje a los carlistas reunidos en el acto del Quintillo que «estamos en las nuevas fronteras de nuestra misión de mañana». Estas palabras, suficientemente significativas, señalaban la inequívoca nueva andadura del partido. Inmediatamente, se pasa de la teoría a la práctica: se producen colaboraciones con las clandestinas Comisiones Obreras, hasta tal punto que la fundación de la sección del Metal de esta sindical se realiza en una reunión celebrada en el Círculo Carlista de Madrid, en la calle Limón número 6.

Ante la nueva línea ideológica y política, el sector colaboracionista va cediendo sus puestos. El 6 de enero, José María Valiente cesa como jefe-delegado del Carlismo, terminando así formalmente la etapa colaboracionista. Se crea una Junta Suprema del partido, presidida por el andaluz Juan Palomino Jiménez. La noticia es recogida en los círculos carlistas con gran alborozo. Ya sin tapones en la cumbre, el partido sigue con su tarea pedagógica. El propio Don Carlos Hugo presidiría en Huarte-Pamplona el I Cursillo de la Juventud Carlista.

El acto de Montejurra de 1968 está presidido por Doña Irene. Auxilio Goñi, diputado en las Cortes de Franco y uno de los fundadores de la oposición interior al Sistema, pide desde la Plaza de Los Fueros, de Estella, una Ley Regional en la que se devuelvan los autogobiernos a las distintas nacionalidades del Estado español. El acto es ya abiertamente de ruptura. La revista *Montejurra* describiría el interés con que son seguidos los discursos: «Ningún año anterior habíamos observado tal silencio, incluso en los bares y en los porches». Al día siguiente, los diarios *El Pensamiento Navarro* y *Diario de Navarra* publicarían íntegro el discurso de Goñi. El ministro Fraga Iribarne ordenaría el secuestro de ambos periódicos. Sería la primera vez, en muchísimos años, que los franquistas dejarían a toda una ciudad sin prensa.

La concienciación popular es ya un hecho evidente. Todos los miembros de la familia Borbón Parma recorren durante todo este año casi la totalidad del país. Los líderes políticos del partido pronunciarían mítines, ignorando las correspondientes autorizaciones gubernamentales, y se acepta el análisis marxista en el campo económico.

Y la reacción del Gobierno franquista no se hace esperar. La clara tendencia a la izquierda del Carlismo y la constante crítica a las acciones gubernamentales, así como la inminencia del final de la llamada «Operación Juan Carlos», con el consiguiente nombramiento por Franco del Príncipe Juan Carlos, como sucesor suyo a la jefatura del Estado, provocaría la expulsión de toda la familia Borbón Parma del territorio nacional.

La excusa sería el acto del 15 de diciembre en Valvanera (La Rioja), en el que Don Javier declararía a esta región con personalidad propia, dentro del esquema organizativo del Carlismo. El gobierno entendió esa medida como una incitación al separatismo.

Después del acto, Don Carlos Hugo se trasladaría a Zaragoza, donde se entrevistaría con grupos universitarios y obreros. En la mañana del día 20, el hotel donde se hospedaba se vio rodeado por fuertes contingentes de policía y el teléfono con la comunicación cortada. El jefe de la policía se entrevista con Don Carlos Hugo y le entrega una nota por el cual el gobierno le comunica su expulsión del territorio nacional por «su participación en actividades de carácter político».

El 26 de diciembre, la misma operación se repetía en Madrid: Don Javier y sus hijas Doña María Teresa y Doña María de las Nieves recibían individualmente un oficio similar del jefe de la policía de Madrid.

El 4 de enero de 1969, los procuradores carlistas interpelan al gobierno sobre la expulsión de la familia Borbón Parma. Otra hija de Don Javier, Doña Cecilia, también sería expulsada del país en marzo de 1971.

Con estos hechos, el gobierno aceptaba públicamente la ruptura con el Carlismo. Hecho que, evidentemente, ya habían realizado los carlistas años atrás.

El 22 de julio de 1969, Franco anunciaría oficialmente al pleno de las Cortes Españolas franquistas que su sucesor a título de Rey sería el Príncipe Don Juan Carlos de Borbón y Borbón. La propuesta fue aceptada por 491 votos afirmativos, 19 negativos y 9 abstenciones. Don Juan Carlos aceptaría este nombramiento y juraría fidelidad a Franco y a los Principios Fundamentales del Movimiento.

A pesar de todos estos reveses y la continua represión, el Carlismo no opta por la acción directa, como propugnaba la organización paralela de los Grupos de Acción Carlista (G.A.C.), sino por la lucha de masas. En Huelva son detenidos tres militantes carlistas por pintar en las paredes «Carlos Hugo, libertad». El Tribunal de Orden Público —el tétrico TOP— enjuicia a otros tantos militantes de Tortosa, acusados de propaganda ilegal, por ser responsables del *Boletín de las Juventudes Carlistas del Bajo Ebro*. Y lo mismo sucede en Bilbao, Pamplona, Barcelona y Zaragoza.

La revista *Montejurra*, en su número 51, de fecha 1 de marzo de 1970, informa de la línea ideológica de los G.A.C.: «propugnaban un socialismo democrático, una regionalización real y un Estado de Derecho que salvaguarde las libertades del individuo y su participación en las tareas públicas. Está enmarcada dentro de la línea carlista y sus componentes son en su mayoría jóvenes obreros y universitarios».

La acción más importante de los G.A.C. fue la realizada el 30 de diciembre de 1970. Un comando compuesto por Juan Querejeta Vera, Carlos Catalán, José Antonio Cob y José Luis García Robles, fue detenido por la Guardia Civil, tras un infructuoso intento de interrumpir el discurso de fin de año de Franco, en el repetidor de televisión situado en Berberana (Burgos). Los medios oficiales de información distribuyeron la noticia y agregaban que el grupo intentaba provocar la voladura del reemisor, que hicieron uso de las armas y que en el interior del vehículo en que se trasladaba fue encontrada una metralleta. Los componentes del comando, después del correspondiente juicio, pasaron a la prisión de Burgos.

Esta resurrección de la guerrilla no iba a calar en la mayoría de los carlistas. Las continuas e inútiles sangrías de la mejor juventud del partido, no conducía a ningún resultado práctico. Esta secuela de la expulsión del territorio nacional a partir de 1968 de la dinastía carlista, no sería canalizada por la jerarquía oficial del partido hasta que el partido no adoptase una línea ideológica puesta al día. Por otro lado, estos jóvenes carlistas desesperaban porque todavía se hallaban incrustados en el aparato del partido algunos antiguos líderes tradicionalistas que habían conducido la época de colaboración y posibilismo con el Régimen de Franco. Por eso, cuando se adoptó en el III Congreso del Pueblo Carlista la línea ideológica de socialismo de autogestión, el G.A.C. se autodisolvió y sus componentes más significativos ocuparon los cargos vacantes.

La nueva dinámica política adoptada por el partido a partir del citado III Congreso, le llevó a una integración cada vez más estrecha con todos los organismos unitarios de la oposición. No sólo en el interior, sino también en el ámbito internacional.

Ya en septiembre y octubre de 1972, Doña María Teresa de Borbón Parma, en representación del Partido Carlista, asiste en París a las sesiones de la Internacional Liberal. Del 13 al 15 de abril de 1973, al Congreso de la Unión de los Federalistas Europeos. Y el 8 de noviembre del mismo año al Congreso de las Fuerzas de la Paz, en Moscú. Así como a la Conferencia de Berlín, que reúne a los católicos del Este y del Oeste.

Es evidente que el carlismo ha sido aceptado nacional e internacionalmente en la oposición. Pero no se dedica sólo a asistir, sino que en cada uno de estos actos interviene, a veces representando a todos los exiliados políticos españoles y denunciando al régimen franquista. Doña María Teresa de Borbón Parma expone la situación en España:

—Represión violenta que mata —Manuel Fernández Márquez, en Barcelona—; que encarcela —Camacho y sus compañeros de CC.OO.—, que aplasta al pueblo.

—Represión estructural que niega su cultura y su lengua al pueblo —Euskadi, Catalunya, Galiza—.

—Represión política que le impide ser dueño de su destino, ya que partidos y sindicatos no tienen carta de ciudadanía en España.

En el Montejurra del año 73, el carlismo lanza la propuesta de la constitución del Frente Democrático Revolucionario, una organización unitaria de las fuerzas de la oposición al Régimen que fuerce el cambio de estructuras y que sea una plataforma para los pueblos y nacionalidades y las fuerzas políticas que luchan en la clandestinidad para derribar a la dictadura. Sería el germen de la futura Junta Democrática de España y de Coordinación Democrática. El objetivo de la iniciativa es claro: la unidad de la oposición, que en aquella época estaba dividida en multitud de reinos de Taifas, haciendo cada una la guerra por su cuenta y favoreciendo así la supervivencia del sistema franquista.

Y la represión continúa. El 25 de octubre la policía detiene a 113 personas que celebran en un local de la parroquia de Santa María Mediadora, de Barcelona, una reunión de la Assemblea de Catalunya. Entre ellas se encuentra la delegación del Partido Carlista.

El tradicional acto carlista de Montejurra del año 1974 reviste un carácter trascendental en la trayectoria del Carlismo. Representa la primera vez que explícita públicamente la teoría de la autogestión global y que el Carlismo presenta su modelo de sociedad.

El 15 de septiembre de 1974, el Partido Carlista se incorpora a la Junta Democrática de España, entidad formada unos meses antes en París por el Partido Comunista y distintas personalidades independientes y a la que más tarde se incorporaría el Partido Socialista Popular, del profesor Enrique Tierno Galván y Raúl Morodo, y la Organización Revolucionaria de Trabajadores (ORT), así como la central sindical CC.OO.

El 20 de abril de 1975, Don Javier anuncia oficialmente ante la Junta Suprema del Carlismo su abdicación a favor de su hijo Don Carlos Hugo. Don Javier ya había cumplido 85 años y no podía atender la creciente actividad política del partido. Por otro lado, la delegación efectuada a raíz de un accidente de tráfico sufrido, había funcionado a la perfección y la línea seguida por Don Carlos Hugo correspondía exactamente a su pensamiento político. Por todo ello, era el momento preciso para entregarle todo el poder a su hijo primogénito que contaba, además, con la plena confianza del partido.

El 11 de junio de 1975 se firma en Madrid la constitución de la Plataforma de Convergencia Democrática —la famosa «Platajunta»— en la que, entre otros, la forman Izquierda Democrática de Joaquín Ruiz Giménez, el PSOE, el Partido Nacionalista Vasco, el Movimiento Comunista y la central sindical UGT, además del Partido Carlista. Ya se han puesto, pues, las primeras condiciones para una unidad total de la oposición.

El 20 de noviembre es la fecha del fallecimiento del general Franco. Los franquistas inteligentes sabían que con Franco moría el Régimen. Estos se aprestaron a un urgente y necesario reciclaje y a procurarse un ropaje democrático. El desmontaje del sistema franquista, lento pero inevitable, era la primera operación a poner en marcha: nacía la «reforma política».

El 4 de diciembre se da a conocer un llamamiento dirigido a los pueblos de España, bajo la consigna de «Amnistía y Libertades Políticas», firmado por la Junta Democrática de España, el Partido Carlista, ORT, MC y PSD. La oposición empieza a darse cuenta de que su unión no es sólo inevitable, sino necesaria. La lucha por el establecimiento de la democracia en España se coloca en la recta final.

En enero de 1976, el Partido Carlista envía al Consejo de Europa un informe sobre la situación política en España tras la muerte del general Franco. Una delegación del partido, compuesta por Doña María Teresa de Borbón y Gabriel Zubiaga, se traslada a Estrasburgo e interviene en las sesiones de este organismo europeo.

El 26 de marzo de 1976 se produce la fusión de la Plataforma de Convergencia Democrática y la Junta Democrática de España. Entre los firmantes de este acuerdo está el Partido Carlista.

Pero la transición a la democracia no iba a resultar fácil. El Gobierno Arias estaba preparando un golpe a la oposición. Para ello, el ministerio de la Gobernación, a cuyo frente se hallaba Manuel Fraga Iribarne, habilita un fondo de varios millones de pesetas para arrebatar a los carlistas el acto de Montejurra. Externamente tenía que parecer que era una disputa entre dos sectores del Carlismo y para ello se instrumentaliza a Sixto Enrique, hermano de Don Carlos Hugo, apoyado por grupos ultraderechistas y fascistas, tanto españoles como extranjeros.

El resultado de esta agresión de Estado fue el asesinato a tiros de dos militantes carlistas: Aniano Giménez Santos y Ricardo García Pellejero. Los diarios y revistas nacionales captaron con pelos y señales la identidad de los asesinos, así como las claras concomitancias entre grupos fascistas internacionales, la extrema derecha española y el poder. Ante tales evidencias y para procurar acallar el escándalo nacional producido se detuvo, entre otros, a José Arturo Márquez de Prado y a José Luis Marín García Verde, como responsables y autores materiales de los disparos.

El gobierno intentó echar tierra al asunto y el proceso fue pasando de un juzgado a otro, hasta que terminó aplicándoseles a todos los inculpados la amnistía general.

Hoy en día, en la falda de Montejurra y cerca del monasterio de Irache, existe un monolito de piedra que recuerda los luctuosos sucesos del 9 de mayo de 1976. Y en él una lápida dedicada a las víctimas, que reza: «Vuestra sangre abrirá caminos de libertad». El 6 de diciembre de 1978, el pueblo español aprobaba en referéndum la actual Constitución que establece como forma de Estado la Monarquía liberal y parlamentaria. Joaquín Satrústegui, el senador que recibe mayor número de votos en las elecciones de 1977, logra que en el artículo 57 se establezca que «la Corona de España es hereditaria en los sucesores de Su Majestad Don Juan Carlos, legítimo heredero de la dinastía histórica». A través de este artículo, Don Juan Carlos lograba desbaratarse de la losa del pasado franquista. En 1982 accedía al Gobierno el PSOE, que lograba una amplia mayoría absoluta cumpliéndose la predicción de Don Juan de que la consolidación monárquica no sería efectiva hasta que alcanzará el poder un partido socialista. «El triunfo del PSOE no es solo conveniente para la alternancia democrática, sino deseable para la Monarquía».

Pasada esta época, y tras un fallido intento de participar en las primeras elecciones democráticas, el Partido Carlista iniciaría una difícil etapa que culminaría con su momentánea desaparición de la vida pública española.

Don Carlos Hugo abandonaría la presidencia del Partido Carlista. La proclamación de Don Juan Carlos de Borbón, el no-reconocimiento en su tiempo de la nacionalidad española de los Borbón Parma, lo cual les impidió participar en las citadas primeras elecciones democráticas, así como la consolidación de otras opciones socialistas y la del propio sistema democrático, para lo cual tanto había trabajado el Carlismo, propició este aparente declive.

Hoy en día, el Partido Carlista existe organizado, fundamentalmente, en el País Vasco y Madrid, y en menor escala en la casi mayoría de las provincias españolas. Mantiene sedes oficiales y varios medios de comunicación internos, así como la celebración cada cuatro años de su Congreso Federal.

El titular actual de la dinastía carlista es S. A. R. Don Carlos Hugo de Borbón Parma y Borbón Bousset, duque de Parma, Carlos Hugo I en la genealogía carlista.

Documento 1

Carta de Don Juan de Borbón a Francisco Franco, solicitando permiso para formar parte del crucero *Baleares* (7 de diciembre de 1936)

Excmo. Sr. General Don Francisco Franco

Mi respetado General:

En forma tal vez impremeditada, cuando la guerra de España tenía sólo el carácter de una lucha interna, he intentado tomar parte en ella. Aunque me impulsaban sentimientos bien ajenos a la política, comprendo y respeto las razones que entonces movieron a las autoridades militares a impedir mi incorporación a las tropas.

Actualmente la lucha parece tomar, cada vez más, aspecto de una guerra contra enemigos exteriores, guerra en la que todos los buenos españoles de mi edad habrán podido hallar un puesto de combate. El deseo de hallarlo yo también, y en forma que aleje toda suspicacia, me mueve a someter a la benévola atención de V. E. mi aspiración.

Según noticias de prensa, se hallará pronto listo para hacerse a la mar el crucero *Baleares*, en el que podría prestar algún servicio útil, ya que he realizado mis estudios en la Escuela Naval británica, he navegado dos años en el crucero *Entreprise*, y he seguido luego el curso especial de artillería en el *Iron Duke* antes de abandonar la Marina inglesa. Yo me incorporaría directamente al buque, me abstendría en absoluto de desembarcar en puerto alguno español y desde luego le empeño mi palabra de que no recibiría ni aun a mis amigos personales.

Yo no sé, mi General, si al escribirle así infrinjo las normas protocolarias con que es usual dirigirse a un Jefe de Estado. Le ruego en todo caso disculpe el que confíe a su corazón de soldado este anhelo mío de servir a España al lado de mis compañeros.

Con mis votos más fervientes porque Dios le ayude en la noble empresa de salvar a España, le ruego acepte el testimonio del respeto con que se reitera a sus órdenes y muy afectuosamente e.s.m.

Juan de Borbón

Fuente: Miguel Platón, *Alfonso XIII: De Primo de Rivera a Franco. La tentación autoritaria de la Monarquía.* Editorial Plaza & Janés. Barcelona, 1998, págs. 519 y 520.

Documentos 2

Bases Institucionales de la Monarquía Española de 1946 firmadas por Don Juan de Borbón, Conde de Barcelona (Estoril, 28 de febrero de 1946)

1. Base primera

Por exigencia de la Historia, la pervivencia y la paz de la Patria, la vida pública española descansará en los siguientes postulados esenciales, que no podrán ser objeto de discusión ni revisión:

1. La Religión Católica.
2. La unidad sagrada de la Patria.
3. La Monarquía representativa.

2. Base segunda

La Religión Católica, Apostólica, Romana, profesada por la mayoría de los españoles, será también la Religión del Estado.

Las relaciones entre la Iglesia y el Estado en materia mixta se regularán por medio de un Concordato.

Nadie será molestado por sus creencias, ni constituirán éstas disminución en las prerrogativas de la ciudadanía.

3. Base tercera

Se reconocerá la personalidad propia de las entidades infra soberanas que integran el organismo nacional, así como la esfera de la legítima autarquía que de esa personalidad se deduce; pero sin que en caso alguno tal desconocimiento pueda suponer, directa ni indirectamente, mengua de la unidad intangible de la Patria o de la soberanía irrenunciable del Estado.

4. Base cuarta

Los derechos y libertades de la persona humana serán objeto de reconocimiento y garantía eficaz.

Leyes especiales regularán el ejercicio de tales derechos, que deberán siempre armonizarse con los supremos principios que rigen la existencia e impulsan el perfeccionamiento de la colectividad nacional.

5. Base quinta

Se considerará función primordial del Estado proteger y estimular el trabajo en todas sus manifestaciones; impulsar una más justa distribución de los bienes, elevar el nivel de las clases más necesitadas, suplir las deficiencias de la acción privada en orden a asistencia y previsión, conseguir que el ejercicio de los derechos y deberes inherentes a la personalidad humana no se vean mermados por falta de capacidad o independencia económica, crear o favorecer la creación de las instituciones que organicen las distintas profesiones sobre la base de la cooperación de los varios elementos que las forman.

6. Base sexta

La Monarquía española será representativa, moderada por limitaciones éticas y legales, y hereditaria.

7. Base séptima

El Rey ejercerá sus prerrogativas asistido por un Consejo del Reino, cuyo parecer podrá solicitar siempre que quiera, y cuyo dictamen deberá necesariamente pedir cuando se trate de la disolución extraordinaria de las Cortes; del nombramiento y separación del Jefe del Gobierno; de la declaración de guerra y conclusión de paz; de la negativa de sanción en las leyes votadas por las Cortes; de la promulgación de Decretos con fuerza de Ley exigidos por circunstancias excepcionales, y, en general, de cuantos asuntos graves afecten a la interpretación de las leyes fundamentales de la Monarquía, las directivas de la política exterior, las normas básicas de la economía nacional, el mantenimiento del orden público y la defensa de la Nación.

El Consejo del Reino, cuyo funcionamiento será regulado por la ley orgánica correspondiente, estará integrado por terceras partes, por miembros por derecho propio, de nombramiento de la Corona y electivos.

8. Base octava

La función de hacer las leyes corresponderá al Rey, con la necesaria colaboración de las Cortes.

Las Cortes estarán constituidas por un solo Cuerpo legislador. Un tercio de sus miembros será elegido por sufragio popular directo; otro, por los municipios y provincias integrantes de la nación, y el tercero, por las entidades culturales y profesionales.

Una ley especial regulará el procedimiento electoral.

Las Cortes serán renovadas parcialmente, cesando en cada renovación la tercera parte de cada una de las tres categorías de diputados.

En circunstancias excepcionales, el Rey podrá proceder a una renovación total del Órgano Legislativo.

En casos de indudable urgencia y necesidad, el Rey podrá promulgar Decretos con fuerza de Ley, con la obligación estricta de someterlos a la ratificación de las Cortes en la primera reunión de éstas.

Corresponderá en todo caso a las Cortes la votación de los presupuestos y leyes tributarias.

9. Base novena

El Rey ejercerá la función ejecutiva con la obligada asistencia de los ministros responsables, que refrendarán todos los actos del Monarca.

Sin perjuicio de la responsabilidad del Estado, los ministros serán individualmente responsables por sus actos propios, y colectivamente, mientras ejerzan el cargo, por las resoluciones del Consejo de Ministros.

10. Base décima

La función judicial se ejercerá en nombre del Rey por los Jueces y Magistrados. La Ley garantizará la efectiva inamovilidad e independencia de los encargados de administrar la Justicia.

11. Base undécima

Para amparo de los derechos de la persona y garantía de los intereses de la Nación, se instituirá un amplísimo sistema de recursos judiciales contra las posibles extralimitaciones del Poder público, y en especial, los recursos de inconstitucionalidad, contencioso-administrativo, por abuso y desviación de poder, y de responsabilidad civil de funcionarios.

12. Base duodécima

Las presentes bases serán sometidas a la voluntad de la Nación libremente expresada, sin perjuicio de que entren desde el primer momento en vigor aquellas prerrogativas que son inherentes al principio de legitimidad que encarna la persona del Rey.

4

La sumisión al general Franco

«Operación Dánvila»: Don Juan inicia en 1948 la sumisión a Franco

El 25 de agosto de 1948 es la fecha en que Don Juan empezó a claudicar ante Franco. Ese día se entrevistaron el general dictador Francisco Franco, por entonces Jefe del Estado español, y el titular de la rama de la Casa de Borbón heredera de Don Alfonso XIII, Don Juan de Borbón.

La entrevista se realizó a bordo del famoso yate *Azor*, gracias a la labor realizada en Madrid por Julio Dánvila, enlace del conde de Barcelona con Franco.

Dánvila representaba lo que los sectores monárquicos conservadores han designado como la «etapa colaboracionista», cuyo primer fruto fue el paulatino acercamiento de Don Juan al general Franco y que culminó con esta entrevista en el *Azor*.

De esa reunión a alto nivel salió el acuerdo según el cual el por entonces Príncipe Don Juan Carlos pasaría a estudiar a España, a imagen y semejanza del llamado Caudillo, pasando por las correspondientes academias militares, después de realizar los preceptivos estudios previos civiles.

En aquellos años de la posguerra, las relaciones entre los monárquicos alfonsinos y los franquistas eran de recelo mutuo, dado los coqueteos del conde de Barcelona con los aliados. La creencia de que los vencedores de la guerra mundial tarde o temprano obligarían a Franco a marcharse, era algo que daban por hecho.

Por ello, los en aquella época llamados «juanistas», es decir, los partidarios de Don Juan de Borbón, procuraron aparentemente distanciarse del Régimen, para aparecer ante los ojos del mundo como incontaminados del franquismo. Fútil maniobra, dado que el propio Consejo Privado de Don Juan, sus asesores áulicos, eran en una gran mayoría franquistas y militares. Si Franco iba a caer, el retorno de la monarquía en la persona de Don Juan era para ellos la alternativa más lógica y coherente.

Acabó la guerra, la ganaron los aliados, pasaron los años y Franco se mantenía férreamente en el poder. Ni Franco se fiaba de los monárquicos que rodeaban a Don Juan, ni éste creía en las supuestas intenciones restauracionistas de Franco.

Don Juan recriminaba al general permitir las campañas antimonárquicas en la prensa española, fuertemente controlada por la censura de Falange. Y Franco decía una y otra vez que el conde de Barcelona estaba rodeado de personas que le aconsejaban muy mal.

Estando así las cosas, Julio Dánvila, persona curiosamente adicta a la vez a Don Juan y a Franco, piensa que la única forma de restauración monárquica alfonsina sería acercar a las dos personas a un conocimiento más directo y sin intermediarios interesados.

Para ello, y aunque no es miembro nato, asiste en Madrid a una reunión del llamado Consejo Monárquico. En ella expone su plan: no ve otra salida que un acercamiento a Franco y cambiar la política de enfrentamientos mutuos.

El plan expuesto por Dánvila es el siguiente: convertida España en Reino, sería posible y beneficioso el traslado de la residencia de Don Juan a España. El lugar adecuado podría ser el Palacio de la Magdalena, en Santander. Si Franco rechaza esta posibilidad, por las razones que fueren, la alternativa sería el que Don Juan Carlos pasase a España e iniciara allí sus estudios.

La polémica estalla entre los reunidos. Al final, acuerdan que sea el propio Dánvila quien proponga su plan a Estoril y que se actúe en consecuencia. Pero Dánvila no puede trasladarse en ese momento a Portugal, ya que en aquellos años no se facilitaban visados a los monárquicos para este país.

Dánvila opta por enviar informes y cartas a Don Juan, exponiéndole su plan. Don Juan, en enero de 1948, le contesta: «Tus argumentos tienen, desde luego, originalidad y fuerza, pero no se te ocultará que llevar a la práctica tus planes no sería cosa fácil; cada vez me inclino más a dejar actuar a mi representación en Madrid (...) Sabrás que están ahora en plena crisis y quiero esperar a ver cómo la resuelven y qué me proponen»[1].

La respuesta para Dánvila no puede ser más decepcionante. Sin embargo, insiste enviando más notas e informes sobre el asunto. Las reuniones en Estoril se suceden. Al fin, Don Juan autoriza a Dánvila para que solicite una entrevista a Franco, cosa que realiza en el mes de junio.

A finales de julio, Dánvila se presenta en El Pardo, en vísperas de las vacaciones gallegas de Franco. La cita era a las siete de la tarde. Esta visita se realizaba en el mayor de los secretos.

La entrevista terminó a las once menos cuarto de la noche: casi cuatro horas de una porfiada negociación.

Al principio, Franco se mostró escéptico de las buenas intenciones de Estoril y dejó que Dánvila expusiera con toda libertad su plan. El general vio con buenos ojos el que el Príncipe pasara a estudiar a Madrid, pero no la idea de designar a Don Juan futuro Rey por la Ley de Sucesión.

Dánvila propuso entonces que estos extremos podrían negociarse mediante una entrevista personal entre Franco y el conde de Barcelona.

Franco aceptó y propuso que la entrevista podría realizarse a cinco millas de San Sebastián, a bordo del *Azor*, entre el 23 y el 25 de agosto.

Dánvila salió convencido de que si Don Juan aceptaba la entrevista, se abría una nueva etapa para los monárquicos.

Don Juan acepta y decide acudir a la reunión del *Azor* con el *Saltillo*. Se fija la fecha definitiva del encuentro: 25 de agosto por la mañana.

En el *Saltillo* viajan Don Juan, Don Jaime, el duque de Sotomayor, Pedro Galíndez, Jesús Corcho y Eduardo Real de Asúa. En el *Azor*, además de Franco, el almirante Pedro Nieto Antúnez y el general Pablo Martín Alonso.

Don Juan y Don Jaime son los primeros que pasaron al *Azor*, siendo recibidos por Franco. Los tres se sentaron en cubierta y empezaron a hablar.

En la conversación se trataron muchos de los temas de la actualidad política nacional e internacional, pero el principal fue el de la educación del Príncipe en España. Se acordó que realizara sus estudios en tierras españolas. Al mediodía pasaron al *Azor* los demás acompañantes que, junto con los de Franco, dieron buena cuenta de un almuerzo.

La «operación Dánvila» había triunfado. Ahora se iniciaba la segunda parte del plan: la llegada del Príncipe a España, concretamente a la finca «Las Jarillas», cerca de Madrid, donde sería acompañado por un grupo selecto de ocho muchachos procedentes de familias de raigambre monárquica y franquista.

El éxito de la «operación Dánvila» se debió a los apoyos recibidos por personas de ambos sectores. Por parte del conde de Barcelona, el duque de Sotomayor, José María Oriol, los condes de Vallellano y el de Ruiseñada. Por parte de Franco, el gran entusiasta de esta operación fue el por entonces un enigmático marino, *alter ego* del general: el almirante Luis Carrero Blanco y su incondicional colaborador Laureano López Rodó, dos piezas importantes del Opus Dei. Estos nombres lo dicen todo.

Don Jaime concedió el Toisón de Oro a Franco

El Toisón de Oro es la máxima condecoración que otorgan los Reyes de España. Fue creada en Brujas por Felipe el Bueno, duque de Borgoña en 1426. El documento que la instituía, establecía que se concedía por tres causas: «La primera, para honrar a los antiguos caballeros que sus altos y nobles hechos son dignos de recomendación. La segunda, a fin de que aquellos que de presente son fuertes y robustos de cuerpo y se ejercitan cada día en hazañas pertenecientes a la caballería, tengan motivo de continuarlas de bien en mejor; y la tercera, a fin de que los caballeros y nobles que vieren llevar la insignia (...) se animen a emplearse aún mejor que ellos en nobles hechos».

Don Juan se la ofreció a Franco, en septiembre de 1961, con motivo de la boda de Don Juan Carlos y Doña Sofía. Siguiendo la costumbre, Don Juan explicó al dictador por carta que se le concedía como «expresión del conocimiento por parte de la Dinastía de los altos servicios prestados por V. E. a España a lo largo de toda su vida de soldado y de hombre público (...) con los merecimientos del general victorioso en una guerra más que civil fue contra el comunismo internacional». Franco la rechazó diciéndole: «Deberíais pedir información histórica sobre la materia».

La condecoración, según detallan Sverlo y Balansó, consiste en un gran collar de veinticuatro eslabones dobles entrelazados con pedernales del que pende el Toisón o Vellocino, de oro esmaltado, tiene un dudoso origen sobre el que los historiadores no se ponen de acuerdo. Según una de las versiones que circula al respecto, Felipe el Bueno, entrando un día en el secreto retrete de su dama, encontró allí una rizada y rubia guedeja, o mata de pelo, siendo esta impensada casualidad motivo para que, sonrojada la dama y notando los que se hallaron presentes que acompañaban al duque su descuido, no disimulasen las risas. Y para hacer misterio del caso y castigar tácitamente la poca modestia y menos disimulo de los circundantes, hizo el duque juramento de que, lo mismo que había causado tanto rubor y vergüenza a la dama, había de ser el mayor lustre y honor de la más insigne nobleza. Y así instituyó la Orden, cuyo collar representaría el «vellocino» de la dama. Según otras leyendas, también podía representar el de sus veinticuatro amantes o barraganas juntas, entrelazados entre sí, que el duque iba coleccionando y solía llevar colgado del cuello como lazo de amor. Otra versión señala que el Toisón se identifica con la alegoría de una de las principales actividades de los Estados del duque: la manufactura de lanas. La Orden vino a España de manos de Felipe el Hermoso, al casarse con Juana la Loca, hija de los Reyes Católicos.

Don Jaime, hermano de Don Juan, se la concedió a Franco el año 1972, y éste la aceptó, con motivo de la boda de Don Alfonso de Borbón Dampierre con la nieta del dictador.

Don Juan Carlos desembarca en España rodeado de franquistas

Don Juan Carlos de Borbón y Borbón, hijo primogénito de Don Juan, conde de Barcelona, había nacido en Roma el 5 de enero de 1938. Cuando llegó a España, el 10 de noviembre de 1948, apenas contaba once años y, según sus allegados, era un joven dúctil y algo bobalicón: el sucesor perfecto de Franco.

Pronto empezaron las gestiones y los movimientos para decidir dónde estudiaría el Príncipe. Al principio se pensó en el colegio de los jesuitas de Chamartín, pero ya estaba lleno. Después se estudió la posibilidad de acomodar y arreglar el palacio de Larios, en el Paseo de la Castellana, pero el presupuesto era demasiado elevado.

La solución surgió cuando Alfonso Urquijo ofreció la finca de su propiedad, «Las Jarillas», de cien hectáreas, situado muy cerca de Madrid, a 17 kilómetros camino de Colmenar Viejo.

La finca resultaba ideal para su cometido: era discreta y reunía las condiciones precisas para instalar en ella un colegio improvisado. Había sido comprada en 1903 por Juan Manuel de Urquijo, abuelo de Alfonso, que poco a poco había ido cambiándola.

El equipo pedagógico mínimo ya estaba designado. El jefe de estudios fue José Garrido Casanova, un pedagogo granadino discípulo del padre Manjón y que en aquellos días era director de los internados municipales Nuestra Señora de la Paloma. Garrido se encargó de las asignaturas fundamentales.

El sacerdote Ignacio de Zulueta se encargó de impartir las asignaturas de latín y religión. En general, orientaría al grupo en cuestiones espirituales. Había cantado misa a los treinta y ocho años y se hallaba en la parroquia vitoriana de Apellániz cuando le indicaron que fuera a «Las Jarillas» para ser preceptor espiritual de Don Juan Carlos. El padre Zulueta era alto, fuerte, tridentino y de un carácter autoritario.

La parcela deportiva pasó a depender de Heliodoro Ruiz, que había sido profesor de José Antonio Primo de Rivera. Su hijo, también de nombre Heliodoro y médico de profesión, se encargaría de ser el galeno del grupo.

Además de estas personas, que formaron el grupo pedagógico principal, también irían periódicamente a «Las Jarillas» profesores del Instituto San Isidro, donde al final del curso tendrían que examinarse los muchachos. Por allí pasarían el matemático Pedro Puig, el catedrático de literatura Tamayo, Berasáin, etc.

El grupo quedó constituido así: Agustín Carvajal, Alonso Álvarez de Toledo y Jaime Carvajal, todos ellos de la familia Urquijo. José Luis Leal, hijo de un marino amigo personal de Don Juan y que más adelante sería ministro de Economía en un gabinete de la UCD de Adolfo Suárez. El valenciano Alfredo Gómez Torres. Fernando Falcó, actual marqués de Cubas. Juan José Macaya, hijo de una conocida familia catalana y pariente de Julio Dánvila. Y el primo y amigo personal del Príncipe, Don Carlos de Borbón Dos Sicilias, actual duque de Calabria. La seguridad de la finca pasaría a depender de un puesto de la Guardia Civil compuesto por un cabo y varios números. Y de un grupo de policías «secretas».

El relato de la llegada y las impresiones del grupo se lo debemos al propio Don Juan Carlos, a través de una redacción que Garrido le encargó que realizara durante las vacaciones de Navidad de aquel año 1948. La redacción que lleva por título «Mi colegio», tiene la fecha de 22 de diciembre, y dice lo siguiente: «El día que llegué estaban los chicos en la puerta esperándome, y yo con mucha vergüenza fui con la tía Alicia y entonces subimos, era un cuarto muy bonito, dormíamos mi primo Carlos de Borbón que es muy simpático porque siempre está diciendo tonterías a todas horas. Después, cuando me produjo una impresión fue cuando fui con Alfonso Urquijo y vimos muchos conejos y también muchos montes; fuimos a Valdelamesa, y a la finca de los Infantado.

»Los compañeros de mi colegio eran todos muy simpáticos, jugábamos muy bien todos. La clase era pequeña pero muy mona, con una pizarra, reglas, libros de todas clases. Los propósitos que yo tenía eran muy buenos, de estudiar mucho este mes hasta las vacaciones de Navidad. Después de Navidad tendré también que estudiar mucho, porque habrá los exámenes de mayo a ver si puedo aprobar el primer año de bachillerato.

»También todos los chicos hacen primero y después habrá que jugar y estudiar pero algunos días y semanas he estudiado muy bien. Todo este mes puedo decir que he aprovechado el tiempo muy bien.

»Lo más saliente de este primer curso han sido los días que teníamos que estudiar, porque algunas veces íbamos al recreo y nos divertíamos mucho. Ya deseo volver porque allí nos divertimos mucho, porque además cuando vamos al recreo hacemos guerras de sesera. A mi no me divertía nada quedarme en casa porque a lo mejor tengo que estudiar mucho y casi nunca tenemos recreo. Todos los días estudiamos y los jueves hay visitas muy pesadas. Los días laborables son los más divertidos. Son los días que vamos a cazar.

»Lo que hago con menos gusto es por las noches en la clase. Hay que hacer muchas cosas aburridas»[2].

Uno de sus compañeros de estudios, concretamente Alonso Álvarez de Toledo, contó que le dijeron que debía saludar al Príncipe, cuando le fuera presentado por vez primera, con un «Encantado, Alteza». Debían llamarle «don Juanito» y tratarle de tu.

Por lo leído hasta aquí, no debió ser una época feliz para el joven Príncipe. Alejado de sus padres, con amigos extraños y variopintos, con una rígida disciplina, casi conventual, las sensaciones de un adolescente de doce años nos las podemos imaginar.

Mal que bien, pasó el bachillerato y le planificaron sus estudios universitarios, donde allí sí que conocería las primeras dificultades.

El acuerdo de Franco con el conde de Barcelona contemplaba este desarrollo educativo con objeto de que Don Juan Carlos conociera de modo práctico el funcionamiento de la Administración del Estado y los distintos ámbitos en los que se desarrollaba la vida política y económica oficial.

Así lo confirman oficialmente en el documento emanado de la segunda entrevista, de 29 de marzo en la finca extremeña de «Las Cabezas». Uno de los párrafos del comunicado decía: «Entre los temas examinados figura el de la nueva etapa de estudios civiles del Príncipe Don Juan Carlos. Se han puntualizado los diferentes extremos de la organización de dichos estudios, que el Príncipe ha de realizar en nuestra patria en íntimo y constante contacto con la Universidad española»[3]. Todo este plan de estudios en España había despertado multitud de comentarios en la prensa extranjera. Según estas fuentes, el hecho de que el Príncipe realizara estudios civiles y militares en España, y de la mano de Franco precisamente, respondía a la intención de que el general ya tenía resuelto el tema sucesorio del Régimen en la persona de Don Juan Carlos de Borbón, cosa que el futuro confirmaría.

Para llevar a cabo la fase de estudios universitarios, se designó a una comisión presidida por Torcuato Fernández- Miranda, a la sazón director general de Enseñanza Universitaria y años más adelante diseñador principal de la transición a la democracia, y en la que formaron los catedráticos Julio Palacios, Segismundo Royo-Villanova, Carlos Ruiz del Castillo, Antonio Fontán y Martín de Riquer. Las clases las recibiría el Príncipe en las facultades de Derecho, Economía y Filosofía y Letras, en la Universidad Complutense de Madrid. Los profesores en estas facultades serían Federico de Castro, Torcuato Fernández Miranda, Laureano López Rodó, Gaspar Bayón, Segismundo

Royo-Villanova, Martín de Riquer, Francisco Ynduráin, Vicente Palacio Atard, Luis Morales Oliver, Antonio Rumeu de Armas, Enrique Fuentes Quintana y Manuel Valera Parache. La flor y nata del franquismo, del Opus Dei y del catolicismo ortodoxo.

El Príncipe no cursó ninguna carrera universitaria. Picoteó asignaturas en las tres facultades citadas. Le regalaron, si los tiene, los títulos. López Rodó confirmó estos extremos: «El Príncipe no tenía que hacerse abogado, ni economista, ni historiador, sino únicamente adquirir unos conocimientos de nivel universitario»[4].

La estancia del Príncipe en las aulas universitarias no fue un lecho de rosas. En la década de los años 60, la Facultad de Derecho empezaba a vivir lo que llegó a ser una de las etapas más duras para la Universidad española, en su enfrentamiento con el Régimen franquista.

Derecho era en Madrid la Facultad más politizada y se había producido ya la ruptura total y frontal con las estructuras del S.E.U. Se estaba gestando una organización estudiantil distinta y los alumnos de Derecho estaban en la vanguardia de la ruptura con el franquismo. Y estalló el denominado «incidente carlista».

Un testigo de excepción de aquel incidente fue Rafael Jiménez de Parga, que acompañaba al Príncipe: «Fue un momento de cierta tensión muy grave. El Príncipe llegaba a la Universidad con una escolta policial. El incidente hay que situarlo en el contexto político del momento: el Carlismo constituía una fuerza progresista y de ruptura con las estructuras vigentes. Y, naturalmente, enemiga frontal de la dinastía que representaba el Príncipe. El incidente fue muy desagradable. Se produjo un gran alboroto con lanzamiento masivo de octavillas y con insultos personales al Príncipe»[5].

Fue tan grave el incidente, que el decano Prieto Castro suspendió durante ese día las clases y cerró la Facultad.

José Antonio Pérez España, a la sazón jefe de los estudiantes carlistas, explicó por qué sucedió aquel incidente: «Nos habíamos enterado de que Don Juan Carlos se iba a examinar con papeletas y que se le iba a regalar el título, después de asistir a unas pocas asignaturas.

Nos quejamos al rector, señor Royo-Villanova, pero no nos contestó. No nos quedó otro camino que la protesta dentro de la Facultad. No queríamos que hubiera privilegios para nadie»[6].

Entre los carlistas organizadores de aquel alboroto estaban, entre otros: Juan Besa Esteve, más tarde parlamentario catalán; Benito Tamayo, posterior empresario destacado; y José Barrionuevo, más tarde ministro del Interior en la etapa socialista.

Así los resume Anson en su libro sobre Don Juan: «El 19 de octubre de 1960 saltan chispas cuando el Príncipe entra en el vestíbulo de la Facultad de Derecho. «¡Fuera el Príncipe de Sisí!», gritan los carlistas capitaneados por Ortí Bordás. «¡Abajo el Príncipe tonto!» «¡Viva el Rey Javier!» La tensión alcanza unos grados que hacen prácticamente imposible que el Príncipe pueda acudir a la Universidad.

Anson negocia con la Asociación Socialista Universitaria, con la célula comunista clandestina y con las Falanges Universitarias, que preside Alberto Martínez Lacaci. Llega a un acuerdo. Al Príncipe no se le hará ni caso. Como si fuera un estudiante más. Los carlistas se muestran irreductibles. Durante varios días crece la tensión. Son pocos. No más allá de treinta. El 31 de octubre Anson despliega los efectos que en la Universidad tiene la JUME, por encima de los doscientos estudiantes. Media docena de juanistas rodean a cada carlista, sin violencia. El Príncipe entra en la Facultad sin gritos. Una buena parte de los historiadores dedican grandes elogios a esta gestión de la JUME, iniciada tras una entrevista de sus directivos con el Príncipe en la «Casita de Arriba» de El Escorial, donde vivía».

La educación militar del Príncipe, a imagen y semejanza del dictador

Al finalizar una etapa de la educación del Príncipe, se preparaba la siguiente. Pero al principio surgieron diferencias respecto al dónde y el qué de la siguiente etapa.

El equipo político que asesoraba al conde de Barcelona, fundamentalmente orientado por José María Gil Robles, era partidario de que el Príncipe se alejara de la esfera de Franco y se trasladara a la Universidad Católica de Lovaina para seguir un curso completo, en el que estudiara ciencias morales: Derecho, Sociología y Economía.

El 16 de julio de 1954, Don Juan envía a Franco una nota verbal en este sentido, haciéndole saber que se ha decidido que «este año empiece por seguir un curso en la Universidad Católica de Lovaina, que tiene una gloriosa tradición española y la más sana orientación moral y religiosa»[7]. El Príncipe, de este modo, tomaría contacto con la realidad europea y, además, estaría asistido por profesores españoles.

Pero mientras Don Juan enviaba esta nota al general Franco, éste le escribía con fecha 17 de julio una extensa carta en la que le proponía un plan específico de estudios a seguir por Don Juan Carlos.

Franco señalaba que para la formación de carácter y disciplina del Príncipe: «No había nada más patriótico, pedagógico y ejemplar que su formación de soldado en un establecimiento militar, entre un núcleo numeroso de cadetes de su generación con los que pueda convivir. Por ello su presencia durante dos años en la Academia Militar General de Zaragoza, siguiendo los estudios generales de las Armas, aparece como la más indicada. En ella empezará a hacerse hombre y a formarse en el espíritu del mando y la obediencia, podrá aprender a apreciar el valor de la disciplina y las virtudes castrenses, a sentir y apreciar los lazos de compañerismo y de la camaradería en las colectividades y a destacar los problemas del Honor. La vida sana de la Academia contribuirá a terminar su desarrollo físico y le instruirá en las doctrinas generales sobre la guerra, el valor del terreno, la utilización de las armas, comunes hoy a todos los Ejércitos, el papel que cada uno desempeña en la batalla y sentirá la necesidad de solidaridad entre cuantos componen la gran familia militar, en la que en los momentos de prueba se encuadra toda la nación»[8].

Pero no acaba aquí la formación militar del Príncipe, ya que éste: «Una vez terminada la formación militar de dos años, ya como alférez, deberá pasar por un curso de información como alférez-alumno en la Escuela de la Armada y otra similar en la Academia del Aire, que comprenda una visión general de la especialización marítima y aérea y estreche sus vínculos de conocimiento y relación con esas Armas. Este periodo en conjunto pudiera ser de un año»[9].

En resumen, lo que Franco proponía eran tres años de estudios militares.

Antes de que Franco enviara este escrito a Don Juan, recibe la citada nota verbal y replica duramente: «La marcha del Príncipe al extranjero a completar su formación, por católica que sea la universidad, no se juzgaría en España conveniente y causaría un mal efecto político»[10].

Y aduce un argumento que seguramente haría mella en Don Juan: «Su Alteza conoce, por haberlo resistido, cuánto ha sido el interés de algunos en alejar al Príncipe de sus estudios en España y la solución propuesta de ir a Lovaina había de ser interpretada como un triunfo de los que torpemente viene patrocinando su alejamiento de la realidad española»[11].

Franco replica, uno a uno, los obstáculos que presenta el conde de Barcelona: «De las dos objeciones que el embajador me transmitió: corta edad del Príncipe para el ingreso en la Academia General Militar y perseguirse un conocimiento más perfecto de los idiomas, debe aclararse que la mayoría de los muchachos que hacen su ingreso en la Academia lo realizan entre los dieciséis y dieciocho años, siendo en general la primera vez que se separan de sus padres. Por otra parte, el Príncipe ha de tener en la Academia las atenciones especiales de su rango, de que disfrutaron tradicionalmente nuestros Príncipes, y los cuidados especiales del profesorado»[12].

El general remacha su argumentación señalando que: «La formación militar y del carácter de un establecimiento militar, la juzgo en muchos aspectos esencial en estos años inmediatos de la formación del Príncipe, y si ha de realizarse, naturalmente debe hacerse como continuación de los estudios de matemáticas del Bachillerato, sin interrumpirlos con otras disciplinas que le hagan olvidar aquéllos»[13].

Y deja una puerta abierta para que Don Juan piense sobre la proposición y olvide el tema de Lovaina: «De todas maneras, si por la edad del Príncipe y su estado de preparación en matemáticas, se necesita esperar un año, se ganaría mucho si durante él se afianza en el estudio de las matemáticas y de su iniciación en las materias que más tarde va a cursar dentro de la Academia»[14].

Ante la firme actitud de Franco, que termina su carta advirtiendo a Don Juan de que por una defectuosa información pudiera cerrarse el camino natural y viable que se puede ofrecer a la instauración de la Monarquía en nuestra Patria[15], el conde de Barcelona formula una consulta sobre este asunto a los miembros de su Consejo Privado y les convoca para mediados del mes de octubre.

La respuesta de los consejeros es mayoritaria a favor del plan de Franco. Votaron en contra tan sólo el general Aranda, el duque de Maura, Quiñones de León, Juan Antonio Bravo, Carrascal y Gil Robles, el gran perdedor. Y a favor, entre otros, González Hontoria, José María Pemán, Jesús Pabón, García Valdecasas, Gamero, Oriol, Garnica, Sainz Rodríguez, Kindelán, etc.

En vista de ello, el conde de Barcelona designa al conde de los Andes para que se entreviste con Franco y negocie un nuevo encuentro entre ellos para fijar personalmente las directrices de la educación militar del Príncipe.

Don Juan Carlos tenía diecisiete años recién cumplidos cuando después de solventados los supuestos problemas políticos entre su padre Don Juan y el general Franco, se presentó una mañana al director de la Academia, el general Emilio Alamán Ortega, para someterse a las pruebas de ingreso que, por supuesto, superó.

Una vez pasados estos primeros estudios, con éxito previsible, salió de ella como Caballero Alférez Cadete y se incorporó al Arma o Cuerpo previamente elegido para pasar, por supuesto también con éxito, otros dos cursos en la Academia Especial correspondiente.

Al finalizar estos dos cursos, los cadetes volvían a la General para pasar en ella un segundo periodo de tres meses, en el que realizaban una serie de prácticas con unidades de tropa.

La llamada «promoción del Rey» recibió sus despachos en diciembre de 1959, de manos del por entonces ministro del Ejército, el general Barroso.

Salvador Fernández Miranda, jefe destinado en su día en la Oficina de Relaciones Públicas del Estado Mayor del Ejército, fue uno de estos miembros de la citada promoción. Y nos confirmó que el por entonces cadete Juan Carlos de Borbón pasó dos días en el calabozo, con el correspondiente borrón en su expediente: «Fue con motivo de la Vuelta Ciclista a España, que pasaba por allí, cerca de la Academia. Era la época del duelo ciclista entre Bahamontes y Loroño. Nosotros estábamos en la enfermería, éramos más o menos ocho cadetes. Se nos ocurrió ir a ver la etapa y bajamos en pijama, entre ellos el Príncipe. El general nos vio y nos tomaron el nombre. El Príncipe dijo que no nos preocupáramos, que ya hablaría él con el duque de la Torre y que aquello no era nada grave. Pero fuimos a parar todos al calabozo, que allí se llamaba corrección. Estuvimos dos días en él. Recuerdo que bajamos todos juntos, con el colchón y la almohada a la espalda. Todavía me parece estar viendo la figura alta de Su Alteza introduciéndose en la trena, que era como nosotros llamábamos al calabozo»[16].

Las estancias en la Armada y en la Academia del Aire transcurrieron con la normalidad prevista. A partir de entonces, los españoles se acostumbraron a ver al Príncipe vestido con el uniforme militar, bajo la mirada complacida de su protector, el general Franco.

1957. Se plantea la trifulca dinástica: Don Juan Carlos y Don Carlos Hugo frente a frente

En la década de los cincuenta es cuando empieza a plantearse en nuestro país la contienda monárquica: alfonsinos o juanistas frente a los carlistas. Franco, como un oráculo de Delfos, todavía no había dicho la última palabra, pues en una dictadura como la española la última voluntad siempre la da el dictador. Aunque las cosas estaban ya bastante claras, dadas las facilidades otorgadas por Franco a las posibilidades juanistas, los carlistas no se arredraron y presentaron otro candidato joven: Don Carlos Hugo de Borbón Parma, con un currículo intelectual superior al de Don Juan Carlos: licenciado en Derecho por parisina Universidad de la Sorbona y en Economía por la exquisita Universidad inglesa de Oxford. Era un Príncipe moderno y a la europea. No había color.

Franco, no obstante, alentó a otros candidatos. Ya se sabe: a río revuelto, ganancia de pescadores. Todo ello con objeto de alargar su dictadura y aletargar a los monárquicos. Don Juan recibió un golpe moral importante cuando su hermano sordomudo, Don Jaime, confirió a Franco el Toisón de Oro, la máxima condecoración monárquica, que éste aceptó aún cuando nunca la utilizara. Los falangistas, con la consiguiente aquiescencia de Franco, inventaron otro pretendiente: el llamado Carlos VIII, un archiduque austriaco, hijo de Doña Blanca de Borbón, hija a su vez de Carlos VII, que en entrevista oficial difundida por la prensa del Movimiento, entregó a Franco un reloj de oro, que también aceptó. Más adelante apareció otro candidato, Don Alfonso de Borbón Dampierre, que se casó con una nieta de Franco, Carmencita, con la consiguiente zozobra de los juancarlistas. El entorno familiar de Franco y sus amigos militares conspiraron al respecto. Pero el dictador ya no pudo echarse atrás: había nombrado a Don Juan Carlos Príncipe de España y su sucesor a título de Rey. Todo este montaje político parecía una pieza teatral de Valle Inclán.

El primer paso de los carlistas fue el de dotarse definitivamente de un Rey. El año 1952, en Barcelona, proclamaron a Don Javier de Borbón Parma, sobrino y heredero dinástico del último titular carlista, Don Alfonso Carlos I. El segundo paso fue presentar en el Montejurra del año 1957, con el título de Príncipe de Asturias, a su hijo Don Carlos Hugo de Borbón Parma. La operación resultó un éxito espectacular: miles y miles de carlistas celebraron con entusiasmo su posibilidad de futuro.

Los franco-juanistas y los tradicionalistas se asustaron y prepararon su réplica: el acto de Estoril del 20 de diciembre de 1957, organizado y conducido por el conde de Rodezno, traidor a los carlistas y entregado a Franco. Y ahora a Don Juan de Borbón. El acto consistió en que 45 antiguos alfonsinos que en la guerra de 1936-1939 habían formado en distintos Tercios de Requetés, porque en aquella época no habían otras unidades monárquicas, le embutieron a Don Juan una boina roja y éste se autoproclamó Rey de los carlistas, aunque luego más tarde, dándose cuenta de la barbaridad que le obligaban a hacer, rectificó diciendo que solamente era el representante de la Tradición.

Este error de los franco-juanistas fue la mejor operación estratégica y de imagen que favoreció a los carlistas. Los grupúsculos y sectores carlistas adormecidos hasta entonces por el franquismo, se unieron y formaron un frente común contra Don Juan Carlos y sus acólitos del Opus Dei, principales sostenedores con Franco de este candidato, como el almirante Luis Carrero Blanco y el profesor Laureano López Rodó.

Lo que desencadenó la operación de los franco-alfonsinos en Estoril fue, evidentemente, la presentación de Don Carlos Hugo en Montejurra.

Año tras año los carlistas van a Montejurra, un monte cercano a Estella, capital del carlismo tradicional. Se trata de una concentración política por excelencia y no una romería religiosa como así lo había ido presentando la prensa sujeta a la censura de Franco.

El discurso de Don Carlos Hugo fue significativo. He aquí algunas de las cosas que dijo: «Montejurra no es un recuerdo. España necesita que se actualice su Tradición para que sus principios se concreten en Instituciones. El municipio y la región deben alcanzar, con espíritu foral renovado, su personalidad. Los sindicatos y entidades profesionales alcanzarán, con su vigor social, su independencia del poder político... España es uno de los pueblos más austeros de Europa, capaz de realizar una profunda transformación de su estructura económica. La economía comienza a ser una ciencia capaz de orientar la realidad. Ante las crisis económicas no cabe ya la pasividad y el pánico. Se pueden afrontar los acontecimientos, dirigirlos y encauzarlos con criterios económicos y científicos. No se trata tan sólo de transigir con las dificultades y de intentar superarlas con impresiones empíricas... A pesar de veinte años de dirigismo todavía hay en España un grupo de hombres de empresa necesario para crear instituciones que orienten económicamente al país... Sigue teniendo actualidad el lema de mi tío abuelo Carlos VII, cuyo nombre llevo: «Si el país es pobre, vivan pobremente los ministros y el mismo Rey». El ejemplo del primer servidor de la Patria será norma de conducta para quienes no creen en la existencia de límites sociales en el uso de la propiedad»[17].

Al año siguiente, volvió a Montejurra y dijo: «La organización de nuestra sociedad es inactual; está basada en la riqueza. Los que carecen de esta riqueza encuentran cerrado el acceso a toda clase de poder. Hay que estructurar la sociedad de forma que todos tengan participación en el poder... El sindicato deberá ser libre, ajeno a presiones estatales y empresariales; autónomo, porque la autenticidad sólo se da en lo que es genuinamente propio... La garantía de la libertad está en el pluralismo. Los límites del poder únicamente pueden estar en la soberanía de las instituciones autónomas que constituyen orgánicamente a la sociedad. La limitación del poder del Estado no puede provenir, ni ha provenido nunca, de leyes estatales, frontera artificial, siempre utilizada como arma por el capricho del más fuerte. Cuando los organismos autónomos faltan, la sociedad no es más que un conglomerado amorfo regido por la burocracia impersonal y centralista, anuladora de toda iniciativa privada... Una Monarquía absolutista es, para nosotros, una incongruencia. La Monarquía no nos interesa por sí misma, sino sólo como solución para el problema de hoy. Como dijo mi padre: "Han pasado los tiempos en que los Reyes eran Reyes solamente por ser hijos de sus padres. Hoy los Reyes tienen que ganar con su esfuerzo, con su trabajo al servicio de la sociedad, la realeza que heredaron. Si falta esta realidad de servicio, la legitimidad carece de sentido"»[18].

Evidentemente la evolución del Carlismo se estaba produciendo a pasos agigantados. ¿Desde cuándo se habían oído estos términos en la cumbre del Montejurra? Y esto fue lo que asustó a los monárquicos de Franco y de Don Juan. Don Carlos Hugo aparecía ante la opinión pública como un gigante frente a la acción y pensamiento político de Don Juan Carlos.

EN BUSCA DE UNA REINA IDÓNEA

Estando así las cosas, Don Juan empezó a preocuparse por el futuro de su rama dinástica. Había que empezar a pensar en buscar una esposa idónea para Don Juan Carlos, único hijo varón y que, por lo tanto, debía asegurar lo antes posible la línea dinástica.

Los entresijos y los intereses que concurrieron en este asunto son bastante conocidos y han sido explicados por distintos autores. Juan Balansó, experto en las casas monárquicas europeas, es quien más extensamente y mejor ha estudiado este asunto, sobre todo por la independencia de criterio y por haberse basado en testimonios personales y directos, sin dejarse influir por intereses políticos ni monárquicos. A él nos vamos a remitir, fundamentalmente, sin excluir como es natural otras opiniones.

Para entender este interés de Don Juan por asegurar la sucesión hay que retrotraerse a su propia experiencia. Don Juan era el tercero en la sucesión a su padre Alfonso XIII. Tuvieron que convencer a los infantes Don Alfonso y Don Jaime para que renunciaran a sus derechos.

Al primero de ellos, porque padecía de hemofilia y porque, como ya hemos señalado, quería casarse con la cubana Edelmira Sampedro, hija de un plantador de caña, como así lo hizo. Ello contravenía las leyes internas de la dinastía, que señalaban que los infantes y herederos debían casarse con personas de estirpe regia. El infante falleció, sin hijos, producto de una hemorragia interna incontenible, tras un accidente de coche.

En el caso de su segundo hermano Don Jaime, sordomudo, la invalidez era evidente ya que, como se alegó, era incapaz por ejemplo de hablar por teléfono. Don Jaime se casó con la aristócrata franco-italiana Emanuela de Dampierre que, según Alfonso XIII, también contravenía las leyes internas monárquicas, al no ser miembro de la realeza, y con la que tuvo dos hijos: Alfonso, duque de Cádiz, que se casó con una nieta de Franco, y Don Gonzalo. Don Jaime se casó en segundas nupcias con una cantante prusiana y se hizo adicto a la bebida, falleciendo alcoholizado en 1975.

Alfonso XIII obligó a sus dos hijos a renunciar, pero el asunto se resolvió sin estar presente ni levantar acta el correspondiente notario. Ambos se retractaron posteriormente de esta renuncia, pero el asunto acabó definitivamente a favor de Don Juan.

Todas estas dificultades estaban presentes en el ánimo de Don Juan. De ahí su interés en casar a su hijo con una Princesa idónea. Pero, ¿cuál?

Don Juan Carlos, no obstante, parecía que desde hacia tiempo ya había elegido: una hija del ex Rey Humberto II de Italia, la Princesa María Gabriela de Saboya. Se conoce la anécdota de que en su época de cadete en la Academia General Militar de Zaragoza, tenía en su mesilla de noche un marco con la foto de María Gabriela. El director se la hizo retirar alegando que esto «no le va a gustar al Caudillo». Balansó cuenta que Don Juan Carlos decía «en una carta dirigida a una de sus amantes, Olga Nicolis, condesa de Robilant, con la que mantenía al mismo tiempo una relación: «no tengo mucha libertad de elección y la prefiero a ella, entre las que se consideran elegibles». De esta afirmación se desprende que Don Juan Carlos asumía por aquel entonces las normas tradicionales de su Casa que le invitaban a desposar una Princesa»[19].

Este noviazgo se truncó porque la propia María Gabriela dio pábulo a murmuraciones por sus relaciones con el *play boy* milanés Kaddy Visconti y con Nicolás Franco Pasqual de Pobill, sobrino de Franco.

Pero quien en realidad tomó las riendas de este asunto fue la Reina Federica de Grecia, que era quien «llevaba los pantalones» en la monarquía griega. Doña Federica había intentado casar a su hija Doña Sofía con el heredero de la corona noruega, Harald. Pero el Príncipe nórdico tenía otras preferencias y el asunto no cuajó. Fue entonces cuando puso sus ojos en el hijo de Don Juan, que aunque no era un Príncipe de una monarquía reinante, por lo menos tenía posibilidades de serlo en el futuro.

Juan Carlos y Sofía se conocieron en 1954 en el transcurso de un «crucero de amor» por el archipiélago griego, organizado por la rígida y autoritaria Doña Federica, cuyos únicos embarcados eran miembros casaderos de las monarquías europeas, con objeto de que se conocieran y, si cuajaba el asunto, acceder a posibles matrimonios. Pero Don Juan Carlos declaró más adelante que ni se fijó en ella. Seis meses más tarde, coincidieron el 8 de junio de 1961 en Londres, con ocasión de la boda de los duques de Kent y cenaron juntos unos días después; ambos se contaron sus ilusiones, sus problemas y llegaron a un acuerdo de noviazgo. Así de frío y pragmático.

La ya citada amante del Príncipe, Olga Nicolis, condesa de Robilant, contó este hecho, después de que Don Juan Carlos la buscara en Roma y citara en el «Club 54», donde bailaron y se aliviaron convenientemente: la cosa acabó en una pensión. La propia Olga lo declaró: «Acabamos en una horrible habitación con la colcha y la butaca de flores. A la mañana siguiente Juanito me contó que estaba prometido con Sofía de Grecia. Me enseñó el anillo que le había comprado. Eran dos rubíes con forma de corazón»[20].

El asunto estaba cantado. Como los propios juanistas lo reconocieron, se trataba de un matrimonio conveniente y de Estado. El Boletín de la Secretaría del Consejo Privado del Conde de Barcelona, lo ratificaba: «Los usos inveterados y las leyes sucesorias de la Corona de Castilla eliminan la transmisión de los derechos dinásticos a quienes han contraído matrimonios morganáticos o desiguales. Las nupcias del Príncipe Don Juan Carlos serán con una

Princesa que pertenece a una de las familias reales más antiguas de Europa y que, por tanto, cumple plenamente este esencial requisito de nuestro ordenamiento jurídico»[21].

Todos contentos. Doña Federica, Don Juan y a medias el general Franco, al que no le hacía demasiada gracia que Doña Sofía fuera protestante. Además, la novia aportó al matrimonio, tras agrias discusiones en el Parlamento griego, unos 2.700.000 euros.

La boda se celebró el 14 de mayo de 1962 en Atenas. Franco envió a Grecia el mayor buque de la Armada, el crucero *Canarias* y como embajador extraordinario al ministro de Marina, el almirante Abárzuza. Y le concedió el collar de la Orden de Carlos III a Don Juan Carlos. El matrimonio católico se celebró en la catedral de San Dionisio Areopagita y el ortodoxo en la catedral de Santa María. Días después de la boda, Doña Sofía se convirtió al catolicismo.

Los carlistas, por otro lado, respondieron a esta boda con otra boda: la de Don Carlos Hugo con Doña Irene de Orange Nassau, hija de la Reina Juliana de los Países Bajos. La noticia cayó como una bomba en la prensa española y en la holandesa.

En la española, generalmente se consideraba esta elección mucho mejor que la griega. La monarquía holandesa era estable y bien considerada en Europa. Además, la Reina Juliana era una de las mujeres más ricas del mundo.

Pero los carlistas toparon con Franco, que no autorizó de ninguna manera que la boda se celebrara en España. Lo único que le agradó de Doña Irene era que se había convertido previamente al catolicismo, cosa que de ningún modo había hecho Doña Sofía.

El propio Don Carlos Hugo ha contado como conoció a Doña Irene y cuándo decidieron casarse, así como las maniobras en España y en Holanda para dificultar el enlace.

«Conocí a Irene en las bodas que se celebraron en la familia. Recuerdo muy bien que nos encontramos en Luxemburgo, en las bodas de mis primas, las hijas del Gran Duque Félix, que era hermano de mi padre. Me llamó la atención el aspecto espontáneo de Irene, su belleza y su inteligencia. Decidimos vernos en otra ocasión. Al cabo de un tiempo la invité a España, a dar una vuelta con un velero alrededor de las islas Baleares, con un capitán inglés que pilotaba el barco, acompañados de mis hermanas y de Carmen Soler. Estuvimos diez días navegando, practicando el esquí acuático y el buceo, pasando de una isla a otra.

»A los pocos meses decidimos casarnos. Y ahí empezaron los problemas, ya que la opinión pública en Holanda, que al principio había reaccionado maravillosamente, luego, manipulada por el régimen franquista, pasó a ser más hostil.

»Irene decidió entrar en la Iglesia Católica y ello constituyó un gran escándalo por parte de ciertos sectores de la sociedad holandesa.

»Luego vinieron los ataques directamente organizados desde la embajada de España en La Haya. Su táctica fue publicar en Alemania noticias falsas, que luego recogía la prensa holandesa. Conocía perfectamente a las personas que lo dirigían desde España. Estos ataques consistían en crear la confusión, diciendo que yo era fascista porque era carlista y que estábamos con Franco.

»Estos ataques masivos eran muy difíciles de contestar. Siempre estuvimos enfrentados a Franco, precisamente por denunciar que se intentaba crear un Estado fascista. Y esto lo hicimos mucho antes de que Franco consiguiera el poder. Lo primero que hizo fue expulsar de España a mi padre, desterró a nuestro jefe político, Manuel Fal Conde, y arrestó a los principales dirigentes del partido. Los requetés, en la guerra, estuvieron en el campo nacional, y este sector era, para la opinión pública europea poco avezada, el «de Franco». Y no querían salir de esta interpretación.

»Todo esto creó un mal clima en Holanda. En el sector protestante, porque Irene se había convertido al catolicismo. Y en el demócrata, porque yo era «fascista».

»Poco a poco fuimos superando las dificultades, pero el Gobierno holandés me prohibió toda relación con la prensa. Por eso, cuando se habla de libertad de expresión y de opinión, todo es relativo. Lo viví en esta ocasión. El Gobierno holandés era democratacristiano y lo presidía Marijnen, cuya única preocupación era no tener problemas él, con lo cual los creaba a todo el mundo. En vez de llevar este asunto inteligentemente, lo que hizo fue escabullirse de las dificultades. Presionó fuertemente a la Familia Real holandesa, señalando que Irene tenía que ir a un viaje oficial a México. Irene contestó que, en esta situación, no era oportuno, fundamentalmente porque, so pretexto de lo que decía la embajada española, se oponía a nuestro matrimonio. Por otro lado, se podrían crear nuevas fricciones con los sectores protestantes. En estas condiciones, Irene decidió no ir. El Gobierno exigió que fuera y ella volvió a negarse. Sus padres no podían hacer nada, ya que por mandato constitucional tenían que seguir las indicaciones del Gobierno. Nos despedimos de sus padres, delante del palacio. A las dos o tres horas vino mi padre a recogernos. Nos marchamos a Bruselas y después a París. Irene se quedó con mis hermanas. Fue entonces cuando decidimos organizar la boda.

»Mis suegros no pudieron asistir a la boda, ya que no se lo permitía el gobierno. La organizamos sin ellos, a pesar de la tristeza que esto representaba para Irene.

»Intentamos celebrarla en España, pero hubo tal oposición del gobierno que tuvimos que renunciar a ello. Decidimos hacerlo en Roma, en la Basílica de Santa María la Mayor, de larga tradición española»[22].

La boda se celebró, pues, el 29 de abril de 1964 en la ya citada basílica de Santa María la Mayor, de Roma. La ceremonia, en representación personal del Papa Pablo VI, la ofició el cardenal Giobbe, nuncio apostólico en La Haya y amigo personal de la Familia Orange Nassau. Más tarde el Papa recibió en audiencia privada a los ya esposos, a los que regaló un crucifijo y reliquias de Santa Irene.

La diferencia de trato a ambas parejas era notoria. Franco ya había apostado decididamente por Don Juan Carlos.

Otros dos candidatos auspiciados por Franco y por su entorno familiar

Como hemos visto, los Príncipes Don Juan Carlos y Don Carlos Hugo fueron los únicos candidatos serios a la corona española. Franco enredó continuamente para enconar la rivalidad entre los dos Príncipes y con sus padres, Don Juan de Borbón y Don Javier de Borbón Parma. La intención última del comportamiento del dictador, el general Franco, era la de asegurar su continuidad en la cúpula del Estado totalitario instaurado, fruto de la victoria ante la II República en la guerra civil de 1936-1939.

Por eso, Franco alentó, aparentemente, la aparición de otros candidatos: Carlos de Habsburgo-Lorena y Borbón, nieto de Carlos VII e hijo del archiduque Leopoldo Salvador Austria y de Doña Blanca de Borbón, hija del susodicho Carlos VII. Fue denominado por sus seguidores como Carlos VIII. A su muerte en 1953 en Barcelona, le sucedió su hermano Francisco José y después su otro hermano Antonio. Pero ello no tuvo viabilidad alguna, entre otros motivos, por la poca edificante vida que llevaban los sucesores.

Carlos VIII contó con un partido que le apoyaba —Comunión Carlista—, liderado por el general auditor de la Armada, Jesús de Cora y Lira, expulsado de Comunión Tradicionalista. En Cataluña, donde residió Carlos VIII, su representante fue el doctor Ramón Gassió Bosch. Los ministros de Franco, Esteban Bilbao y Eguía y Antonio Iturmendi Bañales, eran sus apoyos principales en Madrid.

Otro candidato al trono fue Don Alfonso de Borbón Dampierre, duque de Cádiz —título concedido por Franco como regalo de bodas con su nieta y revalidado más adelante por el propio Don Juan Carlos—, hijo del Infante Don Jaime de Borbón y Battenberg, segundo hijo varón del Rey Alfonso XIII y de Doña Victoria Eugenia de Battenberg, y hermano a su vez de Don Juan de Borbón, conde de Barcelona. El nuevo candidato se casó con Carmen Martínez Bordiu, nieta mayor y la preferida de su abuelo el general Franco. Por eso el entorno familiar del dictador, su esposa Doña Carmen y los generales de la corte franquista del palacio de El Pardo, conspiraron para que Franco revocara el nombramiento de Juan Carlos y lo sustituyera por Don Alfonso. De este modo, pensaban, Carmencita algún día llegaría a ser Reina.

El «octavismo», auspiciado y apoyado por la Falange

A principios de los años cuarenta, tanto los carlistas como los juanistas habían empezado a hacer proselitismo por todo el territorio nacional, Al Régimen esto no le gustó nada. Las prohibiciones de actos públicos carlistas, la férrea censura en la prensa de todo lo que oliera a propaganda monárquica, de un signo u otro, impedía que se diera a conocer en forma pública y masiva la línea ideológica de ambos sectores dinásticos. Las fricciones con el Régimen eran continuas. En esa época se registra el atentado falangista de Begoña contra una concentración carlista a la que asistía el ministro Varela. Don Juan había reclamado desde el exilio, por vez primera, la corona de España. Los monárquicos empezaban a molestar al general Franco. Y se iniciaron las maniobras sucias para desprestigiarlos a ojos de la opinión pública. Una de estas maniobras fue la aparición de lo que vino a denominarse «carloctavismo» u «octavismo». El octavismo fue una disidencia del carlismo que se produjo en los últimos años del Rey carlista Alfonso Carlos I. Visto el avanzado estado de edad del anciano monarca, un reducido número de afiliados tradicionalistas quisieron forzar la voluntad del titular de la dinastía carlista obligándole a señalar sucesor. Don Alfonso Carlos no tuvo ningún hijo de su matrimonio con Doña María de las Nieves de Braganza y ello puso nervioso a este sector tradicionalista, que veía en el desarrollo de las actividades pro alfonsinas infiltradas en el partido, un peligro cierto. Los prosalfonsinos proponían la candidatura del pretendiente Don Juan de Borbón, hijo de Alfonso XIII. Las cábalas terminaron cuando Don Alfonso Carlos instituyó la regencia a favor de su sobrino Don Javier de Borbón Parma y Braganza, sin que este nombramiento significara renunciar a sus derechos a la titularidad dinástica.

Esta medida fue aceptada, tras algunas dificultades iniciales, por la mayoría del Partido Carlista, excepto por el grupo de tradicionalistas que proponían la candidatura del archiduque austriaco Don Carlos de Habsburgo-Lorena, hijo menor de Doña Blanca de Borbón, hija del mítico Carlos VII.

El 22 de junio de 1934, en un mitin celebrado en Zumárraga, declararon abiertamente sus preferencias. Pero el archiduque, en carta dirigida a Fal Conde el 20 de noviembre de aquel mismo año, rechazó tal derecho. Los dos hermanos mayores del archiduque no fueron tenidos en cuenta por estos tradicionalistas, porque las actitudes políticas de ellos no les complacían. No obstante, el llamado Núcleo de la Lealtad insistió en mayo de 1935, en Zaragoza, en sus mismas preferencias dinásticas. Al frente de la disidencia figuraban Plazaola, Martínez López, Larraya, Zuazo y algunos otros más. El archiduque, mediante innumerables gestiones, fue convencido por los disidentes y el 30 de mayo de 1936 aceptó presentar y sostener los supuestos derechos dinásticos. El grupo, ya de una forma clara y directa, se apartó de la disciplina de Don Alfonso Carlos y del Partido. Pero vino la guerra civil y el asunto pareció enterrado. Finalizada la guerra, de repente, ese grupo continuó sosteniendo los derechos del archiduque austriaco y, en 1943, el Núcleo de la Lealtad le proclamó sucesor bajo el nombre de Carlos VIII. Por eso fueron conocidos como «octavistas». La militancia carlista jamás aceptó tal proclamación. Ni mucho menos el secretario general del partido Manuel Fal Conde, ni el regente, Don Javier de Borbón Parma, a quien los carlistas instaban para que diera por terminado el periodo de la Regencia y aceptase ser proclamado Rey. Los carlistas, que se habían opuesto a la unificación con Falange, no veían con buenos ojos las sospechosas preferencias del archiduque en colaborar con FET y de las JONS. Un «octavista» destacado, Jaime del Burgo, ha reconocido «este sentimiento» al escribir que «don Carlos estaba rendido a la Falange»[23]. En conversación que el autor de este libro sostuvo en Madrid con el ex alto dirigente de Falange, Dionisio Ridruejo, éste declaró que: «El octavismo fue auspiciado e inventado desde la sombra, en las reuniones de «La Ballena Alegre» que altos dirigentes celebrábamos en un conocido café madrileño de la calle de Alcalá, frente a Correos. La mayoría de los fondos que se gastaban para el sostenimiento de las campañas propagandísticas del pretendiente octavista, salieron de la delegación Nacional de Propaganda de FET y de las JONS, de la que yo había sido jefe nacional».

Se trataba, me señaló Ridruejo, de que el carlismo, y con él todo el sector monárquico español, apareciera ante la opinión pública atomizado y profundamente dividido, favoreciendo con ello las aspiraciones políticas de la Falange y de Franco. En 1951 el archiduque visitó en Barcelona a Franco y le entregó una condecoración, en agradecimiento a los servicios prestados: la de Caballero de la Orden de San Carlos Borromeo. Los prohombres del Régimen que aparecían sosteniendo los derechos del archiduque fueron ex tradicionalistas que habían sido expulsados del partido por haber aceptado la unificación: Esteban Bilbao, presidente de las Cortes, y Antonio Iturmendi, ministro de Justicia de Franco. No obstante, esta extraña y rocambolesca disidencia terminó con el fallecimiento del archiduque, ocurrido en Barcelona el 24 de diciembre de 1953, tras una penosa existencia ya que la subvención de la Falange era más bien escasa a medida que fueron transcurriendo los meses y después de ver el Régimen que sus servicios ya no eran convenientes ni necesarios.

Alfonso de Borbón Dampierre, el candidato del entorno familiar de Franco

El infante Don Alfonso era hijo de Don Jaime de Borbón Battenberg, el hermano sordomudo del conde de Barcelona y de Doña Emanuela Victoria de Dampierre, nacido el 20 de abril de 1936 en Roma, en la clínica de Santa Ana. Tuvo un hermano menor, Gonzalo, nacido en Roma el año 1938, que en el futuro también se postularía como pretendiente a la Corona española e incluso a la francesa, pero sin éxito alguno.

Su madre Doña Emanuela, que fue una ferviente partidaria de Benito Mussolini, señala en sus *Memorias* las vicisitudes del bautizo de su hijo mayor: «Alfonso fue bautizado por el cardenal Pacelli, futuro Papa Pío XII, y la celebración tuvo lugar en casa de mi madre, que era muy grande. La razón que se encargara al entonces cardenal Pacelli de bautizarlo tuvo su origen en la tensa relación que existía entre el Papa Pío XI y mi suegro —Alfonso XIII—. En cierta ocasión, el Rey y las infantas Beatriz y Cristina pidieron audiencia al Pontífice. Éste, al parecer presionado por el gobierno de la República española, les hizo esperar una hora. Don Alfonso XIII, enfadado, decidió marcharse, lo que tampoco agradó al Papa. Las relaciones entre ellos se enfriaron para siempre».

La vida en común de sus padres no fue de lo más edificante: «Entre nosotros —señala Doña Emanuela— no había amor, ni por su parte ni por la mía. No hubo amor entre nosotros. También Jaime fue forzado por su padre a casarse conmigo. Jamás me hizo una declaración de amor. Creo que nunca llegó a quererme. Escudado en una inconsciente insensibilidad, no se sentía obligado ni siquiera a fingir ciertas cosas. Él tenía el derecho a estar conmigo y yo, la obligación de aguantarme. Todo esto suena muy crudo, pero sólo se trata de permitir a la realidad hablar por sí misma. Aunque chirríe. Aunque duela.

»Jaime era un mujeriego contumaz y yo lo sabía. Para colmo, empezó a traer a este tipo de mujeres a nuestra propia casa y esto era algo que yo no podía admitir. Me parecía radicalmente intolerable.

»Jaime cayó nuevamente enfermo con la típica enfermedad contagiosa que algunos hombres contraían en los prostíbulos. Le trataron con la famosa inyección Wasermann y mejoró mucho, pero el médico nos obligó a mi a mis hijos a hacernos una analítica por si acaso nos hubiera transmitido la enfermedad».

Este era el ambiente del hogar de Don Alfonso. Por eso la separación y el divorcio de sus padres fue para él como un fin lógico y esperado.

Juan Balansó, uno de los mejores conocedores de la Familia Real española, se preguntaba en *La Familia Real y la familia irreal:* «¿Cuántos españoles saben que Alfonso de Borbón Dampierre, que pretendió, como su padre, las coronas de Francia y de España y se tituló ampulosamente «jefe de la casa de Borbón», ni siquiera poseía legalmente ese apellido?».

En efecto, la pragmática de Carlos III sobre matrimonios, cuyos preceptos rigen todavía en el seno de nuestra Familia Real, señala en su cláusula XII, que los hijos de los matrimonios contrarios a cuanto en ella se estipulan «tomarán el apellido y las armas del padre o de la madre» que hubieran causado la contravención. Consecuentemente y por disposición expresa de Alfonso XIII, su nieto primogénito fue inscrito en el registro civil de Roma, con el apellido compuesto «Borbón-Segovia», confirmando así desde el principio que no era Príncipe ni miembro de la Familia Real española, en razón de la denuncia formalizada por su padre cuando todavía era soltero y no causaba perjuicio a terceros.

Balansó señala que «Alfonso XIII quiso, en previsión de futuras ambiciones, dejar bien claro que su nieto mayor inauguraba una línea familiar «sin derechos dinásticos». «Diré más. A tenor del texto de la citada pragmática, y de no haber mediado la benevolencia de su augusto abuelo, Alfonso y Gonzalo de Borbón-Segovia hubieran debido de llamarse Alfonso y Gonzalo Segovia —o Dampierre— a secas». Los Borbón-Segovia se trasladaron a España en 1954 para cursar estudios universitarios. Alfonso terminó Derecho, Gonzalo nada.

El general Franco pensó que los hermanos Borbón Dampierre podían ser dos piezas fundamentales en el tablero del ajedrez de la sucesión del Régimen. Don Alfonso, como dirían algunos castizos, pegó el braguetazo y el 8 de mayo de 1972 contrajo un fastuoso matrimonio en la capilla de El Pardo, con la nieta mayor del general Franco, Carmen Martínez-Bordiu, y ocho meses después nació el primer hijo fruto de su unión, a quien denominarían Francisco, en homenaje al dictador. Como regalo de bodas el general Franco les concedió «a petición de Don Juan Carlos», el título de duques de Cádiz, con tratamiento de Alteza Real «que será ostentado igualmente por su cónyuge y descendientes directos».

El entorno familiar de Franco empezó a intrigar, fundamentalmente Doña Carmen Polo de Franco, la esposa del general Camilo Alonso Vega y el doctor Vicente Pozuelo, el núcleo duro del clan de El Pardo, para que Franco revocara el nombramiento de Príncipe de Asturias a Don Juan Carlos y lo trasladara a su yerno Alfonso de Borbón Dampierre, a la sazón embajador de España en Suecia.

Pero el matrimonio no se consolidó. La nieta de Franco cayó en brazos de un anticuario francés, Jean Marie Rossi, con quien se casó tras divorciarse de Alfonso. Y este se refugió en los de la actriz argentina Mirta Miller. Y aquí se derrumbaron las pretensiones reales de la pareja y de Franco y de su entorno.

Alfonso falleció decapitado por un cable de acero que cruzaba inoportunamente las pistas de nieve de Beaver-Creek, en Colorado, el 30 de enero de 1989, mientras practicaba el esquí un poco tiempo más tarde del trágico accidente de automóvil que provocó el fallecimiento de su primogénito, Francisco.

Don Juan Carlos jura su lealtad a los Principios Fundamentales del Movimiento, a Franco y a su Régimen

La mayoría de los historiadores estamos de acuerdo en que la estrategia política de Don Juan para alcanzar la restauración de la Monarquía en España, se dividió en tres fases, como así lo han señalado, entre otros, Julio Aróstegui: de confrontación, hasta 1948; de conciliación, hasta 1969; y de marginación, de 1969 hasta 1977. Todo ello tomando como referencia al general Franco.

Como ya hemos visto, Don Juan entregó su hijo al dictador, a partir de 1948. Don Juan Carlos siguió una estrategia distinta a la de su padre y se apoyó en Franco y en el Opus Dei, con objeto de obtener del general su nombramiento de Rey, faltando así a la lealtad dinástica debida a su padre, siguiendo quizá el consejo de su esposa Doña Sofía y, sobre todo, de su suegra Doña Federica. Los hechos son tozudos y evidentes, como vamos a ver a continuación.

En enero de 1966, Don Juan Carlos afirmó en la revista *Time*, reiterando más adelante a *Point de Vue*, la revista francesa dedicada al cotilleo de famosos y familias reales, lo siguiente: «Jamás, jamás, aceptaré reinar mientras viva mi padre: él es el Rey»[24]. El entorno del Príncipe trató de censurar la metedura de pata de Don Juan Carlos a Françoise Laot, autora de la entrevista. La periodista se negó a hacerlo y menos a justificar la frase del Príncipe bocazas. Se decidió entonces que el ministerio de Información y Turismo, cuyo ministro era Manuel Fraga, censurara la noticia en la prensa del Régimen. Había que dar una versión radicalmente diferente a lo pronunciado por Don Juan Carlos.

«Los adláteres de Don Juan pretendían que Juan Carlos se viera obligado a confirmarla. Pero no les salió bien. La conmoción que aquellas declaraciones causaron en el Pardo provocaron una reacción contraria en el Príncipe. Tras múltiples desmentidos por parte de sus colaboradores más próximos —López Rodó, Mondéjar y Armada—, él mismo pidió visitar a Franco para explicarle la verdad de la historia. Franco le aconsejó que no rectificara: «Las familias reales no pueden discutir en la prensa. Hay que salir al paso indirectamente». Se les ocurrió sacar rápidamente otra entrevista en la prensa [...]. El director de la agencia Efe, Carlos Mendo, fue el designado para firmar la entrevista y distribuirla a la prensa. La posición del Príncipe quedaba clara: lo aceptaba todo y, si Franco le nombraba, sería sucesor a título de Rey tras jurar los Principios el Movimiento Nacional y las Leyes Fundamentales»[25].

No tardaría demasiado tiempo Don Juan Carlos en cambiar de actitud. Las palabras se las puede llevar el viento, pero los documentos permanecen inalterables.

Al celebrar su 30 aniversario, el día de la festividad de Reyes de 1968, Don Juan Carlos cumplía con el requisito exigido por la Ley de 1947 para convertirse en sucesor de Franco a título de Rey. Franco era consciente de que Don Juan se opondría a la designación del Príncipe que tenía encomendado formar pero que la mayor intransigencia provendría de su abuela, la Reina Victoria Eugenia. Felipe de Borbón, el hijo de Don Juan Carlos, había nacido en la madrileña clínica de Nuestra Señora de Loreto el 30 de enero de 1968, asegurando así la línea sucesoria al trono. La bisabuela del recién nacido falleció de accidente en Lausana el 15 de abril de 1969, liberando a Franco de uno de los posibles escollos para la designación. Tan malas eran las relaciones de Don Juan con su hijo, que el primero no informó del fallecimiento de su abuela hasta tres días más tarde de la celebración del entierro. Don Juan sabía que el Rey no tendría ningún problema moral para suplantarlo en el trono de España pero necesitaba a cualquier precio la aceptación de su padre. Padre e hijo se reunieron en Estoril con Alfonso Armada de testigo. Don Juan negó a su hijo el derecho a sucederle en el trono de España. El 8 de mayo, confiando en que Franco no tomaría una decisión contraria a sus intereses, Don Juan escribió al dictador proponiéndole conversar «con sosiego y corazón abierto». Nunca recibiría noticias de El Pardo.

En Madrid, el Príncipe recibió la aceptación de Antonio Girón de Velasco, con el que comió en un conocido restaurante de la capital. Para Don Juan Carlos era imprescindible recibir el apoyo incondicional de la Falange. La aprobación del influyente Girón significaría el respaldo definitivo de todo el consejo de ministros.

A principios de junio, Don Juan Carlos visita de nuevo a sus padres en Estoril pero silencia las conversaciones con Girón de Velasco y con López Rodó, que le había advertido de que el caudillo estaba preparando su sucesión al trono. Don Juan Carlos debía estar en disposición de aceptar aquella designación porque de lo contrario Franco elegiría como su sucesor a su primo, Don Alfonso de Borbón Dampierre.

El 12 de julio de 1969, Juan Carlos es convocado por Franco en el Palacio de El Pardo. Durante la comida, el general anuncia al Príncipe su decisión definitiva. Al salir del comedor familiar, la sorpresa invadió el rostro del sucesor a la jefatura del Estado. En la sala de espera, perfectamente uniformado, se encontraba el embajador de España en Lisboa. En breves momentos partiría hacia Portugal para hacer entrega en persona a Don Juan de la decisión del caudillo. La carta era explícita: «Quiero comunicároslo y expresaros mis sentimientos por la desilusión que pueda causaros, y mi confianza de que sabréis aceptarlo, con la grandeza de ánimo heredada de vuestro augusto padre, Don Alfonso XIII».

Al llegar a la Zarzuela, Don Juan Carlos llamó a Estoril. Fue incapaz de comunicar la decisión que había adoptado Franco. Tres días más tarde, el 15 de julio de 1969, le escribió esta carta a su padre:

«Madrid, 15 de julio de 1969.

Queridísimo papá:

Acabo de volver de El Pardo adonde he sido llamado por el Generalísimo; y como por teléfono no se puede hablar, me apresuro a escribirte estas líneas para que te las pueda llevar Nicolás —Cotoner, marqués de Mondejár—, que sale dentro de un rato en el *Lusitania*.

»El momento que tantas veces te había repetido que podía llegar, ha llegado y comprenderás mi enorme impresión al comunicarme su decisión de proponerme a las Cortes como sucesor a título de Rey.

Me resulta dificilísimo expresarte la preocupación que tengo en estos momentos. Te quiero muchísimo y he recibido de ti las mejores lecciones de servicio y de amor a España. Estas lecciones son las que me obligan como español y como miembro de la Dinastía a hacer el mayor sacrificio de mi vida y cumpliendo un deber de conciencia y realizando con ello lo que creo es un servicio a la Patria, aceptar el nombramiento para que vuelva a España la Monarquía y pueda garantizar para el futuro, a nuestro pueblo, con la ayuda de Dios, muchos años de paz y prosperidad.

En esta hora, para mi tan emotiva y trascendental, quiero reiterarte mi filial devoción e inmenso cariño, rogando a Dios que mantenga por encima de todo la unidad de la Familia y quiero pedirte tu bendición para que ella me ayude siempre a cumplir, en bien de España, los deberes que me impone la misión para la cual he sido llamado.

Termino estas líneas con un abrazo muy fuerte y, queriéndote más que nunca, te pido nuevamente, con toda mi alma, tu bendición y tu cariño.

Juan Carlos»[26]

Doña Sofía confirmó más adelante a Pilar Urbano la autenticidad de esta carta y añadió: «Aparte de escribirle la carta, para que constara de un modo más oficial por escrito, la verdad es que se lo dijo de tú a tú, por teléfono. Yo no estuve delante. Se metió en su despacho y le llamó. La reacción de Don Juan, que había tenido noticia por el embajador de España en Lisboa, fue de tirantez. Muy, muy, muy de tirantez. Se disgustó. Se enfadó. A partir de ese momento, no se hablaron durante algunos meses»[27].

El embajador de España en Portugal, José Antonio Giménez Arnau, le entrega a Don Juan una carta de Franco en la que le comunica que va a proponer a las Cortes a Don Juan Carlos como sucesor suyo a título de Rey.

Dicho y hecho. El 22 de julio de 1969, Franco lee un discurso, redactado por el ministro Silva Muñoz, por el que propone a la Cámara a Don Juan Carlos de Borbón y Borbón como heredero suyo a título de Rey. El dictador manifestará que «la decisión que hoy vamos a tomar contribuirá en buena manera a que todo quede atado y bien atado para el futuro. Esta Monarquía es la del Movimiento Nacional, continuadora perenne de sus principios e instituciones»[28]. Todo muy claro.

Las Cortes de Franco votaron así: 491 votos a favor, 19 en contra y 9 abstenciones, sobre un total de 534 procuradores, registrándose 15 ausencias.

Votaron en contra los procuradores familiares carlistas y los monárquicos partidarios de Don Juan. Los falangistas republicanos también votaron negativamente.

Al día siguiente, Antonio María de Oriol y Urquijo, en su calidad de Notario Mayor del Reino, como ministro de Justicia, levanta el acta correspondiente en el palacio de La Zarzuela, con los más altos jerarcas del Régimen presentes, de la comunicación a Don Juan Carlos, que estaba en el acto acompañado de Doña Sofía y de su hijo Felipe, de la decisión de Franco y de las Cortes Españolas. Naturalmente, Don Juan Carlos aceptó tal designación, en los siguientes términos: «Estoy profundamente emocionado por la gran confianza que ha depositado en mi Su Excelencia el Jefe del Estado, al proponer a las Cortes, haciendo uso de la facultad que le concede el artículo sexto de la Ley de Sucesión, mi nombramiento como sucesor a título de Rey, así como por el altísimo honor que me ha hecho el Supremo Órgano Legislativo del país, al aprobar la propuesta, que sancionada, ha quedado convertida en Ley.

»Me acabáis de comunicar oficialmente su contenido, y plenamente consciente de la enorme responsabilidad que sobre mí va a recaer, acepto, en mi nombre y en el de mis sucesores, las obligaciones y deberes que me impone esta designación, pues considero que en definitiva se trata de obedecer un mandato de nuestro pueblo, expresado en forma legítima y fehaciente, a través de su representación genuina, que son las Cortes Españolas.

»Formado en la España surgida el 18 de julio, he conocido paso a paso las importantes realizaciones que se han conseguido, bajo el mando magistral del Generalísimo.

»Este acto trascendental para mí, representa mi entrega total al servicio de la Patria.

»Mi aceptación incluye una promesa firme, que formulo ante Vuestras Excelencias, para el día, que deseo tarde mucho tiempo, en que tenga que desempeñar las altas misiones para las que se me designa, dedicando todas mis fuerzas no sólo al cumplimiento del deber, velando por que los Principios de nuestro Movimiento y Leyes Fundamentales del Reino sean observados, sino también para que, dentro de esas normas jurídicas, los españoles vivan en paz y logren cada día un creciente desarrollo, en lo social, en lo cultural y en lo económico.

»Os ruego, pues, señor Vicepresidente del Gobierno y señor Presidente de las Cortes, que así lo comuniquéis, respectivamente, a Su Excelencia el Jefe del Estado y a las Cortes Españolas»[29].

Este discurso, por sí sólo, es la prueba más contundente de la deslealtad de Don Juan Carlos a su padre y la ruptura de la línea dinástica de esta rama familiar de los Borbones.

Por si quedaba alguna duda, Don Juan Carlos reiteró su posición al día siguiente en sesión solemne de las Cortes Españolas, presidida por Franco, en la que a la pregunta del presidente de esa Cámara: «En nombre de Dios y sobre los Santos Evangelios, ¿juráis lealtad a Su Excelencia el Jefe del Estado y fidelidad a los Principios del Movimiento Nacional y demás Leyes Fundamentales del Reino?» contestó con la siguiente e inequívoca respuesta: «Sí juro lealtad a Su Excelencia el Jefe del Estado y fidelidad a los Principios del Movimiento Nacional y demás Leyes Fundamentales del Reino»[30].

El Rey había preparado minuciosamente el discurso con sus colaboradores más estrechos, sus ayudantes Alfonso Armada y el marqués de Mondéjar. Durante la elaboración del texto estuvieron también presentes el almirante Carrero Blanco y el que fuera su preceptor, Torcuato Fernández Miranda. Doce minutos de aplausos, con el hemiciclo de la Carrera de San Jerónimo puesta en pie, jalonaron las palabras de Don Juan Carlos. Desde la distancia, su padre, el conde de Barcelona siguió la intervención de su hijo a través de la televisión.

A partir de entonces, Don Juan Carlos empezó a titularse oficialmente Príncipe de España, cosa que enfadó todavía más a Don Juan, reclamándole y retirándole la placa de Príncipe de Asturias: «Esto no es de lo nuestro, de modo que venga la placa»[31]. Pero Don Juan Carlos no tenía que preocuparse de condecoraciones, pues a partir de entonces empezaron a lloverle honores y recompensas. El 7 de marzo de 1970 le son impuestas las insignias de la Gran Cruz del Mérito Militar; el 15 de mayo las insignias de la Gran Cruz del Mérito Naval; el

6 de octubre la Gran Cruz del Mérito Aeronáutico; el 17 de mayo de 1971, las insignias de la Gran Cruz de la Real y Militar Orden de San Hermenegildo; y así un largo y «merecido» etcétera.

Las reuniones con Franco se hicieron cada vez más intensas. De departir una vez al mes, los encuentros con el dictador se celebraron puntualmente cada semana a las cinco de la tarde, en el despacho que Franco tenía en el Palacio de El Pardo. El Príncipe iba bien preparado a los encuentros, gracias a la permanente documentación que le servía su fiel Armada. Don Juan Carlos empezó su acercamiento voluntario a los grupos fascistas más característicos del Régimen franquista: la Guardia de Franco y la Hermandad de Alféreces Provisionales, todos ellos procedentes de la guerra civil de 1936-1939.

El 10 de febrero de 1970, en la clausura del Consejo General de la Guardia de Franco, declararía: «El 23 de julio, cuando antes las Cortes juré mi condición de Príncipe de España, como sucesor a título de Rey, afirmé que mi pulso no temblaría, y estad seguros de que no temblará.

»Vosotros estáis integrados en una organización que, de acuerdo con el artículo 8 de los Estatutos del Movimiento, hace de vuestras tareas un servicio activo a los Principios del Movimiento y a las Leyes Fundamentales del Reino. Habéis jurado servir a España; yo, también; habéis jurado fidelidad a los Principios del Movimiento y a las Leyes Fundamentales; yo, también; habéis jurado lealtad a Franco y a lo que Franco significa; yo, también; queréis para España el esfuerzo continuado que le asegure su grandeza y su lealtad; yo, también quiero lo mismo. Por esto comprenderéis mi satisfacción al encontrarme ante vosotros y presidir este acto»[32].

El 23 de marzo de 1970, le tocó el turno a los Alféreces Provisionales, diciéndoles: «Vosotros habéis querido reuniros en Hermandad y montar guardia vigilante para salvaguardar los valores permanentes que son los que supisteis defender heroicamente en momentos trascendentales de la vida de nuestra Patria, Noble y fundamental decisión que nos permite contemplar con tranquilidad nuestro futuro.

»La tarea en que estamos comprometidos responde a las constantes históricas de nuestra Monarquía secular y, por ello, Franco ha querido dejar bien sentado que sea esta forma de gobierno tradicional la que herede al Estado surgido con el esfuerzo y la sangre de los mejores. He jurado lealtad a los Principios Fundamentales del Movimiento, ideales por los que murieron nuestros compañeros en la Cruzada. Sobre estos ideales tenemos que basar el desarrollo del país, buscando sin desmayo la grandeza de España»[33].

Con todos estos testimonios delante de nosotros, no hay duda de la doblez en la conducta de Don Juan Carlos. Después de faltar a la lealtad dinástica debida a su padre y pulverizar las costumbres monárquicas al uso, empezó a comportarse como un Borbón más de su rama dinástica: hacer lo que fuera necesario para obtener y conservar el poder. Si hay que declararse franquista, pues se es más franquista que José Antonio Girón o que el propio Franco. Si hay que alabar al fascismo más puro del Régimen, la Guardia de Franco o a los Alféreces Provisionales, pues todos somos hermanos y compañeros de trinchera. Si hay que reiterar el juramento a los Principios Fundamentales del Movimiento Nacional y lealtad al dictador, pues se hace las veces que sean precisas. Todo vale para alcanzar la corona. Y lo que es más grave, si hay que apartar a su propio padre de la línea natural dinástica, pues se hace y pelillos al mar.

Más adelante, como ya veremos, traicionó a los propios franquistas, apuntándose a la moda reformadora, de la mano de dos franquistas olvidadizos: Torcuato Fernández Miranda y Adolfo Suárez, bajo el paraguas de la Iglesia estamental y de los miembros del Opus Dei, representado en el almirante Luis Carrero Blanco y el catedrático Laureano López Rodó. Como se dice en el refrán popular: «quién roba a un ladrón, tiene cien años de perdón».

Un poder fáctico. El Opus Dei, valedor de Don Juan Carlos

De la mano del almirante Luis Carrero Blanco y de Laureano López Rodó, el Opus Dei llegó a tener en los años finales del franquismo y en los inicios de la transición, una influencia primordial. Fueron sus miembros quienes apoyaron incondicionalmente a Don Juan Carlos de Borbón en su carrera hacia el trono, bajo la mirada aquiescente y vigilante del dictador.

Pero, ¿qué era exactamente el Opus Dei en la época de su trabajo en pro de Don Juan Carlos?

1962 es un año decisivo para España en el campo económico. Son miembros y socios del Opus quienes tienen en sus manos las palancas y los puestos gubernamentales del comercio, planificación económica, finanzas, producción industrial y política. La colonización es total. La infraestructura de la información empieza a adquirir aires de monopolio: emisoras de radio, revistas y semanarios, diarios, puestos clave en TVE. Falangistas y juanistas pasan interiormente a un segundo o tercer plano, aunque exteriormente parezca que den «color azul» al Estado franquista. Pero en realidad quienes mandan son los llamados tecnócratas, los hijos preferidos de Escrivá. Son los López Rodó, Fernández de la Mora, Sánchez Bella, López Bravo, Calvo Serer, Alberto Ullastres, Antonio Fontán, Mariano Navarro Rubio, Luis Valls Taberner, Fernando Herrero Tejedor, Carrero Blanco... y un largo y seleccionado etcétera. Entre socios y «compañeros de viaje», España se tiñe de gris, el color preferido de los tecnócratas.

En el campo de la enseñanza su influencia también es notable. Los cuadros formados en el CSIC, dan sus primeros frutos: Universidad de Navarra, Instituto de Estudios Superiores de Empresa, Centros de Enseñanza Superior, Colegios de Enseñanza Media, etc.

La conquista de la cátedra universitaria es uno de los objetivos prioritarios que se marca Escrivá. La ofensiva va desde 1945 a 1951, en la que la ayuda e influencia del ministro Ibáñez Martín es notoria. Este espacio de tiempo parece corresponder a una generación que va de los 25 a los 35 años entre los opositores y ganadores de cátedras por miembros del Opus Dei. Efectivamente, veamos, si no, a los universitarios nacidos entre 1914 y 1923, miembros o socios de la Obra, que consiguen cátedra: Rafael Calvo Serer (1916) catedrático en 1942; Millán Puelles (1921) en 1951; González Álvarez (1918) en 1946; Florentino Pérez Embid (1918) en 1949; Federico Suárez Verdeguer (1917) en 1948; Rodríguez Casado (1918) en 1942; Ballín Lucas (1926) en 1943; Baquero Goyanes (1923) en 1949; Antonio Fontán (1923) en 1942; Orlandis (1918) en 1942; Álvaro d'Ors (1915) en 1943; Alberto Ullastres (1914) en 1948; Laureano López Rodó (1926) en 1944; y un largo etcétera.

Wolgang Dern, en el *Frankfurter Herte*, señaló que entre 1939 y la salida del ministerio de Ibáñez Martín, el Opus consigue el 25 por ciento de las cátedras del total de las universidades españolas. Cifra, por cierto, nada desdeñable.

Los miembros del Opus Dei preparan, más adelante, la «operación Juanito», bajo la batuta de Carrero Blanco y López Rodó como primeros espadas. Los otros candidatos son apartados por sospecharse ser «demasiado» poco dóciles al sistema franquista.

No se inmutan realizando operaciones de ataque y desprestigio contra sus enemigos. Logran salvar el bache del escándalo Matesa y, a pesar del cambio ministerial del 69, siguen dominando más que nunca el tinglado franquista. Su dominio es espectacular.

Repetidamente los portavoces del Opus Dei han declarado que sus miembros tienen completa libertad para escoger el partido político más afín a sus ideales. Pero la realidad es que la estrategia «opusdeísta» nos muestra que están en todas partes. Si les conviene, mantienen relaciones con los comunistas —caso Calvo Serer— mientras otros están en Alianza Popular —más adelante Partido Popular—, en el Centro Democrático de Suárez, en el Partido Liberal, con los socialdemócratas, con los democristianos e, incluso, con los carlistas —caso de Álvaro d'Ors y Pedro Lombardía, por ejemplo—. De un modo u otro, siempre llevan las de ganar.

Éste ha sido, en definitiva, el colectivo humano que ayudó, apoyó y aupó a Don Juan Carlos a la corona española. La actividad de estas personas las ha descrito, precisamente, un miembro importante de la Obra, Laureano López Rodó, en su libro *La larga marcha hacia la*

Monarquía. No hay mejor prueba y más fehaciente que este texto del que fue el gestor de los primeros Planes de Desarrollo en nuestro país, ministro de Asuntos Exteriores y, sobre todo, preceptor y profesor suyo en la Facultad de Derecho en Madrid.

El «bienio negro» de Arias Navarro

El 20 de diciembre de 1973, tras oír misa y recibir la comunión en la madrileña iglesia de San Francisco de Borja, un práctica diaria que mantiene inalterable, el Dogde Dart 3700 GT negro con matrícula PMM-16416 sin blindaje alguno en el que viaja el presidente del gobierno, Luis Carrero Blanco, es alcanzado por una explosión al llegar al número 104 de la calle Claudio Coello. La potencia del artefacto, cien kilogramos de goma-2 situado en el centro de la calzada, es de tal calibre que el vehículo en el que viaja el marino vuela a una altura de veinte metros provocando su muerte fulminante y la de sus dos acompañantes —el inspector de policía, José Antonio Bueno Fernández y el conductor José Luis Pérez Mogena— que viajan en el coche oficial. Tal es la altura que alcanza el coche que el vehículo cae en ascenso vertical salvando la fachada posterior de la iglesia para caer en la corona del claustro.

Los trozos del pavimento que vuela por los aires destrozan fachadas, vehículos estacionados y provocan lesiones leves a varios peatones.

Los terroristas de ETA, que habían alquilado un semisótano para colocar el explosivo, manifestaron en un comunicado que aquella muerte —y la de las dos personas que le acompañaban— eran el precio necesario para alcanzar la democracia. En su comunicado señalan que «Luis Carrero Blanco —un hombre «duro», violento en sus planteamientos represivos— constituía la pieza clave garantizadora de la continuidad y estabilidad del sistema franquista; es seguro que, sin él, las tensiones en el seno del poder entre las diferentes tendencias adictas al régimen fascista del general Franco —Opus Dei, Falange, etc.— se agudizarán peligrosamente».

El sábado día 22 de diciembre de 1973, la Dirección General de Seguridad acusa del asesinato a los etarras José Ignacio Abaitúa Gomeza «Marquín», Pedro Ignacio Pérez Beotegui «Wilson», José María Larreategui Cuadra «Atxulo», José Miguel Beñarán Ordeñana (a) *Argala*, José Antonio Urriticoechea Bengoechea «Josu», y Juan Bautista Eizaguirre Santiesteban «Zigor», refugiados en Francia.

El asesinato de Carrero acaba con la continuidad del sistema franquista hacia el futuro porque en palabras de José María Areilza, el almirante «era el supremo custodio del tesoro doctrinal del régimen». Carrero había sido elegido por cinco años y la vida del general se encontraba pendiente de un hilo por su delicado estado de salud. Para José Antonio Girón de Velasco «nadie puede decir cuál hubiera sido la línea de Carrero Blanco. Yo puedo sostener que no se hubiera apartado un ápice de las líneas fundamentales del Movimiento Nacional. Ahora bien, ETA había dado un tiro de gracia al régimen». Por todo eso, un profundo pánico se extiende en los círculos oficiales más cercanos al régimen. El golpe de ETA hace que los cimientos del franquismo comiencen a desquebrajarse.

El franquista José Utrera Molina fue enseguida consciente de las graves repercusiones que tuvo el atentado pese a que Franco dijera en el discurso de pésame que «no hay mal que por bien no venga». La realidad es que el dictador recibió un golpe moral muy fuerte por los vínculos de amistad que le unían a Carrero y por la ruptura con la continuidad del régimen que aquella muerte suponía. «Sin embargo, hay algo que debo anotar y que de hecho altera de forma sustancial otras hipótesis sobre la continuidad del régimen. Cuando escuché de labios de la duquesa de Franco esta referencia que Carrero, al parecer arrepentido, le dio, me quedé consternado. Meses después de su toma de posesión, el almirante tuvo una audiencia con el entonces Príncipe de España, quien le pidió que si se producía el fallecimiento de Franco, esperaba de su lealtad la presentación de su renuncia. Carrero accedió. Lo que Franco consideró atado y bien atado, de hecho quedó roto».[34]

En la propia Zarzuela el asesinato de Carrero se interpreta como un golpe muy duro para la dictadura. Esa muerte suponía el fin del régimen franquista. Doña Sofía se confiará a Pilar Urbano: «Carrero quería seguir con el régimen franquista, y sin democracia. ¿Qué hubiera ocurrido, de no haber sido asesinado? No lo sabemos. Ni lo sabremos nunca. Claro que... la gente cambia, la gente evoluciona. Decir lo que yo he dicho de que quizá no hubiésemos llegado a reinar, es lo que de verdad pienso, pero es una especulación. Y yo no tengo derecho a juzgar y condenar a Carrero por lo que él no tuvo tiempo de hacer. Ahora bien, su línea de pensamiento político era ésa: una monarquía instaurada, de nuevo cuño, que tomase su legitimidad y su naturaleza del 18 de julio de 1936, del Movimiento. Y eso ya ¡ni siquiera lo pensaba Franco! Franco, por ejemplo, había aceptado a los ministros «tecnócratas», que no eran falangistas ni nada de eso: López Bravo, López Rodó, López de Letona... y a Torcuato Fernández Miranda, que sí era falangista, pero evolucionó y se puso camisa blanca».[35]

El asesinato alimenta las ilusiones del conde de Barcelona que todavía reside en Estoril y de algunos republicanos como Antonio García-Trevijano que viaja a Portugal para entrevistarse con Don Juan y proponerle que realice unas declaraciones al diario francés *Le Monde*. La entrevista la realiza el periodista itinerante del periódico, el prestigioso Marcel Nidergang, y tras ser revisada por el director André Fontaine, se da el visto bueno para que entre en máquinas el 28 de junio, cuatro días después de realizada la entrevista. En ella, Don Juan se manifiesta a favor de la amnistía política, la legalización de los partidos políticos, la autonomía regional y la plena introducción de las libertades y derechos para los españoles. El notario García-Trevijano ha hecho los deberes. Don Juan sabe que Portugal vive un momento parecido al de España donde los principios de la revolución están muy vivos y considera que al Príncipe heredero le pude ocurrir como a Marcelo Caetano, el estrecho colaborador del dictador Antonio de Oliveira Salazar, que adoptó en el seno del régimen posiciones moderadamente aperturistas, criticando los excesos autoritarios del dictador portugués.

La entrevista con *Le Monde* suponía claramente una ruptura con el Régimen de Franco y ponía en entredicho el papel de su hijo. García-Trevijano, que mantenía excelentes relaciones con los partidos nacionalistas y comunistas en el exilio, solicita que den apoyo a Don Juan. Su opinión es que el régimen está a punto de desquebrajarse y en breve la oposición democrática y los sindicatos se harán con el poder. Si Don Juan decide ponerse al frente, tiene todas las posibilidades para convertirse en Rey de los españoles, y la espera soñada podrá cumplirse. Recibe de todos la conformidad y con esta premisa exige del conde de Barcelona que se muestre lo más beligerante posible contra su propio hijo.

Consciente del daño que puede causar a Don Juan Carlos la publicación de la entrevista en un periódico de influencia internacional, Pedro Sainz Rodríguez se entrevista con el conde de Barcelona. Le hace ver la inconveniencia de publicar la entrevista. No sólo supondría un debilitamiento del papel sucesorio de Don Juan Carlos sino quebraría definitivamente la unidad de la dinastía borbónica.

«El miércoles 10 de junio de 1974, la operación Trevijano está cerrada. Carrillo y otros futuros miembros de la Junta Democrática que se reúnen esos días en el Ritz lisboeta ni lo saben, ni lo creen. A Nidergang se le espera en Estoril. El Rey decide finalmente consultar con Sainz Rodríguez. Y estalla el temporal. Don Pedro se encoleriza, advierte a Don Juan que esas declaraciones son el fin de la Monarquía y que la Restauración sólo se puede hacer como ésta prevista: con Don Juan Carlos, apoyado por el Ejército, única garantía de que el Rey se siente en el trono para, una vez en él, desmontar las Leyes Fundamentales de Franco y devolver la soberanía nacional al pueblo español a través de la voluntad general libremente expresada. Para Sainz Rodríguez la cuarta etapa de la Restauración está a punto de culminarse. Si la familia de Franco no tuerce la pasividad del dictador a favor de Alfonso de Borbón Dampierre, cosa políticamente muy complicada, Don Juan Carlos se convertirá en Rey. La ingente labor realizada por Unión Española y la paciencia de Don Juan con los líderes de la oposición democrática han despejado la aceptación inicial de la monarquía, por parte del sector más cualificado de la izquierda, hasta unas elecciones generales. Franco perderá así su última batalla y, con ella, la guerra, y Don Juan podrá ver establecida en España la monarquía por la que tanto ha luchado, lo que significa el triunfo de sus ideas frente a las de Franco. La operación Trevijano lo echaría todo a perder, quebraría la unidad dinástica y arruinaría los sacrificios realizado por Don Juan desde 1969. No se trata de provocar una ruptura, como quiere Trevijano, sino de hacer una flexible evolución, como decía Balmes»[36].

Don Juan mantendrá muchas dudas, pero finalmente se decidirá por no publicar la entrevista en *Le Monde*. Cree a ciencia cierta a Anson y a Sainz Rodríguez, así como a José María Pemán. Finalmente Trevijano recibirá una llamada telefónica del secretario de Don Juan anunciándole la decisión del conde de Barcelona.

Al poco tiempo de la muerte de Carrero Blanco, se decide el nombramiento del nuevo presidente del gobierno. La preferencia de Don Juan Carlos es Torcuato Fernández Miranda, que no está bien visto en los sectores más duros del franquismo. Con la muerte de Carrero, el delfín político de Franco y principal apoyo de Don Juan Carlos, el dictador nombra, entonces, como presidente del Gobierno, a un hombre cercano a su entorno familiar: Carlos Arias Navarro, que precisamente era el responsable de la seguridad personal del almirante. En aquel tiempo habían surgido muchas dudas sobre los motivos por los cuales los servicios de seguridad no tuvieron información sobre el atentado producido junto a la Embajada de Estados Unidos, numerosos edificios oficiales y de la visita de Kissinger el día anterior. Sorprendía también que no se establecieran controles de la policía en las carreteras de salida de Madrid o en el aeropuerto de Barajas.

Carlos Arias era un abogado y notario madrileño que durante la guerra civil de 1936-1939 desempeñó el cargo de fiscal militar del ejército rebelde, distinguiéndose en tal cargo por la dureza con que actuó en la represión franquista en un sector de Andalucía. Tal es así, que ha pasado a la historia de esa guerra como «el carnicero de Málaga». Terminada la guerra hizo una meteórica carrera política: gobernador civil de León, Santa Cruz de Tenerife y Navarra; director general de Seguridad; alcalde de Madrid; ministro de la Gobernación y ahora presidente del Gobierno. Era, evidentemente, un hombre del sector duro del franquismo.

Con la elección de Carlos Arias Navarro desaparecen del gobierno todos los hombres cercanos al Príncipe Borbón. A Don Juan Carlos no le queda más remedio que la resignación... y la espera.

Franco ha decido, en un momento delicado para el Régimen, no tener en cuenta los intereses del Príncipe. La elección se ha realizado sin tenerlo en cuenta y Don Juan Carlos es consciente de ello. Lo mismo ocurrirá con la elección de los ministros que integrarán el gabinete. El gobierno Arias dejaba claras sus intenciones desde el primer momento, bases que no sostenía Don Juan Carlos. Se nombraron tres vicepresidentes, los ministros de Gobernación, Hacienda y Trabajo, indicación evidente de cuáles eran las principales preocupaciones del nuevo gabinete: controlar la inflación, atemperar el descontento de la clase obrera y tener controlado el orden público.

Don Juan Carlos, en la soledad de la Zarzuela, se encuentra sin apoyos en el gobierno. Con los años ha aprendido el valor que tiene en su vida el «destino». Ahora tiene que lidiar con un presidente que no le soporta y con quién tendrá que trabajar estrechamente en momentos muy delicados de la historia de España.

Don Juan Carlos prosigue con su política hipócrita ante el Régimen. De nuevo tiene que hacer acto de presencia en un acto de Falange, donde su rostro es siempre un poema. En el palacio de la Quinta, a principios de febrero de 1975, el Príncipe pronuncia un discurso como sucesor de Franco. No siente las palabras que salen de su boca, en su corazón late una creciente antipatía por todo lo que rodea al Régimen.

Al fallecer Franco el 20 de noviembre de 1975 y ser coronado Don Juan Carlos, Arias prosiguió en el ejercicio de sus funciones como presidente del Gobierno. Hasta que en 1976 presentó la dimisión de su cargo, siéndole concedido por Don Juan Carlos, el título de marqués de Arias Navarro.

Durante los dos años que permaneció en el poder Arias Navarro, se desató la época más dura de la guerra sucia contra ETA y contra la mayoría de los grupos políticos de la oposición. Todo se inició el 23 de abril de 1975, cuando estalló una bomba en la Librería Mugalde, de Hendaya, controlada entonces por ETA político-militar. En los meses siguientes estallaron otra docena de artefactos, siendo los objetivos: coches, librerías de exiliados vascos y el restaurante de Juan José Etxabe, antiguo dirigente de ETA. Los comandos de la guerra sucia, organizados y financiados por el gobierno Arias, pasan pronto a los atentados homicidas. El 5 de julio, estallaba una bomba bajo el coche de Josu Ternera, en la localidad francesa de Biarritz. Durante 10 meses de 1975 se contabilizaron en el País Vasco francés una veintena de atentados.

Durante el primer gobierno de la monarquía de Don Juan Carlos, se producen los sucesos de Montejurra del 9 de mayo de 1976, suceso que llenó páginas y páginas de la prensa nacional e internacional.

Los sangrientos sucesos del Montejurra de ese año fueron calificados como un típico crimen de Estado, en el que los aparatos represivos dependientes del gobierno organizaron, financiaron y ejecutaron los dos asesinatos que se produjeron en el monte navarro. La llamada «Operación Reconquista» no era otra cosa que asestar un golpe a la oposición en ascenso. Fue, además, la primera acción de la llamada guerra sucia y el precedente inmediato de los Grupos Antiterroristas de Liberación (G.A.L.).

Hoy en día, este caso ya está claro, pero los inductores, organizadores, financiadores y actores materiales de los dos asesinatos, se fueron de rositas, como señalaría un dicho popular. La amnistía política de 1977 les liberó del asunto, al considerar que su acción asesina fue un delito político y no terrorista. La justicia, como era de esperar, mostró muy poco interés en el esclarecimiento de los hechos.

Sólo voy a citar dos testimonios que revelaron la verdad de los hechos. Primero, el del general Sáenz de Santamaría, a la sazón jefe del Estado Mayor de la Dirección General de Seguridad de la Guardia Civil; que en el libro de Santiago Belloch, *Interior*, relata hechos importantísimos del complot gubernamental; y segundo, el del abogado de las víctimas, José Angel Pérez Nievas Abascal. Ambos testimonios se reprodujeron en la revista *El Siglo*, en dos amplios reportajes, en sus números 318 y 321, de 25 de mayo y 15 de junio de 1998.

Debo adelantar que de la preparación de estos sucesos fue informado puntualmente el jefe del Estado, que ya era Don Juan Carlos de Borbón, según me comunicó personalmente el por entonces ministro del gobierno Arias, José María de Areilza, conde de Motrico, avisándome que le hiciera llegar a Don Carlos Hugo el aviso del peligro físico que podía correr si asistía al Montejurra; lo mismo transmitió al embajador holandés en Madrid, respecto a la Princesa Doña Irene.

El general Sáenz de Santamaría ha sido claro y contundente:

«Bajo la intención genérica de reconquistar Montejurra y arrebatarla a los que calificaban de rojos-marxistas, consiguieron que el gobierno Arias-Fraga tomase en consideración la propuesta de organizar la operación, que recibió el nombre de Reconquista. Su testimonio demuestra cómo se organizó desde el Estado esta acción. Se establecieron contactos entre organismos como el SECED (Servicio Central de Documentación de la Presidencia del Gobierno y antecedente del CESID), la Guardia Civil y los ex dirigentes del Partido Carlista Sixto de Borbón y José Arturo Márquez de Prado. El CESED, fundado por Carrero Blanco, estaba dirigido en aquel momento por el general Juan Valverde. Las reuniones fueron coordinadas por el propio ministerio de la Gobernación, cuyo titular era Manuel Fraga». Asimismo, este general cita, como clave en la operación, a Antonio María de Oriol y Urquijo, presidente del Consejo de Estado y al general Campano, director entonces de la Guardia Civil.

Además, destaca que la financiación de la operación corrió a cargo de Oriol y Urquijo, «quien depositó varias cantidades en diversas entidades bancarias de Santander, Vitoria, Logroño, Pamplona y Burgos, destinadas a pagar los desplazamientos de los militantes. Santamaría cita también a organizaciones de ultraderecha que estuvieron implicadas: Guerrilleros de Cristo Rey, Batallón Vasco-Español, Fuerza Nueva, Internacional Fascista italiana y la Triple A argentina»[37].

Y ahora el testimonio del abogado José Angel Pérez Nievas, que de hecho coincide plenamente con el del general Sáenz de Santamaría: «Bajo la denominación de Reconquista de Montejurra, el Gobierno Arias-Fraga se sirvió de distintos grupos armados de ultraderecha, nacionales y extranjeros, con algunos antiguos miembros del Partido Carlista que lo habían abandonado hacia años y uno especial expulsado públicamente por Don Javier un par de años antes, Sixto de Borbón, pretendieron, por una parte deshacer el Partido Carlista, tal vez como inicio de hacer lo mismo con otros después y evitar lo que luego se llamó la transición. Además tal vez por eso se empezó por él, se pretendía eliminar obstáculos a Don Juan Carlos de Borbón.

Fue financiada la operación por Antonio María de Oriol y Urquijo, presidente a la sazón del Consejo de Estado, a través de entidades bancarias de Santander, Vitoria, Logroño, Pamplona, Burgos y Madrid. Además acudió ese día, y desde el Hostal Irache estuvo en contacto permanentemente con el general Campano, director general de la Guardia Civil, al que estuvo poniendo al corriente de lo que ocurría.

Las habitaciones del Hostal Irache fueron reservadas por la secretaria personal del gobernador civil de Navarra, señor Ruiz de Gordoa. Ninguno se registró a su entrada, por negarse a ello. Todo ello en presencia de miembros de la Guardia Civil.

El señor Suárez, en función de ministro de la Gobernación, como se encargó de señalar el señor Fraga en Barajas a su vuelta del viaje que estaba realizando, ¿preparado con esta intención...?, fue quien se encargó de poner a Sixto de Borbón en la frontera para evitar que declarara ante el Juzgado»[38].

En resumen, los asesinatos del Montejurra del año 1976, al año de iniciarse el reinado de Don Juan Carlos, fue un crimen de Estado organizado por el gobierno de Arias Navarro, a través de distintas instituciones estatales: SECED, Guardia Civil, ministerio de la Gobernación, Consejo de Estado, Ayuntamientos, Diputaciones, Gobiernos Civiles, etc. Todos, de un modo u otro, estuvieron implicados, y el propio Jefe del Estado, como ya hemos visto, estaba informado de lo que se estaba preparando. Una gran chapuza nacional, de la que todo el mundo acabó enterándose al detalle. Si no fuera porque cayeron asesinadas dos personas y una gran cantidad de heridos, la carcajada hubiera sido general. Mal empezó el reinado de Don Juan Carlos de Borbón y Borbón.

Don Juan Carlos elige a Suárez

Don Juan Carlos no confiaba en la capacidad de Arias para llevar a cabo la transición democrática. El Rey era consciente de la necesidad de incorporar a la izquierda política democrática. El 9 de junio, las Cortes aprueban la Ley de Asociaciones Políticas, que llevará la rúbrica del monarca pero los diputados se niegan a aceptar la modificación del Código Penal, un impedimento clave para permitir la legalización de los partidos políticos.

El 1 de julio de 1977 Arias Navarro presenta su dimisión al Rey, que la acepta complacido. Don Juan Carlos sorprende a todos los espectadores políticos eligiendo al antiguo secretario general del Movimiento, el joven falangista Adolfo Suárez.

Suárez es consciente de la necesidad de un profundo cambio del régimen desde dentro a tenor de las numerosas manifestaciones en todo el país exigiendo libertades políticas. Para ello, Suárez nombra un gabinete integrado con personalidades vinculadas a los sectores más progresistas de la economía y la empresa española, con el fin de llevar a cabo una rápida y progresiva democratización de las instituciones y del propio sistema. Pero para ello debía enfrentarse directamente con los elementos más duros del franquismo y con el Ejército y por otro lado con la oposición, que había creado un gobierno provisional con el fin de preparar unas elecciones democráticas.

Carrillo amenaza a Suárez con convocar en Madrid a lo más granado del periodismo internacional con el fin de anunciar los retrocesos en el proceso democrático. El Rey es informado de ello. Además, el Comité Central del PCE anuncia que radicalizará en las calles a sus afiliados y simpatizantes.

El Rey y Suárez no tienen alternativa. Se trata de conceder a la oposición espacios de libertad para mantener unido a todo el conjunto de la sociedad española con el fin de llevar a cabo una transición tranquila. El presidente se entrevista con todos los dirigentes políticos pero al tiempo el estamento militar se siente incómodo con la situación. La reunión de la Coordinadora Democrática en el Hotel Eurobuilding de Madrid es la espita que hace saltar la llama. Los rumores de golpe de Estado están a la orden del día. Para evitarlo, el 8 de septiembre, el presidente presenta a un importante contingente de militares de alta graduación un proyecto que cuenta con la aquiescencia del Rey Juan Carlos. Por encontrarse el Rey implicado, los militares aceptan pero a condición de que el Partido Comunista no sea legalizado. El vicepresidente para Asuntos de la Defensa, el general Fernando Santiago y Díaz de Mendívil, denuncia que «el Gobierno prepara una disposición, posiblemente con el rango de decreto-ley, al que me he opuesto infructuosamente, por el que se autoriza la libertad sindical, lo que supone, a mi juicio, la legalización de las centrales sindicales CNT, UGT y FAI, responsables de los desmanes cometidos en zona roja, y de las CC.OO., organización sindical del Partido Comunista». Su dimisión es un golpe para el Rey y para Suárez que inmediatamente nombran al general Manuel Gutiérrez Mellado como sustituto. Su carácter abierto, liberal y aperturista choca con la voluntad de los más duros representantes del régimen.

El 10 de septiembre, Suárez cuenta con el apoyo del monarca para presentar su proyecto de reforma. El PCE lo denuncia por antidemocrático pese a que la mayoría de los partidos de la oposición se sorprenden por su verdadero carácter democratizador.

Suárez cuenta también con un excelente apoyo, el de Torcuato Fernández Miranda, que logra que las instituciones franquistas se vayan incorporando al proceso democrático. El 8 de octubre, Suárez logra que el Consejo Nacional del Movimiento lo apruebe por ochenta votos contra trece y seis abstenciones. En noviembre, pese a la oposición de Blas Piñar, Suárez y Fernández Miranda logran que la reforma sea aprobada por 425 votos, contra 59 y 13 abstenciones. Las instituciones franquistas quedan liquidadas desde dentro. El siguiente paso es la convocatoria de las primeras elecciones democráticas tras cuarenta años de dictadura.

La cesión de Don Juan de los derechos dinásticos a favor de su hijo

El 14 de mayo de 1977, a las dos menos veinte de la tarde, el palacio de la Zarzuela es el escenario de uno de los acontecimientos más emotivos para la familia real española. En una ceremonia sencilla y sin grandes ceremoniales, Don Juan de Borbón y Battenberg, conde de Barcelona, heredero de Alfonso XIII y jefe de la Casa Real española, formaliza la cesión de sus derechos dinásticos y los entrega a su hijo Don Juan Carlos. Hace dos años que el monarca ha sucedido a Franco en la jefatura del Estado. Formalmente, la cesión había tenido lugar en noviembre de 1975 cuando Don Juan envió, poco después de la muerte del generalísimo, a un emisario a Madrid para que anunciara a su hijo que había decidido renunciar a los derechos por el bien de la democracia española y por la necesaria pervivencia de la dinastía borbónica.

El acto se celebra en el palacio de la Zarzuela ante la negativa de Adolfo Suárez, recién elegido presidente del gobierno en sustitución de Carlos Arias, a quién el Rey Juan Carlos había definido en el semanario *Newsweek* como un «desastre sin paliativos». Don Juan pretendía celebrar el acto solemne sobre la cubierta del *Dédalo*, el portaviones de la Marina española o en el Palacio Real de Madrid. Suárez decide que tenga lugar en los sobrios salones de la residencia real.

Están presentes en el acto, además del Rey y Don Juan, su esposa, Doña María de las Mercedes, las infantas Pilar y Margarita y sus respectivos esposos; el duque de Alburquerque, en calidad de jefe de la casa del conde de Barcelona; el duque del Infantado, como presidente de la Diputación de la Grandeza; el ministro de Justicia como notario mayor del Reino y los miembros del Consejo Privado de Don Juan, José María Pemán y Luis María Anson. Acompañan a Don Juan Carlos, su esposa la Reina Doña Sofía, el Príncipe de Asturias y las infantas Elena y Cristina.

Al concluir sus palabras (Véase Documento 1), el conde de Barcelona, cuadrado ante el monarca al que ha cedido los derechos dinásticos, inclina la cabeza y exclama repleto de emoción: «¡Majestad, todo por España!»

Notas

1. Clemente, Josep Carles: *La educación de Don Juan Carlos y otras crónicas de la transición.* Editorial Fundamentos. Madrid, 2000, pág. 17.
2. Ibídem, págs. 23 y 24.
3. Ibídem, pág. 40.
4. Ibídem, pág. 57.
5. Ibídem, pág. 59.
6. Ibídem, pág. 61.
7. Ibídem, pág. 64.
8. Ibídem, págs. 64 y 65.
9. Ibídem, pág. 65.
10. Ibídem pág. 66.
11. Ibídem, pág. 66.
12. Ibídem, pág. 66.
13. Ibídem, pág. 67.
14. Ibídem, pág. 67.
15. Ibídem, pág. 67.

16. Ibídem, págs. 76 y 77.
17. Op. cit., pág. 47.
18. Op. cit., págs. 47 y 48.
19. BALANSÓ, Juan: *Por razón de Estado.* Editorial Plaza & Janés. Barcelona, 2002, pág. 239.
20. Ibídem, pág. 241.
21. Ibídem, págs. 241 y 242.
22. CLEMENTE, Josep Carles: *Carlos Hugo de Borbón Parma. Historia de una disidencia.* Editorial Planeta. Barcelona, 2001, págs. 117 a 119.
23. BURGO, Jaime del: *Conspiración y guerra civil.* Alfaguara. Madrid, 1970.
24. BORRÁS, Rafael: *Los últimos Borbones.* Ediciones Flor del Viento. Barcelona, 1999, pág. 244.
25. SVERLO, Patricia: op. cit.
26. BORRÁS, Rafael: *El Rey de los rojos. Don Juan de Borbón. Una figura tergiversada.* Los Libros de Abril. Barcelona, 1996, págs. 252 y 253.
27. URBANO, Pilar: *La Reina.* Editorial Plaza & Janés. Barcelona, 1996, pág. 206.
28. Citado en Ricardo DE LA CIERVA, *Historia del franquismo. Aislamiento, transformación, agonía. (1945-1975).* Barcelona, 1978, pág. 306.
29. BORRÁS, Rafael: *Los últimos Borbones,* op. cit., pág. 276 y 277.
30. BORRÁS, Rafael: *El Rey de los rojos...,* op. cit., pág. 255.
31. BORRÁS, Rafael: op. cit. pág. 281.
32. BORRÁS, Rafael: *Los últimos Borbones,* op. cit., págs. 283 y 284.
33. Ibídem, pág. 284.
34. UTRERA MOLINA, José: *Sin cambiar de Bandera.* Planeta. Barcelona, 1985.
35. URBANO, Pilar: *La Reina.* Plaza & Janés. Barcelona, 1998.
36. ANSON, Luis María: Don Juan. Plaza & Janés. Barcelona, 1986, págs. 389-391.
37. BELLOCH, Santiago: *Interior.* Ediciones B. Barcelona, 1998, págs. 47.
38. Ibídem, págs. 46 a 50.

Documento 1

Abdicación de Don Juan de Borbón y Battenberg a favor de su hijo Don Juan Carlos (14 de mayo de 1977)

Mi padre, Su Majestad el Rey Alfonso XIII, el 14 de abril de 1931, en su mensaje de despedida al pueblo español, suspendió deliberadamente el ejercicio del Poder, manifestando de forma terminante que deseaba apartarse de cuanto fuese lanzar un compatriota contra otro en fratricida guerra, pero sin renunciar a ninguno de sus derechos, que no consideraba suyos, sino, como dijo, «un depósito acumulado de la Historia, de cuya custodia ha de pedirme rigurosa cuenta». Esta actitud de mi padre, que revela un amor acendrado a España, que todos le han reconocido, ha sido una constante de mi vida, pues desde joven me consagré a su servicio.

Por circunstancias especiales de todos conocidas recayó sobre mí este depósito sagrado y el Rey Alfonso XIII, el 15 de enero de 1941, en su manifiesto de abdicación, decía: «Ofrezco a mi Patria la renuncia de mis derechos para que por ley histórica de sucesión a la Corona quede automáticamente designado, sin discusión posible en cuanto a la legitimidad, mi hijo el Príncipe Don Juan, que encarna en su persona la institución monárquica y que será el día de mañana, cuando España lo juzgue oportuno, el Rey de todos los españoles».

En su testamento recomendó a su familia que me reconociesen como Jefe de la Familia Real, como siempre le había correspondido al Rey en la Monarquía española.

Cuando llegó la hora de su muerte, con plena conciencia de sus actos, invocando el santo nombre de Dios, pidiendo perdón y perdonando a todos, me dio, estando de rodillas, junto a su lecho, el último mandado: «Majestad: sobre todo, España».

El 28 de febrero de 1941 yo tenía veintisiete años. No se habían cumplido todavía dos desde la terminación de nuestra guerra civil y el mundo se sumergía en la mayor conflagración que ha conocido la Historia. Allí, en Roma, asumí el legado histórico de la Monarquía española, que recibía de mi padre.

El amor inmenso a España, que caracterizaba al Rey Alfonso XIII, me lo inculcó desde niño, y creo no solo haberlo conservado, sino quizá aumentado en tantos años de esperanza ilusionada. El espíritu de servicio a nuestro pueblo, la custodia de los derechos de la dinastía, el amor a nuestra bandera, la unidad de la Patria, admitiendo su enriquecimiento con las peculiaridades regionales, han sido constantes que, grabadas en mi alma, me han acompañado siempre.

El respeto a la voluntad popular, la defensa de los derechos personales, la custodia de la tradición, el deseo del mayor bienestar posible promoviendo los avances sociales justos, han sido y serán preocupación constante de nuestra familia, que nunca regateó esfuerzo y admitió todos los sacrificios, por duros que fuesen, si se trataba de servir a España. En suma, el Rey tiene que serlo para todos los españoles.

Fiel a estos principios, durante treinta y seis años he venido sosteniendo invariablemente que la institución monárquica ha de adecuarse a las realidades sociales que los tiempos demandan; que el Rey tenía que ejercer un poder arbitral por encima de los partidos políticos y clases sociales sin distinciones; que la Monarquía tenía que ser un Estado de Derecho, en el que gobernantes y gobernados han de estar sometidos a las leyes dictadas por los organismos legislativos constituidos por una auténtica representación popular; que aun siendo la religión católica la profesada por la mayoría del pueblo español, había que respetar el ejercicio y la práctica de otras religiones dentro de un régimen de libertad de cultos, como estableció el Concilio Vaticano II; y, finalmente, que España, por su historia y por su presente, tiene derecho a participar destacadamente en el concierto de las naciones del mundo civilizado.

No siempre este mi pensamiento político llegó exactamente a conocimiento de los españoles a pesar de haber estado en todo momento presidido por el mejor deseo de servir a España. También sobre mi persona y sobre la Monarquía se vertieron toda clase de juicios adversos, pero hoy veo con satisfacción que el tiempo los está rectificando.

Por todo ello, instaurada y consolidada la Monarquía en la persona de mi hijo y heredero Don Juan Carlos, que en las primeras singladuras de su reinado ha encontrado la aquiescencia popular claramente manifestada y que en el orden internacional abre nuevos caminos para la Patria, creo llegado el momento de entregarle el legado histórico que heredé y, en consecuencia, ofrezco a mi Patria la renuncia de los derechos históricos de la Monarquía española, sus títulos, privilegios y la jefatura de la familia y Casa Real de España, que recibí de mi padre, el Rey Alfonso XIII, deseando conservar para mí, y usar como hasta ahora, el título de Conde de Barcelona.

En virtud de esta mi renuncia, sucede en la plenitud de los derechos dinásticos como Rey de España a mi padre el Rey Alfonso XIII, mi hijo y heredero el Rey Don Juan Carlos I.

Fuente: ANSON, Luis María: *Don Juan*. Editorial Plaza & Janés. Barcelona, 1994, págs. 412 y 413.

DOCUMENTO 2

VERSIÓN DEL GENERAL JOSÉ ANTONIO SÁENZ DE SANTAMARÍA SOBRE LOS SUCESOS DE MONTEJURRA DE 1976

ANTECEDENTES

El Partido Carlista había experimentado una significativa evolución hacia la Democracia en los últimos años del franquismo. Cada año, la concentración carlista en Montejurra fue adquiriendo un carácter más reivindicativo hasta llegar a convertirse en punto de encuentro de las fuerzas progresistas estatales. El acto se autorizaba como celebración religiosa legalizada.

Posteriormente a la muerte de Franco, la presión de elementos ultraderechistas apoyados por medios como *El Alcázar*, y dirigentes del Partido Carlista de la facción de Don Sixto de Borbón, conocido por sus posiciones de carácter fascista y opuesto al pretendiente Carlos Hugo, consiguieron la colaboración de los servicios de la Seguridad del Estado. Entre los hombres clave de esa decisión estaban José Arturo Márquez de Prado, Antonio María de Oriol y Urquijo, a la sazón presidente del Consejo de Estado, y el general Campano, entonces director general de la Guardia Civil.

Bajo la intención genérica de «reconquistar Montejurra» y arrebatarla a los que calificaba como rojos-marxistas, consiguieron que el Gobierno Arias-Fraga tomase en consideración la propuesta de organizar la operación tendente a dicha «reconquista». La operación recibió el nombre clave de «operación Reconquista».

Para ello se establecieron contactos entre organismos como el SECED (Servicio Central de Documentación de la Presidencia del Gobierno y antecedente del actual CESID), la Guardia Civil y los dirigentes del Partido Carlista ya citados. El CESED, que fue fundado por Carrero Blanco, estaba dirigido en aquel momento por el general Juan Valverde. Las reuniones fueron coordinadas por el propio Ministerio de la Gobernación, cuyo titular era Manuel Fraga.

Organización

Se adoptaron medidas tendentes a dar la impresión de que se trataba de una reconquista civil de los verdaderos Requetés, fieles a la tradición, que con su «fortaleza moral y política» —como diría después el diario ultra *El Alcázar*— habían rechazado a los traidores a la verdadera ideología carlista.

Para lograrlo, el Gobierno encargó al SECED la propaganda del acto, concentrando a simpatizantes en la zona de Montejurra —monasterio de Irache— a base de ofrecimientos económicos y de facilitar medios de transporte.

Asimismo se repartieron por el servicio citado —el SECED— gran cantidad de bastones y cachabos, con el objeto, decían, de facilitarles la subida al cerro. Estaba claro que eran para ser empleados en la agresión prevista.

La financiación de la operación corría a cargo del señor Oriol y Urquijo, quien depositó en diversas entidades bancarias de Santander, Vitoria, Logroño, Pamplona y Burgos, cantidades destinadas a sufragar todos los desplazamientos de los simpatizantes.

Por otra parte, organizaciones de ultraderecha, como los Guerrilleros de Cristo Rey —de Sánchez Covisa—, Fuerza Nueva y otras, contactaron con miembros de la Internacional Fascista italiana, como la Triple A argentina y otras organizaciones similares. Esto posibilitó que acudiesen a Montejurra conocidos miembros del fascismo internacional como Stéfano della Chiave, Augusto Cauchi y el argentino Rodolfo Almirón, que más tarde sería escolta de Manuel Fraga. En Montejurra apareció por primera vez el mercenario Juan Pierre Cherid.

▶
Fernando VII, el Rey felón, que no dudó en traicionar a su reino y a su familia con tal de mantenerse en el trono de España.

▶
María Cristina de Borbón, cuarta esposa de Fernando VII, violada la misma noche de bodas por el monarca español.

▸ El Príncipe Juan Carlos es recibido en España para iniciar sus estudios de acuerdo con el plan ideado por Franco y su padre, el conde de Barcelona.

▸ Los Príncipes ‹ España visitan la familia Frar en su residenc gallega del Pa Meirás. Duran aquel tiempo, los Príncipes ‹ Asturias estab bajo la tutela del general.

Don Carlos de Borbón y Austria-Este, Carlos VII, el Rey carlista que acaudilló la III Guerra Carlista.

Óleo representando a Don Javier de Borbón Parma, con uniforme de general en jefe del Requeté.

Don Carlos Hugo de Borbón Parma recibió de su padre los derechos dinásticos el 20 de abril de 1975 en Arbonne (Francia).

Don Javier con su hijo primogénito don Carlos Hugo de Borbón Parma.

La Guardia Civil se hallaba en esas fechas bajo la dirección del teniente general Ángel Campano y tenía como subdirector al general de división Salvador Bujanda. Ambos eran miembros del Partido Carlista y mantenían una estrecha relación de amistad con José Arturo Márquez de Prado, principal dirigente de dicho partido.

Eso hizo que el señor Márquez de Prado estuviese los días precedentes al acto de Montejurra en la Dirección General con una frecuencia exagerada y participando incluso en reuniones del director general con su Estado Mayor y mandos implicados en la organización de los actos.

El señor Márquez de Prado solicitó para sus militantes, que iban a concentrarse en la cima del monte con anterioridad, que la Guardia Civil les dotase de radioteléfonos y les facilitase armamento pesado: ametralladoras.

El jefe del Estado Mayor de la Dirección, a la sazón el entonces general José Antonio Sáenz de Santamaría, se opuso rotundamente a esas peticiones y logró que el director general Campano no accediera a las mismas, limitándose la ayuda al envío de un destacamento uniformado de la Comandancia Móvil de Madrid que se instaló, con anterioridad al domingo 9 de mayo, en la cumbre de Montejurra y en la falda del monte, en las proximidades del monasterio de Irache.

Esas fuerzas fueron las que, en definitiva, consiguieron restablecer la situación tras los enfrentamientos que tuvieron lugar el citado domingo 9 de mayo y a los que haremos referencia en los siguientes apartados.

Desarrollo de los acontecimientos

Durante la noche del 8 al 9 de mayo los elementos reclutados por la ultraderecha se desplazaron a la cima del monte, donde se apostaron.

Cuando los carlistas partidarios de Carlos Hugo estaban ya en la mañana del día 9, a punto de alcanzar la cima, se encontraron con el grupo de ultraderechistas partidarios de Sixto, el hermano de Carlos Hugo.

Estos componentes del bando de Sixto abrieron fuego sobre los que llegaban, produciéndose un tiroteo de armas cortas, pistolas. En el tiroteo resultaron dos muertos y varios heridos.

Uno de los muertos fue Aniano Giménez Santos, que fue alcanzado por un disparo efectuado por el que fue llamado «el hombre de la gabardina», vestido con una larga gabardina, boina colorada y una pistola en la mano. Posteriormente fue identificado como Marín García Verde, comandante retirado del Ejército. Hubo, además, en el tiroteo tres heridos graves y varios leves. Uno de los heridos graves Aniano Giménez Santos, falleció cuatro días después.

Repercusión de los hechos

Hubo tres detenidos y procesados:

—Marín García Verde fue detenido en Huelva por la Guardia Civil. Era comandante retirado.

—José Arturo Márquez de Prado, fue detenido e ingresado en la cárcel de Pamplona.

—Francisco Carreras fue detenido asimismo e ingresado en la cárcel de Pamplona.

El primero fue acusado de la muerte de Aniano Giménez Santos. Los otros dos fueron acusados como dirigentes de la acción violenta del día 9. El dirigente Sixto de Borbón Parma fue expulsado por el gobierno, sin permitirse que el juez le tomara declaración.

A los siete meses de su procesamiento, los tres procesados se acogieron a la amnistía por considerarse los hechos «un delito político». La Justicia, con carácter general, mostró muy poco interés en el esclarecimiento de los hechos.

Conclusiones

—Actitud de Fraga.

El día en que sucedieron los hechos, Fraga no estaba en España, pues estaba de viaje oficial en el extranjero. Como se encargó repetidamente de expresar ante los periodistas, estaba encargado de los asuntos de su departamento el entonces ministro secretario general del Movimiento, Don Adolfo Suárez.

El señor Fraga, no obstante, y de manera más bien tibia, asumió la responsabilidad, pero minimizando los hechos que calificó como «una triste pelea entre hermanos».

Ahora bien, en la preparación de la denominada operación Reconquista y en su disposición a apoyar a la ultraderecha en las movilizaciones previas, se mostró muy interesado.

—Inicio de acciones antiterroristas.

La conjunción de los distintos elementos que formaron la trama de esta operación es el primer paso de lo que durante la Transición constituyó el núcleo de las operaciones de la llamada «guerra sucia» contraterrorista.

Así vemos que formaron parte de la operación:

—Militares descontentos de la reforma democrática del Régimen.

—Partidos ultraderechistas residuales: Fuerza Nueva, Partido Carlista oficial.

—Activistas violentos de estos partidos: AAA, Batallón Vasco Español, Guerrilleros de Cristo Rey.

—Mercenarios reclutados de los partidos ultras extranjeros: PIDE portugués, Triple A argentina, etc.

—Miembros aislados de las Fuerzas y Cuerpos de Seguridad del Estado que, por su ideología, no encajaron la reforma del Régimen.

Todo este entramado operó de alguna forma apoyado, directa o indirectamente, por los aparatos del Estado en todas las acciones de lucha antiterrorista durante los años setenta y ochenta, en lo que fue el precedente de las acciones que constituyeron lo que vino a llamarse Grupos Antiterroristas de Liberación y sin que hubiese solución de continuidad entre los mismos.

Fuente: Belloch, Santiago: *Interior*. Ediciones B. Barcelona, 1998, págs. 46 a 49.

5
El Rey y el golpe de Estado del 23-F

Cada vez que se habla de la figura de Juan Carlos I hay un tema ineludible, el 23-F. Ese día, la entonces joven e inestable democracia española sufrió la mayor de las amenazas con un resultado distinto del buscado, porque fue precisamente a partir de esa jornada cuando se consolidó la nueva monarquía y se archivó para siempre el ruido de sables. La imagen del Rey, vestido con uniforme de capitán general, inundó todos los televisores. Desde esa famosa noche de los transistores el Borbón se convirtió en el garante de los valores constitucionales; ese es su gran mérito, aunque a lo mejor no fue su propósito inicial.

La gloria por su reconocida actuación es mucha, pero eso no ha impedido que siga habiendo una serie de preguntas para las que no hay una respuesta concreta, y mucho menos oficial... ¿Sabía el Rey lo que iba a pasar? ¿Estaba al tanto de los movimientos en los cuarteles? ¿Sabía que el Congreso de los Diputados iba a ser asaltado? ¿Cómo fueron las horas siguientes en La Zarzuela? ¿Por qué tardó más de siete horas en aparecer en televisión? Las preguntas son muchas, las respuestas pocas y las incógnitas sin contestar demasiadas para que la versión oficial sea tan sólo tenida en cuenta.

Lo primero que llama la atención es que, siendo su mayor gloria, y siendo el Rey una persona con una vanidad conocida por todos, no quisiera sacar de su gesta todo el partido posible. Siempre que toca hablar del tema rehuye, empezando por las memorias que dictó a José

Luis de Vilallonga, en las que este capítulo es el único en el que no se identifica su voz.

Esos días España estaba viviendo unos momentos de gran confusión. Suárez había dimitido como presidente del Gobierno el 29 de enero de 1981. El 11 de febrero el Rey había convocado a los líderes de los partidos políticos para proponer la candidatura de Leopoldo Calvo-Sotelo. La solución no gustó a ninguno de los dirigentes, la mayoría esperaban unas elecciones anticipadas en las que rentabilizar la crisis gubernamental. El viernes 20 de febrero se celebró la primera votación, para la que se requería mayoría absoluta, y en la que el futuro marqués de la Ría de Ribadeo consiguió 169 votos, de los 176 necesarios. La segunda votación, en la que bastaba una mayoría simple que tenía asegurada, se convocó para el lunes 23.

¿Tenía el Rey y/o los militares miedo por lo que pudiera pasar en esta segunda votación? Esta teoría no se sostiene por ningún lado, en primer lugar porque la votación estaba asegurada; y segundo, porque aunque los hechos pudieran haber precipitado la preparación del golpe comenzó mucho antes de la propia dimisión de Suárez.

Los militares y la traición a Franco

La Historia está llena de fantasmas y mentiras que, eufemísticamente, se llaman leyendas negras. España es rica en este tipo de falsedades que alcanzan, desde nuestros tiempos más lejanos al momento actual. Una de estas leyendas hace referencia a la amenaza que el Ejército supuso para la Democracia española. Cuando Juan Carlos de Borbón y Borbón sucedió a Franco a título de Rey heredó todo el poder del Caudillo.

A lo largo de los años siguientes el Rey fue realizando una progresiva renuncia a esta herencia, que alcanza su manifestación definitiva en la ratificación de la Constitución, aprobada previamente por las Cortes y por el pueblo español mediante referéndum. Una de las poquísimas potestades a las que no renunció fue a la jefatura del Ejército, de acuerdo con el artículo 62 de la Constitución, que señala que «corresponde al Rey el mando supremo de las Fuerzas Armadas».

La idea de que el monarca fuese el jefe supremo del Ejército la incorporó al constitucionalismo español Antonio Cánovas del Castillo. El gran poder fáctico del segundo tercio del siglo XIX fueron los militares. A los golpes de Estado y pronunciamientos de diversas clase se le añade la participación en la Política de espadones como Serrano, Narváez, O'Donnell o Espartero, este último llegó incluso a ser regente y propuesto para Rey durante los años de la Revolución. Para evitar este peligro Cánovas creó la figura del Rey-soldado. El político conservador quería que el Ejército fuese el báculo del joven soberano, y para ello los militares tenían que identificarle como su superior. Por esto, lo primero que hizo Alfonso XII tras sentarse en el Trono fue partir hacia el norte de España para ponerse al frente del ejército que combatía en la última guerra carlista. El Rey Romántico pasó varios meses en el frente, durmiendo en camastros y compartiendo el rancho. La estrategia de Cánovas funcionó, la guerra terminó en un año y los militares se identificaron con el nuevo monarca, a quien el pueblo bautizó como *El Pacificador*. Lo cierto es que gracias a la creación de la figura del Rey-Soldado los militares no volvieron a inquietar la cuestión política en lo que quedaba del siglo XIX.

Los militares de la Transición tenían en el Rey a su jefe absoluto. En los libros más rigurosos publicados sobre este período histórico, la mayoría de los autores son unánimes al afirmar que Franco era consciente que tras su muerte España tenía que cambiar, y este cambio debería ser pilotado por su sucesor.

El Ejército que heredó Juan Carlos I estaba formado, en sus altos mandos, aún por militares que habían combatido y ganado la Guerra Civil, y que veían en los cambios un grave peligro, tanto para España como para su propio bienestar personal. Es cierto que había espadones que no aceptaban los cambios, pero eran muchos más los que veían esta situación como algo inevitable y aconsejable, aunque sólo fuera por fidelidad a su jefe supremo que era el Rey, o a la última orden que les dio el Generalísimo en su testamento político: «Por el amor que siento por nuestra Patria, os pido que perseveréis en la unidad y en la paz y que rodeéis al futuro Rey de España, Don Juan Carlos de Borbón, del mismo afecto y lealtad que a mí me habéis brindado y le prestéis, en todo momento el mismo apoyo de colaboración que de vosotros he tenido.»

Los militares eran, en una pequeña parte, una amenaza para el nuevo sistema; pero la mayoría eran los garantes de los cambios que necesariamente habían de darse. El problema surgió cuando estos cambios fueron más allá de lo que consideraban aceptable, cuando el caballo de la renovación se desbocó amenazando con sumir en el caos el orden establecido. Franco era consciente de esta realidad y confió en la fidelidad de sus hombres, Carrero y los tecnócratas hicieron todo lo posible para que la legalidad amparase las reformas, y Juan Carlos luchaba día a día por mantener contentos y controlados a todos con cuantos compartía uniforme.

Los siete primeros meses de reinado estuvieron marcados por el peligroso inmovilismo que representaba Arias Navarro, sin grandes amigos en el Régimen pero sí en el ala política de la familia Franco. Cuando el Rey invita a Arias a dimitir y nombra como presidente a Adolfo Suárez, un hombre que había hecho toda su carrera con la camisa azul mahón, los militares empezaron a moverse. Suárez mantuvo varias reuniones individuales, una gran reunión con toda la cúpula a principios de septiembre de 1976, así como numerosos contactos indirectos. La obsesión de los militares era que no se legalizase al Partido Comunista, entendían que el nuevo sistema necesitaba partidos políticos, pero hasta ese extremo no se podía llegar. Según las diversas fuentes consultadas varían las respuestas de Suárez, pero la mayoría coinciden en que les prometió que no lo haría, les dio su palabra de que en el nuevo régimen no habría sitio para las hordas rojas.

Nueve meses después, el 9 de abril de 1977 era legalizado el Partido Comunista de España, jornada que ha pasado a la Historia con el sobrenombre del Sábado Santo rojo. Muchos militares sintieron una doble puñalada, una en el estómago por el «trágala» que eso suponía, y otra en la espalda porque Suárez les había mentido cuando, meses antes, les aseguró que nunca sucedería. Ese fue el momento en que empezaron a agitarse los sables, y el Rey fue consciente de todos esos movimientos.

Y por si esto fuera poco, poco a poco se fueron filtrando datos que explicaban los encuentros indirectos que el Rey había tenido con Carrillo desde antes de la muerte de Franco. Las primeras tomas de contacto se realizaron a través del inefable Manolo Prado y Colón de Carvajal, y quien hizo de *madame* poniendo al cama no fue otro que el dictador comunista Nicolae Ceaucescu. El odio que sentían hacia Suárez era un hecho, pero poco a poco empezaron a extenderse toda clase de acusaciones contra el Rey, a quien consideran un traidor a un Franco, al que ellos creían permanecer fieles. Todos los militares que compartían este pensamiento, que eran muchos, partían de dos grandes errores: el Franco que ellos tenían idealizado no era el Franco verdadero, y quienes sí estaban traicionando a Franco eran ellos porque se negaban a cumplir su orden de fidelidad a Juan Carlos I.

La preparación del golpe

El origen remoto del 23-F hay que buscarlo en una reunión celebrada en la localidad valenciana de Játiva el 13 de septiembre de 1977. A este encuentro asistieron altos cargos militares, que desde la legalización del Partido Comunista no ocultaban su disgusto por el rumbo que estaba tomando España. Esta reunión no se realizó con excesiva discreción, y de su convocatoria se enteraron todos los que pintaban algo en el Ejército. Gutiérrez Mellado hizo mucho caso a este principio de conjura, y poco a poco empezó a hacer movimientos estratégicos cambiando de destino a los mandos que consideraba potencialmente subversivos. Uno de ellos fue ascender a teniente general al general que estaba al mando de la División Acorazada Brunete, una fuerza capaz de hacer cambiar el color de Madrid. Su nombre está íntimamente relacionado con el golpe, Jaime Miláns del Bosch, que fue *premiado* con la capitanía general de Valencia.

Un antecedente del 23-F fue la conocida como *Operación Galaxia*, así llamada porque los intrigantes se reunían en la nada discreta cafetería Galaxia, situada en el madrileño barrio de Moncloa, en una zona dominada por la presencia militar. Los principales golpistas *galácticos* eran Tejero y el capitán Ricardo Sáenz de Ynestrillas. En su campaña en busca de apoyos no contaron con ser denunciados, como así ocurrió, aunque todo sea dicho el consejo de guerra que les juzgó les condenó a penas irrisorias, siete y seis meses y un día, respectivamente.

Su objetivo era reclutar a una serie de militares afectos a la memoria de Franco y con ellos asaltar el Palacio de La Moncloa el 17 de noviembre de 1978. La fecha elegida era unas semanas antes del referéndum de la Constitución, justo un día en que el Consejo de Ministros estaba reunido, y coincidía con un viaje del Rey al extranjero. De estos tres datos se pueden sacar las siguientes conclusiones: la obsesión de Tejero por tomar al Gobierno como rehén; el problema del Rey, lo consideraban culpable pero sabían que era el heredero de Franco. Destronarlo sería un problema, pero si ese día estaba en el extranjero bastaba con impedirle regresar a España. La tercera conclusión es una mera especulación... ¿Favoreció la frustración de la *Operación Galaxia* el voto favorable al texto constitucional? Si el 23-F reforzó la democracia la *Operación Galaxia* pudo haber echo lo mismo con la Constitución.

Unos meses después, el 1 de junio de 1979, fue nombrado jefe de la División Acorazada Brunete el general Luis Torres Rojas, una persona obsesionada por el caos en que ETA estaba envolviendo la nación. A finales del mes de julio de ese año le llamó el Ministro de Defensa, Agustín Rodríguez Sahagún, para comunicarle que sabían que entre los planes de los terroristas estaba atentar contra uno de los mandos de la Brunete. Torres Rojas convocó a todos sus jefes y les dio la noticia, después de recordarles que aumentaran todas las medidas posibles de prevención, les soltó una arenga que ha pasado a la Historia: «Allí, ante la bandera de España y el Cristo que nos presidía juramos todos que si algo ocurría a uno de esos coroneles, o al último soldadito de la DAC, si se producía una sola ejecución de los nuestros, nosotros nos comprometíamos a vengar esa muerte, sin tardar, en una acción de duelo, no de asesinato por la espalda»[1]. Torres Rojas informó de este juramento a su superior y al Ministro de Defensa, que no tuvieron otra opción que *tragarla*. Con la excusa de esta amenaza Torres Rojas ordenó a sus oficiales de confianza realizar un ejercicio táctico del que hoy se descubre su trascendencia; su objetivo era establecer planes para, en pocos minutos, realizar diversos despliegues concretos que permitiesen controlar la ciudad de Madrid.

El 22 de enero de 1980 el Gobierno, ante lo que considera un movimiento más que peligroso, decide trasladar a Torres Rojas al gobierno militar de A Coruña, sustituyéndole al frente de la Brunete el fiel y leal José Juste Fernández. Mientras todo esto sucedía diversos mandos militares empezaron a hablar, y no precisamente en susurros, sobre la necesidad de reconducir el rumbo que avocaba a lo que creía una deriva segura.

Todos estos planes pasaban, lógicamente, por la suspensión de la Constitución y el sistema de libertades existentes, pero, mientras esto sucedía, surgen diversos movimientos de cara a dar un golpe de timón constitucional. «La iniciativa de Miláns-Tejero, esbozada ya en la primavera de 1980, para dar un golpe de estado con el detonante de la toma del Congreso, era claramente contraria a la Constitución y jamás podría ser aceptada por el Rey. ¿No podría arbitrarse un «golpe de timón» que no violase la Constitución y consiguiera al menos la tolerancia del Rey y el mismo efecto de acabar con la situación Suárez? Varias personalidades españolas, civiles y militares, pensaban que sí, que el «golpe constitucional» era posible. Me consta, por lo menos, de tres: el presidente de la Generalidad de Cataluña, José Tarradellas; el ex vicepresidente del primer Gobierno Suárez y profundamente resentido con él, Alfonso Osorio; y el gobernador militar de Lérida y jefe de la División de Urgel, general Alfonso Armada.

»El 3 de febrero de 1981 el ex presidente de la Generalidad, José Tarradellas, publicaba unas alarmantes declaraciones en el diario de Lérida *La Mañana* en las que decía: «Sólo dos hombres, Adolfo Suárez y Felipe González, están en condiciones de salvar el país». Venía de pasar una semana en Madrid, la ciudad conmocionada por la crisis que había provocado Adolfo Suárez con su dimisión, inesperada para el público, del 29 de enero. En Madrid llamó a su suite en el hotel Palace a numerosos políticos, mostrándose preocupadísimo en sus conversaciones; fue la última vez que hablé con él en vida, después de algunos contactos muy profundos que habíamos mantenido en Barcelona mientras era aún presidente en 1980, año en que se produjo su relevo por Pujol, a quien por cierto Tarradellas no podía ver ni en pintura. «La situación —decía a principios de febrero de 1981, veinte días justos antes del golpe de estado»— es crítica y puede llegar a ser dramática. Me asombra el miedo que advertí en Madrid». Estaba en la capital el día en que cayó Suárez; habló con el Rey y seguramente una parte de su miedo provino de esa alta conversación. No cree que Leopoldo Calvo-Sotelo pueda arreglar nada; le falta categoría política. «Lo único que puede salvar a España es un Gobierno de unidad». Reconoce que el golpe de timón anunciado por él hace mucho tiempo (En Morella y en el verano de 1979 según Joaquín Prieto) ha llegado «... pero ahora hay que dirigir la barca con serenidad y con responsabilidad si la queremos llevar a mar abierto y seguro».

»Es importante la expresión de Tarradellas: «el golpe de timón ya está dado». ¿Quién lo ha dado? El único que puede hacerlo es el Rey, por la información que posee acerca de los movimientos secretos en las Fuerzas Armadas; ya concretaremos lo que el 3 de febrero sabía el Rey que, anticipemos un dato —esa mañana de la víspera de su viaje a Guernica ha llamado por teléfono a Alfonso Armada para anunciarle su nombramiento como segundo JEME», a pesar de que Suárez se había opuesto con todas sus fuerzas»[2]. La idea de Tarradellas pasaba por una moción de censura apoyada conjuntamente por diputados de la UCD, PSOE, AP y otros partidos, pero sobre esto hay diversas teorías.

Surge en este momento la figura de Armada, muy vinculado militar, personal y afectivamente con el Monarca. El general Alfonso Armada, marqués de Santa Cruz de Rivadulla, es hijo de militar además de pertenecer a una familia monárquica *de toda la vida*, hasta el extremo que su propia madrina de bautismo había sido la reina María Cristina. Siendo casi un niño combatió en la Guerra Civil y luego fue voluntario a la División Azul. A su regreso se cumplió el destino que por familia se le tenía reservado, y siempre perteneció a las elites dominantes del Ejército.

Armada conoció al entonces Príncipe Juan Carlos en 1955, cuando se incorporó a su entorno como formador. Desde ese momento, y hasta el 23-F, la relación entre los dos fue continúa; y fue esta relación y la confianza que el Príncipe tenía en él lo que le llevó a nombrarle en 1965 secretario de su Casa. Desde ese momento estuvo siempre al lado de Don Juan Carlos, tanto en lo personal como en lo institucional, y así aparece siendo su sombra en la mayoría de los actos oficiales, empezando por la propia proclamación del soberano el 22 de noviembre de 1975. Durante los primeros pasos de la nueva monarquía instaurada Armada se convierte en uno de los asesores áulicos del Rey, que le escucha atentamente y sigue muchos de sus consejos, que en la mayoría de las ocasiones fueron bastante acertados.

Celebradas las elecciones de 1977, desde todos los organismos del poder se tiene conciencia de que es la puesta a cero del cuentakilómetros tras año y medio de rodaje, y es en ese momento cuando Armada solicitó su retirada de la Casa y reincorporarse al servicio activo, decisión que él mismo explica señalando que «sobre mi cese en La Zarzuela se ha especulado mucho. Casi todo lo que se ha dicho es falso. La razón fundamental y para mí la única era que yo deseaba volver a mi carrera militar. Lo repetía con frecuencia. Tanto, que Mondéjar solía decirme: «No te pongas tan pesado con tus soldados». [...] El 15 de junio fueron las elecciones. El 18 reiteré mi petición al

Rey solicitando un destino militar. No me dijo nada. Pasó el día de san Juan y uno de los primeros días de julio, después de formarse el nuevo gobierno, al terminar el despacho, con respeto, pero con firmeza, reiteré mi petición. El Rey dio su conformidad y me indicó que Sabino [Fernández-Campo] sería mi sustituto; que le llamase, para que fuese aquella tarde en audiencia, sin decirle nada. Así lo hice, bajé al despacho de Nicolás Mondéjar y se lo comuniqué. Ya lo sabía y estaba de mal humor. Me dijo: «Te saliste con la tuya, pero esto es malo. Malo para el Rey y malo para ti»[3].

Armada fue nombrado gobernador militar de Lérida, un puesto que puede parecer sin excesiva importancia, pero que el tiempo acabó demostrando que sí la tuvo por su estratégica situación geográfica. Durante este tiempo mantuvo una relación estrecha con el Monarca; «Continué teniendo relación frecuentísima con los Reyes. A Baqueira subí desde Lérida muchas veces. Siempre me llamaban. Baste decir, como ejemplo, que en diciembre del 80 hablé personalmente con Su Majestad tres veces; en enero, una; en febrero del 81, antes del 23-F, hablé por teléfono y el 3, y por diversos motivos que ya detallaré, estuve con el Rey los días 6, 7, 11, 12, 13 y 17 de dicho mes de febrero. No cuento las veces que hablé por teléfono el 23 y el 24, pues eso es parte de otra historia. Lo que quiero resaltar es que, contrariamente a lo que se ha afirmado, el Rey me distinguía con su confianza»[4].

La idea de un gobierno de concentración se empezó a fraguar de una manera mucho más real de la que luego ha trascendido. A lo largo de los meses siguientes hubo numerosas reuniones. Pilar Urbano cuenta como fue uno de estos encuentros, que sirve de botón de muestra[5].

Pilar Urbano adelanta la fecha prevista para este golpe, el 2 de mayo de 1981, día con una gran carga simbólica al recordar la heroica sublevación contra los franceses. Durante muchos meses se estuvo preparando la maniobra. Se buscaron el mayor número de apoyos y para ello se contactó con casi todos los partidos políticos, excepto algunos partidos extremistas, así como a instituciones como la CEOE o la embajada americana. Un sector al que curiosamente se evitó fue a la Iglesia, que en esos años vivía unos tiempos demasiado agitados.

En estos contactos se buscó un consenso para adecuar el nombre del director del nuevo gobierno[6]. Después de muchas conversaciones Armada se apuntaba como el hombre del consenso. «En esta fase constitucional de la «solución Armada» lo sabían todo Fraga y Coalición Democrática, Felipe González y el PSOE, un sector amplio de UCD y otras minorías, incluso el PCE [...] El Rey conocía el plan y no se oponía; estaba ejerciendo el poder moderador que expresamente le atribuye la Constitución. Luego, las cosas se torcieron y todo el mundo quiso ocultar su participación en esta primera fase. Pero la Historia no puede ni debe ocultar nada»[7].

La Navidad de 1980 la pasa la Familia Real en Baqueira Beret. Allí, el 3 de enero de 1981, reciben la visita de Armada. El hecho de haberle nombrado gobernador militar de Lérida, bajo cuya jurisdicción se encuentra la famosa estación de esquí, le permite reunirse con el Monarca sin despertar sospechas gracias a la disculpa protocolaria. Durante el juicio Miláns narró este encuentro, que se lo había relatado el propio Armada en una reunión que tuvieron en Valencia siete días después: «Me contó la disposición en que estaba Juan Carlos. Me dijo que realmente estaba harto de Suárez, que estaba decidido a cambiarlo, que en unas conversaciones, durante más de seis horas... con Su Majestad el Rey y con la Reina habían pasado revista a quien podía ser. Él (Armada) presentó a varios posibles presidentes del Gobierno. No encontraba a ninguno idóneo. El Rey se inclinaba porque había que cambiar el Gobierno pero había que buscar a alguien que fuera idóneo para esto. Que debería ser un gobierno civil. Y según Armada parece que la Reina se inclinaba por un gobierno de militares... y por supuesto después venía la «solución Armada». Después de esto hablamos de que el Rey sabía también de ese nerviosismo que podía existir en las Fuerzas Armadas y que estaría dispuesto a reconducir y me acuerdo perfectamente de la palabra porque él me dijo:

quiero recordar la palabra de S.M. el Rey y creo que es exactamente reconducir»[8].

Al día siguiente del encuentro del Rey con Armada, el soberano recibe a Suárez, a quien hace partícipe del plan que se está barajando. «Puede aventurarse, sin demasiado riesgo de error, que Juan Carlos expresó a Adolfo Suárez la posibilidad «fáctica» de un «golpe duro» de coroneles, previsto para mayo. Y de una urgente necesidad de hacerlo innecesario, con soluciones políticas eficaces, o abortarlo, reconduciéndolo desde dentro. Quizás se llegó a tratar la cuestión de un Gobierno de coalición o de una presidencia con otro rostro, toda vez que la diana contra la que apuntaban todos los ánimos involutivos tenía un perfil bien definido: el de Adolfo Suárez. Suárez expresaría quizás su negativa a la coalición y su deseo de permanecer hasta las elecciones del 83, pero de regreso a Madrid llevaba en su conciencia un hecho irreversible, sin borbonear, sin dictar, ni bajar a la arena política, el Rey había hecho un gesto»[9].

Mientras se sucedían los múltiples contactos políticos un pequeño grupo de militares comenzó a preparar la famosa escenita del asalto al Congreso de los Diputados, con la clara intención de dar un golpe de Estado. Los pronunciamientos militares han sido constantes a lo largo de la Historia, durante el reinado de Isabel II eran casi el pan nuestro de cada día, pero los dos que tuvieron mayores consecuencias fueron los de Arsenio Martínez Campos en 1874 y Miguel Primo de Rivera en 1923. Ninguno de los dos consistió en una acción armada sino en una proclamación, y ninguno ocurrió en Madrid, el primero fue en Sagunto y el segundo en Barcelona.

Una posible fuente de inspiración pudo ser el golpe de Pavía en la madrugada del 3 de enero de 1874. Lo primero que hay que aclarar es la falsedad de la leyenda que afirma que este militar entró a caballo en el Congreso. A lo largo de los meses precedentes España vivía inmersa en el caos de gobierno que supuso la I República. En septiembre de 1873 había asumido la presidencia del Gobierno (que no de la República) Emilio Castelar. Para reconducir el desvío del estado pidió un periodo de suspensión de determinadas garantías constitucionales, así como de las Cortes. La fórmula funcionó, pero ese periodo de suspensión terminaba el 2 de enero de 1874. Ese día Castelar se presentó en las Cortes, a las que iba a solicitar una renovación de sus poderes absolutos. Antes de que se produjese la votación el capitán general de Madrid, el general Pavía, había manifestado públicamente su intención de intervenir si las Cortes no renovaban los poderes de Castelar.

La sesión se celebró y Castelar obtuvo 100 votos a favor y 120 en contra. Con esos resultados dimitió y los diputados se dispusieron a continuar una larguísima sesión, de la que iba a salir elegido presidente el doctor Palanca. A las 6:55 de madrugada siguiente, y antes de que se produjera la proclamación de Palanca, Pavía envió un mensaje a los diputados diciendo que, si no atendían a sus razones, entraría en el hemiciclo. A los diputados se les llenó la boca con frases del tipo resistiremos hasta la muerte, antes muertos que claudicar y otras parecidas. A las 7:30 de la mañana, y siguiendo órdenes de Pavía, entraron en el congreso un grupo de guardias civiles. En los pasillos dispararon varios tiros al aire y, cuando llegaron al hemiciclo, allí no quedaba nadie. Los valientes diputados que media hora antes habían hinchado el pecho, habían huido por los vomitorios como alma que lleva el diablo. Así fue el famoso «asalto» de Pavía, en el que el propio general no llegó a pisar el palacio de la Carrera de San Jerónimo.

Volviendo al asalto del 23-F, la operación se comenzó a fraguar en la mente de Tejero mientras estaba cumpliendo la condena por la *Operación Galaxia*. Si es cierta la premisa que afirma que las cárceles son la escuela del crimen, en este caso el penal militar fue el lugar idóneo para el estudio de la operación, que tenía como precedente lejano la operación de Pavía, y cercano la toma del Parlamento de Nicaragua en 1978, por el entonces famoso Edén Pastora, conocido por el sobrenombre de «Comandante Cero».

Tejero, en contra de la imagen que habitualmente se tiene de él, es una persona con grandes dotes de estudio. Él sabía como tomar el Congreso, pero también sabía que tenía que buscar a alguien que se hiciera cargo del poder; su candidato sólo podía ser uno, el teniente general Jaime Miláns del Bosch. Tejero se puso en contacto con Miláns, que realizó todas las conversaciones a través de su ayudante, el teniente coronel Pedro Mas Oliver. El sumario relata los encuentros entre los dos militares: «En Madrid, y en fecha no determinada, dentro de los meses de mayo y junio de 1980, el teniente coronel Tejero, según declara él mismo, celebra dos entrevistas con el teniente coronel Mas, y por iniciativa de éste, el cual lo hizo en nombre del teniente general Miláns de Bosch, de quien era ayudante. [...] En la primera se analizó la situación de España y la necesidad de una solución bajo el mando de Miláns, considerando como operaciones posibles la ocupación del palacio de la Moncloa y la del Congreso de Diputados; en la segunda entrevista se encargó a Tejero que estudiara la realización de la segunda alternativa»[10].

Miláns era conocedor de la solución Armada, pero no le gustaba la idea y seguramente fue por esto por lo que decidió que si se quería dar un golpe de timón de verdad, no reconducir el rumbo sino cambiarlo para llevar la patria a buen puerto, había que adelantarse. Estaban en el momento propicio, y si se esperaba demasiado podía ser tarde. Seguramente fue después de la reunión con Armada el 10 de enero cuando decidió poner en marcha la solución Tejero. El punto de partida fue una reunión que se celebró el 18 de enero en la casa que tenía en Madrid el teniente coronel Mas, y a la que asistieron Miláns, Torres Rojas, Tejero, Mas... y probablemente alguna otra persona, aunque este punto varía y cambian los nombres según sea la fuente consultada. En el sumario del juicio se recoge como, al regresar a Valencia, Miláns ordena a su jefe de Estado Mayor, el coronel Ibáñez Inglés, que viaje a Lérida para informar a Armada de las conclusiones alcanzadas en la reunión. En la reunión celebrada en Madrid el 18 de enero es cuando comienza la fase de ejecución del 23-F. Sus principales cabecillas cruzan su particular Rubicón, ya no hay marcha atrás, aunque los altos mandos de la conspiración, Miláns y Armada, están de acuerdo en que si quieren obtener la victoria, todo cuanto realizan ha de ser en nombre del Rey.

El 11 de febrero Armada abandonó Lérida para incorporarse a su nuevo destino en Madrid, como segundo JEME. Con la disculpa de la toma de posesión de su nuevo puesto fue recibido inmediatamente por el Rey, demasiado inmediatamente ya que la audiencia se celebró el día 13. ¿Qué se trató en esa reunión? Cuesta imaginar que el contenido de la reunión fueran cuestiones castrenses y no políticas. Juan Blanco señala que «el día 23 de marzo de 1981 el general Armada escribe al Rey una carta en la cual le pide que le autorice a revelar los asuntos tratados. Pero le sería denegada. Cumplí la orden, bien a mi pesar»[11].

El 16 de febrero Armada celebra una reunión en Madrid con el coronel Ibáñez Inglés, el jefe del Estado Mayor de Miláns, encuentro del que no ha trascendido el contenido pero todo parece indicar que se habló de la próxima elección de Calvo-Sotelo como presidente del Gobierno, que era difícil que saliese en la primera votación y que habría de ir a la segunda, que se iba a celebrar el 23 de febrero.

Unos días después, el 21 de febrero, Armada y Tejero se reúnen en la última sesión preparatoria, y que parece que fue el único encuentro personal que mantuvieron los dos golpistas. «Armada le pregunta si tiene preparada la operación del Congreso y le insiste en que no haya derramamiento de sangre; fija la hora exacta, a las 18:10, y dice que «se alegra enormemente» de que todo esté preparado. Armada precisa los gritos que deben darse a la entrada: «Tú entras en nombre del Rey, por la Corona y la democracia; la democracia es muy importante». A Tejero lo de la democracia no le emociona y no lo dirá; en cambio, gritará que todo se hace también en nombre del general Miláns, «por fidelidad y admiración». Armada repite lo que había dicho a los comprometidos: «Es una operación nacional que respalda S. M. el Rey». Tejero pregunta a Armada dónde puede encontrarle en caso necesario: «Bueno, como el Rey es voluble, aunque respalda esto, yo prefiero estar a su lado en La Zarzuela. Desde las 18 horas, creo que me dice, estaré en La Zarzuela sujetándole». Pilar Urbano cree imposible que Armada critique así al Rey ante Tejero. Pero recuerda cómo le había criticado, con más dureza, ante el teniente general Gutiérrez Mellado el anterior día 13»[12].

El asalto al Congreso

A las 18:20 horas del 23 de febrero de 1981 el teniente coronel Antonio Tejero Molina tomó al asalto el palacio del Congreso de los Diputados. Lo hizo acompañado por una fuerza de 304 miembros de la Guardia Civil, compuesta por 7 capitanes, 8 tenientes, 17 suboficiales, 37 cabos y 235 guardias. En las sesiones del juicio la mayoría de los oficiales coincidieron en el argumento que Tejero utilizó para convencerles de que se unieran a la operación, y con mínimas diferencias en las palabras la mayoría coinciden en que iban «a defender al Rey».

Uno de los cuatro destacamentos que participaron en la operación iba al mando del capitán Jesús Muñecas Aguilar, que declaró que al llegar al Congreso Tejero le dijo «se trataba de cumplir las órdenes de Miláns, en nombre del Rey, para disolver las Cortes o algo parecido; y que dentro de una hora llegaría Armada». Y cuando Tejero entró en el Congreso lo hizo en «el nombre del Rey y del general Miláns del Bosch», argumento que luego repitió al pie de la tribuna señalando que «estoy a las órdenes del Rey y del capitán general Miláns del Bosch». El primer mando que llega al Congreso es el coronel Félix Alcalá Galiano, que era un alto dirigente de la entonces Policía Nacional, y tras conminar a Tejero a deponer su actitud éste, ignorando su mayor graduación, le dice que sólo obedece órdenes del Rey y de Miláns. En las palabras reproducidas se aprecia, sin ninguna duda, que Tejero, en todo momento, utilizó el nombre del Rey como aval de su acción, lo que permite establecer una conclusión, como mínimo. Tejero estaba convencido del respaldo o patrocinio de la operación por parte del Rey.

Mientras todo esto sucedía, el Rey era testigo inesperado porque estaba siguiendo la votación desde su despacho. Un primer dato que llama la atención es que, según diversas fuentes, en ese momento el

Rey vestía esa indecorosa prenda que es el chándal, ya que sus planes inmediatos eran jugar un partido de tenis con su amigo Manolo Prado y Colón de Carvajal. Inmediatamente se reunió en el despacho toda la Familia Real, a quienes se le unió la Princesa Irene de Grecia, que como todo el mundo sabe desde hace muchísimos años vive de *okupa* en La Zarzuela. Poco tiempo después llegaron las hermanas del Rey, las infantas Pilar y Margarita, que se desplazaron rápidamente a Palacio.

Otro hecho que llama la atención es la libertad de movimientos que en todo momento tuvo el Rey. Los golpistas, al menos en las primeras horas, tenían controlados los principales acuartelamientos militares, muchos de ellos en las proximidades de La Zarzuela porque su emplazamiento así lo había dispuesto en su momento Franco, que quería tenerlos a mano de El Pardo. No hubo tropa alguna que se desplazara a Palacio, ya sea para defender, asaltar, secuestrar o controlar. Nadie avanzó un solo metro en esa dirección, seguramente porque todos los mandos insurrectos estaban en el convencimiento de que el Rey era uno más en la conspiración, por no decir el primero.

¿Qué hizo el Rey en esos primeros momentos? Hablar por teléfono, y lo hizo con unos y con otros, en gran medida controlado por el secretario de la Casa, el general Sabino Fernández Campo. Uno de los hechos más curiosos es que, a última hora de la tarde, el Rey autorizó a la JUJEM a declarar el estado de guerra. La Reina estuvo casi todo el tiempo acompañando al Rey en el despacho, y fue precisamente en uno de los pocos momentos de ausencia de Doña Sofía cuando el Monarca tomó está decisión. Al parecer la Reina se enteró al poco tiempo por Sabino, y rauda y veloz corrió junto a su marido, al que conminó a que retirase la orden, acordándose seguramente de la defenestración de su hermano Constantino. Su argumento fue sencillo, declarando el estado de guerra era seguir los pasos que estaba dando Miláns. Esta fue la razón por la que el Rey dio la contraorden, y así las cosas siguieron en su sitio. Este comportamiento introduce otra de las preguntas... ¿Estaba el Rey al tanto pero la Reina y Sabino no? ¿Fueron precisamente ellos los que pararon el golpe de estado?

A lo largo de las últimas horas de la tarde del 23-F el Congreso de los Diputados se convirtió en un continuo ir y venir de visitas. Unos apoyaban a Tejero, otros buscaban que depusiese su actitud, encuentros estos últimos que generaron muchas tensiones y encañonamientos con las armas reglamentarias, el más tenso con su superior el director general de la Guardia Civil, el general Aramburu Topete. Cuando Tejero recibe por el télex del Congreso el bando que Miláns publica en Valencia se da cuenta de que las cosas ya no son como él esperaba. Así es la reacción de Tejero ante su amigo el teniente coronel Luis Vaguean Salvador, que actúa como interlocutor de Aramburu: «Tejero —dice el sumario— le manifiesta que va a haber un cambio de Gobierno: que cuenta con todos y que ya no puede aceptar como interlocutor a Armada ni al Rey, solamente a Miláns».

La interpretación de esta reacción de Tejero va en dos direcciones divergentes. Por un lado la versión oficial dice que es en este momento cuando los militares leales y la propia Zarzuela se dan cuenta de que Armada está involucrado, algo que desconocían hasta ese momento. Otras teorías señalan este momento como el punto de giro, así mientras unos daban marcha atrás porque las cosas no iban como imaginaban, los pocos que seguían involucrados se dieron cuenta de que su objetivo era prácticamente imposible que se cumpliese. Sea una u otra la opción escogida para la interpretación, ambas parten de un mismo punto, la personalidad de Tejero. El *Bigotes* fue el artífice del asalto del Congreso, y a la vez su carácter y mentalidad fue la causa primera del fracaso del golpe.

Si Tejero ya tenía dudas sobre la participación del Rey, será cerca de las ocho de la tarde cuando lo tenga claro al recibir la llamada de Sabino Fernández Campo. El secretario general de la Casa le ordena, como superior que es, que deponga su actitud. Tejero le responde que él sólo recibe órdenes de Miláns, y es en ese momento cuando Sabino le espeta: «Pues tú has invocado el nombre del Rey; ¿por qué? ¿por qué?» Y parece que fue a partir de este momento cuando Tejero lo tuvo ya totalmente claro, el Rey no estaba detrás, o había dejado de estarlo.

La clave de todo el golpe está en el general Alfonso Armada, marqués de Santa Cruz de Rivadulla y actualmente uno de los mayores cultivadores mundiales de camelia en la explotación que dirige en los predios familiares gallegos. Según apuntan todas las declaraciones, la mayoría de los militares involucrados, que eran muchos, fueron convencidos para la causa por Armada, que les decía actuaba por encargo del Rey. Esto fue lo que le pasó al general José Juste Fernández, al mando de la División Acorazada Brunete. Tan pronto como se enteró de lo acontecido en la Carrera de San Jerónimo se puso en contacto con La Zarzuela. Fue Sabino quien habló con él, y cuando Juste le preguntó por Armada, Fernández Campo le respondió con su famosa frase: «Ni está, ni se le espera», a lo que Juste respondió: «Esto cambia las cosas». Si Armada no estaba en Palacio entendía que el Rey no estaba en el golpe, la gran incógnita sigue siendo la gran relación que tenían Juan Carlos I y el marqués de Santa Cruz. El vuelta atrás de Juste fue la pieza clave para el fracaso de los golpistas, si la Brunete hubiese tomado las calles de Madrid, que era lo planeado, la historia hubiese sido muy distinta, fuese cual fuese la actitud del Rey.

Aclarados todos estos puntos quedan dos dudas... ¿Por qué el Rey permitió que Armada acudiese al Congreso de los Diputados? ¿Por qué esperó hasta la madrugada para dirigirse a la nación? Empecemos por la primera de las cuestiones.

Alfonso Armada era una persona que tenía una excelente relación con la Casa y toda la Familia Real, tal y como lo confirman las palabras de la Reina a Pilar Urbano. «Armada hubiese podido estar aquí, con toda normalidad: hubiese podido venir a tomar café, ¿por qué no?, tenía confianza de sobra»[13].

Sin analizar, de momento, las posibles negociaciones previas al 23-F; Tejero entra en el Congreso a las 18:20, a las 18:45, cuando Sabino habla con Juste en el famoso «Ni está, ni se le espera», el segundo se convence de que Armada ha podido engañarle, y seguramente es en ese momento cuando Sabino empezaría a sospechar de éste. Quince minutos después, a las 19:00, el Rey habla con el general Gabeiras, Jefe del Estado Mayor del Ejército, que está acompañado por el segundo JEME, Armada. Éste se ofrece para acudir a Zarzuela y explicar todo lo que pasa, su intención parece que era clara, desde allí reconducir la erupción volcánica provocada por Tejero. El Rey, consciente o arrepentido, le dice que no se mueve de donde está, y que bajo ningún concepto «venga» a Palacio. De momento todo sigue igual, pero parece que es Doña Sofía quien empieza a sospechar públicamente de Armada.

Después de esta conversación el Rey inició una tanda de llamadas a todos los capitanes generales, así como a diversos jerarcas militares. De los muchos libros y testimonios publicados se deduce que la mayoría de los altos mandos estaban en el convencimiento de que el Rey apoyaba el golpe. Uno de los primeros con los que habló fue con el capitán general de Canarias, que tenía una gran influencia sobre sus compañeros de armas, y éste le dijo al Rey que rechazaba el golpe porque «todavía no es ocasión de intentar esto». Poco a poco el resto de mandos fueron mostrando su fidelidad al Monarca y, sobre todo, empezaron a dudar de lo que hasta entonces les habían dicho. Mientras se suceden las llamadas desde La Zarzuela los capitanes generales llaman a su vez a Armada. Quieren que les aclare lo que pasa, pero Armada carece de libertad de movimientos y conversación por estar estrechamente controlado por Gabeiras.

A las nueve de la noche Armada hace un nuevo intento de visitar al Rey en La Zarzuela, y esta posibilidad le es vuelta a negar por Sabino Fernández Campo. Armada intuye que todo está perdido, es cuestión de tiempo que se descubra su juego, y es en este momento cuando decide echar un órdago, presentarse en el Congreso de los Diputados para acelerar lo que parece ser su verdadero plan, organizar un gobierno de concentración nacional que tenga por misión sacar a España de la crisis. Armada quiere convertirse en un nuevo Primo de Rivera que, recordemos, dio su golpe de estado de la mano de Alfonso XIII.

Es en este momento cuando Gabeiras autoriza a Armada a que vaya al Congreso a negociar con Tejero, pero con la condición expresa de que en ningún caso presente la opción del gobierno de concentración. La autorización de Gabeiras está respaldada por Zarzuela, y éste es precisamente el argumento que utilizó en el juicio la defensa del marqués de Santa Cruz. Antes de entrar en el Congreso Armada se reúne con el general Sáenz de Santamaría, director de la Policía Nacional, y que había instalado su cuartel general en el hotel Palace. Allí, en lo que puede ser su único momento de sinceridad, le dice cuáles son sus planes: ofrecerle a Tejero un avión para salir de España, el pago de un rescate y presentarle, a título personal, la formación de un Gobierno de concentración. Sáenz de Santamaría le aclara que no puede hacer esas ofertas, su único cometido será decirle a Tejero que el único que le apoya es Miláns.

Armada entró en el Congreso cuando faltaban sólo unos minutos para que diesen las doce de la noche. Es en este momento cuando se produce una de las cuestiones no excesivamente aclaradas en el sumario. Así, Armada habría entrado en el Congreso gracias a la contraseña que le facilitó Miláns, y que era «Duque de Ahumada», el nombre del fundador de la Guardia Civil. Hasta aquí todo bien, pero si repasamos la película de las últimas horas vemos que todos entraban y salían del Congreso sin necesidad de contraseña, bastaba con que su acceso fuese autorizado por los asaltantes. Tejero, sobre la cuestión, declaró que la contraseña sólo la conocían cuatro personas, Miláns, Armada, Cortina y él, y que ésta no era para entrar «sino para identificar a la persona facultada para dirigirse a los diputados». Parece ser que Armada no la conocía previamente, y que al transmitírsela Miláns estaba así identificándole ante Tejero como la autoridad militar que estaba esperando. Se puede decir que en este punto sí se estaba desarrollando el plan de los golpistas, que sin embargo no contaron con la personalidad de Tejero, que se plantó.

Armada habría presentado su propuesta a Tejero quien, al escucharla, la consideró inaceptable. Tejero no admitía tener que salir en avión de

España, cuentan que dijo que los aviones le mareaban, pero la realidad era que su honor le impedía no disfrutar de su victoria, y mucho menos salir huyendo de lo que él consideraba un acto de patriotismo. Pero el verdadero freno fue cuando Armada le pidió permiso para dirigirse a los diputados. Antes de autorizarlo Tejero le preguntó si Miláns iba a formar parte del nuevo Gobierno. Armada le dijo que no. Le preguntó entonces quiénes iban a integrarlo y, cuando Armada le dijo que iba a hacer un Gobierno de concentración con políticos como González, Múgica o Solé Tura, Tejero no sólo se negó a que presentase su oferta a los diputados sino que le pidió que abandonase el Congreso. Fue ese el momento en el que fracasó el golpe de estado. El gobierno que pretendía aglutinar Armada estaría formado por los siguientes nombres:

Presidente: general Alfonso Armada
Vicepresidente para Asuntos Políticos: Felipe González
Vicepresidente para Asuntos Económicos: José María López de Letona
Ministro de Asuntos Exteriores: José María de Areilza
Ministro de Defensa: Manuel Fraga Iribarne
Ministro de Justicia: Gregorio Peces Barba
Ministro de Hacienda: Pío Cabanillas
Ministro del Interior: general Manuel Saavedra Palmeyro
Ministro de Obras Públicas: José Luis Álvarez
Ministro de Educación y Ciencia: Miguel Herrero y Rodríguez de Miñón
Ministro de Trabajo: Jordi Solé Tura
Ministro de Industria: Agustín Rodríguez Sahagún
Ministro de Comercio: Carlos Ferrer Salat
Ministro de Cultura: Antonio Garrigues Walter
Ministro de Economía: Ramón Tamames
Ministro de Transportes y Comunicaciones: Javier Solana
Ministro de Autonomías y regiones: general José Antonio Sáenz de Santamaría
Ministro de Sanidad: Enrique Múgica Herzog
Ministro de Información: Luis María Ansón

El sumario explica que «Tejero le preguntó si el futuro gobierno tendría carácter militar, si el marxismo sería declarado ilegal, si los separatistas continuarían como hasta entonces, si la Constitución sería modificada y qué medidas se tomarían contra el terrorismo. Como no obtuvo respuestas que le satisficieran, prohibió a Armada pasar al hemiciclo. Declaró, hablando por teléfono con Valencia, que no se fiaba de Armada porque decía «este país», no «España», y que él sólo aceptaría un Gobierno con Miláns como jefe. También se niega Tejero a la invitación que le hace Armada a que hable con el Rey, porque sospecha que el monarca puede estar coaccionado. Armada reconoce que Tejero le hizo preguntas sobre todos los extremos mencionados. Tejero le dice que la propuesta de Armada contradecía los objetivos iniciales en que habían coincidido Miláns, Torres Rojas, Armada y él, y que por esto la rechazó, considerando que olía a engaño o a traición y que para cambiar el nombre de Calvo-Sotelo por el de Armada no hacía falta nada de lo hecho».

La leyenda atribuye a Tejero la frase «no he montado esto para que gobiernen estos rojos», y fue en ese momento cuando Armada perdió todas las opciones de ser presidente del Gobierno. Fue así como fracasó definitivamente el 23-F, pero lo más interesante es que, en ese momento, el Rey seguía sin dirigirse a la nación. Hacía horas que tenía controlados a todos los militares, el único que se resistía era Miláns, pero no se sabe por qué motivos esperó dirigirse a la nación hasta que fracasó la opción Armada. Es curioso, pero Tejero, que fue quien inició el golpe con el asalto al Congreso de los Diputados, fue quien hizo que fracasasen los planes que habían establecido sus cómplices, y de los que él no era partícipe.

Una vez que Armada salió del Congreso con su plan en el bolsillo, momento en el que Tejero se había quedado sin ningún apoyo que no fuera Miláns, el Rey dio orden de emitir el mensaje que había sido grabado entre una y dos horas antes. ¿Qué habría pasado si la propuesta de Armada hubiese cuajado? No tengo duda de que el mensaje nunca habría sido emitido y las dos copias destruidas. Una de las muchas incógnitas aún por resolver es encajar temporalmente la salida de Armada del Congreso con la emisión del mensaje. Parece ser que son casi simultáneas, pero algunos autores apuntan a que Armada pudo haber llamado desde el interior del Congreso a La Zarzuela informando del fallo de su plan, y este habría sido el momento en el que se habría ordenado la emisión del mensaje.

Ricardo de la Cierva, que explica que no ve clara la teoría que desarrolla, hipotetiza sobre como pudo ser la película de los hechos: «La pregunta importante es: ¿Había informado ya Armada a la Zarzuela, desde la «habitación acristalada» del Congreso donde tuvo lugar su agitada confrontación con Tejero, de su fracaso? No consta, pero es posible; en la vista oral el eminente letrado defensor de Armada, Ramón Hermosilla, pregunta al teniente coronel Tejero sobre las llamadas hechas desde la «habitación acristalada», y Tejero responde que hubo dos: una con el general Miláns del Bosch (que ordenó inútilmente a Tejero la obediencia a Armada) y otra que hizo Armada. Como el marqués de Santa Cruz de Rivadulla informó al JEME Gabeiras desde el Palace muy poco después de la 1:20, según testimonios concordantes, es posible que llamase antes al palacio de la Zarzuela desde el mismo Congreso para informar discretamente de su fracaso y esta llamada se pudo producir diez minutos antes, y tras ella salió Armada del Congreso. Es decir, llamaría a la 1:10, más o menos; cuatro minutos antes del mensaje»[14], con lo cual habría tiempo de sobra para que desde Zarzuela se llamase a Prado del Rey dando la orden de emisión.

La breve intervención del Rey ante las cámaras de televisión, dirigiéndose a la Nación, es un documento de gran valor ya que marca, más por su significado que por su contenido, el reinado subsiguiente de Juan Carlos I.

«Al dirigirme a todos los españoles con brevedad y concisión en las circunstancias extraordinarias que en este momento estamos viviendo, pido a todos la mayor serenidad y confianza, y les hago saber que he cursado a los capitanes generales de las regiones militares, zonas marítimas y regiones aéreas la orden siguiente:

Ante la situación creada por los sucesos desarrollados en el palacio del Congreso, y para evitar cualquier posible confusión, confirmo que he ordenado a las autoridades civiles y a la Junta de Jefes de Estado Mayor que tomen todas las medidas necesarias para mantener el orden constitucional dentro de la legalidad vigente.

Cualquier medida de carácter militar que en su caso hubiera de tomarse deberá contar con la aprobación de la Junta de Jefes de Estado Mayor.

La Corona, símbolo de la permanencia y la unidad de la patria, no puede tolerar en forma alguna acciones o actitudes de personas que pretendan interrumpir por la fuerza el proceso democrático que la constitución, votada por el pueblo español, determinó en su día a través de referéndum».

¿Estaba el Rey involucrado en el 23-F?

Esta pregunta tiene varias respuestas que no son sino variantes de los dos monosílabos posibles. A lo largo de los últimos veinticinco años se han publicado bastantes libros sobre el fracasado golpe de Estado. En todos subyace esta pregunta y por eso es necesario hacer una aclaración, la mayoría de los autores la han respondido antes de escribir sus libros, y luego han intentado justificar su teoría de una u otra manera. Responder a esta pregunta podemos hacerla en estos momentos de dos maneras, embutiéndonos en una sucesión de reflexiones-declaraciones que nos llevarían a un complejo entramado del que no sacaríamos nada en claro, o intentar aligerar las posibilidades, siendo conscientes de que en aras de la claridad se perderían el análisis detallado que sustenta cada una de las afirmaciones que se viertan. Buscando la claridad y concisión que se pretenden en este libro, opto por la segunda de las posibilidades.

En la siguiente *hipotetización* lo primero que debemos tener claro es que al hablar del 23-F hay que distinguir entre dos golpes: el golpe de timón que propugnaba un Gobierno de concentración, y un golpe de Estado que partía de la acción armada dirigida por Tejero. Los dos planes tenían protagonistas en común, protagonistas que participaban en uno y tenían conocimiento del otro, y otros protagonistas que no tenían ni idea de la otra opción. Lo que sí está claro es que el golpe de timón y el golpe de Estado se anulaban mutuamente, y de eso eran conscientes, sobre todo, los que mojaban el pan en las dos salsas.

La primera de las opciones, el golpe de timón, se puede deducir que contaba con un amplísimo número de partidarios, pertenecientes a todos los sectores. De una manera sencilla se puede decir que estaban todos menos Suárez; entrando más en detalle suponemos que estarían al tanto de esta posibilidad desde el Rey a muchos altos mantos del Ejército, numerosos dirigentes políticos de diversa tendencia, altos sectores sociales y gran parte de los poderes fácticos. El golpe de Estado, en cambio, estaría organizado por un reducido grupo de militares, pero de él estaban enterados un círculo más o menos amplio del mundo político y castrense.

La cuestión clave es averiguar quien era el *director* del golpe de timón. La mayoría de los autores que han tratado el tema con una cierta seriedad apuntan al general Armada, yo lo comparto a medias. Sí le puedo creer el director material, pero detrás debía tener a un director intelectual, que bien pudiera ser un grupo interesado en *reconducir* la situación. Lo que tengo claro es que el Rey conocía esta opción y seguramente la apoyaba o, cuando menos, la consentía.

Tal y como hemos visto en las páginas anteriores el número de personas involucradas era tremendamente grande y escandalosamente dispar. Tenían incluso una fecha elegida, el 2 de mayo. Al ser un grupo tan numeroso y diferenciado la relación entre ellos era inexistente, y la mayoría se habría sumado a la idea con apoyo indirecto o dejando hacer. Fue una labor callada de meses informar a todos del plan y recabar sus apoyos. Por esta razón, cuando el 29 de enero dimite Suárez y la pretendida disculpa se hunde, es imposible contactar con todos, y mucho menos buscar posibles alternativas al plan inicial. En mi opinión la dimisión de Suárez hunde el golpe de timón porque altera el panorama político que se pretendía reconducir. Suárez era, a la vez, causa y disculpa; sin Suárez y sin saber qué iba a hacer Calvo-Sotelo y durante cuánto tiempo, el discurso ideológico del Gobierno de concentración hacía aguas.

Este sería el momento en el que los que estaban en los dos planes, o algunos de ellos, decidieron aprovechar el golpe de Estado para transformarlo en un golpe de timón. Era su última opción a la desesperada. Seguramente este grupo sería muy reducido, estaría formado por Armada y muy pocos más. En mi opinión este es el momento en el que el Rey y la mayoría de los dirigentes políticos abandonan la conspiración.

Tenemos por tanto a un grupo de golpistas exaltados, Miláns y Tejero, apoyados por otros golpistas más racionales. Los primeros buscan cambiar el sistema, los segundos reconducirlo. Cuando se produce el asalto al Congreso todos toman posiciones, Miláns saca los tanques a la calle y declara el estado de guerra, Armada empieza a mover los hilos para resucitar el golpe de timón. Los momentos iniciales de confusión, y sobre todo de falta de reacción, se deberían a que los partidarios del golpe de timón no sabían qué hacer ante el golpe de Estado.

La dimisión de Suárez habría dinamitado el golpe de timón, pero fue una dinamitación silenciosa, sin explosión evidente y, sobre todo, sin que hubiese llegado a la larga pléyade de conspiradores. Eran tantos, tan dispares y sin comunicación entre ellos, que no fue posible cancelar unos planes en los que todos formaban parte. En ningún momento se había pensado en una acción armada, pero cuando Tejero asaltó el Congreso todos pensaron que, de manera indirecta, también estaban en el palacio de la Carrera de San Jerónimo.

Este amplio grupo de golpistas indirectos tuvo tres reacciones: una minoría se sumó, una mayoría lo rechazó, y hubo un grupo, seguramente más numeroso de lo que han querido hacernos creer, que decidieron mantenerse al pairo. Si la cosa cuajaba se sumaban, y si fracasaba aireaban con más fuerza que nunca la bandera de la Democracia. Esta fue, seguramente, la actitud que mantuvieron muchos altos mandos militares, que sabían a ciencia cierta que el Rey habría dado su bendición para el golpe de timón. En la ronda de llamadas el monarca les habría dicho que no apoyaba a Tejero y Miláns, pero no habría dicho nada de la opción Armada. Por esta razón no sacaron los tanques a la calle, pero se quedaron a la espera.

¿Cómo reaccionó el Rey? Es difícil imaginar lo que pasó en esos momentos por la cabeza del Rey. Seguramente su primer objetivo fue impedir que los militares tomasen las calles, y lo consiguió. Cuando los tanques quedaron retenidos en los cuarteles llegó el momento de las dudas. Por los testimonios que hemos reseñado, y por muchos más que por cuestiones de espacio no hemos traído, parece ser que el Rey dedicó la primera hora y media a controlar la situación, y las siguientes cinco horas a nadar. El Rey había frenado a los militares, pero no quiso comprometerse con una declaración que comprometiera el futuro de España, y sobre todo el suyo personal. De otra manera no se entiende que no se dirigiese a la nación hasta la una y media de la madrugada, y que durante todas esas horas nadie sabía por donde iban los tiros, los tiros políticos porque los militares habían quedado reducidos a los disparos de los guardias civiles que entraron en el hemiciclo.

A lo mejor es tener una imagen ingenua del Rey, pero no es descartable que pensase en una reconducción del golpe hacia la opción Armada. Por eso esperó hasta que el marqués de Santa Cruz fue al Congreso, se entrevistó con Tejero, y el asaltante le despidió con cajas templadas. En ese momento el golpe de timón no era posible, y fue entonces cuando el Rey habría ordenado la emisión del mensaje televisivo grabado entre una y dos horas antes. ¿Qué hizo el Rey durante esas cinco horas y, sobre todo, si confiaba en la opción Armada por qué no se reunió con él?

Si antes hablaba de la posible ingenuidad del monarca aquí entramos en el campo de la inteligencia o, cuando menos, de la habilidad real. El Rey se centró en detener a los militares y luego se puso a esperar. Al recibirse en La Zarzuela las llamadas de Armada solicitando audiencia, el Rey sabría para qué quería ir. Y también sabría que si lo recibía estaba apoyando a Tejero. Si Armada hubiese rechazado el golpe, sencillamente lo habría manifestado y no habría pretendido acudir a Palacio en un momento tan complicado. Al insistir en la visita pretendía aprovechar el intento de golpe de Estado para dar el golpe de timón. Esta es la razón por la que el Rey no quiso recibirle, aunque eso no quita para que hubiesen mantenido alguna conversación telefónica que no ha trascendido, y que el Rey habría conseguido realizar en algún momento en el que se despistase del férreo marcaje al que esa tarde noche le habrían sometido Sabino y la Reina.

Las figuras de Doña Sofía y el general Fernández Campo son clave en esa tarde-noche. El asturiano seguramente no participaba de la idea del golpe de timón, pero pensar que no estaba al tanto es dudar de su capacidad, que es mucha. Por eso, cuando en los minutos siguientes recibió la llamada de la Brunete preguntando por Armada, respondió con el histórico «Ni está, ni se le espera», sabía de qué iba la historia y quería mantener alejado al máximo a Armada. La Reina, en cambio, no relacionó el *Tejerazo* con Armada. En las páginas anteriores hemos visto como las diversas fuentes consultadas aseguran que estaba al tanto del golpe de timón, pero si hacemos caso del panegírico que le dedica Pilar Urbano no vinculó al *amigo* con el asalto al Congreso. «No me pasó por la imaginación, no por la conciencia, que Armada pudiera estar dentro del golpe. [...] No me podía imaginar que estuviera mezclado en un complot político. Además, no me entraba en la cabeza asociar a Armada con Tejero»[15].

Volviendo a la tarde en cuestión, y siguiendo siempre en el mundo de las hipótesis, el Rey habría rechazado el golpe pero habría esperado para ver si se reconducía la cuestión hacia el pactado golpe de timón. Para mí la reconducción era imposible porque, lo que se pretendía que fuera un movimiento constitucional, partía de un hecho tan antilegal como la utilización de la fuerza. Por esta razón el Rey se mantuvo al margen, pero esperando. El punto culminante fue la relatada visita de Armada a Tejero, y habría sido desde el propio Congreso desde donde Armada le habría informado telefónicamente que no habría nada que hacer. La suerte estaba echada y no cabía reconducción posible. Este fue el momento en el que el Rey pasó al plan B, la defensa radical de la legalidad vigente. Es sólo una posible teoría, pero no hay otra que explique el tremendo retraso en comparecer públicamente, en rechazar categóricamente la revuelta y, sobre todo, en encajar la casualidad temporal marcada por el fracaso de la reunión de Armada con Tejero y la emisión del famoso mensaje por Televisión Española.

Lo que sabían Suárez, Gutiérrez Mellado y los servicios de inteligencia

Analizados los hechos y desarrollada la teoría precedente conviene ahora analizar la actitud y el comportamiento de Adolfo Suárez y Gutiérrez Mellado. Los dos, por razones lógicas, estaban fuera del pacto del golpe de timón; éste pretendía reconducir la situación, reconducir la obra de Suárez, y por ello el presidente del Gobierno y su escudero militar eran los últimos que habrían sido invitados a sumarse. Pero que no estuvieran no quiere decir que no lo supieran.

Una de las piezas claves en toda esta historia es la del teniente general Manuel Gutiérrez Mellado, vicepresidente del Gobierno y mano derecha de Suárez. Gutiérrez Mellado, aunque había dejado la cartera de Defensa en manos de Rodríguez Sahagún para ocupar una mucho más política, siguió controlando a los servicios de inteligencia, que se cimentaban, y en cierta medida aún lo hacen hoy, en las estructuras creadas durante el franquismo.

Gutiérrez Mellado siempre tuvo una gran atracción por los espías, y de hecho actuó como tal en el Madrid de la Guerra Civil. Tras la victoria del 39 hizo lo propio en su nuevo destino participando en la represión de lo que se consideraba elementos insurgentes. En poco tiempo destacó y ascendió en los servicios secretos, que en ese momento recibían el nombre de Servicio de Información de la Policía Militar, más conocido como SIMP. Durante estos primeros años de la postguerra su carrera sufrió un parón cuando le investigaron por el asesinato de un comandante que estaba investigando la infiltración masónica en el ejército vencedor. No se pudo probar nada y se le dejó continuar su fulgurante carrera, en la que destacó en las tareas de contraespionaje.

Los servicios secretos de todos los estados es el sector más endogámico de la administración. Un ejemplo, en la actual Rusia de Putin los servicios secretos cada vez recuperan más el espíritu del KGB. En España hemos visto que, gobierne quien gobierne, los espías casi siempre siguen siendo los mismos. Gutiérrez Mellado, gran conocedor de la inteligencia franquista, fue quien la adaptó a la democracia, adaptó, que no modificó. El prestigio de nuestros servicios secretos ha sido siempre puesta en duda, coloquialmente se les ha criticado por errores de magnitud en todos los momentos, desde el asesinato de Carrero Blanco al atentado terrorista del 11-M, en los que, al parecer no se enteraron de nada.

Yo me niego a creer esta ingenuidad, y señalando antes de nada que hay que mirar con lupa el libro que sobre el CESID escribió Pilar Urbano, que según los rumores habría estado financiado por la propia institución, y donde desarrolla una increíble teoría sobre el 23-F, estoy convencido de que los espías, y consiguientemente Gutiérrez Mellado y Suárez, estaban al tanto de lo que se planeaba, tanto del golpe de timón como del golpe de Estado.

La escena de la entrada del Congreso de los Diputados es bastante significativa. No creo que los espías fueran tan eficientes para saber el día y la hora, pero sí conocían los planes, y más cuando entre los organizadores estaba una persona tan poco discreta y con una conocida afición al golpismo como Tejero. Un periodista que ese día estaba en el Congreso me contó que cuando se produjo el asalto todos se pusieron nerviosos, pero que se tranquilizaron bastante cuando vieron al *Bigotes*. Muchos conocían a Tejero, al verle se dieron cuenta de que no era un temido ataque de ETA, y además sabían que a Tejero la fuerza se le iba por la boca y que era imposible que una operación seria descansase sobre su tricornio. Tejero es un kamikaze para misiones suicidas, no para una operación de trascendencia.

Si los periodistas, al menos algunos, reconocieron a Tejero, más habrían de hacerlo Suárez y, por supuesto, Gutiérrez Mellado. Si además conocían los planes existentes lógicamente los identificaron, y hasta es posible que ellos sí unieron el golpe de timón y el golpe de estado. Suárez permaneció sentado, nadie le quita su mérito y valor, pero tenía un conocimiento que le daba una tranquilidad de la que no gozaban el resto de los diputados.

Reflexionar e *hipotetizar* sobre el famoso 23-F daría para escribir un libro tragicómico. No es nuestra intención y por eso preferimos dejar aquí las teorías expuestas. Sólo un último apunte... ¿Es posible que los servicios secretos, conocedores de los planes, dejasen que se diese un golpe de Estado condenado al fracaso para abortar un golpe de timón que tenía muchas opciones de triunfar? Yo soy de los que piensan que cuando hay un cúmulo de casualidades, la casualidad deja de existir, pero por el mismo modo no hay que negar que algunas sí existen, y a lo mejor, por una vez, a los servicios secretos les salió bien la maniobra. La verdad documentada de lo que ocurrió creo que nunca la vamos a conocer, descansa en el mismo almacén secreto donde se guardó el Arca de la Alianza de Indiana Jones y donde, entre otros, reposaría la verdad de los asesinatos de personalidades como Prim o Carrero Blanco, por no hablar de muchas otras actuaciones del Estado y de los terroristas. Pero que no conozcamos la verdad documentada no quiere decir que no podamos vivir con una acertada intuición.

Como final de este capítulo recordemos las palabras que el Rey dirigió a los líderes políticos en la reunión celebrada en La Zarzuela el 24-F: «No me vuelvan a poner en el trance en que me han puesto durante dos días. Mi papel en la Constitución yo sé bien cuál es; he tenido que violentar ese papel, durante unas horas, al servicio de la democracia y de España, pero, por favor, no me vuelvan a poner en un trance así porque lo que yo quiero es volver a mi papel constitucional, que es el mío y del cual no debo salir. Y ahora, señores, volvamos a la normalidad constitucional».

Pero... ¿quién había violentado la democracia? Es curioso, pero el «volvamos a la normalidad constitucional» no se por qué, pero me recuerda mucho al «Marchemos todos francamente, y yo el primero, por la senda constitucional», que Fernando VII pronunció una vez que triunfó la Revolución de 1829. Y es que el éxito de la Institución está en saber adaptarse al devenir de los tiempos.

NOTAS

1. Sumario del 23-F.
2. DE LA CIERVA, Ricardo: *El 23-F sin máscaras*. Ed. Fénix, 1998, págs. 112-113.
3. ARMADA COMYN, Alfonso: *Al servicio de la Corona*. Planeta. Barcelona, 1983, págs. 209-210.
4. ARMADA COMYN, Alfonso: *Al servicio de la Corona*. Planeta. Barcelona, 1983, pág. 213.
5. URBANO, Pilar: *Con la venia, yo indagué el 23-F*. Plaza & Janés. Barcelona, 2001.
6. ARESPACOCHAGA, Juan de: *Cartas a unos capitanes*. Incipit Editores. Madrid, 1984. pag. 273.
7. DE LA CIERVA, Ricardo: *El 23-F sin máscaras*. Ed. Fénix. Madrid, 1998, pág. 119.
8. Sumario del 23-F.
9. URBANO, Pilar: *Con la venia, yo indagué el 23-F*. Plaza & Janés. Barcelona, 2001, págs. 55 y ss.
10. Sumario del 23-F.
11. BLANCO, Juan: *Crónica fiel de un golpe anunciado*. Editorial Fuerza Nueva. Madrid, 1995, pág. 122.
12. DE LA CIERVA, Ricardo: *El 23-F sin máscaras*. Ed. Fénix, 1998, pág. 162
13. URBANO, Pilar: *La Reina*. Plaza & Janés. Barcelona, 1996, pág. 293.
14. DE LA CIERVA, Ricardo: *El 23-F sin máscaras*. Ed. Fénix, 1998, pág. 226.
15. URBANO, Pilar: *La Reina*. Plaza & Janés. Barcelona, 1996, pág. 293.

6

El Rey y sus presidentes

Las relaciones entre la Corona y la presidencia del Gobierno han pasado por etapas muy distintas. Juan Carlos I ha tenido que cohabitar con seis presidentes, Carlos Arias Navarro, heredado de Franco; Adolfo Suárez, el presidente que él eligió; Leopoldo Calvo Sotelo, la corrección y el anonimato; Felipe González, el primer socialista que fue presidente del Gobierno y que alcanzó una gran sintonía con el Rey; José María Aznar, una relación tensa y complicada; y José Luis Rodríguez Zapatero, una falsa sintonía marcada por el fantasma republicano.

Desde el punto de vista humano es imposible que dos personas antagónicas obligadas a entenderse se lleven bien. La relación más completa fue, mejor dicho es, la que mantiene con Adolfo Suárez; con Felipe y con Aznar tuvo una relación bien distinta, y los comportamientos de ellos también lo fueron, ya que mientras el primero lo entendió como algo personal el segundo lo elevó al rasgo de institucional. En el caso del actual presidente, Zapatero, pronunciar su sólo nombre provoca el pánico en muchos miembros de la familia del Rey.

Franco murió el 20 de noviembre, dos días después Juan Carlos de Borbón y Borbón fue proclamado sucesor, a título de Rey, como Juan Carlos I. En ese momento el cadáver del Caudillo aún estaba expuesto en el Palacio Real, todo un síntoma de que todo había cambiado, pero todo seguía siendo igual. En su primer gobierno el Rey mantuvo al último presidente de Franco, Carlos Arias Navarro, aunque desde el primer momento las tensiones entre los dos fueron muchas. Los siete meses que duró este gobierno estuvieron plagados de diferencias entre uno y otro, pero, todo sea dicho, en el momento en el que el soberano le pidió la dimisión al presidente, este se la presentó sin intentar permanecer en el cargo, en esto cumplió la fidelidad que se le esperaba. Tras la renuncia Juan Carlos I pudo, por fin, nombrar a un presidente a su gusto, con el que tenía buena sintonía, y con quien podía llevar a cabo todas las reformas necesarias. Su nombre era Adolfo Suárez, a quien debe considerarse el primer presidente de la Monarquía.

Adolfo Suárez

Juan Carlos I conoció a Adolfo Suárez cuando aún era Príncipe de España, en una visita que hizo a Segovia en compañía de Doña Sofía y de sus cuñados los Reyes de Grecia. Suárez era el gobernador civil, cuando un gobernador civil mandaba de verdad, y desde ese momento se sintieron cautivados, el uno por el otro, y el otro por el uno. La relación continuó gracias a las estancias de los Príncipes en Riofrío, lo que hizo que surgiera una amistad entre ellos que les llevó a tutearse y a especular sobre el futuro de España.

El siguiente destino de Suárez fue Televisión Española, donde primero como director de la primera cadena y luego como director general, trabajó por la imagen del Príncipe. Ese destino lo consiguió gracias a Don Juan Carlos, que insistió ante Carrero Blanco, y el Almirante accedió al nombramiento a pesar de contar con la oposición del ministro de quien dependía el ente, Alfredo Sánchez Bella. Desde este puesto Suárez limó lo que pudo la gran campaña propagandística que desde otros sectores, quizás más involucionistas, se hacía de Alfonso de Borbón, futuro duque de Cádiz y Alteza Real tras su boda con la *nietísima*. Ese fue el matrimonio del Régimen; Suárez, en su causa *juancarlista*, se encargó de dilapidarlo impidiendo su retransmisión en directo, y emitiendo en su lugar la simbólica película *Un gánster para un milagro*.

A partir de 1973 Suárez vivió unos años extraños, en los que revoloteaba por los cargos del Movimiento esperando lo que pudiera ocurrir. El lanzamiento definitivo le llegaría con el nombramiento como ministro de su mentor, Fernando Herrero Tejedor, padre del periodista reconvertido en eurodiputado Luis Herrero, y que un día debería contar como se vivió en su casa la misteriosa muerte de su padre. Don Juan Carlos confiaba en Suárez, tenía puestas en él muchas esperanzas, pero eso no quita para que supiera perfectamente como era. Luis Navas, autor de la *Biografía del Príncipe de España*, relata una anécdota que él mismo presenció en La Zarzuela en el verano de 1972. Es una conversación entre Don Juan Carlos y Doña Sofía: «"Oye, Juanito, —dijo la Princesa— ¿Adolfo Suárez es del Opus o falangista?" El entonces Príncipe de España hizo un aspaviento, soltó una carcajada y contestó: "¡Por Dios, Sofi! Adolfo es adolfista". Lo dijo con el mayor cariño».

El Rey habría pensado en Adolfo como presidente desde antes de su proclamación como Rey, pero prefirió esperar unos meses para no remover demasiado el sistema. Si el 22 de noviembre de 1975 hubiesen empezado los cambios, su reinado habría sido lo breve que algunos deseaban. Supo esperar, tuvo la paciencia del tiempo, y siete meses después nadie defendía la continuidad de Arias Navarro; fue ese el momento en que designó a Suárez. Recordemos que el Rey heredó el gigantesco poder de Franco y el nombramiento de un presidente era decisión personalísima suya, aunque tuviera que pasar por los trámites institucionales diseñados por Franco, una votación en el Consejo del Reino de la que salía la terna entre la que luego elegiría el Jefe del Estado.

Durante estos meses la rumorología política evolucionó con más rapidez que nunca y, poco a poco, el nombre de Suárez, que en ese momento era ministro del Movimiento, empezó a ganar peso.

Finalmente el parto se produjo y a principios de julio de 1976 Juan Carlos I nombró a su primer presidente del Gobierno, Adolfo Suárez González. En un tiempo record de once meses el nuevo Gobierno tuvo que organizar las bases del nuevo sistema, liquidar las instituciones del Régimen, en lo que se ha conocido como el haraquiri de las Cortes franquistas, aprobar la Ley para la Reforma Política, convocar las primeras Elecciones Generales, y lo más difícil, en unas pocas semanas montar un partido alrededor de Suárez y conseguir que ganase las elecciones. El Rey se involucró personalmente en la organización de la Unión de Centro Democrático, hasta el extremo que poco tiempo después no tuvo problemas de conciencia en escribir una carta al Sha de Persia pidiéndole que donase una importante cantidad de dinero para financiar al partido de Suárez, porque eso era lo que convenía a la democracia española.

Suárez tenía muchas ventajas para el Rey. Era ambicioso, hasta el extremo que por su causa no atendería a compromiso alguno, pero es más, lo era tanto que se sometería a todos los deseos del Rey con tal de asegurarse la poltrona. Por otro lado la independencia de Suárez era otra de sus ventajas, nadie presionaría al Rey para mantenerlo, su continuidad dependía únicamente de su voluntad.

El momento en que el Rey nombra presidente a Suárez pertenece a lo más absurdo de la Historia. Fue relatado por el propio Suárez, que simbólicamente confirma la aseveración anterior sobre la soledad en que se tomó la decisión y fue aceptada. «Yo estaba solo en casa y, cuando oigo por televisión que el presidente de las Cortes y del Consejo del Reino había ido ya a ver al Monarca y había pronunciado aquella frase —«Estoy en condiciones de ofrecer al Rey lo que él me ha pedido»—, pues tengo la esperanza de estar en esa terna. Yo sigo mirando y rompiendo papeles, recibo llamadas telefónicas, hago algunas llamadas yo también y pasa el tiempo y no me llaman. Entonces empiezo a pensar que no voy a serlo. Poco después me llama Su Majestad por teléfono, me dice que qué estoy haciendo y le digo que estoy mirando papeles y ordenando el despacho de mi casa, y le digo que si quiere algo de mí. Me dice que no, que no quiere nada, que sólo quería saber cómo estaba. Y yo, cualquiera se puede imaginar hasta qué punto entro en una situación en la que dudo si seré o no seré. Estoy confesando unas cosas que no sé qué opinarán los españoles, pero estoy diciendo sobre todo una verdad muy íntima. El caso es que poco después me llama Su Majestad otra vez y me dice que si puedo ir a verle. Me voy efectivamente para allá y al llegar veo salir del despacho del Rey a Torcuato Fernández Miranda. El ayudante me dice entonces que pase, y así lo hago, pero en el despacho no parecía haber nadie. El Rey se había escondido detrás de la puerta, pero al entrar yo él cierra la puerta y me dice: «Te quiero pedir un favor». Yo, en ese momento, pensé que me iba a decir que no me enfadara por no ser presidente o algo así, que era muy joven y esas cosas. Y la verdad es que me dijo que si hacía el favor de aceptar ser presidente del Gobierno. Y yo, en lugar de pronunciar una frase histórica, pronuncié otra que no voy a repetir pero que venía más o menos a decir: "¡Por fin, ya era hora!"».

El nombramiento tiene una escenografía que describe como era la relación entre los dos personajes. Adolfo está sólo en su casa, aguardando desesperadamente una llamada que no llega. El Rey le llama pero no se atreve a decirle nada, luego le vuelve a llamar y le convoca a La Zarzuela. Adolfo se desplaza conduciendo el Seat 127 de su mujer. Cuando llega y le introducen en el despacho, el Rey se ha escondido detrás de la puerta, y por si fuera poco, en vez de mostrarse magnánimo le ruega que acepte el encargo. Como siempre, la realidad supera cualquier ficción que se haya podido inventar.

Las difíciles y complicadas decisiones que los dos tienen que acordar a lo largo de los años siguientes provocan numerosas tensiones que acaban desembocando en un enconamiento de las relaciones, que se incrementa tras las elecciones generales de 1979. En ese momento Suárez es presidente porque así lo han decidido las urnas, no porque le ha nombrado el Rey, y es entonces cuando empieza a caminar sin tener en cuenta la opinión de La Zarzuela. En poco tiempo lo que era una relación de confianza se convierte en un enfrentamiento de no poder ni verse.

A lo largo de 1980 se le atragantan todos los frentes a Suárez, especialmente en su relación con el Rey y con la UCD. A principios de 1981 no le queda otra opción que echarle un órdago al Rey, una amenaza de dimisión. «Cuando Suárez presenta la dimisión al Rey alberga la esperanza de que no se la acepte. Antes de pasar al despacho del Monarca charla un buen rato con el jefe de la Casa, Sabino Fernández Campo, y le suelta sin circunloquios el motivo de la visita: «Vengo a dimitir», dándole cuatro razones antes de que Sabino pueda cerrar la boca: «Primera: el adversario me ataca sin contemplación alguna, sin atenerse a ninguna regla de juego. Segunda: el enemigo lo tengo dentro, en mi propio partido. Tercera: crece el odio de las Fuerzas Armadas. Y cuarta, he perdido la confianza del Rey». Suárez tenía mucho interés en que el teniente general Fernández Campos supiera que cesaba voluntariamente, que no le despedían, pues a él no le hacían lo que a Arias.

Al entrar en el despacho de Su Majestad, Suárez se queda de piedra al comprobar la frialdad del monarca. Sólo se permite unas frases corteses recomendándole que se lo piense, pero inmediatamente le anuncia decisiones que significan la aceptación de la renuncia. Llama a Sabino y le dice: "Supongo que ya sabes a qué venía el presidente. Prepáralo todo y el decreto por el que le concedo un título"»[1].

Suárez había planteado un órdago, el Rey lo había visto y había ganado. Suárez regresó furioso a La Moncloa. Había perdido y lo sabía, no había vuelta atrás posible. Quedaba hacer pública la decisión, y para ello recurrió a un mensaje televisado, el medio que tan bien conocía. Aún quedaba un último asalto, Suárez era consciente que gran parte del enfrentamiento con el Rey se debía a los celos sobre quien era el artífice de la Constitución, por eso eludió citarlo en su mensaje de despedida y sólo hizo una fría referencia a la Corona como institución.

Suárez había dimitido, había alcanzado un punto sin retorno, pero quedaba una última cosa, el título nobiliario que el Rey le había prometido. «Tardaba en aparecer en el Boletín Oficial del Estado, y el futuro duque estaba más mosqueado que un pavo en Nochebuena. Y es que una cosa era su disgusto con Su Majestad y otra muy distinta renunciar al título. En realidad, sólo han renunciado a él Felipe

González, el científico Severo Ochoa —consecuente republicano— y Pedro Laín Entralgo, el académico de la Lengua... El retraso en la concesión del ducado a Suárez se debía, al parecer, a la oposición de Don Juan, que podía presionar a su hijo pero no al presidente del Gobierno, que se había negado a darle un estatus especial y el tratamiento de Majestad para evitar confusiones. La verdad es que el Rey aguantó el tipo: «Papá, le he dado mi palabra, tengo que dárselo». Y así lo hizo el 26 de febrero de 1981, al día siguiente de la toma de posesión de Leopoldo Calvo Sotelo»[2].

Los años siguientes fueron de distanciamiento total y las relaciones no volvieron a ser corteses hasta finales de los años ochenta. En 1993 los Reyes y los Suárez coincidieron en la Clínica Universitaria de Navarra, donde estaban ingresados Don Juan y Miriam Suárez. La enfermedad terminó por unirlos, desde entonces la relación volvió a ser afectiva y creció la amistad verdadera, porque ya no había interés alguno en ellos. Cierto es que los dos siguieron teniendo celos por el protagonismo de la democracia, y el Rey aún los tiene, pero eso no quitaba para que se regalaran en público y en privado toda clase de muestras de afectos. Estas manifestaciones se han expresado en numerosos encuentros, entre los dos y entre las dos familias, especialmente en los momentos luctuosos de la vida de Suárez y también en celebraciones como la boda de Adolfo Suárez Illana, aunque bien es cierto que se casó con la hija de Samuel Flores, uno de los pocos íntimos del Rey, para quien organiza soberbias cacerías en sus múltiples fincas.

Actualmente el presidente Suárez ha perdido toda conciencia de la realidad como consecuencia del alzheimer que padece. Aún así García Abad apunta «hay que entender el nombramiento de Alberto Aza como jefe de la Casa del Rey, en cierta manera, como un homenaje póstumo, si me permiten la contradicción del término, al primer presidente de la democracia. Alberto Aza, un buen diplomático, fue jefe de su Gabinete presidencial, el amigo que viajó con él a Contadora cuando dimitió y quien le acompañó cuando Suárez abrió su bufete de abogados». Otro homenaje tardío, y que es más a su familia que al propio presidente, por no decir propagandístico para la Corona, fue la concesión del Toisón de Oro en junio de 2007, una condecoración que el duque jamás podrá disfrutar.

LEOPOLDO CALVO-SOTELO

Leopoldo Calvo-Sotelo y Bustelo es el gran desconocido de la Historia de España. Cuando se pregunta de él son muchos quienes lo ignoran, y los pocos que se acuerdan de su figura dicen que sólo gobernó unos meses. Empezando por este postulado hay que decir que no es cierto. Su presidencia duró desde febrero de 1981 hasta diciembre de 1982, casi dos años. Suárez, por ejemplo, gobernó desde junio de 1976 hasta febrero de 1981, cuatro años y medio, algo más del doble de Calvo-Sotelo, con lo que vemos que la diferencia no es tanta. Sí es cierto que el gobierno de Calvo-Sotelo fue de transición, todo el mundo lo sabía, y por eso su mandato estuvo marcado por las elecciones que se aventuraban, en las que a pesar de que sabía que las iba a perder, por responsabilidad patriótica no dudó en convocarlas anticipadamente.

Son muchos lo que le ignoran, pero hay que reconocerle que de los cuatro ex presidentes democráticos que hay en España es el que más sentido tiene del cargo, a lo mejor precisamente por ser el más breve y desconocido. Nunca falta a los actos protocolarios, como la reciente celebración del XXX Aniversario de las primeras elecciones, donde fue el único ex presidente que acudió al acto de estado celebrado en el Congreso de los Diputados bajo la presidencia de los Reyes. Suárez, obviamente no pudo asistir por razones de salud, pero tampoco lo hicieron González y Aznar alegando problemas de agenda. La manera en la que Calvo-Sotelo es ignorado llega a tal extremo que no hace muchos años tuvo que corregir personalmente a Felipe González, en una reunión en la que los dos estaban presentes, y el socialista dijo que había sido él el que había metido a España en la OTAN, cosa que hizo Calvo-Sotelo, quien, evidentemente, le corrigió.

Leopoldo Calvo-Sotelo y Bustelo nació en Madrid en 1926. Ingeniero de Caminos como estudios aunque su profesión ha sido siempre la función pública. Desarrolló su carrera como técnico durante el franquismo, donde llegó a ser procurador en Cortes, ocupando con la monarquía diversas carteras ministeriales, Comercio con Arias Navarro, y con Suárez Obras Públicas, Relaciones con las Comunidades Europeas y, finalmente, la vicepresidencia para Asuntos Económicos. Con el desconocido pero interesantísimo humor que tiene, él mismo recuerda su vocación innata para la cuestión pública: «Yo he tenido afición política desde siempre, desde los doce o trece años, en que yo escribo ya cosas sobre política, pero es algo que no creí que fuera una verdadera vocación —la vocación es una cosa muy seria—, sino más bien una afición.

»Cuando yo tengo dieciséis o diecisiete años me encuentro a Manolo Fraga en La Granja, yo de veraneo y él de campamentario [en las Milicias Universitarias]. Me pregunta qué voy a estudiar, le digo que seguramente Caminos y me dice: «No puede ser, porque tú tienes vocación política y tú tienes que estudiar Derecho». Todo esto lo hacíamos paseando en los guateques, para los que ni él ni yo estábamos especialmente dotados. Yo he bailado siempre muy mal y Manolo, además de bailar mal, llevaba aquellas botas que yo creo que hasta produjo alguna herida leve a algunas de aquellas chicas. Así que, en lugar de bailar mal, paseábamos.»

El 29 de enero de 1981 Adolfo Suárez provoca una revolución política cuando anuncia su dimisión irrevocable como presidente del Gobierno. El Rey se ha enterado sólo unas horas antes, los únicos que lo sabían eran un grupo de barones de la ya entonces sentenciada UCD, formada por Pío Cabanillas, Rafael Arias Salgado, Francisco Fernádez-Ordóñez, Rodolfo Martín Villa, José Pedro Pérez Llorca, Rafael Ortega y Leopoldo Calvo-Sotelo, a los que convocó el Presidente para una reunión en La Moncloa dos días antes.

El 31 de enero, dos días después de la dimisión de Suárez, el todavía presidente convoca una nueva reunión en La Moncloa para decidir quien será su sucesor. A este nuevo encuentro asisten las mismas personas que cuatro días antes, a las que se añaden Landelino Lavilla y Fernando Abril Martorell. Así recuerda Calvo-Sotelo su nominación: «Ahí es donde Adolfo Suárez ya dice claramente «quiero que votemos a mi sucesor». Y, allí mismo, en un cenicero grande se van echando unas papeletas. ¿Qué pasa? Pues que salgo yo. Ya antes de esa reunión, Pío, que habría estado enredando, me dice, con una de esas frases suyas: «Cuando estas cosas vienen hay que cogerlas, aunque no se quiera, aunque no le gusten a uno. No se puede decir que no, tú no puedes decir que no; puedes decir que no a que te hagan ministro de Agricultura, pero si te pasa por delante de las narices el gobierno, se coge y no se dice más». Y, claro, resulta que sale la votación esa en la que, es curioso, porque hay sólo tres votos que no son para mí. Uno el mío, que yo con una, no digo elegancia, pero, en fin, repugnancia a ponerme, pongo el nombre de Landelino Lavilla. Y luego hay dos votos para Sahagún, de las cuales yo siempre escuché que uno era de él mismo. Eso escuché, pero nunca he tenido prueba de ello. Sahagún tuvo dos votos, me parece. Por supuesto, Fernando Abril también le votaba. Todos los demás votos los tuve yo. Entonces tuve muy presentes las palabras de Pío».

Calvo-Sotelo, por mucho que él quiera insinuarlo, no se hizo de rogar, y de hecho llegó a la reunión con la aceptación en el bolsillo. Eso sí, y para que su gobierno fuese lo más cómodo posible, puso dos condiciones: ser elegido por unanimidad por el comité ejecutivo de la UCD, y no ocupar la presidencia del partido. Con estas exigencias quería que las puñaladas no le viniesen de dentro, y no estar más ocupado por las cuestiones de partido que por las de Estado. La mayoría de los autores insisten en señalar que este fue su principal error, que si hubiese controlado el partido la debacle no hubiese sido tan grande. Yo creo que Calvo-Sotelo sabía que la suerte estaba echada, que él era un presidente de transición, que tenía fecha de caducidad, y por eso quería centrarse en presidir y dejar las cocinas políticas para otros.

El viernes 20 de febrero de 1981 se realiza la primera votación en el Congreso, en la que Calvo-Sotelo se queda a siete votos de la necesaria mayoría absoluta. Tres días después está prevista la segunda votación, donde sólo se requiere una mayoría simple que tiene asegurada. Esta segunda votación se verá interrumpida por el asalto al Congreso de Tejero, del que hablamos en el capítulo dedicado al Rey y el 23-F, y que obligó a retrasar la votación definitiva hasta el día 25 en la que, curiosamente, Calvo-Sotelo ganó, no por mayoría simple sino por mayoría absoluta. Consiguió el voto favorable de 186 diputados; a sus votos iniciales se le añadieron aquellos diputados de Coalición Democrática que no le habían votado en la primera ronda (el partido de Fraga se había dividido entre el voto a favor y la abstención), así como los votos de la Minoría Catalana y dos del grupo Mixto que se habían abstenido cinco días antes.

Al día siguiente Leopoldo Calvo-Sotelo juró el cargo de presidente del Gobierno ante el Rey, y a continuación se celebró el primer despacho con el Monarca, que el propio presidente recuerda en una escena que a muchos evoca una película al más puso estilo de la *españolada*. «Yo vi al Rey largamente en mi primer despacho como presidente, el mismo día de la jura, porque le pedí que hablásemos ese mismo día, puesto que quería cerrar cuanto antes el vacío de poder y quería —y así lo hice— darle la lista de gobierno cuanto antes.

»Creo que fui a verle a La Zarzuela a las cuatro y media de aquella tarde del 26 de febrero. Tuvimos una larga conversación y recuerdo que «normalidad» fue una palabra que salió muchas veces de sus labios y de los míos, y de la que yo hice casi una norma de mi acción de gobierno: hay que recobrar la normalidad que se ha roto durante unas horas. Hay que recobrar la normalidad y hay que hacerlo con métodos normales. Y pienso que, a pesar de las circunstancias dificilísimas, que ya lo eran antes del golpe y que se agravaron enormemente después de él, el gobierno que yo presidí, sin acudir a ningún método extraordinario de los que la Constitución prevé, consiguió volver a la normalidad.

»Después de esa larga conversación, le dije: «Señor, si en esta casa me dejan una silla, una mesa y un teléfono, termino inmediatamente esta importante tarea de formar gobierno». Yo le había dicho ya que me faltaba hablar con tres o cuatro personas antes de dar la lista por definitiva. Y entonces el Rey me dijo: «Pues aquí mismo, te quedas en mi despacho. Yo me voy, además, porque tengo que hacer no sé qué cosa». Yo intenté ir a otro despacho cualquiera, o a una secretaría, pero él insistió: «De ninguna manera, aquí te quedas, porque además éste es muy cómodo —tenía razón— porque aquí está el teléfono rojo». Había una red, supongo que la seguirá habiendo, de teléfonos rojos que comunicaban directamente a los ministros unos con otros y con el Rey. Y aunque yo me resistía, él con autoridad incluso física, me empujó y me sentó en su silla —cosa que yo quería evitar a toda costa— mientras le decía: «Pero, Señor, ¿cómo se va a sentar un monárquico, que lo es desde los años cuarenta, en la silla del Rey, eso que antes se llamaba el trono?» «Pues te sientas aquí». Y, efectivamente, allí me senté, y utilizando el teléfono rojo, porque quería hablar sobre todo con ministros que seguían en sus despachos, acabé de hacer la lista. Y al cabo de una hora u hora y media se la pude llevar manuscrita al Rey.

»Por cierto, le pedí también —sé que eso era poco constitucional, pero para ganar tiempo— si alguien de la secretaría podía ponerla en limpio para entregarla a los medios, que ya habían sido convocados en la antigua sede de la vicepresidencia. Y, en efecto, la secretaría copió pero se produjo una errata: se saltó al ministro de Justicia, Fernández Ordóñez. Afortunadamente yo me leí la lista puesta en limpio y lo dije: «¡Que se han saltado al ministro de Justicia!». Y hubo que retrasar cinco minutos la entrega de la lista porque había esa errata».

La relación de Calvo-Sotelo con el Rey fue extremadamente cortés y correcta a lo largo de todo su gobierno. Los dos sabían que el presidente tenía fecha de caducidad y no tenían por qué liarse en problemas. Juan Carlos I se puso a mirar hacia el futuro, sin olvidarse de parchear un pasado marcado, entre otras cuestiones, por el juicio del 23-F, al que se le unen temas tan complejos como el ingreso en la OTAN, el desarrollo autonómico o la entonces tremendamente polémica Ley de Divorcio, éxitos legales que desde el punto de vista orgánico corresponden a Calvo-Sotelo aunque nadie se lo reconozca.

El juicio de los golpistas fue uno de los aspectos en los que la Corona se lo jugaba todo a una carta, y Calvo-Sotelo actuó como el mejor comodín que podía tener la baraja de La Zarzuela. «El juicio nos retrotraía al 23-F —recuerda el propio Calvo-Sotelo con excesiva prudencia y *genuflexismo* monárquico— y renació mi preocupación. Preocupación que, además, en aquella época se veía agravada por la existencia de una propaganda que pretendía alcanzar al Rey. La figura del Rey fue puesta en entredicho; a veces en un artículo de prensa, otras veces en un documento clandestino que se interceptaba en alguna sala de banderas...

»A mí sobre las cosas del Rey no me gusta hablar mucho, pero qué duda cabe que me irritaba profundamente una campaña que, además, parecía tener asideros, porque, claro, lo malo de aquello es que no es el tío que insulta, no, es que ellos analizaban determinadas cosas que habían pasado y «mire usted, aquí, sin más que un poquito de mala fe, pues me agarro a esto o a esto otro». ¿Qué hicimos? Bueno, tengo mis notas, prefiero no hablar mucho de esto, pero, en fin, los ministros teníamos todos la convicción de que en el ámbito de cada cual, con la palabra, con la opinión, había que desmontar eso y luego había que ir haciendo cosas concretas que desmontaran esa campaña. Había que demostrar que no era así».

Felipe González

La relación del Rey con Felipe González ha pasado por etapas muy distintas, para entenderla es necesario hacer un breve repaso de la relación de Don Juan Carlos con la izquierda. En los años del tardofranquismo, desde la mayoría de los sectores se tenía claro que una vez que se produjera el hecho biológico era absurdo pensar en una España sin partidos políticos, en los que lógicamente tenía que estar representada la izquierda.

Durante sus muchos años de gobierno Franco apenas tuvo oposición política. Esto se debía en gran medida a la represión preventiva que se ejercía desde los distintos estamentos del Régimen, pero algo de oposición hubo y esta venía, en su inmensa mayoría, desde los sectores comunistas y sindicalistas, el Partido Socialista apenas intentó hacer oposición alguna. El germen del actual PSOE surge en torno al año setenta, en intelectuales universitarios y profesionales que se consideraban de izquierda, pero no tenían vinculación alguna con las ideas comunistas ancladas en la II República.

Los nuevos socialistas, es absurdo hablar de dirigentes cuando eran poco más que cuatro, partían de una idea de izquierda social que no tenía nada que ver con la revolución que inspiró a sus antepasados de los años treinta. Este nuevo sector, organizado alrededor del clan sevillano de la tortilla, formado, entre otros, por Felipe González, Alfonso Guerra, Manuel Chaves y Luis Yañez, a los que apoyaba el sindicalismo de Nicolás Redondo, se hizo con el control del partido en el congreso de Suresnes, celebrado en 1974. Este encuentro de los socialistas en el exilio, aunque ellos insisten en negarlo, se produjo con el conocimiento y el apoyo de los servicios secretos del Régimen. Tras la muerte de Franco iba a haber una izquierda, y era preferible la de estos jóvenes socialistas que la de los dinosaurios comunistas que habían combatido en la Guerra Civil. Su idea de la izquierda era totalmente distinta, y además la mayoría habían bebido en pechos de color azul mahón, por eso desde el sistema se pensaba que la cohabitación política no tenía por qué ser empresa imposible.

En los complicados meses que van desde la muerte de Franco hasta las elecciones de junio de 1977 el PSOE se va perfilando como el gran partido de la izquierda; y por si eso fuera poco y para ayudarles, desde el Gobierno se les propició los medios materiales y económicos necesarios para poner en marcha una buena campaña política. Los resultados de las primeras elecciones demostraron que los socialistas eran la segunda gran fuerza política con representación parlamentaria y que el PCE, en gran medida debido a la elección de la Ley D'Hont, se quedaba con una representación poco más que anecdótica. El plan salió tan bien que los socialistas no sólo obtuvieron un gran resultado, sino que incluso era aún mayor del que convenía en ese momento al centro-derecha en el poder.

El 5 de diciembre de 1976 los socialistas, no legalizados pero sí consentidos, organizaron su congreso en un hotel madrileño. Cuando iba a comenzar la primera sesión varios militantes ondearon una bandera tricolor con la divisa «España, mañana, será republicana», y desde los sectores dirigentes ordenaron retirarla rápidamente. No es que se hubiesen convertido al credo monárquico, tampoco que tuviesen miedo a la posible reacción, sino que querían cumplir el pacto alcanzado de no cuestionar a la Corona, que aunque era heredera de la Monarquía del 18 de julio iba a cambiarlo todo para intentar convertir España en adalid del sistema democrático.

Los dirigentes socialistas de la época buscaban una ruptura total con el pasado, no querían presentarse como los herederos de la vieja izquierda sino como los representantes de una nueva izquierda que no cimentaban su solar en los más que oscuros episodios de su pasado. Una de las voces más autorizadas es la de Enrique Múgica, antiguo militante comunista y en esa época convertido en el número dos del organigrama del Partido Socialista: «Es que el problema del Partido Socialista es que tiene que responder a las expectativas de amplios sectores del país. Estos amplios sectores querían la democracia plena pero con la transición pacífica. Y la República, a pesar suyo, estaba vinculada a un periodo tormentoso. Pero no les hables a esos sectores amplios que querían la democracia plena —lo cual podía representar seriamente el Partido Socialista— de violencia. Háblales de democracia plena, pero dentro de un encuentro pacífico y de convivencia»[3].

Durante los primeros años de la Transición la relación fue discreta pero buena, el problema surgió cuando en octubre de 1982 el PSOE obtuvo una victoria aplastante en las urnas, la de los famosos y míticos diez millones de votos, que les dieron 202 diputados, mayoría absolutísima nunca más alcanzada. La victoria y el consiguiente gobierno socialista presentaban muchas dudas protocolarias relativas a la relación de la Corona con el Ejecutivo. Cuenta la leyenda que el primer encuentro inicial marcó el futuro, fue cuando el elegido presidente del Congreso de los Diputados, Gregorio Peces-Barba, presentó al Monarca para su firma el decreto de nombramiento de Felipe González. La manida leyenda de la transición pone en boca del Rey la cuestionable frase de «Si mi abuelo [Alfonso XIII] hubiera podido hacer esto con Pablo Iglesias, habríamos evitado la Guerra Civil». La frase, por muchos que sean los que sostienen su autenticidad, a mí no me encaja porque no tiene fundamento histórico alguno, y Juan Carlos I conoce perfectamente la Historia.

Los primeros encuentros estuvieron dominados por la tensión, pero pronto se alcanzó un *status quo* que permitió la cohabitación entre un Rey y un socialista republicano. «Se había iniciado la luna de miel. No hicieron falta capitulaciones para llenar de contenido el contrato matrimonial. Se estableció que cada martes el presidente despachara con el Rey en La Zarzuela, despacho que no se anularía salvo fuerza mayor, según instrucciones que González impartiría al guardián de su agenda, Julio Feo. De hecho, González y Don Juan Carlos hablaban prácticamente a diario. Una norma firme del presidente fue, según me cuenta Feo, la de no acudir a los actos presididos por el Rey para no restarle protagonismo, salvo en los casos en que el ritual exigiera su presencia. Se acordó también el protocolo de las cenas de gala organizadas en las visitas de otros jefes de Estado. Cuando el jefe de Estado extranjero era un Monarca, se venía dando la circunstancia de que acudía a la misma un número importante de representantes de la Familia Real y amigos de la Real Casa visitante lo que desvirtuaba su carácter de ceremonia de Estado. Se estableció entonces que se organizarían sendas cenas o almuerzos: una con gente del Gobierno y otra en la que sólo acudirían los de sangre azul. Sin establecerlo explícitamente, el Rey presidió Consejos de Ministros de carácter excepcional, como el dedicado a las negociaciones de España con la Comunidad Económica Europea.

»Julio Feo y Sabino Fernández Campo, quien entonces ocupaba el puesto de secretario general de la Casa de Su Majestad con amplios poderes, pues el jefe de la misma, el marqués de Mondéjar, consciente de sus limitaciones en la nueva época, había delegado en su segundo la mayor parte de sus atribuciones, colaboraron estrechamente para ir resolviendo sobre la marcha los problemas que pudieran plantearse. En el libro de Julio Feo, *Aquellos años*, que prologa Sabino Fernández Campo, se dan detalles muy interesantes sobre esta labor de ir trenzando el modelo. Se daba una notable afinidad de caracteres entre el andaluz extrovertido y pragmático y el Rey divertido y espontáneo, aparentemente ingenuo, pero ambos dotados de más conchas que los galápagos. Pronto la cordialidad devino en franca amistad. En el despacho de los martes ambos competían en la narración de chistes verdes, a los que ambos son muy aficionados. «Tenían una relación muy buena —recuerda Sabino en una entrevista periodística—, González es muy hábil, y quizás le influyó el ser tan contrario inicialmente al Monarca. Porque el PSOE, aunque aceptó la Monarquía, no era ni mucho menos monárquico, sino republicano. Diría que también en Felipe González se produjo cierto deslumbramiento de alternar con el Rey: alguien opuesto a todo eso de repente se encuentra con una persona como Don Juan Carlos, de gran naturalidad y sencillez, y ve que puede entenderse bien con él. Dos personas de ideología y origen tan opuestos de repente ven que se entienden, y pienso que en ambos surgió una fascinación mutua»[4].

Felipe González, a pesar de los pullazos ocultos y los no tanto, en líneas generales casi siempre ha sido elogioso con el Rey, a quien incluso ha regalado piropos que a lo mejor no se ajustan del todo con la realidad, lo que no quita para que el Rey fuera uno de los que menos se asustó con el triunfo de los socialistas. Don Juan Carlos confiaba en que el cambio no fuera tan radical como algunos temían. «La impresión que yo tuve cuando ganamos las elecciones, —recuerda Felipe— ya lo he dicho, es que había algunos sectores de la sociedad que estaban muy preocupados, incluso asustados: «qué va a pasar, cómo va a hacerlo esta gente...». No sólo sectores empresariales, que también, sino incluso dentro de la propia vida institucional, es lógico: Fuerzas Armadas, Fuerzas de Seguridad, etcétera. Yo creo que quien lo recibió con mayor naturalidad, incluso con una valoración de que en términos históricos aquello podía ser positivo para el país, fue precisamente el Rey, que pensaba que la alternativa significaba la normalidad desde el punto de vista democrático».

Después de estos inciertos primeros pasos la relación entre el Rey y el presidente González pasó del miedo a la intimidad, quizás excesiva, y es precisamente en esta amistad donde con el paso del tiempo pudieron crecer los problemas. Don Juan Carlos se sintió cautivado y conquistado por Felipe, los dos son unos grandes conquistadores pero en la batalla de la seducción el que acabó entrando en las reuniones con los pantalones en los tobillos fue el Monarca. Esta intimidad le llevó a confiarse demasiado, y desde el Gobierno se le pagó con un seguimiento de sus actividades, se le consintió de todo pero se tomó nota de todo, y al final González tenía cogido al Borbón por la corona, por si un día era necesario. Eso sí, pullazos no faltaron como el de la famosa ausencia del Rey denunciada por González y que comentamos en el capítulo dedicado a las amistades del Monarca.

Don Juan Carlos, supongo que por amistad y no por chantaje, cubrió las espaldas de Felipe en sus momentos difíciles, tanto mediante su poder de influencia como en momentos tan comprometidos como los indescriptibles mensajes navideños de Su Majestad, que a pesar de la experiencia que debe tener Televisión Española en su grabación siguen teniendo una estética terrorífica. Los capotes fueron muchos, pero los que más involucraron al Rey fueron los que intentaban silenciar a la oposición en sus críticas mordaces por causa de los crímenes del GAL y la corrupción.

En una relación es difícil señalar el momento en que se pasa del conocimiento al enamoramiento, pero en el caso del Rey y Felipe González no creo excesivamente arriesgado señalar uno, el frustrado atentado preparado en La Coruña en el mes de julio de 1985. En ese momento los socialistas llevaban dos años y medio en el gobierno, el miedo inicial de gran parte de la población se había disuelto, y esa aparente tranquilidad era precisamente la moneda que España necesitaba para entrar en la Comunidad Europea. El 2 de junio de 1985 se celebró en La Coruña el desfile conmemorativo del Día de las Fuerzas Armadas, práctica de promoción del Ejército que Zapatero ha bajado de nivel.

Durante los días anteriores hubo toda clase de eventos promocionales en la ciudad gallega, y el desfile final iba a ser presidido, como era preceptivo, por los Reyes, que estarían acompañados del Gobierno prácticamente en pleno. Ese mismo día los servicios secretos actuaron para evitar un atentado que consistía en colocar una potente bomba debajo de la tribuna principal, y que habría provocado la muerte de los Reyes, de Felipe, sus ministros y Dios sabe cuantos inocentes más. Lo curioso de esta historia es que pasó totalmente desapercibida, no saltó a la prensa, se ocultó a todas las instancias porque, aunque desmontada, lo último que necesitaba España en esos momentos era dar una señal de inestabilidad. Tuvieron que pasar muchos años para que se conociera la noticia. Ese día la Corona y la presidencia del Gobierno firmaron un pacto por el cual se comprometían, por el bien de España, a guardar silencio sobre todo lo ocurrido. Este fue el primero de los pactos secretos entre el Rey y Felipe, luego vendrían otros, pero con un tono mucho menos patriótico.

Felipe González justifica el silencio sobre la intentona golpista señalando que «no se enteró nadie por eso mismo que estaba diciendo antes: que ningún golpe tiene importancia más que el que gana. Llegamos a tiempo porque no todo estaba preparado, todavía estaban haciendo los preparativos, y en un momento determinado de ese proceso, lo descubrimos, lo seguimos y lo desmontamos. Luego dicen: «Eso no tuvo importancia, eran cuatro locos». Naturalmente, sólo habría tenido importancia si hubiera cuajado, claro... pero en ese momento, en junio de 1985, yo no quería ni podía intranquilizar al país y, además, no quería crear un obstáculo nuevo que retrasara nuestra incorporación a Europa, que era inminente.

»Después de diez años de prudente silencio yo he tenido que oír cosas como: «¡Tenías que haberlo denunciado, tenías que...!», porque ya se sabe que siempre están los teóricos de la democracia, los fundamentalistas demócratas —que hacen el mismo daño que esos tipos que dicen que es mentira todo— y que dicen: «Pues si eso fue verdad, ¿por qué no lo denunció? Usted tiene la responsabilidad de no habérsela exigido a esos que usted sabía que...» Lo cual siempre es verdad en parte. Y yo digo: yo tenía que haberlo evitado, ésa era mi obligación número uno. Obligación número dos: con el menor perjuicio para mi país. Y ya está, esas eran mis obligaciones. ¿La obligación número uno la cumplí? Sí. ¿La número dos la cumplí? ¡Sí, coño, que es que yo tenía que firmar el acuerdo de ingreso de España en la Comunidad Europea en el momento en que me estaban intentando dar un golpe! ¿Crees que lo hubiéramos firmado si se hubieran enterado de que había un golpe en movimiento? ¡Nadie en Europa hubiera firmado ese acuerdo! Habríamos tenido que esperar otros pocos de años hasta que la gente se fiara. Aquel era un momento decisivo para nosotros. Tampoco era una tontería pensar que lo hubieran considerado así los otros, porque, claro, la irreversibilidad de la integración europea en relación con procesos involutivos también la contaban los otros, igual que contaban que si había referéndum sobre la OTAN y nos quedábamos dentro tampoco era fácil montar un golpe.

»¿Era importante aquel golpe? Pues nada importante, porque se desmontó. Si no se hubiera desmontado, ¿habría llegado a ser importante? Pues depende, pero si hubiera llegado hasta el final y hubieran volado la tribuna con el Rey, la Reina, el Príncipe, el presidente del Gobierno, el ministro de Defensa y además, pues... Aquello era un proyecto de atentado con intenciones de golpe, con irreversibilidad golpista, el modelo Carrero pero aplicado a la tribuna del Día de las Fuerzas Armadas. Porque, vamos a ver, ¿a quién le entregas el poder, a quien, en una situación así? Aquello tenía poca fuerza desde el punto de vista institucional, poca, era una pura aventura; pero, ¿cuántas aventuras han cambiado el curso de la Historia? ¿Y cómo se mide «ex-post» cuando no pasa?».

Unos días después, el 12 de junio, se produce la firma solemne del Tratado de Adhesión de España a las Comunidades Europeas. El acto se revistió con toda la solemnidad posible, se realizó en el Salón de Columnas del Palacio Real, con la presidencia de los Reyes y la presencia de todas las altas autoridades del Estado, incluidos los ex presidentes Suárez y Calvo-Sotelo.

La química ente el Rey y Felipe fue creciendo día a día. Según sus respectivos círculos este enamoramiento mutuo favoreció que desde el Gobierno se impulsasen numerosas reformas, la más difícil seguramente la del Ejército. Además, González encontró en Don Juan Carlos su más fiel aliado en la política exterior. Este entendimiento internacional entre el jefe del Estado y el presidente del Gobierno tuvo su punto culminante en la histórica Conferencia de Paz sobre Oriente Medio, donde los dos protagonizaron una desconocida escena de gran trascendencia para el nuevo sistema internacional que estaba formándose en esos momentos tras la caída del muro dos años antes.

«La conferencia en sí misma, que inicialmente estaba llena de problemas de todo tipo, salió muy bien. Pero, además, fue una de las ocasiones en que Bush y Gorbachov se reunieron en la cumbre. Ellos eran dos copatrocinadores de la Conferencia de Paz y vinieron a Madrid. Yo recibí primero a Bush y después a Gorbachov, y con los dos tenía una buena amistad. Y en la conversación bilateral, o sea, catorce a un lado y catorce a otro, que tuve con Bush, [éste] me dijo:

—Mis servicios me dicen que probablemente ésta es la última vez que me reúno con Gorbachov en la cumbre, porque le queda muy poco tiempo. —(Estamos hablando de noviembre de 1991 y, efectivamente, antes de acabar el año caía Gorbachov, y desaparecía incluso la Unión Soviética)—. Yo le dije a Bush:

—¿Y por qué no se lo dices a Gorbachov, por qué no le has dicho que quieres hablar con él de eso? —porque el hecho es que habían estado reunidos. Me dice:

—Bueno, esas cosas no se pueden decir...

Así que le contesté:

—Pues si tú me autorizas, yo se lo voy a decir.

Y cuando me reuní con Gorbachov, que fue un «cara a cara», se lo conté:

—Mira, ésta es la impresión que hay.

Pero él decía:

—Bueno, ¿y cómo es que no me lo dice...? Pero eso depende también de lo que hagáis vosotros.

Total, fue una conversación muy grata —tengo las notas— y muy interesante. Grata por la proximidad e impresionante por el contenido, pues estábamos hablando de un hecho que tenía una trascendencia histórica enorme.

Yo hablé con el Rey y le dije como estaba la cosa: «Las cosas se están produciendo en estos términos. Aparte de la Conferencia de Paz, etcétera, está esta otra situación y, dependiendo del clima que se cree, Gorbachov y Bush podrán hablar con confianza y decir la verdad de lo que está pasando.

Por la noche de ese mismo día el Rey nos invitó a cenar a los tres: a Gorbachov, a Bush y a mí, y nos sentamos los cuatro en la mesa con dos intérpretes. Obviamente, el Rey es un maestro para crear un clima de confianza, un verdadero maestro, eso lo hace como nadie. Total, que nos sentamos a la mesa y el Rey, con una extraordinaria habilidad y con ese tono especial, le dice a Gorbachov:

—Bueno, hay gente que parece que quiere segarle la hierba bajo los pies, presidente, porque aquí se oyen cosas, y tal...

Empezó diciéndole eso. Gorbachov se echa a reír y dice:

—Sí, la situación es complicada.

Y así estuvimos en una conversación apasionante. Muy poco tiempo después Bush me escribió una carta en la que me decía que nunca había tenido una experiencia así, de una conversación, digamos tan clara, tan abierta, tan franca sobre temas tan delicados como era la crisis de la Unión Soviética y la proximidad de la caída de la URSS como tal.

«Esta cena —me decía Bush— es una cosa excepcional, no ocurre normalmente en política que se pueda hablar con este nivel de franqueza de temas tan delicados como éstos».

Y, efectivamente, aquel ambiente era difícil de crear, porque aunque ellos habían estado juntos antes, cuando hay mucha gente alrededor es muy difícil que se pueda entrar en una conversación de ese tipo. Pero eso el Rey lo sabe hacer muy bien, y lo hace, de hecho, con mucha frecuencia, aunque no en temas tan gordos como éstos. Le da un plus a las relaciones exteriores que sólo se lo puede dar por su carácter y por su posición. Por las dos cosas»[5].

La lectura de este testimonio obliga a una pregunta... ¿quién es la serpiente y quien el encantador? Parece claro que el Rey encandiló a Felipe, cayó como fruta madura de la misma manera que Tony Blair ante Isabel II *The Queen*. El problema vino porque el Monarca cogió tanta confianza en el Presidente que le llevó a convertirle no en guardián, pero sí en testigo de todos sus secretos, y esto, tarde o temprano, acaba pasando factura porque Felipe siempre tendrá al Rey agarrado por la corona. La relación Borbón-González fue excelente, pero además el Rey también tuvo una relación bastante buena con muchos ministros de los distintos gobiernos de Felipe.

«Los socialistas, que nunca renunciaron formalmente a la república, fueron en la práctica los más adictos a Don Juan Carlos. Julián García Vargas, que desde su cargo de ministro de Defensa mantuvo relaciones frecuentes con el Monarca, asevera: «Con quien mejor va la monarquía es con los republicanos. Nosotros no nos metemos en intrigas cortesanas ni nos interesan los cotilleos de todo ese mundillo de los aristócratas». Carlos Romero, el primer ministro de Agricultura localista, estableció, de acuerdo con la Casa del Rey, las reglas para el uso de los cotos de caza dependientes de este departamento por el Rey y sus invitados. El de Selladeros y Lugar Nuevo, situado cerca de Santa María de la Cabeza, en Jaén, de caza mayor, era utilizado por el Monarca, una o dos veces al año, para cumplir con la nobleza, cuyos miembros se iban turnando así para el sano esparcimiento y no cinegético. Se tuvo buen cuidado de invitar al mismo número de aristócratas que de funcionarios. La finca de Santa Cruz de Mudela, en Ciudad Real, antes de llegar a Despeñaperros según se va desde Madrid, dedicada a la perdiz, se reservaba para invitaciones más minoritarias: cinco o seis personas. Acudían con frecuencia Don Juan, el duque de Calabria y empresarios como Carlos March o Juan Abelló. Tanto a la de Selladeros como a la de Santa Cruz de Mudela se acercaban la Reina y el ministro Romero, que regresaban juntos a Madrid o, muy pronto, a la mañana siguiente. A continuación el Rey vivía su vida. Con el paso del tiempo el Monarca «privatizaría» sus cacerías: prescindió de las fincas públicas y empezó a acercarse a los grandes cotos de gente no siempre recomendable, como los Albertos o Mario Conde»[7].

José María Aznar

La relación del Rey con Aznar fue mala, incluso desde antes que el dirigente popular ganase las elecciones de 1996. Nunca sintonizaron, pero al principio conviene aclarar que no había antipatía ni odios de ninguna clase. La relación pasó de fría a mala a raíz del pacto que se habría alcanzado en 1993 para que Felipe González se mantuviera en el poder. En ese momento el sistema socialista español estaba totalmente desgastado, pero el acuerdo de algunos de los grandes poderes fácticos, que en la mayoría de los libros se ciñe a los editores y ciertos sectores económicos cuando debería incluirse a muchas más personas, dejó al Partido Popular con la miel en los labios cuando sus dirigentes creían que ya estaban tocando pelo.

En la sede de Génova se analizó todo con lupa, y sus dirigentes se dieron cuenta de por dónde van los tiros de verdad cuando hay intereses cruzados. Desde diversos sectores del Partido Popular se señaló al Monarca como uno de los integrantes del pacto. Desde ese momento

Aznar le pasó también factura de su derrota, y aunque personalmente nunca hizo nada por defenestrarlo y siempre manifestó especial empeñó en salvaguardar la Institución, nunca volvió a demostrar fervor alguno por el que llaman el primero de los españoles. Por parte del Rey la antipatía natural sería recíproca, y la personal surgió porque no le habría gustado nada la campaña de acoso y derribo al Partido Socialista, que incluyó agitar los cimientos del Estado, algo que le afectó a él por sus posibles actuaciones personales.

Las antipatías eran evidentes, Aznar fue el presidente que tuvo la peor relación con el Rey, pero por el contrario fue el que más se ocupó y preocupó de la Institución, y de hecho no sería arriesgado afirmar que ha sido, junto con Calvo-Sotelo, el único presidente monárquico que ha dirigido el ejecutivo. Arias, evidentemente, era franquista; Suárez, como muy bien se ha recordado en los recientes fastos de las elecciones de 1977, dependía del Rey; Felipe era y es un republicano intelectual pero adaptado y agradecido a la Monarquía; y Zapatero republicano del rencor, fruto de una educación basada en la mentira familiar y en la hipocresía que se ocultaba bajo una camisa azul mahón de conveniencia.

A pesar de los recelos mutuos Aznar siempre trató al Rey con exquisita corrección institucional, tal y como demostró en la composición de su primer Gobierno. Este era el momento para dar rienda suelta al rencor pero no lo hizo, y de hecho tuvo el detalle de nombrar ministro de Defensa a Eduardo Serra, un nombramiento que nadie entendió desde el partido, pero que a la Corona le vino muy bien, era una persona del agrado de La Zarzuela y encima en el ministerio con mayor contacto directo y personal con el Rey, jefe del Ejército. «El Rey podía sentirse, en efecto, cómodo con este personaje que había colaborado con el proyecto socialista en calidad de secretario de Estado de Defensa a pesar de ser un político conservador, casi un «liberal-salvaje» y tan atlantista como el propio Aznar, lo que ha demostrado al frente del Instituto Real Elcano, el *think tank* más eficaz en apoyo de la doctrina Bush. Don Juan Carlos simpatizaba con este ministro con el que coincidía, junto a ciertos generales, en preferencia por el material de guerra estadounidense sobre el europeo, en menoscabo de la industria nacional»[7].

El Rey sigue considerándose militar, en eso es perfecto heredero de su educación franquista. Le gusta participar en maniobras y en las reuniones de la jerarquía castrense. Disfruta asistiendo a la pruebas de nuevo armamento, y no tiene reparos en opinar a la hora de hacer nuevas compras. En los últimos años ha participado directamente en la elección del nuevo modelo de helicóptero de ataque; para ello asistía, no sólo con los altos mandos, sino con los intermedios dedicados a funciones técnicas, con los que probaba los distintos helicópteros. Si se hace caso de los rumores el Rey siempre, desde los primeros momentos de su reinado, habría estado muy al tanto de todas las contrataciones, pudiendo beneficiarse personalmente de alguna decisión.

La mayoría absoluta de 2000 dio mucha libertad de actuación a Aznar. Cuentan que el Rey estaba preocupado por el nombramiento del nuevo ministro de Defensa, ya que Serra estaba cantado que salía del Ejecutivo. La mayoría de las quinielas apostaban por Álvarez Cascos, idea que aterraba a Don Juan Carlos, quien finalmente no vio cumplidas sus peores pesadillas cuando Aznar designó para esta cartera a Federico Trillo, una persona de trato exquisito, tanto personal como institucional, y con quien el Rey se llevó bastante bien.

El momento más difícil de este período fue cuando Marruecos invadió Perejil. El Monarca lo consideró una ofensa de su hermano marroquí, pero no era partidario de la solución armada. Esta fue, seguramente, una de las decisiones de mayor trascendencia que tuvo que tomar Aznar en sus ocho años de gobierno, y lo hizo sin el apoyo de la Corona, de la Unión Europea y de la mayoría de los poderes fácticos. Aznar sabía que Perejil era una provocación, un símbolo, y así tenía que comportarse España. Todos sus aliados europeos le dijeron que tragase, pero él sabía que esa era la peor respuesta. El único que le apoyó fue Estados Unidos con la involucración personal de Colin Powell. Bush dio la razón a Aznar, y por eso cuando nuestros soldados recuperaron esa desconocida porción de solar patrio, y toda Europa criticó la operación, desde Washington se brindó por el éxito. La trascendencia que tuvo en las relaciones con Marruecos fue muy grande, y fue una de las facturas que Bush presentó en su guerra con Irak y que Aznar, como buen pagador, aceptó admitiendo el cargo.

Una de las grandes piedras de choque entre el Rey y Aznar fue por el GAL, el terrorismo de estado montado desde las alcantarillas del ministerio del Interior socialista. No vamos a recordar lo que todo el mundo sabe, pero el trasfondo salpicaba al CESID que, como se ha señalado en otras partes de este libro, tenía al Rey cogido por la corona, además de la unión espiritual que producía el corporativismo militar. Con el paso del tiempo, y sobre todo gracias al aznarismo, Juan Carlos I se dio cuenta de que sus súbditos coyunturales eran mucho más coyunturales de lo que parecían, no eran juancarlistas, eran juancarlistas mientras el viento soplase a su gusto. Estos descubrimientos no hicieron que mirase con otros ojos a Aznar, pero sí que creyese que sus anteriores amigos serían capaces de venderle por un plato de lentejas.

La dinamitación del GAL propiciada por el Partido Popular exigía airear los trapos sucios del CESID, y ya se sabe cuando se abre la puerta, entran quien se quiere que entre pero también se cuela alguien que no ha sido invitado. Unas de las opciones que tenía la *banda de Interior* para solventar la crisis era la amenaza de poner en marcha el ventilador, que en caso de hacerlo podría llevar una corriente nauseabunda al monte de El Pardo. El punto álgido de esta crisis fue cuando ingresaron en prisión José Barrionuevo y Rafael Vera.

«Fuentes de absoluta solvencia me han asegurado que el Monarca expresó su disgusto a José María Aznar en su habitual encuentro veraniego en el Palacio de Marivent, en Mallorca. A finales de julio de aquel año el Tribunal Supremo había condenado al ex ministro del Interior, José Barrionuevo, y al ex secretario de Estado de Seguridad, Rafael Vera, a diez años de prisión por su participación en el secuestro de Segundo Marey. El 24 de agosto, fecha prevista para el tradicional despacho veraniego en Marivent, la habitualmente distendida cita se convirtió en un tenso comunicado de reproches. Quienes conocen la esencia del encuentro afirman que el Rey, además de mostrar su enfado, pretendía que el presidente del Gobierno pusiese fin a una cascada de acontecimientos que crispaban la vida política del país. La charla fue agria y tensa. El despacho comenzó a las once de la mañana y se prolongó hasta más allá de las dos de la tarde: el más largo que nunca se había dado en Marivent. El Rey entró hablando a Aznar «de tú», como acostumbra a llamar a todo el mundo siguiendo la práctica borbónica, y que en estos despachos en los que departen personalmente sin testigos pueden tener la significación más amistosa. A la salida del despacho le arrebató el «tú» borbónico y le colocó un distante «usted». El Rey fue causa».

El gesto que dejó en evidencia pública, ya no la antipatía sino la enemistad entre los dos personajes, se produjo en la Pascual Militar de 1999, en la que los dos dejaron más que claro que el agua que no tenían sintonía alguna en relación con una cuestión de tanta trascendencia como la terrorista.

«En aquel momento ETA había abandonado las armas en una tregua que rompía en noviembre de ese mismo año, pero la violencia callejera no acató nunca tal cese de actividades. Unas horas antes de iniciarse la recepción en Palacio, una treintena de encapuchados de la *kale borroka* había lanzado más de cuarenta cócteles molotov contra las viviendas de la Guardia Civil en el municipio vizcaíno de Getxo, y el Presidente aprovechó la comparecencia ante los medios para lanzar «una advertencia muy seria» a los radicales y a Euskal Herritarrok (EH), que intermediaba en los contactos entre el Gobierno y la banda terrorista, asegurando que no eran compatibles con «el diálogo y la participación en las instituciones democráticas con la violencia».

»Todavía estaba hablando el jefe del Gobierno, cuando se acercó el Monarca, quien le reprochó irónicamente «que diera una noticia cuando nunca decía nada». El Rey fue aún más lejos: lanzó una recomendación totalmente opuesta a la del Presidente en defensa de la continuidad de los contactos, lo que reiteró después en las distintas conversaciones que mantuvo con periodistas mientras se tomaba con ellos un vino servido en el Salón de Columnas del Palacio Real. En uno de estos corrillos, en presencia del ministro del Interior, Jaime Mayor Oreja, y de un grupo de informadores, el Monarca soltó como quien habla del tiempo: «A pesar de lo de anoche en Bilbao [en alusión al atentado de Getxo] hay que seguir con los contactos. Lo que no digo es cómo. En estos momentos hay que tener tranquilidad, generosidad y sosiego». Uno de los periodistas preguntó al Monarca si podían reproducir sus palabras, ante lo que respondió lacónicamente: «Sí, podéis publicarlo». Unos minutos antes, José María Aznar, que oficiaba en otros corrillos, mantenía firmemente la postura contraria»[8].

Si antes la relación era fría y distante, desde ese momento fue mala. Los ejemplos son muchos, y también abundaron los gestos que uno y otro regalaban con toda la intención, como el efusivo abrazo que el Rey le dio a Felipe González en la celebración de su onomástica en el año 1998, mientras que a Aznar le daba un frío y despreciable saludo de mano.

Además de los gestos personales, se asegura que desde La Zarzuela hubo una campaña para dinamitar la imagen del presidente, mejor dicho para ocultarla, y para eso utilizó la imagen de sus hijos. Así, en el encuentro citado en Marivent, y para que la foto de los Reyes con Aznar y su mujer, Ana Botella, no fuera noticia como todos los años; esa tarde los Reyes decidieron improvisar un posado con la infanta Elena, Jaime de Marichalar y el entonces su único nieto, el simpatiquísimo Froilán, que evidentemente se llevó todas las portadas en detrimento del encuentro oficial. Otra de las noticias reales que tapó al presidente fue con motivo de su primera visita oficial a los Estados Unidos, la gran apuesta internacional de Aznar, y casualmente coincidió su llegada a Washington con el anunció de boda de la infanta Cristina con Iñaki Urdangarín. La bomba informativa no sólo tapó la fotografía de Aznar sino todo el viaje porque la resaca duró más de una semana.

Don Juan Carlos le dio, pero Aznar le devolvió la pelota. Hasta ese momento los encuentros del presidente del Gobierno con el jefe del Estado eran constantes y en ellos se trataba asuntos de trascendencia. Aznar los retrasó todo lo que permitió el protocolo, y en estos despachos únicamente hablaba de formalidades eludiendo cualquier comentario sobre asuntos de trascendencia, que remitía al Rey a que se enterara por la prensa. Otra de las costumbres protocolarias que eliminó Aznar es la del ministro de jornada, por la que el Rey, en todos sus actos públicos, estaba siempre acompañado de un ministro; también dejó de pedirle su opinión sobre los cargos militares, algo sobre lo que Don Juan Carlos siempre opinaba e incluso tenía la costumbre de adelantárselo personalmente al ascendido. Desde ese día empezó a enterarse de los nombramientos y ascensos castrenses por el Boletín Oficial del Estado.

Y la pelota de Aznar no sólo fue legal sino que también recurrió a la imagen intentando ocupar los primeros puestos en la política internacional, dejando al Monarca poco menos que a la altura de palanganero. Ejemplos hay muchos, uno de ellos fue en la visita de Estado que hizo Chirac en 1999, Aznar le invitó a realizar el día anterior una visita privada a Córdoba y Granada, evidentemente la foto de Aznar con Chirac en La Alhambra solapó la del presidente galo con el monarca en el aparcamiento del palacio de El Pardo.

«Igualmente ultrajante para el Monarca fue el protocolo enviado por La Moncloa para el desarrollo de la primera visita a España del presidente de los Estados Unidos, George W. Bush, y de su esposa Laura, el 12 de junio de 2001. Sólo se programó un breve encuentro oficial de los Reyes con el matrimonio estadounidense, que tuvo lugar en el palacio de La Zarzuela inmediatamente después de que aterrizara en el aeropuerto madrileño de Barajas el Air Force One. Tras la audiencia de los monarcas, George y Laura Bush partieron hacia la finca estatal toledana Quintos de Mora —el rancho de Aznar, según la prensa estadounidense— para reunirse y almorzar con el presidente español. En círculos cercanos al Monarca se calificó este almuerzo de «suplantación», pues era Don Juan Carlos a quien le debería corresponder la presidencia del primer almuerzo del ilustre visitante. Al malestar generado se sumó el detalle de que fuese Ana Botella y no la Reina quien acompañase a la primera dama de los Estados Unidos durante su visita al Museo del Prado y a la Biblioteca Nacional. Posteriormente ambas se dirigieron en un cadillac negro con matrícula estadounidense a Casa Lucio, el famoso restaurante situado en el Madrid de los Austrias, donde habían quedado con Doña Sofía, la cual tuvo que pasar por el trago de esperarlas, ya que llegaron con retraso. Y no es que los Bush y los Reyes no se conocieran, sino todo lo contrario: existía entre ellos muy buenas relaciones, como las que mantuvieron con Bush padre. Y los Monarcas ya habían estado en la Casa Blanca unos meses antes de la visita. No sorprende que el hermano del presidente de los Estados Unidos, el gobernador de Florida Jeb Bush, en una posterior visita a Madrid saludara a José María Aznar como presidente de la República de España, sin que éste se tomara la molestia de rectificar el error. Quizás estimó que no era más que una pequeña imprecisión.

»El episodio más humillante, porque tuvo lugar a bombo y platillo, con malos modos y expresamente contra la opinión del Rey, fue el frustrado viaje del Monarca a Cuba. [...] En sentido estricto, semejante decisión era de exclusiva competencia del Gobierno, pues los viajes del Monarca deben servir a la política exterior diseñada por el Ejecutivo. Sin embargo, en la Casa de Su Majestad se estimó que si hubiera buena voluntad por parte del Presidente, la visita real no tenía por qué contrariar dicha política, puesto que el jefe del estado representa al pueblo español, y lo que se quería resaltar era justamente la amistad de ambos pueblos, independientemente de las discrepancias entre sus respectivos gobiernos. El régimen cubano es, ciertamente, una dictadura, pero también lo es el de China y los de tantos otros países visitados por los Monarcas. En todo caso el Presidente no tenía derecho a menospreciar a Su Majestad. Aznar fue innecesariamente cruel al expresar ante los periodistas, en su conocido tono de

«¡Aquí el que manda soy yo!», aquella inolvidable frase: "El Rey irá a Cuba cuando toque"»[9].

El Monarca finalmente fue a Cuba pero no lo hizo en visita de estado sino para asistir a una de las folclóricas Cumbres Iberoamericanas. «El Gobierno hizo notar, para que no quedaran dudas, que se consideraba la presencia del Rey, al margen de las sesiones de la cumbre, como una visita privada, a lo que Fidel Castro respondió molesto vaciando las calles cuando los Reyes y su séquito recorrieron La Habana vieja. Durante este viaje, al que tuve ocasión de asistir, Don Juan Carlos fue marginado desde el primer momento a pesar de los esfuerzos del mandatario cubano por extremar su deferencia con su real visitante, respecto al que ya había expresado su simpatía en numerosas ocasiones. Cada elogio al Rey de España —simplemente «el Rey»— había que interpretarlo como un alfilerazo al Presidente español. Cuando los Monarcas y el séquito español recorrían La Habana vieja, donde se desarrollaba ostensiblemente la vida de un día como cualquier otro —los cubanos estaban trabajando, según explicó Fidel—, Aznar se quitó la chaqueta y se la echó al hombro, algo que ni el Rey ni Fidel se permitieron en ningún momento, aguantando estoicamente el calor caribeño»[10].

El 17 de marzo de 2004 el diario francés *Libération* publica un artículo titulado «Atentados del 11-M: una intoxicación realizada directamente por Aznar». El periodista explicaba en su crónica que el Rey Juan Carlos exigió a Aznar que se retractara de la teoría que responsabilizaba a ETA del atentado más sangriento de la historia de España. *Libération* señalaba que la operación «llegó a provocar tensiones con el jefe de Estado, el Rey Juan Carlos». Según el periodista «al atardecer, el Rey decidió dirigirse a los españoles. Pero exigió del gobierno que reconociera públicamente, antes de intervenir, que la pista islámica no estaba excluida». Aznar se negó a hacerlo.

Los momentos que he reseñado son sólo un botón de muestra de la gran tensión existente entre los dos. Juan Carlos I nunca tragó a Aznar, y el presidente siempre estuvo molesto con el Rey, dicen algunos que porque lo consideraba un peligro para la institución. No deja de ser curioso que el único presidente monárquico que hemos tenido en la democracia postfranquista sea el que peor se ha llevado con el Rey, pero el que más ha trabajado por la Corona, el que ha humillado a la persona pero se ha mostrado genuflexo ante la institución.

La gota final de estas tensiones fue la famosa boda de El Escorial, en la que la mayoría de los medios y casi todos los españoles demostraron que seguimos siendo un país de paletos. Puede que a la familia Aznar le tocase pagar la novatada de ser el primer presidente del Gobierno que casa a una hija, pero para saber como comportarse basta mirar a todos nuestros vecinos. Lo primero que hay que tener en cuenta es que por ser presidente del Gobierno no puedes prohibir a tu hija que se case y que celebre su boda como muchas otras personas. Lo segundo que La Moncloa, a efectos domésticos, es la casa del presidente del Gobierno y su familia, y Aznar tenía todo el derecho a celebrar la boda en su casa. Aún así prefirió hacerlo en un local externo, en una finca que alquilan para bodas y que en los meses de verano tienen una media de cinco eventos nupciales a la semana. Con el monasterio de El Escorial ocurre lo mismo, son muchas las parejas que lo eligen para casarse, sin ser nadie ni hijos de nadie, y para ello basta acudir a la sacristía y apuntarse. En esta absurda moda de la apariencia que lleva a muchos creyentes, aunque más bien a los que creen poco y practican menos, a renunciar de su parroquia, seno de la iglesia doméstica, para casarse en un templo con más empaque, y al que a lo mejor no han entrado una sola vez en su vida, vemos como en muchas ciudades españolas hay templos en los que la lista de espera es de varios años, incluso eligiendo horas tan intempestivas como las cinco de la tarde (la presión exige al cura a hacer doblete e incluso *tercete*), que obliga a sus invitados a dedicar largas horas al paseo antes de la eventual cena. Para la redacción de este libro he encargado a una pareja joven que visitara unas cuantas iglesias para conocer con datos la cuestión; en los templos del centro de Madrid el plazo de espera oscila entre uno y dos años, en el monasterio de El Escorial había fechas libres con sólo seis meses de espera.

Aclarada la normalidad y nada excepcionalidad del lugar, hay que tener en cuenta que, por razones de seguridad, a lo mejor no sería conveniente o posible establecer un dispositivo en una iglesia del centro de Madrid, amén de que para los numerosos compromisos de los contrayentes, con cientos de invitados, no pudieran acogerlos en una pequeña capilla.

Otro motivo de polémica fue la larguísima lista de invitados. Cuando uno se casa suele invitar a los compañeros de trabajo, muchas veces incluyendo en la lista a personas con las que no hay trato o el trato es malo. De la misma manera los padres de los contrayentes invitan a sus amigos, compromisos e incluso compañeros de trabajo. Aznar, por su cargo, tenía relaciones personales con presidentes de gobierno extranjeros a los que invitó, de la misma manera que invitó a los Reyes, y éstos asistieron con un perfil muy bajo. La mayoría de los articulistas criticaron la presencia de los Reyes cuando lo desconsiderado hubiese sido su ausencia, por no decir la falta de invitación. José María Aznar López y Juan Carlos de Borbón y Borbón, pese a quien le pese, en ese momento eran compañeros de trabajo, y de la misma manera que el Rey invitó a los altos cargos del Estado a las bodas de las infantas, que no tienen la misma trascendencia que la del Príncipe, el presidente del Gobierno invita al jefe del Estado a la boda de su hija, es lo normal. Pero en fin, el tiempo curará estas cosas e incluso un día tendremos que asistir a la boda de un presidente o presidenta del gobierno, quizás homosexual, y ese día al Rey le tocará portar las arras en su cojincito carmesí.

José Luis Rodríguez Zapatero

La relación que la Corona ha tenido con todos los presidentes del Gobierno no tiene nada que ver con la que actualmente mantiene con el presidente Zapatero. Dejando de lado la exquisita educación y encanto de Don Juan Carlos, la principal diferencia es que mientras Calvo-Sotelo y Aznar eran monárquicos convencidos y Felipe monárquico adaptado,

Zapatero es republicano y no lo oculta. Por eso la relación del Rey con Zapatero debería definirse con el típico aforismo de no quieres el caldo de Aznar, pues toma ahora dos, tres y hasta cuatro tazas de uno mucho más amargo.

Zapatero en ningún momento ha ocultado su filiación republicana, su pasado marcado por el odio en que le han criado y el rencor que él manifiesta para demostrar lo que según diversas personas consultadas, no hace sino ser un filtro para tapar su incapacidad innata. Zapatero es una persona que desprende rencor por todos sus poros, un rencor que se ha demostrado basado en la mentira familiar sobre uno de sus abuelos, pero él ha preferido aceptar el odio engendrado en casa, y seguramente potenciado en logia. Este odio hacia los grandes valores le lleva a renegar de todo lo que esto representa, empezando por la Iglesia y terminando por la Corona.

La relación que han mantenido el Rey y Zapatero puede definirse como fría, obligada y distante. Se puede decir que entre ellos no hay relación, hasta el extremo que Zapatero no le habría guardado ni el respeto constitucional que le debe. Una muestra de esta tensión quedó de manifiesto con el uso por parte del presidente de La Mareta.

La Mareta fue construida a finales de los años setenta por el monarca hachemí, y aunque él nunca la utilizó sí lo hizo uno de sus hijos para pasar allí su luna de miel. El peculiar nombre procede de que en ese mismo lugar había una mareta, una especie de aljibe excavado en la roca, donde se recogían aguas de lluvia, y se utilizaba para dar de beber a los animales. A finales de los años ochenta el Rey Hussein de Jordania regaló La Mareta a su amigo Juan Carlos I; dicen que el regalo se debió a que no la utilizaban y con la cesión se ahorraban el coste de mantenimiento, pero lo cierto es que fue traspasado al Rey, quien a su vez, y por cuestiones presupuestarias, se lo cedió a Patrimonio Nacional, que es quien se encarga de la conservación de todos los inmuebles de uso público y privativo de la Familia Real.

La Familia Real utilizaba La Mareta en ocasiones contadas. La primera vez fue en abril de 1993, cuando se retiró el Rey con gran parte de su familia para pasar unos días de descanso tras la muerte del conde de Barcelona. Curiosamente, la única otra ocasión en la que Don Juan Carlos decidió pasar unos días con su familia, no sólo con la Familia Real sino con sus hermanas y sobrinos, fue en las Navidades de 1999. Durante esos días, y en uno de los salones de esta residencia, falleció inesperadamente Doña María, la madre del Rey, y lo hizo rodeada de sus tres hijos vivos y la mayoría de sus nietos. Desde entonces Don Juan Carlos no ha vuelto, dicen que por el recuerdo de sus padres muertos, pero sí lo hacían en numerosas ocasiones las infantas —la infanta Elena pasó parte de su luna de miel—, e incluso el Príncipe de Asturias.

Además de la Familia Real La Mareta ha servido de residencia para altas personalidades internacionales como Helmut Kohl y Mijail Gorbachov, que pasó casi un mes de descanso en compañía de su mujer. Otros visitantes ilustres fueron el canciller alemán Gerhard Schroeder, el presidente checo Václav Havel y el presidente de Kazajstán, Nusurtan Nazarabayev. En los últimos años una de las excusas que ponía la Familia Real para no utilizarla fue que sus instalaciones necesitaban una puesta al día, que era bastante gravosa para el presupuesto. En el año 2005 el presidente Zapatero decidió que, ya que el palacete pertenecía a Patrimonio Nacional, él tenía todo el derecho a utilizarlo para las vacaciones y, desde entonces, la familia Zapatero pasa allí sus días de descanso en compañía de amigos y familiares.

El primer año que la utilizó desde diversos medios de comunicación se recordó a Felipe González cuando había decidido utilizar el *Azor* de Franco para sus vacaciones y, ante la presión mediática, tuvo que desembarcar como un ilegal en medio de la noche. Zapatero no ha tenido este problema, ni tampoco el presupuestario cuando se gastó una cantidad imprevista para condicionar todo el complejo y así recibir a sus familiares.

El ejemplo de La Mareta sirve para demostrar el desprecio público con el que Zapatero trata al Rey, lo mismo que a todo lo que representa la esencia de la Patria. El trato provoca el roce, la ausencia de relación evita los roces. El futuro de la Monarquía ha sido siempre objeto de discusión, pero en el momento actual se ve con una angustia que nunca se había apreciado, hasta el extremo que desde personas muy próximas a la Familia Real se afirma que se ha tirado la toalla de cara al futuro, que se vive en el convencimiento de que esto se apaga y que, aunque el Príncipe Felipe llegará a ser proclamado Felipe VI, hacer cualquier reforma constitucional para asegurar el reinado de Leonor es una pérdida de tiempo.

Uno de los principales problemas políticos que ha generado el monarca al gobierno Zapatero se ha produjo como consecuencia de la caza de un oso borracho ruso —*Mitrofan* de nombre— por parte de su Majestad. El vicejefe del Departamento para la Protección y el Fomento de los Recursos Cinegéticos de la región de Vólogda, Sergei Starostin, acusó el vicegobernador de la región de Vólogda, Sergéi Grómov y al jefe del Servicio de Protección de los Recursos Naturales de la región, Andréi Filátov de organizar estas cacerías.

Starostin señaló que el Rey de España, que participó en la cacería en agosto de 2006 en el coto Casa del Urogallo, invitado por Putin, «mató de un solo disparo» a Mitrofán, quien había sido previamente emborrachado con vodka mezclado con miel, lo que facilitó su caza. Según la versión de Starostin Mitrofán fue trasladado enjaulado hasta el coto desde la localidad turística de Novleskoye, donde actuaba como atracción para niños. La Casa Real, como no podía ser menos, negó los hechos calificándolos de «ridículos». El Gobierno Zapatero evitó pronunciarse, pero sus socios de ERC dirigieron varias preguntas a la Mesa del Congreso que fueron rechazadas de inmediato.

Con motivo de la celebración del día de la proclamación de la II República, el 14 de abril de 2007, el presidente del Gobierno, era entrevistado en la Cadena SER. Zapatero recordó que en la actualidad España tiene unos «unos valores democráticos que nos hacen evocar que aquel proyecto que entonces no pudo ser, hoy es». Cuando el entrevistador le preguntó si el PSOE continuaba siendo un partido republicano, el presidente contestó sin estridencias que el suyo era un partido que tenía un compromiso con la Constitución que «establece que la Jefatura del Estado es monárquica» para añadir, sin embargo, que «tenemos un Rey bastante republicano». «Para mí un republicano es quien es defensor de las instituciones, de los valores democráticos, quien es defensor de la vida pública, quien respeta los principios de una ciudadanía libre, y en ese sentido estamos muy tranquilos y muy a gusto».

En algunas cosas coincide el Rey con el presidente Zapatero y es la política de búsqueda de acuerdos políticos con ETA. En su crónica en Elconfidencial.com escribe Cayetano González: «"Hay que intentarlo" dicen que dijo el Rey en una conversación informal —sin micrófonos ni cámaras— con periodistas, al hilo del acuerdo de paz alcanzado en el Ulster que ha llevado a la formación de un gobierno entre los republicanos de Martin McGuinnes y los unionistas del pastor protestante Ian Paisley.

Esas palabras del Jefe del Estado han sido interpretadas por todos los partidos políticos, medios de comunicación, analistas, de la única forma que se podían interpretar: como un capote del Monarca al mal llamado «proceso de paz» que Zapatero comenzó al llegar a la Moncloa y que no ha roto a pesar del atentado cometido por ETA en la T-4 de Barajas el pasado 30 de diciembre que costó la vida a dos ciudadanos ecuatorianos.

En lo que ya hay una cierta discrepancia es a la hora de afirmar si el Rey dijo eso porque quería decirlo, consciente de que iba a ser interpretado como un apoyo a la política antiterrorista del Gobierno o fue más bien un desliz cometido por Don Juan Carlos que se vio sorprendido en su «campechanía» habitual al acceder a comentar con unos periodistas cuestiones de actualidad. Si se trató de un desliz, el asunto ya reviste una cierta gravedad porque el Rey ya tiene años de oficio para saber salir de esas situaciones sin decir nada. Si esa declaración fue voluntariamente buscada, entonces la gravedad es mucho mayor.

En una cuestión tan delicada y sensible como es la lucha antiterrorista, que debido a la estrategia negociadora de Zapatero con ETA ha producido una profunda indignación en una parte muy numerosa de la sociedad española, el Rey no puede ni debe tomar partido. En una cuestión en la que el principal partido de la oposición mantiene una radical discrepancia con el Presidente del Gobierno, el Monarca no puede ni debe ponerse al lado de éste. En una cuestión en la que las víctimas del terrorismo han pedido de forma reiterada a Zapatero que no negocie con ETA y que respete la memoria y la dignidad de los muertos, Don Juan Carlos no puede ni insinuar que apoya esa política antiterrorista.

No vale esgrimir que desde la transición existía una norma tácita entre los periodistas consistente en que cualquier conversación informal con el Rey no se podía utilizar textualmente. Eso es pecar de una ingenuidad, impensable en el actual Jefe de Estado. Si quiere decir algo, que está en su derecho, que lo haga con cámaras y micrófonos, en una declaración institucional y vestido de civil, no de manera informal, en unas dependencias de la Guardia Civil y vestido con el uniforme de máximo responsable de los Ejércitos.

El Rey se equivocó con esa declaración. Baste con ver quien se ha apropiado de ella: el Gobierno y todos los partidos que apoyan a éste, entre los que se encuentran los que desearían ver a Don Juan Carlos destronado y viviendo más allá de los Pirineos. Lo menos que se puede decir de la citada declaración real es que fue imprudente, innecesaria e inoportuna. Un grave error que el Rey debería de reparar en la primera ocasión que tenga, pensando sobre todo en las víctimas del terrorismo que se sintieron dolidas con sus palabras»[11].

Una de las tradiciones impuesta por el Rey ha sido la de premiar a sus presidentes del Gobierno con títulos de nobleza. Arias Navarro y Adolfo Suárez disfrutaron de él; Felipe lo rechazó y a Aznar seguramente no se lo ofrecerán nunca, a pesar de ser el que más luchó por la Institución, que no es lo mismo que bailarle el agua al hombre que ostenta la corona. ¿Y Zapatero? Lo veo cuestión imposible, a lo mejor porque cuando se vaya deja el estado tan yermo que no queda ni reino en el que ostentar el título.

NOTAS

1. GARCÍA ABAD, José: *Adolfo Suárez. Una tragedia griega*. La Esfera de los Libros. Madrid, 2005, pág. 104.
2. *Íbidem*, pág. 105.
3. BURNS MARAÑÓN, Tom: *Conversaciones sobre el Rey*. Plaza & Janés. Barcelona, 1995.
4. GARCÍA ABAD, José: *La soledad del Rey*. La Esfera de los Libros. Madrid, 2004, págs. 98-99.
5. Citado en PREGO, Victoria: *Presidentes*. Plaza & Janés, Barcelona, 2000, págs. 284-285.
6. GARCÍA ABAD, José: *La soledad del Rey*. La Esfera de los Libros. Madrid, 2004, pág. 101.
7. *Íbidem*, pág. 68.
8. *Íbidem*, págs. 72-73.
9. *Íbidem*, págs. 78-79.
10. *Íbidem*, págs. 80-81.
11. GONZÁLEZ, Cayetano: «Las imprudencias del Rey» en *Elconfidencial.com*, mayo de 2005.

7

Los negocios del Rey y sus amistades peligrosas

«La profesión de Rey es bastante difícil, pero merece la pena entre otras cosas por tener amigos como tú». Esta frase, entre apoteósica y lapidaria, la pone en boca de Juan Carlos I Manuel Medina, un conocido abogado de orígenes muy humildes que, entre otros representados, se encarga de los problemas legales de Baltasar Garzón y conocidos empresarios como Isidoro Álvarez, César Alierta o Ángel Corcóstegui. Sobre la dificultad o no de la profesión de Rey no vamos a entrar pero sí sobre los amigos; la mayoría, tarde o temprano, acaban convirtiéndose en peligrosos. Y es que de la misma manera que un padre no puede ser amigo de sus hijos, por mucho que algunos modernos se empeñen, un Rey tampoco puede ser amigo de sus súbditos, y más cuando esta amistad acaba teniendo consecuencias económicas, que es lo que le suele pasar al Monarca.

Uno de los traumas que se le atribuyen al Rey es la obsesión por no volver a sufrir las carestías económicas que marcaron gran parte de su vida. Puede que a algunos les suene escandaloso, pero debemos tener en cuenta lo difícil que puede resultar pasar a vivir de alquiler o de favor a aquellos que han nacido en un palacio real y han tenido todo un país como predio particular. Cuando la Familia Real se fue al exilio tras el golpe de estado del 14 de abril de 1931 lo hicieron con lo puesto, apenas se llevaron nada, y si sobrevivieron fue gracias a la herencia de la reina María Cristina de Austria, la madre de Alfonso XIII, que previsora ella, la había depositado en un banco inglés.

Esta carencia de recursos fue lo que les llevó a abandonar París e instalarse en el discreto, modesto y relativamente barato Fontainebleau. Del mismo modo, cuando el matrimonio real se separó definitivamente en 1934, Alfonso XIII aceptó la invitación de Víctor Manuel III de Italia para residir en Roma. La capital italiana era una ciudad muy barata, tenía toda clase de privilegios, y encima vivía de gorra en el Grand Hotel, donde le mantenían a cambio de dejarse ver en el comedor. Esta costumbre, la de vivir y comer de morro, la han puesto en práctica muchos miembros de la familia Borbón, y algunos aún lo siguen haciendo, como Alessandro Lequio, sobrino segundo de Su Majestad.

Si Alfonso XIII tenía recursos limitados, los de Don Juan eran aún mucho más escuetos. Tras su matrimonio con su prima María de las Mercedes de Borbón-Dos Sicilias y Orleáns residieron como *okupas* en un apartamento que les dejó su cuñado Alessandro Torlonia en la parte superior de su palacio romano. Cuando se instalaron en Estoril lo hicieron de alquiler, nunca pudieron comprar casa alguna, y si hacemos caso de la rumorología el alquiler de Villa Giralda se podía haber pagado, muchos meses, desde la embajada española en Lisboa. Cuando las cosas volvieron a su sitio Don Juan pudo hacerse un pequeño capital con la venta de las islas de Cortegada y los palacios de Miramar y La Magdalena, que le fueron devueltos por el Estado ya que formaban parte del patrimonio privado de su padre. Es curioso, pero en teoría este patrimonio debería haber ido a manos de todos los descendientes de Alfonso XIII, no de uno sólo, porque según cuentan el dinero de la venta fue directa y exclusivamente a la cuenta de Don Juan.

El palacio de La Magdalena, un edificio de estilo inglés de piedra de mampostería procedente de Cueto y con cubierta de pizarra, fue regalado en 1908 por la nobleza, los empresarios y el pueblo de Cantabria al Rey Alfonso XIII. Las obras comenzaron en 1909 y finalizaron en 1911, amueblándose el interior en 1913. Fue utilizado por los monarcas para disfrutar de sus vacaciones estivales entre 1913 y 1930. Con el advenimiento de la República, las autoridades se lo confiscaron a la Casa Real y pasó a depender del Estado. Se estableció allí la Universidad Internacional Menéndez y Pelayo, siendo su rector el poeta Pedro Salinas, que tras la guerra partió hacia el exilio. Sin embargo, las autoridades franquistas decidieron que se siguiera utilizando para celebrar actividades culturales y académicas. Con el retorno de la democracia, Don Juan exigió la devolución del inmueble y el parque aledaño de 28 hectáreas, y el Ayuntamiento de Santander, entonces presidido por el ínclito Juan Ormaechea, negoció la venta a Don Juan por 150 millones de las antiguas pesetas gracias a un crédito facilitado por el Banco de Santander con las críticas feroces de la oposición en el consistorio cántabro y de numerosas asociaciones vecinales de la ciudad. El acuerdo se firmó el 25 de noviembre de 1977 y el Ayuntamiento se quedó con la propiedad del mismo. La remodelación de este emblemático edificio tardó diez años en realizarse, con numerosas acusaciones de irregularidades, y finalmente el Rey Juan Carlos lo inauguró en 1995.

Juan Carlos I quedó marcado por estas carencias. Durante sus años de adolescencia y madurez en España él mismo tuvo que convertirse en gorrón permanente de los monárquicos, y estoy seguro de que más de una vez tuvo que escuchar conversaciones incómodas en las que la nobleza pasaba la gorra para recaudar fondos destinados a los condes de Barcelona. Estas carencias habrían sido las que impulsaron al Rey a constituir un pequeño patrimonio, por lo que pudiera ocurrir. Esta idea fue aceptada y consentida durante la transición; el problema es que, pasada la transición, el pequeño patrimonio sintió la necesidad de crecer, y en esas estamos.

Durante sus años de estudiante y soltero Don Juan Carlos en España no tenía dinero, pero tampoco problemas. No tenía necesidades, lo que quería lo cogía sin que nadie le dijera nada. Fue a partir de su matrimonio, cuando tuvo que mantener una mujer y unas hijas, cuando empezó a notar las carencias. Franco había dispuesto una asignación, justificada con su sueldo como oficial militar, y el Estado corría con los gastos del entonces palacete de La Zarzuela. Siempre se ha contado como el propio intendente del Caudillo supervisaba todos los gastos, y que Doña Sofía fue reprendida por el excesivo consumo de un producto de lujo como las *coca colas*.

«El cepillo real empezó a funcionar, que se sepa, a partir de 1962, cuando Luis Valls Taberner, presidente del Banco Popular, organizó una suscripción popular que aportaría liquidez económica a los recién casados, 20 millones de pesetas de entonces, equivalentes a unos 12 millones de euros de hoy, una cantidad similar a la dote griega. La carta enviada a las altas personalidades del mundo económico estaba encabezada por la duquesa de Alba y rematada por el discreto banquero. Entre ambas aparecen las firmas de Socorro Aliño de López Ibor; Manuel Benedito; María Cabeza de Rodríguez Salmones; Santiago Corral; Luis Fernández Ardavín; condesa viuda de Fontanas; Juan José González; condesa de Grove; Ignacio Herrero; María Ibarra de Oriol; Trinidad Jiménez Lopera de Fierro; Carlos Martínez Campos, duque de la Torre; Ramón Menéndez Pidal; María Oriol de Primo de Rivera; Guillermina P. de Royo-Villanova; José María Pemán; marqués de Tabarra; y duquesa de Terranova.

»A los efectos recaudatorios se publicó un anuncio en la prensa varios días, hasta que fue prohibido, en el que podía leerse: «"Aparte de los obsequios que particulares o corporaciones están haciendo a S.A.R. el Príncipe Don Juan Carlos, con motivo de su próximo enlace con la Princesa Sofía de Grecia, muchísimos españoles han pensado ofrecerle un regalo de ámbito nacional"»[1].

Con motivo de sus viaje de novios en 1962, los entonces Príncipes de Asturias realizaron escala en Bangkok, la capital de Tailandia, una de las escalas en su largo peregrinar alrededor del mundo. El viaje estaba sufragado por la nobleza española porque la familia no tenía recursos económicos. Cuenta Jaime Peñafiel en su habitual crónica en *El Mundo* que «el recorrido turístico por la ciudad lo hicieron sin más compañía que un guía. Durante uno de aquellos recorridos decidieron entrar en una joyería, donde habían descubierto un hermoso zafiro que deseaban comprar. Después de darle muchas vueltas, y hacer muchas cuentas, llegaron a la conclusión de que no entraba en sus posibilidades económicas. Tanto el uno como el otro se quedaron muy tristes. Don Juan Carlos porque le hubiera gustado regalárselo; Doña Sofía porque le hubiera gustado haberlo podido comprar. En 1967, los Príncipes hicieron un viaje privado en compañía de un matrimonio amigo. Entre las ciudades que visitaron se encontraba Bangkok. Doña Sofía no había olvidado aquel zafiro que por motivos económicos no pudo comprar cinco años antes y, aprovechando una mañana de compras, a solas con su amiga, decidió visitar aquella joyería para ver si aún tenían el zafiro. Cuál sería su desagradable sorpresa al ser informada por el dueño de la joyería de que había vendido dicha gema. «Me llevé un gran disgusto, pero, qué le iba a hacer», me reconoció Doña Sofía cuando me contó esta historia, durante el primer viaje oficial que, como Reyes, realizaron a Tailandia, en 1987. Aquella misma tarde de la gran decepción, los Príncipes y sus amigos continuaron viaje hacia Bombay, adonde llegaron a la hora de cenar. «A los postres, el Príncipe sacó del bolsillo un pequeño estuche que me entregó. Al abrirlo, por poco me desmayo, ya que vi, emocionada, el zafiro de mis sueños, zafiro que yo había deseado y perseguido a lo largo de cinco años». ¿Qué había ocurrido? Muy sencillo y muy hermoso. Don Juan Carlos tampoco lo había olvidado y, aprovechando que la Princesa y su amiga se habían ido de compras aquella mañana en Bangkok, decidió hacer lo mismo. Y acudió a la joyería con el deseo de encontrar lo que buscaba, aunque sin muchas esperanzas. Pero cuál fue su sorpresa al ver que el zafiro seguía allí. Lo compró con sus ahorros».

La necesidad del Rey por el dinero parece que surge a partir de su matrimonio, pero se convierte en obsesión tras su proclamación como sucesor, que es cuando se da cuenta que su destino está ligado al de Franco, y si cae el Régimen él es el segundo en caer. Si repasamos los diversos libros que se han escrito sobre el Rey y sus capitales, se puede deducir que la primera operación financiera sería la promoción que hizo en 1969 de una urbanización de lujo, el Club Las Lomas, propiedad del empresario granadino Camilo Mira, que fue presidente de La Unión y el Fénix, e introductor de la franquicia McDonalds's en España. Don Juan Carlos promocionó aquel complejo urbanístico acudiendo a su inauguración, a la que asistieron también los ministros López Rodó y Silva Muñoz. Gracias a su amistad con Armada, al que había conocido gracias a su relación con el general Juan Castañón de Mena, ministro del Ejército con Franco, Mira acudió en innumerables ocasiones a La Zarzuela, donde fue siempre bien recibido.

Una vez sentado en el trono el dinero empieza a correr por todos los sectores del Estado. Había muchas partidas incontroladas, pero parece ser que estos primeros movimientos no estaban destinados a bolsillos concretos sino a financiar a los partidos políticos. En 1991 el antiguo Jefe de la Casa del Sha de Persia publicó un libro, *The Sha and I. The Confidencial Diary of Iran's Royal Court, 1969-1977*, en el que recogía una carta que envió Juan Carlos I a «mi querido hermano», en la que después de regalarle los oídos y explicarle la encrucijada que está viviendo España «me tomo la libertad, con todo el respeto, de someter a tu generosa consideración la posibilidad de conceder $10.000.000 como tu contribución personal para el fortalecimiento de la monarquía española», dinero que estaría destinado a apoyar «el partido político del presidente Suárez, en estos críticos momentos». «De aquel dinero pedido por Don Juan Carlos, y generosamente donado, llegó mucho más al palacio de La Zarzuela que al de La Moncloa»[2].

La conexión persa no fue la única. La mayoría de los estudiosos que han analizado este momento coinciden al afirmar la importancia que tuvo la intermediación del Rey para que España se asegurase el suministro de petróleo procedente de Arabia Saudí. Don Juan Carlos siempre ha tenido una relación fraternal con los árabes, pero eso no es óbice para que pudiera haber cobrado la comisión habitual por intermediaciones petrolíferas, a lo que se une el famoso crédito que le concedió el monarca saudí, y que tantos problemas provocaría años después. En esta misma línea procedente de Oriente Próximo hay que recordar el regalo de la finca de recreo, situada en la isla canaria de Lanzarote, que le hizo Hussein de Jordania, y de la que ahora disfruta en sus vacaciones el presidente Zapatero con la excusa de que pertenece a Patrimonio Nacional. Estos son sólo algunos de los múltiples ejemplos citados una y otra vez, pero en cualquier caso sería necesario analizar la increíble amistad que mantuvo con Hassan II de Marruecos, a quien no paró de reírle las gracias que tanto han costado a España. Si no hay interés crematístico oculto debería considerar la más alta de las traiciones que haya sufrido España.

Los rumores sobre los negocios del Rey son muchos, pero igual de enigmáticas son las partidas presupuestarias y prebendas salidas de los Presupuestos Generales del Estado que sirven para el mantenimiento de la Real Familia. La Constitución del 78, en el artículo 65, dice: «El Rey recibe de los Presupuestos del Estado una cantidad global para el sostenimiento de su Familia y Casa, y distribuye libremente la misma». La cuantía la fija el Gobierno tras analizar las necesidades de la Casa Real a través del Ministerio de Hacienda y se aprueba sin oposición por prácticamente toda la Cámara Baja. Evidentemente nadie se cree que la institución cueste a los españoles únicamente 8 millones de euros, cuando, por ejemplo, sólo los gastos de presidencia del Gobierno, multiplican por tres esa cantidad. El presupuesto asignado a la Casa de Su Majestad el Rey para el año 2006 ascendió a 9,05 millones de euros, lo que supuso un incremento del 3,5% en comparación con el gasto previsto para 2005, según constaba en el proyecto de Presupuestos Generales del Estado (PGE) para 2006. En los anteriores Presupuestos, el gasto asignado a la Casa real rondaba los 8 millones de euros, que supuso un incremento del 3,5% en comparación con la partida de 7,51 millones correspondiente a 2004. Tras su boda, se desconoce si el Príncipe Felipe percibe una asignación económica independiente. Son muchos los que sostienen que debería tener un sueldo fijo y ganárselo día a día, al igual que Doña Letizia.

Este secretismo contrasta con la luz y taquígrafos que existió durante el reinado de Alfonso XIII en materia presupuestaria. En aquella época, cada miembro de la familia real contaba con una partida propia conocida por la opinión pública. Por ejemplo, en 1922, de los 9.415.416,62 de pesetas que tenía el Presupuesto real, siete millones de pesetas iban destinados al Rey, 500.000 al Príncipe, 450.000 a la Reina, y 150.000 para cada uno de los infantes.

Juan Carlos I vive a cuerpo de Rey a cargo de multitud de partidas presupuestarias. Los edificios se pagan por un lado, la seguridad por otro, los desplazamientos por otro... una amalgama de partidas que acaban involucrando a muchos organismos distintos del Estado, amén de diversos ministerios.

A todo esto se le añaden los numerosos regalos que recibe el Monarca, y que él suele aceptar si considera que la fuente es discreta. «Además de estos obsequios ocasionales ofrecidos por particulares, Juan Carlos I recibe periódicamente otros presentes estructurales y sectoriales: aportaciones en especie, voluntarias pero que se han convertido en costumbres regladas, como las que efectúan los fabricantes de automóviles que rivalizan con sus mejores primicias. Últimamente, por lo menos desde que el Príncipe tiene casa propia, las fábricas doblan el regalo a la Casa Real: un coche de alto *standing* para el Rey y otro para el Príncipe de Asturias»[3]. Este especial impuesto, que a muchos puede escandalizar, puede ser la mejor publicidad para una marca de automóviles. Durante muchos años el Príncipe utilizó un Lancia que llenó las páginas de la prensa del corazón, lo mismo que muchos otros vehículos. Si los fabricantes automovilísticos consideran rentable regalar a los que se llaman famosos con la única condición que posen junto al coche en un reportaje en revistas del *cuore*, mucho más rentable tiene que ser cuando quien conduce el modelo es el propio Rey. Vera Castelló, en *El siglo de Europa*, recuerda que «desde Alemania, el presidente del grupo Audi-Volkswagen, amigo del Rey, le hizo llegar hace años un Audi 4-Sport que fue matriculado a nombre de un miembro de la Casa Real. También su cercanía a Jorge de Bragation, ex relaciones públicas de Lancia, propició que la casa desde Italia le entregara al Príncipe una versión del Lancia Delta HF Turbo. Las motos, también están en la lista de regalos que ha recibido don Juan Carlos: la Harley Davidson del magnate Malcom Forbes o, por ejemplo, la MV Augusta que le dejó en herencia el diseñador Nicola Trussardi. Incluso el hijo de la Princesa Diana de Francia y el duque Karl le obsequió con un sofisticado carrito de golf motorizado diseñado por él mismo [...] Audi entregó hace año y medio al Príncipe Felipe un RS6, el modelo más exclusivo de la casa a un precio que variaba, por entonces, según cilindrada, entre los 98.800 y 101.030 euros. Nissan también se ha mostrado generosa en más de una ocasión. De entre los modelos recientemente recibidos por el monarca está el Nissan 350Z. La marca entregó en la primavera de 2003 dos unidades iguales, en color plateado, de este deportivo, no siendo la primera vez que Nissan le hace llegar sus vehículos tanto al Rey como al Príncipe. Algo parecido ocurre con Mercedes. Un portavoz de la compañía admitió a esta revista que los miembros de la familia real han probado coches de casi todas sus gamas, incluso en alguna ocasión el monarca o su familia han mostrado interés por algún modelo concreto y «se ha buscado la unidad». De hecho «el Rey tiene un deportivo SL55 K AMG que le gusta mucho», un coche valorado en más de 25 millones de pesetas a bordo del cual se ha visto también al Príncipe Felipe.

Volvo parece haberse especializado en atender a los duques de Lugo. Según fuentes del sector, la empresa les ha puesto a su disposición coches tanto en Madrid como en París —pasan algunas temporadas— y en Nueva York, donde residieron unos meses el pasado año. En cuanto a la Reina, le gustan más los utilitarios. Ford, por ejemplo, le ha cedido para su uso y disfrute algún modelo en más de una ocasión»[4].

Los coches pueden ser los regalos más ruidosos, pero los hay de toda clase y condición, empezando por los relojes que son la verdadera pasión del Monarca. Pero si hay un regalo por excelencia es el del yate real, el actual *Fortuna,* que vino a sustituir al anterior modelo, regalo del Rey Fahd en 1976. Desde el punto de vista institucional este yate estaba totalmente desfasado, cada dos por tres se estropeaba y tenía que regresar a puerto remolcado, además de tener unas dimensiones y medidas muy inferiores a los yates que utilizaba la corte de aduladores. Hablando en plata, era uno de los barcos más cutres que frecuentaban las selectas aguas de las Baleares.

El primer intento de adquirir un nuevo yate se vio frustrado por lo alto de su precio, pero la operación se frustró cuando la embarcación se estaba construyendo, coincidiendo justo con un momento de recesión económica. El proyecto se aparcó unos años, y finalmente se recurrió a la fórmula de un regalo, el nuevo *Fortuna* construido en los astilleros públicos de Bazán en San Fernando (Cádiz), fue financiado por los empresarios turísticos de las Islas Baleares, en agradecimiento a la promoción que los veraneos reales hacían de sus costas y playas. El coste del nuevo barco, oficialmente fue de 3.000 millones de pesetas, aunque fuentes de solvencia afirman que el precio real pudo ser más del doble. El barco, con tres cubiertas, dos pisos, casco de aluminio, mide 41,3 metros de eslora y 9,2 de manga, y está dotado de la más puntera tecnología del mercado. E, incluso, puede llegar a tal velocidad de crucero que una patrullera de la Armada no podría seguirlo si se tratara de proteger al monarca, a su familia y sus invitados.

Además de este gasto el Ministerio de Defensa debe dedicar una importantísima partida anual para proteger la embarcación y sus ocupantes. Si el verano de 2006 media España se escandalizaba porque en Canarias se retirase una patrullera dedicada a la vigilancia de la inmigración ilegal para proteger las prácticas de buceo de Sonsoles Espinosa, qué no se hará para proteger al Rey, a la Familia Real, y a todos los parientes y amigos que recalan sus reales en el verano mallorquín.

Además de estos regalos directos hay muchos más indirectos, que son aquellos que se encargan de financiar actividades de las que el Rey disfruta pero sin que pasen a formar parte del patrimonio, nacional o personal. Este es uno de los aspectos más discutidos, la función del Rey como hombre anuncio al promocionar una determinada marca. El debate está aquí, para otro momento dejamos las duras negociaciones y los posibles gastos a los que tiene que hacer frente una marca comercial para convertirse en patrocinadora de las actividades deportivas de la Familia Real. En 2004 José García Abad hizo una relación de las principales marcas patrocinadoras; son sólo unas pocas, la lectura atenta de revistas como *¡HOLA!* pueden servir al lector para ampliarla hasta extremos verdaderamente increíbles.

LOS PATROCINADORES DEL REY

- Agua Brava: Patrocinador principal de la Copa del Rey, que recibe el nombre de Trofeo Agua Brava.
- Azur de Puig: Patrocinador del barco en el que navega la infanta Cristina, que suele utilizar ropa con el logotipo de su patrocinador.
- Breitling: Marca de relojes que organiza la regata que abre la temporada real.
- Burberry: Ropa, en su versión deportiva, que utilizan el Rey y el Príncipe para navegar.
- Caja de Ahorros del Mediterráneo —CAM—: Patrocinador del barco del Príncipe de Asturias.
- Hermenegildo Zegna: Esta marca de ropa organiza una regata en Barcelona. Participan el Rey y alguno de sus hijos. Todos visten ropa de esta marca para el evento.
- La Caixa: Patrocinador del Bribón, barco en el que compite el Rey en las regatas. En ocasiones el Rey luce ropa con este logotipo.

Manuel Prado y Colón de Carvajal

Durante muchos años Manolo Prado, el manco de La Zarzuela, ha sido la verdadera sombra del Rey, se le consideraba el jefe de la rebotica de la Casa Real. La amistad entre los dos ha sido, y parece que aún es, larga y duradera. El mismo se ha definido como «el intendente general de don Juan Carlos». Todo comenzó cuando los dos fueron presentados a mediados de los años sesenta, actuando de celestino el duque de Calabria, Carlos de Borbón Dos Sicilias, un personaje que siempre está ahí, para todo, y que parece que nadie quiere investigar.

Manuel Prado y Colón de Carvajal, descendiente del descubridor por parte de madre, nació en Quito (Ecuador) en 1931. Él siempre se ha definido como sevillano, pero es que a lo mejor este falso hispalense ha adoptado la actitud de los de Bilbao, *que nacen donde les sale de los cojones*. Su padre era un diplomático chileno que hizo carrera en España desde que combatió como voluntario en la Guerra Civil, evidentemente en el ejército franquista. Manolo estudió Derecho en Madrid, pronto empezó a introducirse en el mundo de los negocios, y alcanzó un puesto relativamente importante en el sindicato vertical.

El Rey conoció a su futuro amigo —al que nombraría senador por designación real— en los años sesenta a través de su primo Calabria, y desde el primer momento la relación fue bastante íntima. El propio Manolo Prado cuenta como ya en los años sesenta disfrutaban juntos de momentos de asueto: «Le esperaba en la linde de la finca de El Pardo. Mi familia tenía un chalé en la urbanización de Casaquemada, en la frontera con La Florida, y hasta allí iba el Príncipe Don Juan Carlos en un modesto todo terreno. Dejaba el coche y a través de un ágil salto de la tapia se presentaba en la clandestinidad ingenua y libre de mi mundo. Aquella casa era como un botellón de oxígeno para una vida encorsetada y vigilada en el entonces palacete de La Zarzuela, donde su augusto inquilino se sentía por temporadas huésped o rehén de la Historia, pero nunca como señor de su casa».

La profesión de Prado debería definirse como presentador-mediador. Él se dedicaba a poner en contacto a unos con otros, y al primero que patrocinaba era a él mismo, por esta razón, en los años del tardofranquismo fue requerido por todas aquellas empresas extranjeras que querían posicionarse con la Monarquía que iba a salir del hecho biológico, y que contaba con muchas opciones de éxito ya que estaba bendecida por los Estados Unidos, país de origen de muchos de estos inversores que buscaban que Manolo Prado les representase. Es el caso de la Ford que tenía intención de instalarse en Almussafes (Valencia). El entonces Príncipe de Asturias le entregó en 1974 una carta a Prado en la que le recomendaba para que negociara con Henry

Ford III, presidente de la multinacional automovilística, con buenos resultados como parece ya que en la misiva se decía entre otras cosas que en un futuro valoraría muy positivamente una respuesta positiva de la Ford en su decisión de instalarse en España.

Según Patricia Sverlo, en su libro *Un Rey golpe a golpe,* Prado «fue nombrado por designación real embajador *ad large*, es decir, sin embajada en ningún país, pero con un pasaporte diplomático que le permite viajar con más libertad de movimiento y más protección oficial, para que pueda realizar gestiones en el extranjero en nombre del monarca». Su hijo Borja Prado de Eulate es uno de los mejores amigos del Príncipe Felipe, de la infanta Elena y de Jaime de Marichalar. Prado de Eulate es miembro de varios consejos de administración vinculados con medios deportivos. Es consejero de Recoletos —empresa editora de *Marca* y *Radio Marca*—, vicepresidente del banco de inversiones Lazard, presidido por Jaime Castellanos y consejero de la aseguradora Willis. Borja fue el que acercó a Prado a Mario Conde ya que su hijo —con intereses en la sociedad BTA Internacional dedicada a la venta de tecnología militar— y el banquero fueron socios en la empresa constructora Spengler, que más tarde suspendió pagos.

En los últimos años el nombre de Prado y Colón de Carvajal ha estado en boca de muchos, casi de demasiados, sobre todo por su presencia mediática y judicial, donde se le vinculó directamente con Javier de la Rosa, KIO y la Casa Real saudí, conexiones demasiado sospechosas para presentarse como una mujer del césar, que en cierto sentido era lo que parecía ser. Para entender la situación voy a intentar resumirla, pero para ello debemos partir de dos hechos: un préstamo de cien millones de pesetas que los saudíes concedieron a su *hermano* Juan Carlos I, y la agresiva política de inversiones que llevó a cabo KIO a finales de los años 80 y principios de los 90, y de los que habría salido la entrega de una fuerte cantidad de dinero con destino a Manolo Prado, que Javier de la Rosa, representante de KIO, afirma iba destinado al Rey.

La historia habría comenzado en los años ochenta. El capitalito que el Rey quería hacerse, y las fuerzas políticas habrían consentido, ya no era suficiente para las eventuales necesidades económicas del monarca. Los años ochenta fueron los del despegue económico de España, el ministro socialista Solchaga llegó a decir que aquí cualquiera podía hacerse rico. Lo cierto es que muchos lo hicieron: unos pocos con negocios legítimos, y otros muchos aprovechando las corrientes de información en diversas líneas. Esta tendencia fue la que quiso aprovechar Juan Carlos I pero le faltaba una cosa, un buen capital que invertir, y fue así como en los años ochenta consiguió un préstamo de sus hermanos saudíes de 100 millones de dólares. El préstamo era sin intereses y con un plazo de devolución de diez años. El encargado de gestionarlo y moverlo no fue otro que Manolo Prado.

«Llegó el fatídico momento de la amortización del crédito y el Rey Fahd había enviado a un primo a cobrarlo. El pánico cundió en Marivent, porque no se disponía de la cantidad exigida o se confiaba en no tener que devolverla. El Rey entra en ebullición. ¡Que viene el cobrador del frac con chilaba! Y envía a Manolo Prado a que reciba con toda pompa al correo real. Se desencadenan entonces escenas de zarzuela. Manuel Prado parte veloz a recibir al Príncipe árabe, tan veloz que se lanza al aeropuerto militar en lugar de al civil, que es donde aterrizaría el saudita. Prado está confiado, pues observa en el aeródromo una agitación desusada que anuncia visitante de calidad, pero cuando colocan la escalerilla al esperado avión se percata de que quienes bajan del mismo son los duques de Kent, a quienes rinde desesperada cortesía. Juan Carlos monta en cólera, a punto de hacer rodar la cabeza del «manco en quiebra». Finalmente, cuando Prado pudo encontrar al Príncipe saudita, se postró rodilla en tierra, como su antecesor Cristóbal Colón ante el trono de los Reyes Católicos, y llorando le imploró el perdón para él y para la real deuda. Después el propio Rey telefoneó a su homólogo árabe quien, con sublime generosidad oriental, no perdonó la deuda pero concedió un plazo adicional de cinco años»[5].

¿Cómo se pagó finalmente la deuda? La historia se emponzoña aún más cuando Sadam Hussein invade Kuwait. Hasta ese momento KIO, la oficina de inversiones del gobierno de Kuwait, había hecho fuertes inversiones en España, donde incluso planeó con los Albertos el asalto del Banco Central, amén de muchas otras operaciones, la mayoría de ellas con fama de haber burlado la legalidad. El nombre de KIO, por sus actuaciones o las de sus amigos coyunturales, es de infausto recuerdo para la historia económica nacional, actitudes y comportamientos deleznables de las que sirven de peculiar recuerdo las conocidas como inclinadas torres KIO, situadas en la plaza de Castilla de Madrid.

La relación KIO—Juan Carlos I surge a raíz del pago de una importante cantidad de dinero a Manolo Prado. En ese momento quien representaba los intereses KIO era Javier de la Rosa. Según el primero recibió un pago de cien millones de dólares por asesoramiento, según el segundo fue mucho más, y tenía como destino no las gestiones de Prado sino el apoyo del Rey a la causa kuwaití. La primera gran duda es la cantidad de dinero. A todo el mundo le resulta absurdo creer que cien millones son para pagar un asesoramiento, ya que este fue el pago que reconoció Prado. Otras fuentes hablan de doscientos millones, la mitad se habría destinado a pagar la deuda con los saudíes y el resto se habría repartido en diferentes manos que habrían apoyado la causa kuwaití. De momento no hay nada probado y constatado, pero lo que sí es cierto es que desde todos los sectores españoles, empezando por el Gobierno socialista presidido por González, se apoyó la intervención armada estadounidense, y no sólo se apoyó sino que nuestras Fuerzas Armadas participaron en la Guerra del Golfo enviando incluso soldados de reemplazo. Y lo más escandaloso es que en ese momento nadie se levantó para gritar ¡No a la guerra! Si todo eso se produjo por las subvenciones KIO tendríamos que darle la razón a De la Rosa cuando dice que fueron muchos más millones.

El asunto, cuanto más se ha profundizado, ha resultado más complejo, aunque la mayoría de los que hemos visto a Javier de la Rosa y Manolo Prado sentados en el banquillo de la Audiencia Nacional tenemos una idea más o menos clara de lo que pasó. Lo que también es curioso es que, cuando el actual gobierno kuwaití se puso a la labor de recuperar todo el dinero perdido, terminó excluyendo a Prado de su lista de denunciados. «La familia que ahora reina en Kuwait quiere recuperar su dinero, pero trata de no perjudicar directamente al Rey de España, por lo que ha eliminado a su administrador privado de la lista de los perseguidos judicialmente por este gigantesco caso de apropiación indebida. El asunto KIO ha sido el que más peligrosamente ha tocado al Monarca, pues han incidido en él varios factores de alto riesgo: la enorme cuantía del dinero entregado a Manuel Prado y la escandalosa inverosimilitud de la contrapartida de semejante libramiento; la prácticas delictivas de Javier de la Rosa; los frecuentes contactos de J.R. con Su Majestad el Rey; y las indiscreciones de Prado, que en sus conversaciones telefónicas con personalidades del emirato, celosamente grabadas, juraba que actuó en nombre de su patrón»[6].

Pero este no es sino uno de los muchos asuntos pendientes que Manolo Prado tiene en los juzgados españoles, donde en alguna ocasión ha salido sin demasiada fortuna, pero no con tan mal resultado como muchos piensan que merece.

La realidad es que es difícil saber los negocios que Prado ha realizado en su nombre o en nombre del Rey, a excepción como hemos visto de aquellos que han llegado a los tribunales de justicia. Durante muchos años Prado, para sus negocios, actuó como si fuese el secretario personal del Rey. «También actúa como una especie de secretario personal de Juan Carlos para asuntos económicos, puesto que redacta cartas con el sello de la Casa Real para pedir dinero a entidades financieras o gobiernos extranjeros, según los casos, con varios fines [...] De estos asuntos, estaba enterado sólo en parte el resto del personal de la Casa que más de una vez se sorprendió, sobre todo en los tiempos en que Fernando Almansa era un recién llegado, al recibir lo que parecían respuestas a cartas que no constaban en el registro de salida. Almansa se dirigía al mismo monarca para aclarar la aparente confusión: «Señor, ha llegado una carta del Rey de Arabia Saudí diciendo que en contestación a la carta de mi hermano de fecha tal... ¿Sabe a qué carta alude? "Sí, sí, no te preocupes, ésa la escribió Manolo Prado"»[7].

Prado creó a comienzos de los años 80 su propio holding empresarial en torno a Trébol Internacional, una sociedad que contaba con un amplio objeto social, siendo una de las más importantes la gestión de patrimonios. Entre sus socios destaca el Príncipe Tchokotua y el Rey Simeón de Bulgaria, gran amigo de Hassan II de Marruecos para quién ha realizado numerosos negocios. En 1987 se crea Trebolquivir —orientada al sector inmobiliario— que cuenta como hombre de referencia a Arturo Moya, que había sido diputado de la UCD en Granada y al cuñado de Felipe González, Francisco Palomino. En su entramado también está Atlas, a través de la cuál Prado realiza actividades de comercio exterior y comisionista.

En 1991 surge uno de los grandes escándalos de Prado. La empresa pública Indra contrata sus servicios «como» consultor y «promotor» de un contrato con Venezuela cuya adjudicación era directa. El contrato estaba firmado entre Indra y la empresa Atlas Internacional, cuyo presidente era Jesús Sainz, técnico comercial del Estado y uno de los hombres de confianza de Prado. Por el asesoramiento, Atlas recibió 11 millones de pesetas al año y tenía pactada una comisión del 3 por 100 sobre el volumen total del contrato. El Consejo de Ministros, presidido por Felipe González, aprobó el 22 de diciembre de 1993 la concesión de un crédito FAD de 10.000 millones de pesetas a Indra para llevar a cabo la modernización de los aeropuertos de Venezuela. La totalidad del contrato ascendía a 32.000 millones de pesetas, con lo que la comisión de Atlas Internacional sería de 1.000 millones de pesetas. En el momento en que se adjudicó el crédito FAD, Rafael Caldera ganó las elecciones en Venezuela y paralizó el proyecto porque el nuevo presidente decidió abrir la concesión a concurso público. *El Mundo* declaraba entonces «La actividad de comisionista ha sido la que Prado ha venido ejerciendo desde sus distintas empresas, favorecida por su confesada amistad con el Rey de España y su oficioso papel de «albacea» de la fortuna personal del monarca. Fue esa amistad la que le permitió situarse al frente, en la década de los 70, de la sociedad Alkantara Iberian Export, una sociedad mixta impulsada por los Gobiernos de España y Arabia Saudí, para canalizar, en principio, la venta de bienes de equipo a Riad. En la empresa participaron FOCOEX y el INI, por parte española, y Triad Internacional, la sociedad de Adhnan Kashogui, por parte saudí, en la que trabajaba un hijo de Prado, Francisco de Borja. Tras los malogrados intentos por impulsar una activa presencia empresarial española en Arabia, Alkantara se reconvirtió para canalizar la venta de armamento y Prado, que había obtenido pingües beneficios en la negociación del acuerdo de suministro petrolífero con Arabia, logró contactos al más alto nivel con los principales mandatarios árabes. Para Prado, diplomático regio, los negocios fueron viento en popa hasta que se produjo la llegada al poder de los socialistas en 1982. A partir de ese momento, algunos de sus más ambiciosos proyectos empresariales resultaron un fracaso»[8]. Y entre ellos el intento de instalar en Salou el parque de atracciones Eurodisney, que el Gobierno de Felipe González boicoteó con el fin de que el éxito no se lo atribuyera Jordi Pujol.

Prado comprendió entonces la necesidad de acercarse al socialismo. En 1995 comparte negocios con Enrique Sarasola en Filo, una empresa con sede social en Barcelona dedicada a cuestiones inmobiliarias. Fracasó también en su intento pese al apoyo del Rey. Éste cedió su nombre para un gran complejo turístico que iba a incluir un gran hotel de lujo con casino que llevaría el nombre de Marina del Rey. El proyecto ocupaba más de 15.000 metros cuadrados en el margen derecho del Guadalquivir pero la voracidad socialista impidió el éxito de la operación.

Debido a las relaciones del Rey con personajes turbios del mundo de los negocios se ha planteado la posibilidad de que el monarca cobrara comisiones en negocios de dudosa legalidad.

«Una de las primeras formas conocidas que Juan Carlos de Borbón utilizó para ir ganando un pequeño capital fueron las comisiones del petróleo. Todavía en tiempo de Franco, hubo una crisis petrolífera que afectó a España de manera importante. Entonces Barrera de Irimo, que era ministro de Economía, se le ocurrió ir a ver al Príncipe y pedirle que hiciera de intermediario con el Príncipe Fahd, de Arabia Saudí, uno de los productores de crudo más importantes, para conseguir una rápida remesa de petróleo. Juan Carlos envió a un emisario y la respuesta fue inmediata: «Decid a mi hermano el Príncipe Juan Carlos, que le enviaremos todo el petróleo que España necesite». A cambio de estos servicios de mediación, el Príncipe cobraba una comisión, cosa que a todo el mundo le parecía muy normal»[9]. Prado era el encargado de negociar los asuntos. «Alfredo Prado, director de flota de CEPSA, lo pudo comprobar cuando tuvo que suspender un viaje a Kuwait que tenía programado para firmar un contrato multimillonario de compra de petróleo al emirato, que le dejaría un beneficio abundante de dos centavos por barril en concepto de regalía para el comprador. Cuando ya estaba a punto de irse, le avisaron para decirle que no fuera, que la firma del contrato sería a cargo de don Manuel Prado y Colón de Carvajal, cosa que le sorprendió [...] A finales de los setenta el Gobierno de Suárez había adoptado un acuerdo para que un porcentaje pequeño de las transacciones comerciales petrolíferas realizadas por España con otras monarquías del mundo se desviara hacia el patrimonio privado de los Borbones. Estas transacciones comerciales estaban gestionadas por Manuel Prado»[10].

José María Ruiz-Mateos

Si hay un empresario mediático por excelencia es José María Ruiz-Mateos. La intervención del Estado en el holding Rumasa el 23 de febrero de 1983 fue la puesta de largo de la política económica felipista. Desde ese día Ruiz-Mateos se convirtió en el mártir de la resistencia al socialismo. En una inteligentísima campaña de marketing consiguió que su caso no se olvidase, y tanto, porque si hacemos caso de los rumores de su reciente encarcelación, aunque sólo fuese por unos días, cuando tenía casi ochenta años y un vademécum de enfermedades, habría sido utilizado como cortina de humo para tapar otros escándalos en la línea marcada por la investigación judicial contra la tonadillera Isabel Pantoja.

En los meses posteriores a la intervención de Rumasa Ruiz-Mateos vivió una peregrinación en huida de la policía española, una peregrinación en la que quien quería encontrarle, le encontraba, como el periodista Julián Lago, que se reunió con el empresario en Londres. Ruiz-Mateos puso en marcha la estrategia del ventilador, pero eso no quita para que en sus adjetivadas palabras pudiera haber un fondo de verdad. Lago recurre a esta vieja fórmula del periodismo, decir que no se cree las palabras de su entrevistado, pero reproducirlas. En la entrevista publicada en *Tiempo* el 16 de febrero de 1984 recuerda su encuentro con el jerezano:

«"Yo tengo papeles muy comprometedores. ¿Qué cuáles? Pues éste, por ejemplo". Y éste, por ejemplo, no era sino la fotocopia de la traída y llevada transferencia fantasma de tres millones de dólares, fotocopia entregada al secretario general de banca de UGT, Justo Fernández, en su reciente viaje a Londres. «Mire, usted es el primer periodista que ha tenido en sus manos este documento», me dijo Ruiz-Mateos en su casa aquel 14 de agosto. Hace ya año y medio. «Pura dinamita, ¿eh?» Aquel histórico descubrimiento no me impresionó en absoluto. Era un simple papel mojado. Un impreso bancario escrito en inglés en el que podía leerse textualmente: «Unión de Bancos Suizos. Ginebra. 1 de abril de 1982. Banco de Nueva York. Crédito menos cargos: 3.000.000 dólares USA. A favor de la cuenta 08-2651. Siguiendo sus instrucciones. Referencia: notificar a mister McVey. Débito por cuenta de Bankunión».

»Reaccioné, evidentemente. El diálogo que entonces sostuve con Ruiz-Mateos lo rescato ahora de las anotaciones de urgencia que tomé ya en el hotel. «¿De quién es esa cuenta?» «Ah, desde luego ese dinero era para el Rey». «No me lo creo». «Pues créaselo». «Tendrá usted pruebas para demostrarlo». «Mi testimonio». «No sirve de nada». «Es que la cuenta cifrada ya no existe». «Pues lo tiene usted mal». «Ya veremos». «Además, ¿a cambió de qué puede usted explicar los tres millones de dólares». «A cambio de la cabeza de Mariano Rubio, el subgobernador del Banco de España». «Imposible; eso es una ingenuidad. El nombramiento y cese de Mariano Rubio no es potestativo del Rey; depende sólo del Gobierno». «Bueno, pero será un escándalo». «Lo dudo, porque no tiene consistencia jurídica alguna cuanto usted dice». «De momento, toda la prensa, periódicos y televisiones del mundo, se harán eco de ello. Luego, ya veremos. Será un escándalo».

Y como colofón a este relato, Julián Lago incluye el siguiente párrafo: «"¿Usted no conoce la historia aquella del maletín?" «¿De qué maletín?» «Era un maletín precioso, de Loewe, que tenía una particularidad: dentro había un detalle también precioso: veinte millones de pesetas». Y a continuación soltó sobre la mesa el nombre del afortunado. «Podrá usted demostrarlo». "No, claro; un regalo no deja pruebas"».

Julián Lago, en el reportaje que incluye los párrafos de la entrevista antes citada y en otras informaciones posteriores, califica de falsa la acusación de Ruiz-Mateos. Pero cualquier profesional de la información sabe que las informaciones falsas no se reproducen, que es absurdo, y cuando se juega con estos subterfugios, normalmente, se quiere dar por cierta una información que, para salvar las apariencias, se califica de rumor infundado, absurdas acusaciones o expresiones similares.

Entre las diversas acusaciones del empresario que afectarían al Rey está una referida a un presunto *regalo* del jerezano para que el Monarca influyera en la destitución de Mariano Rubio, que tanto daño estaba haciendo al entramado bancario de Rumasa. «Según la versión, Ruiz-Mateos había llegado a pactar, directa o indirectamente, con el Rey la destitución del subgobernador del Banco de España, Mariano Rubio, hacia el mes de abril de 1981, fecha que coincide con la inminente celebración del XX Aniversario de Rumasa, ocasión en la que el Rey recibió al presidente, en La Zarzuela. A cambio, el entonces presidente del holding debía retribuir al Rey con una suma de seis millones de dólares. La mitad sería entregada en el momento del pacto y la otra mitad una vez que se consumara la operación. Ruiz-Mateos sostenía que el 30 de abril de 1981 había hecho una transferencia de tres millones de dólares, iniciales, desde una cuenta en la Unión de Banques Suisses, Ginebra, a la cuenta 08-2651 del Bank of New York, en Nueva York»[11].

La campaña de imagen de Ruiz-Mateos ha sido aprovechada por muchos de sus detractores para desprestigiarlo y restar validez a su testimonio, pero eso no es prueba de que estuviera mintiendo. Sus acusaciones no se pueden probar, pero es este un buen momento para recordar una frase que, según Jesús Cacho, el Rey le habría dicho a Mario Conde cuando el banquero cayó, «te has comportado como se esperaba de ti, porque tú no podías convertirte en un nuevo Ruiz-Mateos»[12]; si se pudiera comparar las simpatías de Conde y Ruiz-Mateos con el Monarca, la frase ¿lapidaria? carecería de sentido alguno, y en La Zarzuela hay de todo menos palabras vacías.

Javier de la Rosa

En el epígrafe dedicado a Manuel Prado y Colón de Carvajal señalamos la conexión que habría entre Javier de la Rosa—KIO y el Monarca, en relación con el pago del préstamo que en su día Arabia Saudí concedió al Rey; pero la sombra del polémico empresario catalán es mucho más alargada.

Los ingentes beneficios producidos por petrodólares llevó a que en los años ochenta los productores del golfo decidieran reinvertir parte de sus multimillonarios beneficios. Uno de los países más ricos, Kuwait, creó para ello la Kuwait Investment Office (KIO), y puso sus ojos en España donde, según palabras del propio ministro de Economía socialista, Carlos Solchaga, era más fácil hacerse rico. Para dirigir todas sus inversiones se fijaron en un empresario, que en ese momento ya no vivía ajeno a la polémica, Javier de la Rosa.

Javier de la Rosa Martí nació en Barcelona en 1947. Pertenecía a una familia acomodada de la burguesía catalana y así fue su juventud, estudios en los jesuitas, licenciatura en Derecho y máster IESE, todo esto combinado con su devoción católica y pasión periquita. Desde esa aparentemente tierna infancia se vio afectado por las polémicas, en las que le introdujo su padre que, años después se vería envuelto en un escándalo de varios miles de millones de pesetas, cuando era secretario del Consorcio de la Zona Franca. Antonio de la Rosa —el padre de Javier—, huyó de España y años después fue declarado oficialmente muerto. No hace mucho tiempo, cuando ya todas las posibles acciones habían prescrito, resucitó apareciendo un domingo en Misa, como si nada hubiese pasado.

En 1971, recién licenciado, ingresa en el Banco Pastor, institución financiera gallega perteneciente al franquista Pedro Barrié de la Maza, conde de Fenosa, que lo contrata como adjunto a la dirección. A los pocos años cambia de destino fichando por Banesto para su filial Banca Garriga Nogués. «En esa época, Javier de la Rosa ha ganado ya el suficiente dinero como para comprarse un despampanante Porsche con el que se convierte en la envidia de sus compañeros de milicia universitaria en el Cuartel de Alta Montaña de Berga. El alférez De la Rosa inicia allí una afición que le durará toda la vida. Aprende que con dinero se consiguen las cosas más inverosímiles del mundo, como dejar de pasear el Cetme, de hacer instrucción o de esquiar por el Pirineo con una mochila del Ejército con treinta y cinco kilos de peso a las espaldas.

»A cambio de librarse prácticamente de la mili, los oficiales y jefes de unidad reciben todos los meses sus correspondientes cajas de champán del Penedés y, el día de la Virgen de Montserrat, patrona de Cataluña, el obsequio se hace extendido a todo el cuartel. De la Rosa envía nada menos que una furgoneta de alcohol y burbujas para hacerse perdonar sus obligaciones para con la patria»[13].

De la Rosa consigue en pocos meses llegar a director general de la Banca Garriga Nogués, donde logra unos resultados teóricamente espectaculares. En 1985 abandona la filial de Banesto y, cuando Mario Conde se hace con el control del banco, decide rebuscar en todos los armarios en busca de los esqueletos que se esconden, es así como descubre que De la Rosa ha propiciado un agujero de 98.500 millones de pesetas.

Su salida de Garriga Nogués coincide con el inicio de su colaboración con KIO. En los años anteriores KIO había desarrollado sus actividades en países de primer nivel económico, como Gran Bretaña o Alemania; pero cuando en 1987 los gobiernos de estos estados deciden poner coto a unas inversiones que consideran peligrosas para sus economías, Javier de la Rosa convence a los kuwaitíes de que es el momento de invertir en España, donde todo el monte económico es orégano.

La Guerra del Golfo cambió radicalmente el panorama internacional, y aunque los aliados vencieron y Kuwait recuperó la independencia, hubo muchos cambios entre la realeza dirigente y el nuevo gobierno se puso a analizar con lupa las inversiones hechas por los anteriores emires. Lógicamente, sus ojos se posaron en las inversiones más cuestionables, y éstas eran las de España. En los siete años anteriores, sólo en España, KIO había perdido 250.000 millones de pesetas, motivo más que sobrado para plegar velas y retirar las inversiones. El 5 de diciembre de 1992 el grupo kuwaití suspendió pagos, cerraron muchas de sus empresas, provocando que 100.000 trabajadores tuvieran que visitar las oficinas del INEM.

La grave crisis abierta, y las más que evidentes muestras de presunta corrupción que se han presentado en el panorama español, convirtió el asunto KIO en uno de los caballos de batalla político, en las que el PP lo convirtió en ariete para arremeter contra el gobierno socialista en el poder. «Lo cierto es que, cuando el 27 de octubre de 1993 Felipe González y José María Aznar se reúnen por primera vez tras las elecciones en la Moncloa, el presidente del Gobierno está seguro de que el PP no va a seguir incordiando con el caso KIO. El líder del centro derecha español se había entrevistado dos días antes con el Rey. En La Zarzuela se le insinuó que una querella en bloque contra el Gobierno podía suponer un desprestigio para las instituciones. El mismo manto de silencio se ha impuesto sobre los medios de comunicación, poco dados a poner en letra impresa los negocios que pudieran afectar a Felipe González y al área económica del Gobierno. Así, la quiebra más grande de la historia de España ha pasado casi desapercibida para la opinión pública, mientras asuntos de relevancia política y social mucho menos, han ocupado las primeras páginas de los periódicos durante meses enteros»[14].

¿Por qué hubo un pacto de silencio en todos los estamentos para tapar el asunto KIO? ¿Qué le insinuó el Rey a Aznar en La Zarzuela? ¿Acaso el sentido de estado y el sentimiento monárquico de Aznar le llevó a renunciar a la principal piedra que podía lanzar contra el tejado felipista? En definitiva... ¿Qué relación había entre Javier de la Rosa y Juan Carlos I?

La relación entre el Rey y Javier de la Rosa ha estado marcada por el mundo de los rumores, de las insinuaciones y las acusaciones cruzadas. La lectura atenta de todas las historias relacionadas con el mundo financiero de los últimos veinte años ofrecen algunas referencias indirectas al Monarca y su relación con De la Rosa, desde el regalo de un Porsche a la ya comentada liquidación del crédito con los árabes. En su libro *El tiburón*, Manel Pérez y Xavier Horcajo señalan que el Porsche 959 fue un regalo de Javier de la Rosa y otros diez empresarios para homenajear al Rey con motivo del día de su cumpleaños. El vehículo estaba valorado entonces en 24,5 millones de pesetas y se supo de él gracias a un registro judicial realizado a una sociedad de la que De la Rosa era apoderado. Es el famoso deportivo con el que el Rey y su hija, la infanta Cristina, se accidentaron mientras se dirigían hacia la estación de esquí de Baqueira Beret. El accidente, consecuencia de la velocidad a la que iba el monarca que no pudo controlar el coche al pasar por encima de una placa de hielo, puso de relieve las imprudencias del Rey y su facilidad para fajarse de sus guardaespaldas. El coche de los escoltas llegó muy retrasado, cuando Su Majestad y su hija estaban siendo atendidos en un puesto cercano de la Cruz Roja.

Del mismo modo, el nombre de De la Rosa se ha vinculado a toda clase de operaciones de espionaje, de acaparamiento de información privilegiada sobre la intimidad de las personas, y no sólo sobre la intimidad sexual sino preferentemente sobre la intimidad financiera, como una operación de crédito que Banesto hizo con el Rey, y que fue misteriosamente cancelada, tal y como se comenta en las páginas siguientes.

Todo lo dicho queda en el mundo de los rumores, nunca se ha confirmado nada, pero siempre se ha especulado con la presión que De la Rosa ejercería sobre el Rey con la amenaza de tirar de la manta. Seguramente la amistad con el financiero catalán fue la más peligrosa de todas, y a lo mejor por eso uno de los mayores disgustos de la Casa Real fue el noviazgo de Gabriela de la Rosa, hija de Javier, con Juan Gómez-Acebo Borbón, primogénito de la infanta Pilar y, consiguientemente, sobrino carnal de Juan Carlos I. La relación ha durado varios años y parece que se rompió en la primavera de 2007. En un primer momento disgustó enormemente en el entorno regio, pero hay quien dice que también pudo reconducirse hacia lo contrario, a asegurarse de que el padre de la novia no tuviera tentaciones de poner en marcha el ventilador.

Actualmente la historia de Javier de la Rosa parece olvidada por políticos y medios de comunicación, pero está ahí y estamos seguros de que en cualquier momento puede reventar porque el financiero es joven para jubilarse, y aunque haya archivado sus problemas anteriores seguro que tarde o temprano vuelve a poner su maquinaria de especulación en marcha.

La ambición descontrolada de Mario Conde

Los amigos-socios del Rey han supuesto, y siguen suponiendo, un gran peligro para la institución, y el más peligroso de todos fue Mario Conde, el abogado del Estado reconvertido en empresario y banquero que creyó podía tener el mundo en sus manos. Mientras tuvo dinero y poder todos les hicieron los coros, cuando cayó nadie se molestó ni siquiera en dedicarle una cruel despedida. Mario Conde pasó de los salones de La Zarzuela al economato de la prisión de Alcalá-Meco, con él cayeron las grandes ambiciones pero no desaparecieron. Cualquier día pueden resurgir algunos de los muchos fantasmas que seguro que el banquero guarda en sus armarios de seguridad, repartidos por todo el mundo.

Juan Carlos I de tonto e ingenuo tiene poco, por no decir nada, pero con Mario Conde no tiene disculpa alguna ya que, cuando le recibió por primera vez y empezó a devolverle las sonrisas, lo único que tenía Conde era dinero y poder, porque prestigio, reconocimiento y, sobre todo, buena fama, no tenía ninguna. En ese momento era ya sospechoso de una pléyade de delitos, motivo más que sobrado para que la única forma que tuviese de ver al Rey era metiendo mano en las monedas, en las que debería llevar, que no llevarse.

«El Rey pudo ser seducido por el encanto y la simpatía del gallego, y ello es muy humano. Había recibido el Monarca avisos de gente de mucho peso, como su buen amigo Juan Abelló, el mejor conocedor del personaje del que había sido jefe en Antibióticos y socio y aliado fundamental en la venta de Antibióticos a Montedison (que reportó 450 millones de dólares) y en la conquista de Banesto. Habrían llegado igualmente a los oídos reales las advertencias de otro amigo, viejo monárquico y de una tradicional familia de Banesto, Juan Herrera, marqués de Biseca de la Sierra, casado con Dolores Martínez Campos, hija del duque de la Torre, que fue preceptor del Rey y presidente de Petromed, una de las sociedades en las que Conde desarrolló su contabilidad imaginativa. Y desde luego recibiría las advertencias del jefe de la Casa, Sabino Fernández Campo, quien fue el gran enemigo a batir por el nuevo amigo del Rey, lo que consiguió aplicando inmisericordemente la calumnia: que Sabino conspiraba para que el Rey abdicara, que intoxicaba a la prensa contra Su Majestad, que se permitía comentarios desleales sobre miembros de la Familia Real, etc. El Rey puede equivocarse como todo el mundo, pero lo que no puede negarse es que, ya entonces, la figura de Mario Conde podía calificarse por lo menos de «problemática», y por tanto la amistad real, de arriesgada.»[15].

La relación del banquero con la Familia Real vino de la mano del conde de Barcelona. Siempre se ha dicho que si quieres conquistar a un hombre, el mejor camino es conquistar previamente a su mujer, luego ella te lo servirá en bandeja de plata. Como con Doña Sofía no había, y es imposible que la haya, posibilidad alguna, el banquero buscó un posible punto débil y lo encontró en Don Juan. El padre del Rey, ignorado por muchos y abandonado por los monárquicos, era el blanco ideal. Además estaba enfermo, grave, no abundaba de recursos, y tenía bastantes puntos mal defendidos en su coraza de aparente impunidad. «La soledad es la única explicación de por qué Don Juan [...] acogiera en su hogar a Mario Conde, con el que consumía las horas en interminables partidas de cartas»[16] La relación de Conde con el conde de Barcelona parece ser que comenzó hacia el año 1985, cuando el futuro banquero era aún un desconocido, pero luego se acrecentó durante la presidencia de Banesto. Don Juan visitaba y almorzaba en la sede del banco, y Conde visitaba y cenaba en la casa madrileña del padre del Rey en la selecta urbanización de Puerta de Hierro, y que fue bautizada con el simbólico nombre de *Villa Giralda*, que era el mismo nombre que le había puesto a su residencia en Estoril durante el largo y difícil exilio en Portugal.

De esta relación de interesada amistad pudo ser que naciera el crédito que salvase a un entonces agonizante *ABC*, cuando aún era monárquico, y que fue cubierto por Banesto. Pero una cosa no quita la otra y Mario Conde dedicó muchas horas, muchísimas, al conde de Barcelona. Le acompañó en sus últimas diversiones y le atendió en sus largos años de enfermedad, incluyendo larguísimas vigilias en la clínica de Navarra. Jesús Cacho asegura que, en los estertores de Don Juan, el Rey llamó por teléfono a Conde para decirle: «vente a ver a papá, porque dice que se aburre con todos menos contigo, ¿y cómo está Don Juan, Señor?, muy mal, se está muriendo, pero, Mario, te lo pido, vente a verle si puedes, porque no para de preguntar por ti, no quiere verme a mí ni al Príncipe ni a las infantas; es que se está muriendo y no deja de repetir que venga Mario».

Uno de los aspectos que marcan con más claridad esta relación, y la que ya había nacido con el Rey, es el de la mano contable que se hizo cargo de los costosísimos gastos médicos de la enfermedad de Don Juan. «Cuando Don Juan muere, se hace cargo —el banco naturalmente— de la factura de la clínica. Este extremo ha sido desmentido por Alfonso Ussía, hijo del conde de los Gaitanes, quien fuera el intendente de *Juan III*, que ha mostrado la factura pagada por La Zarzuela. No obstante, éste es un extremo que me ha desmentido una fuente de la mayor confianza. La factura se ha cargado, en efecto, a la Casa de Su Majestad, pero ello no es óbice para que alguien haya ingresado previamente el dinero en la cuenta real. Ese alguien se llama Mario Conde»[17].

Durante las numerosas visitas de Conde a la Clínica de Navarra, que procura hacer con la mayor discreción posible, pero que también habría procurado filtrar a la prensa, se encuentra en varias ocasiones con el Rey. En los últimos días de vida de Don Juan su hijo le visita con mucha mayor frecuencia de la que salió en prensa, vive esos momentos con intranquila soledad y gran angustia personal, y allí está Mario Conde para consolarle, asistirle, y convencerle de que no tenía que tener ningún problema de conciencia, desde entonces se convirtieron en íntimos. Si hacemos caso de la rumorología publicada, Conde habría seducido a Don Juan diciéndole que él merecía haber sido Rey, que había sido maltratado y vilipendiado por muchos, entre los que estaba su hijo. De la misma manera al Rey le habría dicho que su comportamiento fue ejemplar y que lo que importaba era la Institución. ¡Qué dos maneras distintas de ver la misma realidad! ¡Qué dos ingenuos que se dejan calentar las orejas con lo que quieren escuchar! ¡Y qué manera tan simple y vieja, aunque trabajaba, de conquistar el corazón de dos personas!

Tras la muerte de Don Juan Conde decidió que era hora de jugarse la amistad del Monarca a un solo número. Durante los días fúnebres estuvo en contacto permanente con el Rey, a quien visitó personalmente en La Zarzuela el día 5 de abril, sólo cinco días después de la muerte del conde de Barcelona. Fue en esta reunión cuando lo echó todo: «Majestad, lo que voy a decirle ahora no lo repetiré nunca más, porque a los gallegos nos da vergüenza hablar de estas cosas: yo adoraba a Don Juan, pero siempre tuve claro quién era el Rey, y ahora le tengo mucho cariño al Rey, desde luego mucho más que antes. Y todo mi afecto pasado hacia Don Juan es hoy para el Rey.

El Rey guardó silencio y me miró muy emocionado; vi que unas lágrimas estaban a punto de despegar de sus ojos, y que a mí me ocurría lo mismo, fue un momento muy duro, pero ambos conseguimos controlarnos, e inmediatamente pasamos a comentar lo bien que había salido todo, y el magnífico comportamiento de los medios de comunicación.

—Es posible, Señor, que no se haya percatado de la tremenda importancia de estos actos. El simbolismo de la imagen del furgón con los restos de Don Juan, el Rey detrás y el Príncipe un poco más lejos ha borrado de un plumazo la dictadura sin necesidad de explicitarlo. Nunca mejor dicho eso de que una imagen vale más que mil palabras.

[...] Al despedirnos, el Rey me dio un abrazo muy sentido, mientras me decía:

—Ya no tienes a papá, pero ahora me tienes a mí»[18].

En ese acto se produjo la claudicación del monarca ante el banquero, pero además del Rey y su padre, Conde también se trabajó a otros miembros de la Familia Real. «Colocó a la infanta Pilar, hermana del Monarca, en la Fundación Banesto. [...] La explicación que aportan quienes han podido recoger las confidencias de Conde es que, de esta forma, la infanta, en situación económica apurada al quedarse viuda, podía pagar una antigua deuda de siete millones de pesetas contraída con el banco por su difunto esposo, Luis Gómez Acebo. Banesto potenció también la presencia en la entidad del duque de Calabria, Carlos de Borbón Dos-Sicilias, primo del Rey»[19].

«Luis Gómez-Acebo dejó al morir una deuda de 7 millones con el banco, consecuencia de un aval que había prestado a un amigo para la apertura de un restaurante en Palma, el caso es que Doña Pilar acudió a pedir ayuda a su cuñado Ricardo Gómez-Acebo, no puedo pagar esto, no tengo un duro, y claro, Pilar, comprendo tu situación, pero los bancos no suelen perdonar las deudas de sus clientes, eso no se puede hacer, mira a ver si el director de la sucursal te da unos plazos, un interés especial...

El caso es que el Rey llamó a Mario, hombre, tienes que arreglar esto, porque mi hermana no tiene dinero, y Mario decidió plantear el asunto en la comisión.

—Lo que podemos hacer es darle un cargo en la Fundación y lo que cobre que se aplique a la amortización de principal e intereses durante el tiempo de vida del crédito.

El acuerdo se aprobó por unanimidad, y a partir de entonces doña Pilar de Borbón contó con un despachito en la Fundación Banesto, sin nada que hacer, naturalmente»[20].

Entrar en el círculo de La Zarzuela, ser íntimo del Rey era obsesión principal de Mario Conde, y lo hacía tanto por el regustillo personal como por la vitola de seriedad, seguridad y control del Estado que eso le daba sobre sus competidores, y, sobre todo, en el mundo internacional. El trabajo fue lento y tenaz, y empezó de una manera tan vulgar como veraneando en Mallorca, teniendo un barco estético que atraía a la prensa, la goleta *Alejandra*, y procurando revolotear alrededor de todo lo que tenía el tufillo real. Hay incluso quienes afirman que el propio Conde favorecía el trabajo de los *paparazzi*, o incluso les regalaba las fotografías que hacía su servicio de seguridad, siempre con el ángulo más real posible. Puede parecer rocambolesco, pero aunque no sea el tema no debemos olvidar la maniobra económica que materializó el presunto *paparazzi* que habría pillado *in fraganti* a Alberto Cortina y Marta Chavarri, en unas más que famosas fotos que, entre otras cosas, sirvieron para arruinar el asalto que estaba casi hecho al Banco Central.

Conde perseveró pero no fue un camino de rosas. Al principio todo eran rechazos y burlas del clan de la *beautiful people* —los Reyes de la cultura del pelotazo con el PSOE—, pero él tragó y calló, supo aguantar y luego no se lo echó en cara, pero lo tuvo siempre muy presente. «El Rey Juan Carlos I miraba con recelo a ese nuevo rico hortera, salido de nadie sabía dónde, bueno sí, salido de las entretelas de Juan Abelló, esa era la tarjeta de visita, «el abogado de Juan Abelló», la referencia que prima durante mucho tiempo, el sello que imprime el propio Juan cuando rompe con Mario, porque Juan Abelló sí era amigo del Monarca, Juan era miembro de aquella peña iniciática de amigos de S. M., ese selecto grupo con pretensiones de club británico, élite con la que el joven Rey compartía cena y tertulia, los Entrecanales, Garrigues, Ruiz de Alda, De la Concha, Rubio, peña que, enterita, era enemigo de Mario, sobre todo después de la riña con Abelló, aquella ruptura que tantas puertas, tantos salones, le vetó, y que también le taponó la entrada en La Zarzuela, haciendo mucho más ardua la conquista de un lugar al sol al lado del Rey de España»[21].

En ese grupo participaban también Plácido Arango, Carlos Bustelo, Carlos Solchaga, Claudio Boada, Rafael del Pino, Juan Tomás de Salas y Miguel Arias Molino, socio del Rey en el restaurante Las Cuatro Estaciones de Madrid. Mariano Rubio era el gobernador del Banco de España. De golpe surgió el escándalo de la trama de Ibercorp en la que muchos de los asistentes a estos encuentros denominados «cenas de amor» se vieron implicados. Del Rey no se demostró implicación alguna.

En estos intentos es necesario recordar uno de los primeros encuentros entre el Rey y Conde, con motivo de la visita institucional a La Zarzuela del consejo de administración de Banesto en 1988. Conde quiso hacerle un regalo personal al Rey, un regalo que utilizase, y por eso aceptó la sugerencia de un reloj, que tanto entusiasman a Don Juan Carlos. La pieza elegida fue un Patek Philippe modelo Nautilius. A los pocos días Conde recibió el regalo de vuelta, acompañado de una llamada de Sabino Fernández Campo.

«—Mario, hemos recibido esto y, la verdad, no te parezca mal, pero Su Majestad no tiene por costumbre aceptar regalos, y menos de esta naturaleza, un regalo tan caro.

—¿Cómo que no acepta regalos?

—No acepta regalos.

—Pues, perdona que te diga, Sabino, que sí los acepta. Si no, a ver por qué ha aceptado el Porsche que le ha regalado Javier de la Rosa…»[22].

Sabino, desde el primer momento, se dio cuenta de la jugada de Conde, de su interesada amistad con Don Juan, con la que lo único que buscaba era una llave para entrar en La Zarzuela.

Desde ese día Mario Conde puso en el punto de mira a Sabino Fernández Campo. Sabía que el general no le tragaba, pero él aguantó, sonrió, y esperó el momento oportuno. A finales de 1992, cuando su influencia en el entorno y en el trono era considerable, decidió que era hora de vengarse de Sabino. Por un lado quería devolverle las numerosas patadas que le había dado, y por otro quería eliminar al último freno que le impedía mover los hilos de la marioneta. Lógicamente había que pensar en un nuevo candidato, y este no era otro que Fernando Almansa, antiguo compañero de pupitre en Deusto; candidato que también recibe la bendición de Manolo Prado y Jesús Polanco.

El nombramiento de Almansa supuso el ascenso definitivo de Conde, que ese verano vio rubricado públicamente el apoyo y la amistad del Rey cuando el Monarca fondeó el *Fortuna* junto a su *Alejandra*, subió a bordo y admiró el barco del banquero. Ese día Conde se sintió feliz, el pez no sólo había mordido el anzuelo sino que lo tenía ya en el barco. La felicidad era máxima pero, como siempre, duró poco. Las malas lenguas, casi siempre acertadas, cuentan que en ese encuentro en las aguas de Conejera el Rey animó a su nuevo amigo a que diese el paso adelante, a que preparase su salto a la política. «Mario Conde ya ha llegado. Se ha hecho insustituible en La Zarzuela, tiene línea directa con Felipe González, y un hermoso pacto con Jesús Polanco. Son las tres puntas del triángulo del poder, sobre el que sobrevuela Mario Conde.

[…] El banquero no cabía en sí de orgullo cuando a la puesta de sol de aquel 16 de agosto gobernaba la caña del *Alejandra* rumbo a

Puerto Portals. Lo de aquel día quedaría grabado para siempre en su memoria. Aquello había sido mucho más que una visita de vacaciones, aquello era el establecimiento de lazos duraderos entre dos familias, la familia Conde y la Familia Real, dos familias al completo, el símbolo de una amistad imperecedera, el triunfo de toda una vida y el reconocimiento de la valía de un hombre, el gran Mario, el listo, avispado y resuelto amo del universo español»[23].

La aspiración de Conde no era gobernar España sino dirigirla convirtiéndola en su cortijo particular. Era tal su convencimiento que llega a considerarse el salvador que todos querían por la patria, empezando lógicamente por el primero de los españoles. «No tengo duda de que el Rey confía plenamente en mí, y estoy seguro de que le encantaría que yo fuera presidente del Gobierno, porque sabe que uno de mis objetivos fundamentales sería el prestigiar la institución monárquica, pero los deseos y la realidad a veces transitan por senderos diferentes»[24].

Conde se convirtió en el principal valedor de Fernando Almansa, vizconde del castillo de Almansa, que con el tiempo demostró que su elección fue más que acertada. Tras su sustitución al frente de la casa ha seguido manteniendo una relación muy estrecha con La Zarzuela. Fuentes cercanas a este entorno aseguran que su relación con el Rey es íntima y de confianza, hasta el punto de que hoy en día podría ser él, el encargado de llevar los asuntos privados de la Casa. Esta relación entre Juan Carlos I y Almansa llegaría al extremo de que pudieron llegar a convertirse en familia. Durante los años 2005 y 2006 se vio a Almansa acompañando, en numerosas ocasiones, a Sandra Torlonia, la prima carnal favorita del Rey. La madre del polémico conde Lequio, e hija primogénita de la infanta Beatriz, frecuentó durante ese tiempo a Fernando Almansa. Se les vio juntos en Madrid y en Roma, y aunque nunca se evidenciaron gestos públicos que asegurasen que entre ellos había un romance, los amores otoñales de gente educada son de esta manera. Cuentan que el Rey era consciente de esta relación, y que por el hecho de ser los dos viudos, podían perfectamente volver a casarse, y para ello el entorno ideal sería la colegiata del palacio de La Granja, evidentemente con el Rey de padrino.

La relación del Conde con la Familia Real le llevó a convertirse en el banquero de la Casa o, mejor dicho, de lo que no era la Casa pero pasaba por La Zarzuela, puesto en el que sucedió a Alfonso Escámez. Ernesto Ekaizer ha explicado como, tras la intervención de Banesto, la existencia de estas cuentas provocó una gran preocupación en el nuevo gestor de la entidad.

El 29 de diciembre de 1993, cuando el Banco de España acordó la intervención de Banesto surgió un problema: «una cuenta de crédito, la número 148677-172, de fecha 26 de mayo de 1992, cuyo origen se remontaba a 1989. Era una cuenta que mantenía el Rey Juan Carlos en Banesto. Dicha cuenta tenía, al 29 de diciembre de 1993, un saldo negativo de 150 millones de pesetas»[25]. El origen de la cuenta se remontaba al año 1988, cuando el Rey decidió hacer una inversión en Asturiana de Zinc, a sugerencia del presidente de esta empresa Francisco Javier Sitges, uno de sus mejores amigos, operación que con el paso del tiempo se fue complicando y enredando.

La existencia de esta cuenta causó gran preocupación en Conde, quien rápidamente se puso en contacto con Cándido Fernández, su director general adjunto, dedicado a las relaciones con las instituciones y operaciones especiales, para indicarle que había que resolver, inmediatamente, ese asunto, para que el Rey no se viese involucrado en un escándalo financiero.

Cándido Fernández entendió la gravedad del problema y se puso en contacto con Alfonso Fierro, presidente ejecutivo de Sindibank, a quien contó el problema. «Fierro ofreció su colaboración inmediatamente. Él y Fernández quedaron en volver a hablarse por la noche, Fierro deseaba comentar el asunto con el Rey y esperaba comunicar con él en Baqueira Beret esa misma noche. A eso de la una de la madrugada del día 30 de diciembre, sonaba el teléfono en el piso 1, octava planta, de la madrileña calle Núñez de Balboa número 83. Era el domicilio de Cándido Fernández.

—Cándido, soy Alfonso, perdona, ya es muy tarde —dijo.

—No, no es nada. Si estaba esperando que llamaras —respondió Fernández—. ¿Cómo ha ido? —preguntó, ansioso.

—Muy bien, está todo hablado, le ha parecido muy bien. Así que mañana lo pongo en marcha y lo arreglamos para ingresar el dinero.

Quedaron al día siguiente en Banesto.

Alfonso Fierro abrió una cuenta de crédito a nombre del Rey, en el Sindibank, para sustituir la de Banesto, y preparó un talón que sería ingresado en la sucursal de la Castellana. De modo que el 30 de diciembre de 1993, la cuenta de crédito 148677-172 quedó cancelada en Banesto»[26].

El asunto parecía estar arreglado hasta que el 4 de abril de 1994 el nuevo responsable de Banesto, Alfredo Saénz, llamó a Cándido Fernández y le preguntó por el asunto de la cuenta regia. Éste le dijo que todo se había arreglado, y cuando Saénz le pidió la documentación le dijo que, por discreción, la tenía guardada en su casa. «Cándido Fernández se fue a su casa y regresó con los documentos. Se los entregó a Alfredo Saénz. Eran dos copias de la segunda póliza, aquella que fue firmada por el Rey en el palacio de La Zarzuela [...] Pero el original de esa póliza no estaba. Fernández tenía las dos copias. El cliente, por tanto, no podía tener su ejemplar. Y el original no aparecía. Ni Fernández ni Lasarte lo tenían.

»Saénz informó a Cándido Fernández que todas las operaciones realizadas en el marco de la segunda póliza de 250 millones de pesetas no eran conocidas por los administradores del Rey. Por tanto, se quedó en dejar constancia documental de los hechos. La casa del Rey envió una carta, en membrete oficial con su símbolo. Nunca se dieron instrucciones para realizar las citadas compras y ventas de acciones, decía.

»Por tanto, había que deshacer operación por operación mediante los correspondientes asientos contables. Al mismo tiempo, como presidente de Banesto, Sáenz escribiría una carta a La Zarzuela admitiendo que, tal como sostenía el cliente, el banco había cometido sucesivos errores. Así lo hizo. La carta puntualizaba, en detalle, todos aquellos puntos en los que el banco se había equivocado.

»Cándido Fernández se puso a ello. Con la ayuda de un ejecutivo del banco, realizó los apuntes contables, y allí donde decía Diego puso Digo. Una por una deshizo las compras y ventas. Al hacerlo surgió un nuevo saldo. Se lo comunicó a Sáenz, quien le dijo que lo dejara en sus manos.

»La cuenta de crédito fue cancelada.

»¿Y el original de la póliza 148963-172?

Missing

En el mes de junio de 1994, Sáenz ya se había olvidado de esta historia.

—Don Alfredo, le llama el general Alonso Manglano —le dijo su secretaría.

—Sí, pásemelo.

El director del CESID necesitaba verle, y le preguntó si podía visitarle en su despacho. Sáenz le dijo que sí.

—Tengo, obviamente, la información sobre la cuenta del Rey. Quisiera saber cómo ha quedado...

—Está resuelto.

Sáenz le contó los detalles.

—¿Puede haber algo más? —preguntó Manglano.

—Eso es todo. No hay nada más —dijo Sáenz»[27].

Así terminó la historia, al menos de momento.

El momento clave de la amistad del Rey con Conde fue uno de los actos más vergonzosos de la historia de España. Fue el 9 de junio de 1993, cuando Mario Conde fue investido doctor *honoris causa* por la Universidad Complutense de Madrid. Nombramiento con el que el Rey compensaba a Conde por los muchos favores prestados. «Su Majestad llamó un día al despacho a Alfonso Escámez, presidente de la Fundación de la Universidad Complutense, y al rector Gustavo Villapalos, tarde fresca de finales de invierno, ambos son, conducidos a una pequeña sala donde el Rey les invita a merendar y, sin ninguna clase de preámbulos, entra derecho en materia, dirigiéndose al banquero:

»—Bueno, Alfonso, estoy viendo que hay gente de gran relevancia social cuyos méritos no han sido reconocidos todavía, y ya es hora de que se reconozcan. En esta línea he pensado que sería bueno darle a Mario Conde un doctorado honoris causa, es un favor que os pido y que no podéis negarme. Sí, Alfonso, ya sé que no os lleváis bien, no sé qué os pasó con lo de la fusión, pero bueno, hay que hacerlo; y tú lo mismo, Gustavo, te he hecho muchos favores, a ti y a la Universidad, así que ahora tampoco puedes decirme que no»[28]. Villapalos, que no da puntada sin hilo, pero que no tiene reparos en reconocer que los favores se pagan, y las donaciones mucho más, para justificar el nombramiento unos días antes firmó un acuerdo con Banesto para que la entidad financiase el Jardín Botánico de la Complutense.

El acto, más solemne que nunca, estuvo presidido por los Reyes, de luto por el reciente fallecimiento de Don Juan de Borbón tres meses antes, y encima se celebró en una fecha de gran trascendencia, tres días después de las últimas elecciones que ganó Felipe González, victoria electoral en la que se especula tuvo mucho que ver la ambición de Conde, que encabezaba o formaba parte de un grupo de poderes fácticos a quienes aún no les interesaba que Aznar se hiciese con la presidencia. Curiosamente el único que faltó fue Felipe González.

Los medios de comunicación dedicaron amplia cobertura al acontecimiento. *ABC* no dudó en dedicarle portada, varias páginas de huecograbado y un elogioso editorial en el que señalaba como «la institución fue testigo del reconocimiento académico a un hombre que, situado al margen de la política partidista, se ha convertido en el defensor de la vertebración de la sociedad civil. [...] Para un amplio sector de la sociedad española la personalidad de Mario Conde no es sólo la del financiero que ha triunfado en sus empeños empresariales por encima de dificultades ingentes; es sobre todo la de un hombre que tiene el valor de reclamar, dentro del sistema de libertades, el desarrollo del libre mercado, indispensable para la expansión económica y unas reglas de carácter ético que hagan compatibles el crecimiento y la eficacia con la equidad y la renovación del pensamiento.»[29].

El acto de la Complutense, además de suponer la coronación del Rey social que pretendía ser Conde, también supuso una manifestación pública del poder que le respaldaba, «los de J.P. Morgan, allí presentes, tenían que estar impresionados ante tal despliegue de poder, y poco después, aquel verano de 1993, apoyarían sin reservas la macro ampliación de capital por la que Conde metió en el banco 94.000 millones de pesetas»[30].

Este no fue sino uno de los diversos favores que el Rey hizo a Conde, en teoría sólo a cambio de su amistad. Uno de estos favores reales consistió en facilitar la adquisición por parte de Banesto del banco portugués Totta & Açores. El Rey se entrevistó con el presidente del gobierno portugués, Cavaco Silva, y con el de la República, Mario Soares, para allanar la adquisición. «El domingo, 25 de julio, a eso de las dos de la tarde, el Monarca llamó a Conde para decirle que fuera a verle sobre las seis. Le contó que había entregado personalmente a Soares la nota resumen del tema Totta & Açores. Es bastante fuerte, porque alude a la necesidad de un pacto entre el presidente de la República y el primer ministro portugués, para conseguir que el Gobierno no haga el ridículo publicando un decreto ley que es inejecutable, y que además viola la legislación comunitaria.

»Yo no esperaba que fuera a entregarle nada por escrito, pero el Rey así lo hizo; por cierto que me contó que Felipe le había dicho que él también iba a plantearle el asunto a Soares. La verdad es que tener al presidente del Gobierno y al Rey de España haciendo presión en un asunto de Banesto es algo ciertamente difícil de conseguir, algo que me llena de satisfacción»[31].

El 28 de diciembre de 1993, día de los Santos Inocentes, Banesto fue intervenido y el pánico no sólo cundió en la residencia familiar de los Conde, en la calle Triana de Madrid, sino que alcanzó a los vecinos de otras selectas zonas, entre ellos los del monte de El Pardo. Rápidamente Conde y su entorno se ponen en contacto con su amigo el Rey para buscar su protección; el Soberano, creo más por temor que por amistad, hace lo posible para evitar que la sangre llegue al río, pero bien que llegó y acabó tiñendo todo el océano. A estas alturas de la película el Monarca había llegado a la conclusión de que Mario Conde se había convertido en una persona peligrosa y era necesario echar tierra por medio, eso sí, quedaba el peligro de que el banquero defenestrado tuviese la tentación de contar alguna de las muchas cosas que sabía. Mario no interesaba, pero no se le podía dar la patada sin haberle antes tapado la boca.

Uno de los temores del Rey era que la defenestración de Conde se convirtiera en su caída, por eso es interesante recordar la conversación reconstruida por Jesús Cacho del encuentro que el monarca mantuvo con el banquero el 11 de enero de 1994, «te has comportado como se esperaba de ti, porque tú no podías convertirte en un nuevo Ruiz-Mateos»[32].

El espionaje al Rey

La relación de Juan Carlos I con el mundo financiero lleva, inevitablemente, a analizar otro de los escándalos que han salpicado la persona del Monarca, y es su relación con los servicios secretos, que habrían convertido al jefe del Estado en objeto de sus actividades al borde de la Ley, por no decir ilegales.

«El 12 de enero de 1993 los Reyes ofrecieron en La Zarzuela un almuerzo de despedida a Sabino Fernández Campo, que cesaba como jefe de la Casa del Rey tras dieciséis años al servicio de la monarquía. La Familia Real reunió luego a todo el personal del palacio para una despedida formal y el general fue estrechando la mano de todos y cada uno de los allí presentes. Menos de uno; el coronel de Ingenieros José Sintes, que dirige el Centro de Comunicaciones y Transmisiones de La Zarzuela.

»[...] José Sintes, un hombre que se ha mantenido en el anonimato durante los más de 15 años que lleva destinado en La Zarzuela, siempre ha mantenido buenas relaciones con los agentes del Cesid y muy especialmente con Manglano. ¿Qué es lo que Sabino Fernández Campo no podía perdonar a José Sintes? Personas que estuvieron en La Zarzuela creen que el ex jefe de la Casa Real no lo considera ajeno a los diversos espionajes que tuvieron como afectados al Rey y al propio Sabino. Estos espionajes afectaban a la vida privada del monarca, a su relación con diversas personalidades de la vida pública española y extranjera.

»[...] En sus viajes por el mundo, desde Japón a Estados Unidos pasando por Israel, José Sintes ha adquirido los más sofisticados equipos en materia de comunicaciones e informática para el Centro de Zarzuela, ante el temor de Don Juan Carlos, ahora confirmado, de que espías privados y públicos estaban intentando conocer cada uno de sus movimientos. Además, él es el encargado de dirigir los periódicos *barridos* en palacio para detectar posibles micrófonos ocultos, cámaras o cualquier aparato de grabación tanto en las dependencias privadas de la Familia Real como en las del personal. Incluso antes de que los monarcas inicien sus vacaciones en Palma, Sintes viaja a la isla para poner a punto los equipos del Rey, que, además, es un enamorado de la alta tecnología, desde teléfonos móviles —que ocasionalmente utiliza en el coche o en el yate *Fortuna* y que son los más sencillos de *pinchar*, según los expertos— a máquinas fotográficas, cámaras de vídeo y ordenadores.

» [...] En 1990 compró en España equipos de secrafonía a ISDS Ibérica, lo que en algunos ambientes resultó llamativo. En primer lugar, porque la empresa matriz, Internacional Security and Defense Systems es de origen israelí y está dirigida, controlada e impulsada por antiguos destacados agentes del Mossad judío, lo que siempre resta garantía. Y en segundo lugar, porque en España la empresa está controlada por Josep Miró, cuñado de Juan José Folchi, a su vez mano derecha de Javier de la Rosa.

» [...] Ese mismo año, sin la intermediación de Sintes, Javier de la Rosa se encarga de comprarle al Rey uno de los más modernos equipos de secrafonía del mundo, en los que el monarca estaba interesado para garantizar al máximo sus conversaciones con sus amigos más íntimos, entre ellos Manuel Prado y Colón de Carvajal y el Príncipe georgiano Zourab Tchokotua —los nombres de los dos aparecen junto con el del Rey en la lista filtrada a la prensa de los espiados por el CESID—. El financiero catalán adquirió los equipos, que costaron cerca de sesenta millones de pesetas, en Inglaterra, el país que, junto con Israel, dispone de la mejor tecnología de espionaje.»[33]. La presencia en esta historia del Príncipe Zourab Tchokotua[34] forma parte también del entramado de amistades peligrosas del Rey.

La realidad es que la historia sobre el espionaje al Rey y su entorno ha dado muchas vueltas, las teorías que se han lanzado son muchas, pero el resumen de ellas se puede sintetizar en la siguiente hipótesis: el espionaje seguramente habría sido realizado por los propios servicios de inteligencia, sobre todo en la etapa CESID, y habrían sido los fallos de esta institución los que habrían permitido que estos datos, que es más que lógico pensar que estaban en manos del Gobierno socialista y sus próximos, llegó a otras personas interesadas en tener información, pero si las cosas iban mal, utilizarla en una negociación al margen de las leyes. Es sólo una hipótesis, pero después de todo lo que hemos visto en los últimos años es una hipótesis más que posible. El tiempo, a lo mejor, nos da la respuesta; mientras tanto hay que esperar porque pueden ser muchos los que tengan al Rey cogido por las indiscreciones de la corona.

Como colofón a la cuestión de los negocios reales valdría decir que la llegada de Rodríguez Zapatero a la Moncloa, un presidente que se ha declarado republicano, puede hacer cambiar las cosas en el entorno del soberano. El 10 de diciembre de 2003 el ministro de Administraciones Públicas Jordi Sevilla presentó en el Congreso un código de conducta para los altos cargos. El ministro aseguró en el Congreso que «la mayoría» de las normas integrantes del Código de Buen Gobierno «ya se están practicando y se practican», pero que «se ha deseado que sea público para que sea exigible a los altos cargos».

Durante su comparencia explicó que en los últimos años se ha producido tanto en las organizaciones públicas y privadas «un incremento en la preocupación de lo que está bien y no está bien, y no sólo un debate sobre lo que es legal o ilegal. También sobre lo que es correcto o incorrecto». Para el Gobierno se trataba de que los miembros de la Administración Central actuasen éticamente de modo que ningún alto cargo pudiese aceptar regalos, favores, préstamos, servicios o prestación económica consecuencia del ejercicio de su cargo. Lamentablemente y, a diferencia de lo que ocurre con otras democracias que cuentan con soberanos, esta norma no es aplicable al Rey, que se ve libre de dar cuenta de los obsequios y que serviría, al menos de cara a la ciudadanía, para dignificar la institución y el sentido de la democracia. No es de recibo, por tanto, que los obsequios que reciben el Rey y sus familiares tengan como denominador común la excusa de la adscripción al Patrimonio Nacional porque al final su uso y disfrute es personal e intransferible. La confusión que esta situación genera no es buena para la buena salud de una democracia.

Notas

1. García Abad, José: *La soledad del Rey*. La Esfera de los Libros. Madrid, 2004, págs. 183-184.
2. García Abad, José: *Adolfo Suárez. Una tragedia griega*. La Esfera de los Libros. Madrid, 2005, pág. 95.
3. García Abad, José: *La soledad del Rey*. La Esfera de los Libros. Madrid, 2004, pág. 207.
4. Castelló, Vera: «Regalos al Rey» en *El Siglo de Europa,* nº 629 de 20 de diciembre de 2004.
5. García Abad, José: *La soledad del Rey*. La Esfera de los Libros. Madrid, 2004, pág. 195.
6. García Abad, José: *La soledad del Rey*. La Esfera de los Libros. Madrid, 2004, pág. 194.
7. Sverlo, Patricia: *Un rey golpe a golpe*. Ardi Beltza. Bilbao, 2004, pág. 139.
8. García-Abadillo, Casimiro y Escudier, Juan Carlos: «Indra pactó con Prado una comisión de 1.000 millones por un contrato en Venezuela», en *El Mundo*, 16 de noviembre de 1995
9. Sverlo, Patricia: *Un rey golpe a golpe*. Ardi Beltza. Bilbao, 2004, pág. 141.

10. *Ibídem*, págs. 141-142.
11. EKAIZER, Ernesto: *José María Ruiz-Mateos, el último magnate*. Plaza & Janés. Barcelona, 1985, pág. 611.
12. CACHO, Jesús: *M.C. Un intruso en el laberinto de los elegidos*. Temas de Hoy. Madrid, 1994, p. 79.
13. DÍAZ HERRERA, José y DURÁN, Isabel: *Los secretos del poder*. Temas de Hoy. Madrid, 1994, pág. 380.
14. *Ibídem*, pág. 378.
15. GARCÍA ABAD, José: *La soledad del Rey*. La Esfera de los Libros. Madrid, 2004, pág. 250.
16. VILALLONGA, José Luis: *Franco y el Rey*. Plaza & Janés. Barcelona, 1999.
17. GARCÍA ABAD, José: *La soledad del Rey*. La Esfera de los Libros. Madrid, 2004, pág. 258.
18. CACHO, Jesús: *M.C. Un intruso en el laberinto de los elegidos*. Temas de Hoy. Madrid, 1994, págs. 258-361.
19. GARCÍA ABAD, José: *La soledad del Rey*. La Esfera de los Libros. Madrid, 2004, 261.
20. CACHO, Jesús: *M.C. Un intruso en el laberinto de los elegidos*. Temas de Hoy. Madrid, 1994, págs. 234-235.
21. *Ibídem*, p. 207.
22. *Ibídem*, p. 207.
23. *Ibídem*, p. 209.
24. *Ibídem*, págs. 242-243.
25. EKAIZER, Ernesto: *Vendetta*. Plaza & Janés. Madrid, 1996, pág. 475.
26. *Ibídem*, págs. 476-477.
27. *Ibídem*, págs. 483-484.
28. CACHO, Jesús: *M.C. Un intruso en el laberinto de los elegidos*. Temas de Hoy. Madrid, 1994, pág. 237.
29. *ABC*, 10 de junio de 1993, pág. 23.
30. GARCÍA ABAD, José: *La soledad del Rey*. La Esfera de los Libros. Madrid, 2004, pág. 252.
31. CACHO, Jesús: *M.C. Un intruso en el laberinto de los elegidos*. Temas de Hoy. Madrid, 1994, págs. 285-286.
32. *Ibídem*, p. 79
33. RUEDA, Fernando y FONT, Consuelo: «Así espiaron al Rey» en *Tiempo*, 26 de junio de 1995, págs. 26-34.
34. Patricia SVERLO en su libro *Un rey golpe a golpe,* págs. 137-138, señala: «El Príncipe Zourab Tchokotua, «Zu» para los amigos, un aristócrata georgiano que Juan Carlos conoció en el internado de Friburgo. A este personaje le debe el Rey importantes favores.

Fue Tchokotua el que, en 1973, medió para que la Diputación Provincial de Mallorca le cediera a Juan Carlos el palacio de Marivent, gratis total, siguiendo el modelo de las cesiones que hicieron en su día distintas poblaciones a Alfonso XIII. El edificio pertenecía, por donación del coleccionista de arte griego Juan de Saridakis, a la Diputación. Pedro Salas, un acaudalado prohombre del franquismo, que había sido presidente de la Diputación, y el suegro de Tchokotua, casado con Marieta Salas, convenció al organismo oficial de que se lo cediera al futuro Rey para que lo disfrutase en vacaciones.
Aparte de estas gestiones, Tchokotua es conocido desde que en 1978 un juzgado mallorquín ordenó su procesamiento e ingreso en prisión en relación con una presunta estafa inmobiliaria. En septiembre de 1992 se sentó de nuevo en el banquillo con una acusación similar junto a su socio Oliver Mateu, otro amigo de Juan Carlos del clan de Mallorca. Pero estas menudencias no han logrado quebrar su amistad con el monarca.
«Zu» fue para Juan Carlos un relaciones públicas excelente. En su casa se organizaban cenas a las que asistían, junto al Rey, Manuel Prado, Javier de la Rosa, Jaime Enseñat, el multimillonario argentino Carlos Perdomo, Rodolfo Bay (presidente de la compañía Spantax, ya muerto en accidente de tráfico), Bartholomew Tummy Beslard (cónsul de EE.UU. en Palma), Giovanni Agnelli (el rey de la Fiat) o Raul Gardini, ex presidente de Montedison, la más importante empresa química de Europa, a la que Juan Abelló vendió su laboratorio Antibióticos con la ayuda de Mario Conde. El Rey fue fotografiado con él y con Agnelli el 7 de agosto de 1990 en Puerto Portals, pocos años antes de que se suicidara, en 1994, al ser implicado por los jueces italianos en temas de corrupción.
En el mismo círculo de amigos están un grupo selecto de empresarios hosteleros: José Escaño (dueño del restaurante San Marino), Alejandro Arroyo (cuñado de Mario Conde, y propietario del restaurante El Capricho, en Puerto Portals), y José Oliver Rodríguez (propietario de varias discotecas). Y también en ese entorno fue en el que Juan Carlos entraría en contacto con Marta Gayá, una decoradora catalana muy amiga de Marieta Salas, la mujer de «Zu», con la que vivió una larga aventura, y mentora de José Luis de Vilallonga cuando éste escribió su biografía autorizada del Rey».

Documento 1

El yernísimo

La figura del yernísimo en la reciente historia de España es un fenómeno por estudiar. Cristóbal Martínez Bordiú, marqués de Villaverde y marido de la hija de Franco, comenzó a ser conocido con este sobrenombre tras contraer matrimonio. Aquel resultó ser un apelativo inocente; no fue tanto por el beneficio que su parentela pudo ejercer en sus quehaceres profesionales las que le valieron el mote popular —cuentan que sus pacientes temían el momento de ponerse en sus manos—, sino el haberse convertido en el único yerno del dictador.

Alejandro Agag dotó recientemente de mayor contenido al sobrenombre. El marido de Ana Aznar tiene una envidiable agenda de contactos y una inusitada habilidad en el mundo de los negocios, aunque resulta difícil calibrar hasta qué punto su éxito es consecuencia de sus buenas dotes en las distancias cortas o de su relación con el ex presidente del Gobierno, José María Aznar.

Lo mismo cabría preguntarse de Iñaki Urdangarín. Existen otros casos de deportistas españoles de élite metidos a empresarios, como Juan Antonio Corbalán, Francisco (Paquito) Fernández Ochoa, Juan Antonio San Epifanio Epi o Carlos Ferrer Salat. De ellos también podría decirse que su celebridad ha sido uno de los principales activos de sus respectivos negocios, y posiblemente les ha abierto más puertas que a personajes igual de solventes y sin embargo anónimos. A pesar de ello, en una carrera contrarreloj con el Duque de Palma entre el pelotón de salida, apenas tendrían posibilidades de vestir el *maillot* amarillo porque ninguno de ellos puede igualar su marca más reconocida: pueden demostrar un palmarés olímpico como el de Urdangarín, ex jugador de la selección española de balonmano; pueden acreditar su presencia en federaciones deportivas o en el Comité Olímpico Español (COE), de donde el marido de la Infanta Cristina ha sido vicepresidente; incluso pueden alegar tener estudios empresariales; como la diplomatura y los másters de consultoría, dirección y administración de empresas del Duque de Palma. Pero ninguno de ellos puede decir que es el yerno del Rey. Eso sólo lo podría alegar Jaime de Marichalar, pero no parece que el negocio deportivo vaya a entrar a formar parte de sus intereses profesionales. Que el jefe del Estado sea su suegro no es ni debe ser interpretado como un obstáculo para que Urdangarín se gane la vida. Pero tampoco debería ser, desde el punto de vista profesional, un mérito curricular. Incluso aunque ésa no fuera la intención, debería andarse con más cuidado para no trasladar esa imagen. Máxime cuando puede haber un conflicto de intereses entre lo público y lo privado aunque sólo sea desde un punto de vista moral.

El pasado 16 de abril, el diputado socialista en el Parlamento balear, Antoni Diéguez, anunciaba en rueda de prensa que el Govern había pagado 1,2 millones de euros a la Fundación Nóos para que celebrara en Palma de Mallorca un «Foro sobre

Turismo y Deporte» entre los días 22 y 25 de noviembre de 2005. Según el convenio suscrito y entre otras partidas reseñadas —algunas de ellas realmente curiosas—, 25.000 euros fueron para una «directora de comunicación», 40.000 para el «director de publicaciones», 20.000 para la contratación de un gabinete de prensa externo, 90.000 para sufragar «acuerdos de investigación con universidades», 35.000 para la «investigación sobre la red de regiones», 30.000 para «el diseño y construcción de muebles», 46.000 para la edición de libros sobre las jornadas, 240.000 para viajes, alojamientos, comidas y regalos del centenar de invitados, 60.000 euros para el catering y 18.000 para el desarrollo y mantenimiento de una página web que, según Diéguez, «está tan escondida que de poco han servido esos tres millones de pesetas». Además, dijo que ni la repercusión ni la relevancia del evento justificaban semejante gasto y aseguró que se trataba de «un caso de pésima administración de recursos públicos». El diputado reclamó las facturas —sólo disponía de cuatro— y aseguró que, si en dos semanas el Gobierno de Matas no justificaba las gastos —el Ejecutivo balear ha accedido a facilitarlas—, solicitaría una comisión de investigación —de momento espera tan sólo comprobar las facturas—.

Lo que podría parecer una refriega política es sin embargo una polémica de más largo alcance. El diputado evitó mencionarlo porque su labor de oposición se limita al Govern balear, pero la entidad encargada de celebrar el evento y por tanto de facturar los 1,2 millones de euros fue el Instituto Nóos de Estudios Estratégicos de Patrocinio y Mecenazgo presidido por Iñaki Urdangarín. La entidad no tardó en volver a encontrarse en medio de una polémica política sobre los gastos públicos generados. La concejala socialista de Valencia, Mercedes Caballero, preguntaba días después en el Ayuntamiento por el importe de los eventos Valencia Summit celebrados en los meses de octubre de 2004 y de 2005 para promocionar la Copa América, que según la respuesta del concejal de Turismo, Alfonso Grau, ascendía a más de 1,2 millones de euros, repartidos entre el cánon de 450.000 euros anuales y los 363.000 euros destinados a desplazamientos y estancia de participantes. Nuevamente, el Instituto Nóos estaba tras la celebración de estos dos congresos. Y también, como en el caso balear, contaba con el beneplácito del presidente de la Generalitat Valenciana, Francisco Camps —el Ejecutivo autonómico corrió con parte de los gastos— y de la alcaldesa de la ciudad, Rita Barberá.

Nóos es la entidad de cabecera de los negocios de Iñaki Urdangarín, pero no es la única. Actualmente, su nombre aparece en dos empresas inscritas en el registro mercantil; el Instituto Nóos y Motorpress Ibérica, de la que es consejero. La empresa, dedicada a la «edición, distribución, importación y exportación de todo tipo de publicaciones unitarias y periódicas bajo cualquier modalidad de soporte incluido el informático», controla publicaciones de coches, motos, bicicletas, deporte al aire libre, caballos, navegación, tenis, furgonetas, aviones e incluso relojes y estilográficas. Pero su experiencia empresarial no es reciente. De sus primeros pinitos en el mundo de los negocios el más serio, es el de Namasté 97—antes había fundado una empresa con sus amigos llamada Avibo S. A. que explotaba el restaurante El Pou de Barcelona—. La sociedad, ya extinguida, se dedicaba al «asesoramiento técnico en la elaboración de proyectos para la organización y promoción de espectáculos deportivos y culturales, relaciones públicas y asesoramiento técnico en proyectos de cooperación internacional para el desarrollo de infraestructuras y mejoras sociales». *El Siglo* también contó que llegó a ocupar el puesto de director de área de planificación de Octagon Esedos, dedicada a eventos «que van desde el mundo del motor al fútbol, pasando por especialidades como el tenis, el esquí o la hípica, o innovando con nuevas especialidades como el fútbol playa o el tenis playa», y vinculada a Motorpress. A esta lista de sociedades se unen otras cinco en las que el Duque de Palma ha llegado a participar: Dentipartners S. L., Odont Mad S. L., Sport e Formazione S. L., Enveitg XXI S. L. y Aizoon S. L. Todas ellas dedicadas, nuevamente, a labores de consultoría y gestión estratégica.

Como se puede comprobar, las empresas del yerno de Rey apenas se dedican a la producción de tangibles, sino al asesoramiento y labores de relaciones públicas, un mundo donde los contactos e influencias son el valor más preciado por sus clientes. Al Duque de Palma, por «ser vos quien sois», le sobran condiciones para ser la persona más cualificada en este tipo de menesteres. Las mismas que le podrían incapacitar, desde un punto de vista moral, para ejercerlas.

El diario digital de Jesús Cacho publicaba hace unos días que, nada más llegar Jaume Matas a la presidencia de las Illes Balears, Urdangarín le confesó: «la gente comenta que ya se nota el cambio». El Duque de Palma, haciendo honor a su Ducado, entraba con buen pie en la que podría ser una fructífera relación con el Govern y se adaptaba cómodamente a la tradicional vinculación de la Familia Real con las islas del Mediterráneo: los Reyes disfrutan de un auténtico complejo residencial en Palma de Mallorca donde, al Palacio de Marivent, se han ido sumado otras cuatro edificaciones para dar alojamiento a sus hijos y a las visitas. Además, la Familia Real acostumbra a surcar el mar alejada de los curiosos a bordo del yate Fortuna, regalo de empresarios baleares a los que los 3.000 millones de las antiguas pesetas que costó la embarcación debieron parecerles pecata minuta en comparación con los beneficios económicos que, verano tras verano, les reporta la presencia de los Reyes y sus hijos en las islas.

Al Ejecutivo balear le ocurre lo mismo que a los empresarios; si la Familia Real se deja querer, ¿por qué no hacerlo de mil amores? Jaume Matas sabe bien lo importante que puede llegar a ser una buena campaña de marketing y parece dispuesto a convertir en imagen de marca balear a Iñaki Urdangarín. Para dar muestra de su buena disposición fichó a José Luis (Pepote) Ballester como director general de Deportes del Govern. El medallista olímpico y regatista es viejo conocido de la Familia Borbón; ha participado en competiciones de vela con el Príncipe Felipe y la Infanta

Cristina y ha acudido a las bodas de sus dos amigos. Antes de entrar en el Gobierno balear, llegó a publicarse que Urdangarín a punto estuvo de ficharle en el Instituto Nóos. Incluso ahora, en las islas se comenta que podría dejar la política porque «ha recibido una oferta de una empresa privada». De momento no ha dado el paso y Matas puede seguir respirando tranquilo: sigue abierta su vía de comunicación más directa con Urdangarín.

Parece lógico pensar que la clara disposición del yerno del Rey y Jaume Matas a entenderse se ha materializado en otras ocasiones previas a la celebración del Foro de Turismo y Deporte. *El Mundo* publicó, después de que las Illes Balears comenzaran a patrocinar el que había sido equipo ciclista Banesto dirigido por José Miguel Echávarri, que Urdangarín había ejercido de intermediario. El coste de la esponsorización: siete millones de euros, cifra considerada muy superior a la barajada en otros equipos. El Duque de Palma también prestó su imagen al equipo y a la Comunidad, acudiendo con Matas a su presentación en el stand de Baleares en Fitur en enero de 2004. Actualmente, lo curioso del caso es que el Team Illes Balears-Caisse d'Epargne —la entidad francesa se ha sumado al patrocinio después de que el Ejecutivo autonómico recortara su presupuesto— comparte su domicilio social en la calle Mestre Nicolau, 19 de Barcelona con el del Instituto Nóos. Y no sólo se encuentran en el mismo edificio. Al llamar al teléfono que indica la página web del equipo ciclista, contesta una operadora diciendo: «Instituto Nóos, dígame».

Existen otras casualidades que podrían apuntar a la posible mediación del yerno del Rey, aunque *El Siglo* no ha podido confirmar la información con el Govern balear. Palma de Mallorca, paraíso de las competiciones de vela desde hace años, parece haberse convertido en el enclave más indicado para todo tipo de competiciones, incluso para aquellas de las que carece de instalaciones. En septiembre de 2004, la Unión Ciclista Internacional (UCI) elegía la candidatura de Palma como sede del mundial de ciclismo en pista cubierta de 2007. La isla competía con Hamilton (Canadá), Praga (República Checa), San Salvador (El Salvador) y San Sebastián, que renunció a su candidatura para no competir con la otra aspirante española. Y la UCI tomaba su decisión a pesar de que Palma de Mallorca era la única aspirante que no tenía velódromo. «Fue algo atípico porque no estaba construido, pero el proyecto sobre papel era muy bueno», dicen desde la Federación Española de Ciclismo. Tras la adjudicación, el velódromo comenzó a construirse con un presupuesto de 21 millones de euros gracias, en parte, al dinero que el Govern solicitó al Ejecutivo central para poder sufragar las obras.

Otra de las casualidades fue la de la eliminatoria de la Copa Davis de 2004 entre España y Holanda. El lugar que albergó el encuentro: la plaza de toros de Palma de Mallorca, un emplazamiento cuanto menos heterodoxo, aunque el Gobierno balear fue lo suficientemente convincente como para que la Federación Española de Tenis aceptara su candidatura.

Podría parecer que a Matas le está saliendo bien la jugada: de un acontecimiento deportivo derivan cuantiosas ventajas para el turismo de las islas. Pero no hay que olvidar que antes de albergar un encuentro hay que pagar un cánon a las federaciones o comités correspondientes y, en el caso de intermediación, los servicios prestados. Fuentes del sector aseguran que un cánon de tipo medio puede ascender a alrededor de dos millones de euros, aunque suele haber mucho secretismo sobre las cantidades concretas. Además, las cifras siguen subiendo a medida que se incorporan nuevos patrocinadores. Cuando una Administración avala un evento deportivo, es más fácil que se sumen las empresas privadas.

En Zarzuela no quieren hacer valoraciones sobre la polémica del caso Nóos porque no es una actividad de la Casa Real. *El Siglo* tampoco ha recibido respuesta de la empresa de Urdangarín. Tal vez esperen a que amaine el temporal y el Duque de Palma se replantee, por el bien de la Institución a la que representa, volver a aventurarse en negocios comprometidos.

La mansión de los duques, aún en obras

«De momento no se han trasladado. Aún no han terminado las obras», dicen desde Zarzuela. Iñaki Urdangarin y la Infanta Cristina todavía no han podido mudarse a la casa que adquirieron la pasada primavera en el selecto barrio barcelonés de Pedralbes, una vivienda de 1.200 metros cuadrados cuyo precio fue de seis millones de euros, aunque su presupuesto ha sido sensiblemente superior debido a las obras de mejora y acondicionamiento que aún no han concluido y que están valoradas en más de tres millones.

El inmueble está distribuido en tres plantas y, en su estado original, dispone de tres plazas de garaje, dos cocinas, amplios salones —tenía incluso una sala de cine— y dormitorios que llegan a cuadruplicar las dimensiones de los mini pisos que la ministra de Vivienda, María Antonia Trujillo, llegó a plantear como solución al problema que tienen los jóvenes a la hora de buscar su primera vivienda.

Tampoco falta una azotea desde la que se divisa el mar mediterráneo. Y el jardín, de 1.300 metros cuadrados, es suficientemente amplio como para albergar una piscina, un frontón, un cenador y una pista de baile.

El Siglo consultó a diversas inmobiliarias que operan en la zona, dijo que el matrimonio Urdangarín-Borbón podría llegar a ingresar 1,8 millones de euros por la venta del piso donde aún residen, un apartamento de lujo de unos 300 metros cuadrados situado en la avenida de Pedralbes. Como a todo español que vende un piso después de varios años, la casa se ha revalorizado sustancialmente, ya que su primera residencia de casados les costó 450.000 euros. Sin embargo, no lo suficiente como para costear la nueva residencia, un inmueble cuyo valor dista mucho de ser el apropiado para que pueda ser pagado por una pareja obligada, por su relación con el Rey, a no excederse.

▶
Don Juan Carlos y Doña Sofía el día de su boda en Atenas, el 14 de mayo de 1962.

▶
El general Franco saluda a Don Juan Carlos durante una ceremonia militar.

▲

Don Juan Carlos es elegido por Franco su sucesor a título de Rey

▶

Don Juan Carlos firma la Constitución de 1978. España inicia una nueva etapa.

▲

El Rey presidiendo el primer Gobierno de la Monarquía. Don Juan Carlos no sentía simpatía alguna por Carlos Arias Navarro, el presidente del Gobierno, elegido por Franco. Arias era uno de los más estrechos colaboradores del caudillo y formaba parte del círculo íntimo del general.

▲

Don Juan Carlos apostó con gran acierto por Adolfo Suárez –un hombre del régimen franquista– para que liderara el proceso de la transición.

▶
A diferencia de Felipe González, con quién el Rey tenía más afinidad, la relación de José María Aznar con los Reyes fue fría y distante.

▶
Mario Conde, el hombre que logró influir en las decisiones de Don Juan Carlos, a través de cortejar a Don Juan. El tiempo acabaría separándolos.

▶
Los tentáculos empresariales de Javier de la Rosa llegaron al Palacio de La Zarzuela. Don Juan Carlos no supo o no quiso decir «No» a los ostentosos regalos que le hacía el empresario catalán.

▶
Carmen Polo de Franco, esposa del dictador, junto a su nieta, Carmen Martínez-Bordiú y Don Alfonso de Borbón Dampierre, el día de su boda. Don Alfonso albergaba esperanzas de convertirse en Rey.

▲
Mucho se ha especulado sobre la participación del Rey en el golpe de Estado del 23-F. Armada precisa los gritos que deben darse a la entrada: «Tú entras en nombre del Rey, por la Corona y la democracia; la democracia es muy importante». A Tejero lo de la democracia no le emociona y no lo dirá; en cambio, gritará que todo se hace también en nombre del general Miláns, «por fidelidad y admiración».

Don Jaime de Marichalar se ha caracterizado por mantener un estilo propio en el seno de la Familia Real. Sus excentricidades han sido comentario permanente en la prensa española.

Pese a las críticas recibidas, Don Jaime ha conseguido una mayor elegancia en su esposa, la infanta Elena de Borbón.

Los negocios de Iñaki Urdangarín han provocado numerosos quebraderos de cabeza en el Palacio de la Zarzuela.

▶

Eva Sannum y el Príncipe Felipe el día en que la modelo lució un generoso escote en la boda de Haakon de Noruega.

▶

Eva Sannum, la modelo noruega que rompió el corazón del Príncipe y pensó que podría llegar a ser reina de España.

Isabel Sartorius, el primer gran amor de Don Felipe, navegando con el Príncipe en aguas de Baleares.

▼

Sus Majestades los Reyes y los Príncipes de Asturias saludan al pueblo de Madrid desde el balcón del Palacio Real el día de la boda de Don Felipe y Doña Letizia.

Letizia Ortiz, la ambiciosa periodista que se convirtió en Princesa de Asturias.

La infanta Leono (Madrid, 31 de octubre de 2005 primogénita de los Príncipes de Asturias, el día c cumplió un año.

Sea o no conveniente, lo cierto es que, a pesar de los ingresos de la Infanta en la Fundación La Caixa, que fuentes consultadas por *El Siglo* cifraron en unos 200.000 euros anuales; de las dietas que percibía Urdangarín por ser aún, durante la adquisición de la casa, vicepresidente del COE; de sus ingresos por su esporádica participación en cursos organizados por el centro de estudios ESADE; y de la ayuda que el Rey podría haberles proporcionado a cargo de los Presupuestos Generales del Estado destinados a la Casa Real —cifra imposible de conocer porque el Monarca dispone de ellos sin rendir cuentas a nadie—, parecía difícil imaginar el modo en que harían frente a una hipoteca como la de la «mansión» que acaban de adquirir. Posiblemente la clave está en el éxito de los negocios del Duque de Palma.

Fuente: MIRANDA, Virginia: «El yernísimo» en *El siglo de Europa*, nº 685, 6 de marzo de 2006.

DOCUMENTO 2

LA DOBLE INCOMPATIBILIDAD MORAL DE IÑAKI URDANGARÍN

Aunque nadie duda de los méritos deportivos de Iñaki Urdangarín —seis copas de Europa como jugador del Barcelona y dos medallas de bronce con España en los Juegos Olímpicos avalan su brillante trayectoria como balonmanista— es poco probable que hubiese llegado a la vicepresidencia primera del Comité Olímpico Español (COE) si antes no hubiese contraído matrimonio con la Infanta Cristina. En el discurso que pronunció ayer, tras el anuncio de su nombramiento, el duque de Palma de Mallorca realizó un breve repaso a su carrera en el que aludió a sus responsabilidades como director del Área de Planificación y Desarrollo de Octagon Esedos.

Creada en 2001 a partir de la adquisición por parte de la multinacional Octagon del grupo Esedos, la compañía de la que es directivo Urdangarín se autodefine como una de las empresas «líderes mundiales del marketing deportivo». Su lista de clientes es sin duda formidable: incluye una veintena de ayuntamientos y diputaciones; empresas de la talla de Telefónica, Iberia o Repsol; y un puñado de federaciones deportivas, entre las que figuran las de fútbol, hípica y automovilismo. El que Octagon haya obtenido el suculento contrato para la promoción de la Copa América de vela que se disputará en Valencia en 2007 da una medida de la creciente influencia de este grupo en España. Pero también pone de relieve la que puede calificarse como la primera incompatibilidad moral de Urdangarín. En efecto, no parece éticamente aceptable que un miembro de la Familia Real ponga su rango, renombre y nutrida lista de contactos y relaciones al servicio de una empresa privada cuyos principales clientes son ayuntamientos y federaciones, que también se financian, si bien parcialmente, con fondos públicos. Esta incongruencia vuelve a poner de relieve —tal y como señalamos con motivo del compromiso del Príncipe de Asturias con Letizia Ortiz— la imperiosa necesidad de modernizar la Monarquía, en este caso, mediante la promulgación de normas sobre las actividades que pueden desempeñar los miembros de la Casa Real.

Dicha necesidad se acentúa todavía más a raíz del nombramiento del duque de Palma como número dos del COE. Los estatutos del COE sólo consideran incompatible con los cargos de presidente y vicepresidente primero la condición de miembro de las juntas de gobierno de cualquier federación deportiva, una medida razonable, encaminada a impedir posibles conflictos de interés. Pero si no sería lógico que el yerno del Rey fuera a la vez directivo del COE y de una federación, tampoco es admisible que sea vicepresidente de dicho Comité mientras hace negocios con las federaciones. La acumulación de estas dos incompatibilidades morales debería llevarle, pues, todo lo ordenada y paulatinamente que sea menester, a desvincularse de esos negocios de marketing deportivo, pues todas las consideraciones sobre la mujer del César son igualmente aplicables a su yerno.

Fuente: Huelín, Eduardo: *El Mundo*, 17 de febrero de 2004.

Documento 3

Los nuevos negocios de Marichalar

Habitual de la maestranza de Sevilla y la semana de la moda de París, Londres o Nueva York, solícito yerno del Rey presente en los actos oficiales de la Familia Real, cuando Jaime de Marichalar no está disfrutando de sus aficiones o cumpliendo con sus obligaciones como consorte de la Infanta Elena, las que tanto eco tienen en los medios y de las que desprende una imagen de alegre cuarentón despreocupado y amante de la buena vida, el Duque de Lugo se dedica a atender la multitud de cargos de consejero que jalonan su cada vez más abultada agenda profesional. Sobre todo desde que las grandes fortunas del mundo comenzaran a disputarse a uno de los hombres del momento con más y mejores contactos dentro y fuera del país —con permiso de Alejandro Agag, otro yerno de lujo—.

Hasta que contrajo matrimonio con la primogénita de Don Juan Carlos y Doña Sofía, el joven pamplonés trabajaba en la capital francesa en la banca privada. Su biografía oficial dice que entonces ya era un experto en opciones y que, a finales de la década de los 80, jugó un importante papel de intermediación en la puesta en marcha de los mercados de derivados en España. Sin embargo, fue su noviazgo con Doña Elena el que disparó su cotización en el mundo de los negocios. En 1994, año en el que la Casa Real anunció su compromiso con la Infanta, se incorporó a Credit Suisse en París donde, como miembro de la alta dirección, desarrolló su actividad en las unidades de banca corporativa, financiaciones estructuradas y mercados de capitales. Pero su matrimonio requería de su presencia en la capital de España y la entidad financiera le nombró en 1998 director gerente y consejero de Credit Suisse

First Boston en Madrid, un «banco de negocios» dedicado a la administración de grandes fortunas.

La entidad le daba la alternativa y nacía entonces un primer espada del mundo empresarial que, en menos de diez años, ha logrado colarse y afianzarse en algunos de los carteles de mayor relumbrón. Dicen que a Marichalar le sobran méritos para suponerle la habilidad de relacionarse con las más altas esferas sin tener que echar mano de su parentela política, pero ni el Duque de Lugo ni quienes se arriman a él han pasado nunca por alto su pertenencia a la Familia Real española, una carta de presentación que le ha abierto puertas nada menos que en Canadá y el Reino Unido de la mano de una millonaria que amasó fortuna con los anuncios por palabras y que hoy en día aspira a convertirse en mecenas del arte y la cultura.

En el abril de 2000, según ha podido saber *El Siglo*, el yerno del Rey fue nombrado consejero supervisor de Trader Classified Media N.V, la compañía fundada por John H. MacBain en Canadá en 1987. Su entonces esposa, Louise Blouin, era accionista de la empresa y, según los estatutos, tenía potestad para nombrar a los miembros del consejo asesor. Ella, una mujer que en poco tiempo ha logrado codearse con lo más granado de la alta sociedad y que parece tener inclinación por la nobleza —ver recuadro *Guapa, rica, mecenas y jefa del Duque de Lugo*— fue quien designó al Duque de Lugo. La compañía editorial, que empezó con la compra-venta de coches, amplió el negocio y hoy en día es el grupo líder en el sector de las publicaciones de anuncios clasificados en medio mundo y cotiza en el Primer Mercado de la Bolsa de París. Actualmente, pone en contacto compradores con vendedores a través de 400 publicaciones y 50 webs en 19 países. Su plantilla asciende a 6.000 empleados en todo el mundo, incluyendo una red comercial formada por 3.000 profesionales.

En España, su consolidación llegó de la mano del grupo Segundamano. En 1998 adquirió la editora del periódico y hoy en día posee participaciones en Anuntis S. L., Trajín S. A., Trajín online, y Trade anunciador. Además, posee el 100% de Trueque S. L., Unimail S. A., Trader Coches.net S. L., Ecomedia del sureste y Multimedia de imagen-comunicación S. L. Todas estas sociedades se dedican a anunciar la compra-venta de los más variados artículos, ya sea pisos, oficinas, locales, barcos, automóviles, motocicletas, vehículos industriales, todoterrenos o quads, y a ofrecer tanto cursos de formación como ofertas y demandas de empleo; en 2004, la empresa denominada ahora Trader.com, adquiría Infojobs.net, la web de empleo privada líder en Europa que en España tenía ya una cuota de mercado del 77%. Tras aquella operación, Trader Segundamano se fusiona con Anuntis creando así la primera compañía de clasificados de lengua hispana en el mundo.

La vinculación de Jaime de Marichalar con el emporio de los anuncios por palabras resultó, sin duda, satisfactoria porque Louise Blouin ha vuelto a contar con él para su más ambicioso proyecto. La millonaria canadiense fundó en Londres en mayo de 2005 la Louise T. Blouin Foundation, cuyo objetivo, según la página web, es «promocionar la cultura y realzar la creatividad en todo el mundo». Según ha sabido *El Siglo*, Jaime de Marichalar forma parte de su consejo internacional consultivo desde su fundación. Echando un vistazo a este club exclusivo se observa cómo al afán filantrópico de Blouin se suma una interesante agenda de contactos VIP. Junto al del Duque de Lugo, aparecen nombres dispares pero todos ellos de gran relevancia como el del profesor Lord John Eatwell, presidente del Queen's College de la Universidad de Cambridge; Sir Christopher Frayling, rector del Royal College of Art de Londres; Sir Clive Guillinson, director ejecutivo y artístico del Carnegie Hall de Nueva York; Eric Kandel, Premio Nobel de Medicina en 2000; Thomas Krens, director de la Fundación Solomon R Guggenheim de Nueva York; Koichiro Matsuura, director general de la UNESCO; Simon Peres, viceprimer ministro israelí; Robert Peugeot, vicepresidente de innovación y calidad de Peugeot Citroën; Juan de Luxemburgo, llamado aquí consultor de negocios; Jeremy Irons, actor, o Bianca Jagger, embajadora de Buena Voluntad de las Naciones Unidas y conocida por su matrimonio con el vocalista de los Rolling Stones. Lo curioso del caso es que el Duque de Lugo aparece en la lista del consejo internacional consultivo como «representante de España». Fuentes de la fundación a las que ha accedido *El Siglo* dicen que cada uno de sus miembros han elegido su propia denominación, de modo que ha sido Jaime de Marichalar quien ha escogido también la suya. En la Casa Real, que no acostumbra a hacer comentarios sobre las ocupaciones profesionales de los maridos de las Infantas, ahora tampoco se pronuncian, y en cualquier caso dicen no tener conocimiento de la vinculación del Duque de Lugo con esta fundación.

Los cementos de Koplowitz y el lujo de LVMH

El yerno del Rey, que parece que todo lo abarca como asesor de las grandes fortunas, no ha desatendido sus tareas en el resto de consejos a los que pertenece. En 2001 fue nombrado consejero ejecutivo de Cementos Pórtland Valderribas, empresa perteneciente a FCC, presidida por Marcelino Oreja Aguirre y propiedad de Alicia Koplowitz. En éste, como en otros casos, el don de gentes de Marichalar y su buen tino para los negocios le ha puesto en bandeja la posibilidad de formalizar un contrato; en su momento se dijo que el marido de la Infanta Elena le hizo una gestión profesional a la rica empresaria y ésta se lo agradeció sentándole en el consejo de administración de una de sus sociedades.

También con Bernard Arnault fue antes la amistad que el business. Cuando Marichalar residía en París allá por los años 80, tuvo oportunidad de conocer al multimillonario francés, a quien ya entonces causó buena impresión por su afición a la moda y su capacidad para relacionarse en los círculos sociales más exquisitos. Así, le nombró consejero en la lujosa firma española Loewe, adquirida en 1996 por su imperio LVMH (Louis Vuitton Moët Hennessy); de la mano de esta compañía integrada por las primeras marcas de lujo del mundo —Louis Vuitton, Kenzo, Givenchy, Christian Dior, Christian Lacroix, Moet & Chandon, Don Perignon o Tag Heuer, entre otras—, el empresario galo es el hombre más rico de Francia y el séptimo del mundo según la revista Forbes. Ese mismo año, en 2004, Bernard Arnault, después de haber puesto su despacho en Nueva York a disposición de su amigo el Duque de Lugo para que conociera los entresijos del negocio —Marichalar permaneció un tiempo en la gran manzana para recuperarse de su ictus cerebral en el hospital Monte Sinaí— le nombró su consejero en LVMH y presidente de su imperio del lujo en España.

Este cargo le tiene ahora atareado con la Copa América. Louis Vuitton es el principal patrocinador del evento deportivo que acogerá la ciudad de Valencia, donde el yerno del Rey se está empleando a fondo para sacar adelante un buen número de proyectos para el agrado de la alcaldesa, Rita Barberá. Por ejemplo, la edición de una guía turística de la capital del Turia editada por Louis Vuitton. Según dijeron desde el Consistorio tras su presentación, «únicamente ha editado hasta el momento una guía exclusiva de Nueva York». La segunda, la de Valencia.

Las relaciones de Marichalar con la Word's Cup han llegado incluso a cruzarse con las que tuvo su cuñado, Iñaki Urdangarín. El marido de la Infanta Cristina, siendo presidente del Instituto Nóos que tantos quebraderos de cabeza le acabó dando, organizó el congreso Valencia Summit de 2005 para promocionar la Copa América. Y Louis Vuitton fue a su vez patrocinador del evento.

La actividad de Marichalar en Valencia no se acaba en sus funciones como representante de LVMH en España. Como presidente de la Fundación Winterthur, cargo al que accedió en 1998 —y por el que no percibe remuneración alguna; en el resto de consejos se estima que percibe al menos 12.000 euros al mes— ha venido firmando sucesivos acuerdos de colaboración con Rita Barberá para patrocinar la actividad cultural del Palau de la Música. Curiosamente, otra de las iniciativas de Winterthur tienen relación con una de las empresas de Trader.com; en noviembre de 2000, año en que se incorpora a la compañía canadiense, la española, en su estrategia de expansión en el mercado de seguros por Internet, llegó a acuerdos con portales como coches.net, una de las empresas controladas por los Blouin.

En 2004, Jaime de Marichalar también se incorporó a la Sociedad General Inmobiliaria. Y como le ocurrió en LVMH, fue su amistad con el presidente Robert de Balkany, a quien también conoció durante su estancia en París, la que propició su entrada en su círculo de asesores personales. *El Economista* publicó el pasado diciembre que la propietaria de centros comerciales como La Vaguada, Plaza Norte 2 —ambas en Madrid— o Gran Vía de Barcelona, ha duplicado sus beneficios desde que fichó al Duque de Lugo, quien por cierto acudió a la inauguración del centro de San Sebastián de los Reyes acompañado del primo de su mujer, Bruno Gómez

Acebo. Curiosa historia la del cruce de caminos del yerno del Rey y el multimillonario rumano-francés; Balkany fue marido de María Gabriela de Saboya, el primer amor de Juan Carlos que se acabó quedando compuesta y sin novio porque no era del agrado de Franco.

Cemento, artículos de lujo, anuncios clasificados, seguros y vino. Jaime de Marichalar también ha probado suerte como bodeguero junto a viejos conocidos de su familia. El marido de la Infanta Elena está vinculado a la bodega Matarromera, un Ribera del Duero por el que comparte intereses con Alfonso Cortina, ex presidente de Repsol; su hermano Alberto, uno de los Albertos amigo y compañero de cacerías con el Rey; el naviero Fernando Fernández Tapias; y el comunicador Lalo Azcona, jefe del padre de la Princesa Letizia, Jesús Ortiz. A la bodega, tener unos padrinos de lujo le ha servido, por ejemplo, para que el Matarromera se sirviera en las comidas ofrecidas por los Reyes en la XV Cumbre Iberoamericana celebrada en octubre de 2005 o en la cena anterior a la boda de los Príncipes de Asturias.

Olfato para los negocios, don de gentes, relaciones con la élite mundial y un suegro llamado Don Juan Carlos I. Un cóctel de inmejorables cualidades a las que Jaime de Marichalar está sabiendo sacar partido.

Guapa, rica, mecenas y «jefa» del Duque de Lugo

Tras divorciarse de su segundo marido, John MacBain, en 2000, la canadiense Louise T. Blouin utilizó el dinero que consiguió en el acuerdo para hacer realidad su sueño de convertirse en mecenas, algo a lo que había aspirado desde que de joven había comenzado a introducirse en el mundo del arte trabajando como voluntaria en el Museo de Bellas Artes de Montreal. Gracias a ese capital y al relajado sistema fiscal de las Islas Bahamas, consiguió levantar de la nada el Holding LTB, una editorial dedicada a la publicación de libros y catálogos de arte dirigidos a la restringida élite de galeristas y coleccionistas.

En 2005, su voluntad filantrópica le llevó a crear la Fundación LTB, cuya página web origina más dudas de las que despeja acerca de las actividades que realiza. Según se indica en su presentación, la entidad cree «en el poder singular de la creatividad y la cultura como catalizador de cambios positivos», por lo que la «fundación cuenta con dos objetivos principales», a saber: «fomentar una mejor comprensión de los asuntos internacionales y culturales interfronterizos mediante el diálogo» y «explorar el potencial creativo del cerebro humano». Por último, se define como «una organización sin ánimo de lucro» que trabaja como «inversora».

Evidentemente, ante tamaña excentricidad, no han faltado las voces que en el Reino Unido han criticado a la señora Blouin por sus delirios de grandeza, aunque no es algo que a ella le preocupe excesivamente ya que, según explica en una entrevista publicada por *The Guardian* en octubre del año pasado, cuando la fundación inauguró su centro de exposiciones en Londres, «no voy a cambiar mis valores y mi forma de ser y lo que estoy intentando hacer porque alguien no crea en el bien. Ellos son los que tienen que ir a que les examinen. No yo».

Hija de un matrimonio de agentes de seguros que poseían su propia empresa, su padre murió cuando ella tenía quince años y, aunque estudió la carrera de comercio, no tiene ningún título universitario, ya que comenzó a trabajar desde joven como analista de mercados y agente de bolsa. A pesar de proceder de una familia de clase media desde joven ya consiguió acceder a la alta sociedad. Estuvo saliendo durante una temporada con Laurent Junot, hermano de Philipe Junot, el primer marido de Carolina de Mónaco, y, tras un breve matrimonio fallido, su boda con John MacBain supuso el trampolín necesario que la puso en contacto con la élite política, económica y cultural que forma parte en el consejo asesor de la Fundación LTB.

Sin embargo, con la inauguración del centro de exposiciones de la fundación no ha sido la primera vez que su nombre ha tenido eco en los medios de comunicación británicos, ya que tras su segundo divorcio tuvo un romance con el Príncipe Andrés, ex marido de Sarah Ferguson. Una buena trayectoria para una mujer nacida en los suburbios de Montreal.

Alternando con la alta sociedad

En agosto de 2003 *The New York Magazine* se hacía eco de un suceso protagonizado por Jaime de Marichalar durante una cena benéfica en el Watermill Center de Nueva York, una institución fundada por el músico y dramaturgo Robert Wilson, casualmente uno de los galardonados con los premios de la Fundación Louise T. Blouin. Tras las palabras que unos artistas cubanos dirigieron a los invitados al acto, el duque de Lugo les reprochó con malos modos el que no hubieran criticado a Fidel Castro y, debido a que el intercambio de opiniones fue subiendo de tono, Jaime de Marichalar fue acompañado a la calle por Bianca Jagger mientras, según la versión de la revista norteamericana recogida por Elconfidencial.com, afirmaba a gritos que Castro era un «asesino» y un «maricón». Por supuesto, todo el suceso fue posteriormente desmentido por la Casa Real.

Este tipo de saraos, generalmente más tranquilos, son frecuentes en la agenda del Duque de Lugo, del que las revistas del corazón han dejado constancia de su amistad con personajes habituales del papel couché y de la alta costura, como Carolina de Mónaco; la Princesa Beatriz de Orleáns, relaciones públicas de Christian Dior; el diseñador de Chanel Karl Lagerfeld; la profesional de la elegancia Nati Abascal; o la periodista Teresa Campos y su hija Terelu.

Varias han sido las excentricidades de Jaime de Marichalar recogidas por los medios de comunicación, algunas divertidas, como los «discretos» pantalones floridos de Tommy Hilfigger que lució en sus vacaciones de 2000 en la Costa Azul o sus paseos en patinente eléctrico por el barrio de Salamanca, y otras más importantes, como los 3 millones de euros que costó el piso en el que actualmente viven los duques de Lugo, situado en la calle de Ortega y Gasset de Madrid.

Fuente: MIRANDA, Virginia y CAPILLA, Manuel: «Los nuevos negocios de Marichalar» en *El siglo de Europa*, nº 731, 5 de marzo de 2007.

8

De amigos y de amigas en la intimidad

Si hacemos caso de la expresión, el valor de uno reside en el valor de sus amistades, es fácil deducir que deben ser muchos los que aspiran a convertirse en amigo de Su Majestad, tanto por el que dirán como por el que rentarán. En los últimos años hemos visto como en cuestiones de realeza la estética es un factor esencial, y las operaciones arriesgadas, como la de tener una familia política ajena al oropel de palacio, tarde o temprano acaba pasando factura y haciendo real la máxima de que los Príncipes, si quieren casarse con plebeyas, deben ir a ligar a la puerta de la inclusa.

Que todo el mundo quiera acercarse al Rey es algo más que comprensible, lo que ya no resulta tan entendible es que sea el Rey quien se acerque a determinadas personas, algunas de las cuales no son, precisamente, lo que se definiría como amistades recomendables. ¿Quiénes son los amigos del Rey? El Rey se puede decir que tiene amigos y, en cierto sentido, su criterio ha sido el mismo que el de su abuelo Alfonso XIII, quizás olvidando la lección familiar de que fueron precisamente los monárquicos quienes le hicieron la cama al Rey y permitieron que llegase la República tras el golpe de estado del 14 de abril de 1931. En una de las últimas entrevistas concedidas en vida por la infanta Beatriz de Borbón, la última hija de Alfonso XIII en morir, la anciana señora decía que los amigos de sus padres eran los nobles con los que jugaba a polo. Los amigos del Rey, en una parte considerable, provienen del mundo del deporte; la otra porción tiene origen diverso, muchas veces enraizadas en sus años de juventud, pero adornados con el embriagador aroma del papel moneda.

El 3 de octubre de 1992 la revista *Época* publicó un documento hasta entonces desconocido, y nunca más vuelto a mostrar, la lista de las visitas privadas en La Zarzuela. Esta lista estaba compuesta por los siguientes nombres, muchos de ellos totalmente desconocidos:

S.A.R. el Príncipe Zourab Tchokotoua
S.A.R. la Princesa Nina Tchokotoua
Excmo. Sr. D. Manuel de Prado y Colón de Carvajal
Sr. D. Francisco Manuel Kovac Reus
Sr. D. Ignacio Caro Aznar
Sr. D. Miguel Arias Molino
Sr. D. Manuel Santana Martínez
Sr. D. Francisco Fernández Ochoa
Sr. D. Eduardo Roldán Osés
Sr. D. José L. Martínez Rodríguez
Sr. D. José María Blanc y Díaz
Sr. D. Richard Robson Cross
Srta. Irene Medina Zapata

«Ninguna de estas personas precisa más acreditación que la de enseñar el carnet de identidad para acceder a Palacio. Algunas, las más asiduas, ni siquiera. Su cara resulta lo suficientemente conocida a los guardias reales que día y noche custodian cada una de las cinco entradas al Palacio de La Zarzuela. Como por arte de magia, un simple saludo basta para que se abran a su paso los controles de seguridad de la residencia oficial de los Reyes de España.

»La lista de visitas privadas de Don Juan Carlos y Doña Sofía está encabezada por los amigos personales de la pareja real aunque, por mayoría abrumadora, la componen los íntimos del Rey. Once hombres y dos mujeres, estrechamente ligados a la vida del monarca, disfrutan del privilegio de poder visitar a Sus Majestades sin necesidad de pedir audiencia. Son antiguos compañeros de estudios, empresarios, deportistas consagrados, amigos de invierno, primavera y verano, algunos de ellos desconocidos por su relación con la Corona, que entran en La Zarzuela como *Pedro por su casa*.

»A continuación, bajo el epígrafe «Doctores, profesores y otros servicios», aparecen 18 profesionales que, con más o menos frecuencia, atienden la salud, la imagen e incluso el alma de la Familia Real española: dos doctores, un podólogo, tres peluqueros, una manicura, seis modista/os, un sastre, una masajista, un joyero, dos profesores de hípica y el sacerdote que dice misa los domingos en la capilla del Palacio.

»En total son 31 las personas que componen la lista. Una lista que, según ha podido saber *Época*, se renueva periódicamente al igual que la relación de «Autoridades Nacionales», «Personal de Servicio», «Secretaría», «Jefatura de Seguridad», «Ayudantes de S.M.» o «Autoridades de la Casa». Además de las personas que ocupan en cada momento cargos como éstos —ya sean cargos institucionales o puestos de servicio en el recinto de la Zarzuela—, tienen acceso libre a Palacio los familiares más directos de Don Juan Carlos y Doña Sofía y también, claro está, la propia Familia Real. Lógicamente, los Reyes y sus hijos son los únicos cuyos coches están excluidos de control alguno, según consta en el «Resumen de Instrucciones» por el que se rige la Guardia Real.

»A nadie extraña que el Príncipe de origen georgiano Zourab Tchokotua y su mujer, la mallorquina Marieta Salas, ocupen el primer lugar en la lista de visitas privadas de SS. MM. Procesado en Palma, en 1978, por una presunta estafa inmobiliaria y reiteradamente acusado de hacer negocios a la sombra de Su Majestad, Zourab Tchokotua conoció al Rey durante su juventud, en un colegio suizo. Aunque el trato que se le dispensa en la lista de *elegidos* de La Zarzuela es el de alteza real (S.A.R.), son muchos los que dudan de su «sangre azul». En cualquier caso, los Tchokotua son los únicos integrantes de la llamada «corte de Mallorca» que cuentan con el visto bueno para entrar en Palacio. Por cierto que Marieta Salas figura en esta relación con el nombre de Princesa Nina Tchokotua.

»El siguiente no es otro que Manuel Prado y Colón de Carvajal (de quien hablamos en el capítulo dedicado a los negocios del Rey) [...] Una curiosa anécdota sirve para ilustrar la estrecha relación que une desde la infancia al Rey con Ignacio Caro Aznar, acaso su más fiel anónimo y desinteresado amigo personal. Era alrededor de las seis y media de la tarde del 23 de febrero de 1981. Ignacio Caro, citado a esa hora para jugar un partido de *squash* en La Zarzuela, había saludado a los guardias del control de entrada y conducía su propio automóvil en dirección a la Casa, cuando escuchó por radio los disparos del asalto de Tejero al Congreso de los Diputados. *Nachi*, porque así le llaman sus amigos y el propio Rey, acompañó al Jefe del estado durante toda la noche en su despacho.

»Francisco Manuel Kovac Reus, Miguel Arias Molino y José María Blanc y Díaz son, respectivamente, el más joven, el más «gourmet» y el mejor relacionado con los medios de comunicación de entre *los trece* de la lista. El que fuera niño prodigio e ingresara en la Facultad de Medicina de Barcelona a los trece años, debe su relación con la Familia Real a su padre, el también doctor René Kovac, ya fallecido. Francisco Manuel, especialista en reflexioterapia —técnica médica inventada por su progenitor—, recibe con agrado al Rey en su residencia de Mallorca, sin importarle la hora a la que éste se presente de improvisto.

»[...] Miguel Arias Molino, hijo del que fuera alcalde de Cercedilla, es considerado otro de los *íntimos* de Don Juan Carlos, al que conoció cuando el Monarca subía a esquiar a Navacerrada, donde la familia Arias es propietaria de un establecimiento hotelero. Actualmente, y tras haber sido durante la década de los setenta director de la estación invernal de Baqueira Beret, es copropietario de una agencia de viajes y de dos restaurantes, *Las Cuatro Estaciones*, en Madrid, y *Flanagan*, en Mallorca.»[1] El Rey es asiduo de los dos establecimientos, el madrileño más en plan personal y el mallorquín con toda la familia. Los rumores sin confirmar sobre su participación en los negocios han estado siempre ahí, lo mismo que el que habla de la existencia de un apartamento en la parte superior de *Las Cuatro Estaciones*. En todo caso la fama de estos restaurantes está más que contrastada, lo mismo que su exquisita tarta de manzana.

«Por su parte, José María Blanc, abogado nacido en Gijón, posee una importante fortuna que le llevó a intentar conseguir un paquete de acciones en Telecinco, operación financiera que fracasó. Su relación con el Rey se fraguó en la afición de ambos a las cacerías»[2]. El resto de privilegiados está muy relacionado con el mundo del deporte. Manolo Santana, el primer tenista de la historia de España, «conocí a Su Majestad en Estoril, con motivo de un torneo de tenis, hace más de treinta años. Desde entonces hemos jugado muchísimo...»; Eduardo Roldán, que en el momento de realizarle la lista era director de la estación de esquí de Candanchú; Richard Robson Cross, era patrón del *Fortuna*; Eduardo Roldán, entrenador olímpico en Barcelona 92 y Paquito Fernández Ochoa, esquiador con mayúsculas y trompicones en Saporo.

Del Príncipe Tchokotua a Josep Cusí

La mayoría de los amigos del Rey están vinculados al monarca por dos líneas: Mallorca y el *run run* de los negocios. Muchos son los nombres señalados, cierto es que algunos se apunta voluntariamente a la lista y otros son incluidos por espurios intereses. La lista sería larga, pero como muestra hemos elegido a dos bien distintos, el polémico Príncipe Zourab Tchokotua y Josep Cusí, armador del *Bribón*.

«El Príncipe georgiano, de cuestionada estirpe regia, es el primogénito de los hijos nacidos del matrimonio entre Nicolás de Tchokotua, embajador de la soberana y militar Orden de Malta, y de la peruana Carol Carpenter. Tchokotua nació en San Francisco el 18 de mayo de 1937, trasladándose al cabo de unos años a Suiza, donde conoció al entonces Príncipe Juan Carlos, compañero de andanzas en el colegio-internado en el que estudiaban juntos»[3].

Zourab Tchokotua «viste americana y vaqueros, y luce una medio melena heredada de los setenta que se empeña en peinarse hacia atrás con gomina. ZT, como le llaman los periodistas, observa cada mañana el balanceo de las embarcaciones, merienda tortilla de patatas en la barra de un bar situado en el paseo de una ciudad marítima. Nadie diría que es un Príncipe georgiano nacionalizado norteamericano si no fuera porque los rincones cuchichean: «Ese que come ensalada con pollo es el amigo del Rey». La leyenda indica que Tchokotua pescaba calamares con Don Juan Carlos en aguas nocturnas de Cabrera antes de la llegada de la democracia.

»La figura huesuda de ZT siempre se ha envuelto en un halo de enigma, incluso en Mallorca, donde se afincó a principios de los setenta. Su popularidad pivota sobre dos pilares. Uno, su amistad con la Casa Real. Dos, su matrimonio con la hija de uno de los empresarios más conocidos del archipiélago, el fallecido Pedro Salas, que fuera presidente de la Diputación Provincial durante el régimen franquista y cabeza visible de una de las familias más acaudaladas de la Isla de la Calma. Los análisis sobre la fortuna del Príncipe cuyo apellido, tan difícil de pronunciar, se vincula a la aristocracia georgiana, descansan sobre tres tipos de negocio: el inmobiliario, el juego (a través de las empresas de la familia de su esposa, que controla el Casino de Mallorca) y el crudo. Tchokotua, sin embargo, siempre ha negado su vinculación con los hidrocarburos. »Los negocios del Príncipe amigo del Rey siempre han intrigado a la sociedad mallorquina, acostumbrada a verle esquivo a bordo de su motora *Sea Falcon*. De hecho, en el verano de 1991 la prensa se hacía eco de una de sus pocas apariciones públicas junto al entonces hombre fuerte en España de Kuwait Investment Office, Javier de la Rosa. Lo que nunca podrá negar será su vertiente de promotor inmobiliario. Su aristocrático apellido está ya por siempre ligado en Mallorca a uno de los escándalos más sonados: el caso Los Almendros. Las 450 familias perjudicadas por las deficiencias en la construcción de los 36 bloques de protección oficial de una urbanización promovida por el Príncipe y el empresario Juan Oliver Mateu, nunca olvidarán su complicado nombre.

»Los compradores, que habían adquirido sus viviendas a principios de los setenta durante la fase de edificación, lo hicieron orientados por el piso piloto y una publicidad que en nada resultó parecerse a la cruda realidad. Pronto se dieron cuenta de que no se habían llegado a ejecutar ni jardines, ni pasos peatonales, ni piscina, ni centro deportivo, ni área infantil. Las grietas y la humedad aparecieron pocos meses después de que las viviendas fueran estrenadas. El desaguisado acabó con el procesamiento de Tchokotua y su socio Oliver Mateu. El Príncipe enigmático pagó una fianza de tres millones de pesetas para no ingresar en prisión, después de declararse insolvente para cubrir un depósito de 150 millones de pesetas exigido en 1978 en concepto de responsabilidades pecuniarias. En 1992, y a pesar de que el fiscal solicitó para Tchokotua hasta seis años de prisión y una indemnización para los damnificados de 100 millones, los magistrados decidieron absolver a los encausados ya que la defensa demostró que no habían actuado de mala fe. Tchokotua y Oliver Mateu culparon al arquitecto (fallecido en 1973).

»El Príncipe despistado, apodo que se ganó en 1989 cuando protagonizó una sonada tardanza en el Palacio de la Almudaina el día de la boda de Kyril de Bulgaria con la mallorquina Rosario Nadal, mantiene un proyecto nunca acabado: el campo de golf de Camp de Mar. El proyecto se remonta a 1985. En un principio, además de la familia Tchokotua, también entró a formar parte como socio el ya fallecido Nicolás Cotoner y Cotoner, marqués de Mondejar y entonces Jefe de la Casa Real. La idea inicial, la construcción de un golf de 18 hoyos y un hotel de cinco estrellas, con un presupuesto de 7.000 millones de pesetas, tuvo que ser modificada ya que parte de los terrenos fueron protegidos por el Parlament balear. Por ahora, todos los intentos del Príncipe georgiano para conseguir financiación no han cuajado, ni siquiera un préstamo del Bangkok Bank of Commerce.

»Poco después estalló otro escándalo: la Justicia tailandesa acusó al banco de conceder créditos ilegales y detuvo a varios directivos. Zourab Tchokotua empezó a ser conocido en los círculos más influyentes del país asiático. Junto a otros inversores, adquirió el 38% de Phuket Island Plc, una empresa hotelera en la península tailandesa de Phuket y que entre 1993 y 1995 acumuló una deuda de 22,4 millones de dólares. [...] Zourab Tchokotua asegura que a través de sus buenas amistades puede conseguir un crédito de 30 millones de dólares en un abrir y cerrar de ojos, y, a estas alturas, nadie es capaz de dudar que el Príncipe seguirá flotando a pesar de todas las mareas»[4].

Josep Cusí es uno de los hombres más próximos al Rey, su sombra en muchos aspectos de su vida privadísima, y a quien los rumores barceloneses se empeñan en vincularlo con el conde de Barcelona, aunque sólo sea por el parecido que guarda con Don Juan Carlos, su hermano del alma. «Está a su lado en todas las regatas, en viajes privados, cuando caza, en sus salidas sociales, como cuando estuvo hace un mes en la fiesta de aniversario de *La Vanguardia*: Cusí acudió con su mujer, Inés Muiños. Hasta acompaña a Su Majestad al médico. Lo comentó Jaime Peñafiel en *Crónica* hace un par de semanas: «Posiblemente acompañará al Rey la persona que lo ha venido acompañando estos últimos años: su amigo de largas horas de navegación Josep Cusí. La Reina no lo ha hecho nunca. La infanta Cristina, tampoco». Y es cierto, ambos acudieron a CIMA, elegante clínica barcelonesa situada en Pedralbes que, gracias a la propaganda indirecta que le hace el Rey, se ha convertido en la favorita de la gente bien de Barcelona.

»El monarca se realiza cada año un chequeo completo, que revela su inmejorable estado de salud. Después, Don Juan Carlos y Cusí acudieron a la Clínica Planas, enfrente de la nueva casa de la infanta Cristina, también en Pedralbes. Allí el Rey se somete a un tratamiento de rejuvenecimiento llamado *antiaging*, que consiste en un programa de nutrición, vitaminas y ejercicio, y que exige un control cada pocos meses. Don Juan Carlos dispone desde hace un par de años de un pequeño apartamento en la clínica para estar más cómodo y disfrutar también de una privacidad que en otro lugar no tendría. Incluso cena muchas veces con Cusí u otros amigos, o incluso con los médicos de la clínica en su pequeño apartamento.

»[...] No ha sido sólo en la última revisión médica cuando Cusí ha sido el acompañante del Rey. En 1986, cuando el famoso urólogo catalán Gil Vernet operó al monarca, parece que Cusí se brindó a llevar personalmente a un laboratorio de Estados Unidos las muestras que debían ser analizadas para comprobar el estado de los tejidos extirpados a Su Majestad. Y la gente se pregunta: ¿Quién es este hombre? No es aristócrata, ni millonario, ni latifundista, ni tiene un pedigrí reconocido de monárquico de toda la vida, de los que iban a Estoril, ni ha sido compañero del Rey en el colegio ni en las academias militares. Con apenas referencias en los libros que se han dedicado a los amigos del Rey, nadie alude a él en ninguna entrevista, no se le ha podido achacar ninguna indiscreción, ningún comentario *off the record*. Es hombre discreto, casi misterioso, del que muy pocas cosas se conocen.

»Josep Cusí Ferret nació en 1934 en Barcelona, tiene pues, 72 años, cuatro más que el Rey. Estudió Ingeniería Electrónica en la Escuela de Ingenieros de Tarrasa e hizo un máster en Toulouse. Está muy relacionado con Francia, ya que, a pesar de su afición a la caza, era muy amigo de Jacques Costeau y participó en varias expediciones del *Calypso* como submarinista. Tiene la Legión de Honor en la modalidad de tiro, deporte del que también fue campeón. En su juventud fue asimismo internacional de waterpolo. No es ningún intelectual, es un deportista nato, tiene un excelente carácter, fuerte pero muy alegre, y se conserva en una estupenda forma física. No bebe, no fuma, si acaso un puro de vez en cuando para acompañar al Rey después de una buena comida, ya que es un gastrónomo reputado.

»Empezó a participar en regatas en el año 72, cuando conoció a Don Juan Carlos. Primero competían en barcos rivales, aunque gemelos, hasta que constataron su afinidad y decidieron aunar sus fuerzas compitiendo en el mismo barco, el *Bribón II*, el Rey como patrón y Cusí de armador y tripulante. Han ganado juntos muchas competiciones, entre otras la Sardinia Cup, la Copa del Rey y el trofeo de SM la Reina.

»La amistad es tan estrecha, que Su Majestad fue padrino de la hija nacida del segundo matrimonio de su amigo, quien ya va por un tercero y tiene dos hijas, mayores e independizadas, de su primera mujer. Del bautizo del descendiente del armador, sé que Cusí preguntó a protocolo de Zarzuela si cuando el Rey entrara en la iglesia debía sonar el himno nacional... Lo cierto es que son tan amigos que hasta se parecen físicamente. En ocasiones, dice el propio Josep Cusí, los escoltas se le cuadran confundiéndole con el Rey. Don Juan Carlos valora muy especialmente la discreción de Cusí y sabe que para el armador lo primero es la amistad y el deporte. Está al corriente de que, a diferencia de otros, nunca se ha beneficiado de su amistad. Esto ha hecho que, mientras otros amigos han desaparecido del entorno real, Cusí permanezca y su relación con el Rey sea cada día más fuerte. [...] Si Don Juan Carlos está en Zarzuela y Cusí en Barcelona, se llaman cada día. El catalán es de las pocas personas que tiene el número del móvil de Su Majestad. Al estar jubilado de su empresa de componentes electrónicos, está dispuesto siempre a seguir a su Rey adonde quiera que éste le llame. En verano, se ven a diario, una amistad entre hombres en la que es difícil ver en el grupo a Doña Sofía o a Inés, la mujer del armador.

»A pesar de tanto roce, Cusí no le apea el tratamiento al Rey en ningún momento y sus «¡majestad majestad!» por encima del fragor de las olas y en medio de las peores tormentas se han hecho legendarios. Es lo que decía la madre del Rey, Doña María, "para ser amigos íntimos, no hace falta tratarse de tú, ¿no?"»[5].

María Gabriela de Saboya, la novia frustrada

Una vez que Don Juan Carlos superó los veinte años de edad desde sus dos entornos, Estoril y El Pardo, se empezó a especular con su necesario matrimonio para asegurar la estirpe. La finalmente elegida, Sofía de Grecia, a pesar del problema religioso que fue pronto solucionado, causó una buenísima impresión en el Caudillo, y éste en la Princesa. La leyenda habla de un largo noviazgo o, mejor dicho, de diversos encuentros a lo largo del tiempo. La verdad es bien distinta.

En esos años de mediados de siglo eran aún impensables los matrimonios desiguales y los Príncipes europeos sabían que estaban condenados a casarse entre ellos, lo que en ningún caso quiere decir que el enamoramiento fue condición *sine qua non*. Aún así parece que algo de enamoramiento sí hubo, y todo surgió en mayo de 1961 cuando el protocolo los juntó en la boda de los duques de Kent.

Un año antes de que se hiciera público el compromiso de los Reyes, los condes de Barcelona celebraron sus bodas de plata. Don Juan y Doña María se habían casado en Roma el 12 de octubre de 1935, y en 1960 se conmemoraba el vigésimo quinto aniversario de su unión sacramental. En diversos círculos monárquicos se empezó a especular con la posibilidad de que tan celebrado acontecimiento sirviese para anunciar el compromiso matrimonial de su heredero. La elegida era María Gabriela de Saboya, hija del Rey de Italia Humberto II, muy próximo a los Barcelona porque, además de amigos, las dos familias estaban exiliadas y vivían en Estoril.

«Pocos días antes, se trató de la cuestión en la reunión de la Comisión Permanente del Consejo Privado, y el diario de Pemán nos permite conocer especulaciones que no sólo tienen interés para la pequeña historia. El presidente del Consejo no recibió hasta el día 4 (el 12 era el aniversario) la noticia de que el anuncio de boda no se llevaría a cabo. Lo supo por el duque de la Torre. «El Príncipe —se le informó— no siente excesivo enamoramiento por María Gabriela y le pone reparos como posible Reina». El texto apresuradamente redactado por Pemán parece indicar que la Princesa había dado pie, por su relación con el Príncipe, a ser considerada como candidata. En cuanto a la falta de idoneidad para llegar a ser Reina se le atribuía haber estado «muy divertida en la Feria de Sevilla», al parecer acompañada de un rejoneador, afirmación que Pemán consideró desmesurada. Sevilla era, para él, «uno de los máximos núcleos de la chismografía nacional» y la Princesa «no hizo ni más ni menos que cualquier chica bien, que considera los días de Feria como un paréntesis que permite acostarse a las siete». Le pareció, por el contrario, que podía «ser acaso reflexiva y fría como parece que lo es su madre, la reina María José». Incluso creyó percibir posibles argumentos positivos desde la óptica de Don Juan. «Dentro de la preocupación paterna de casar al Príncipe, expuesto siempre a su edad, en el destierro, a cualquier desliz —escribió—, les parecía providencial [a sus padres] aquella Princesa de la mayor realeza posible [hija del Rey de Italia, nieta del Rey de Bélgica] y con gran fortuna».

»Especuló también Pemán en su diario acerca de lo que denominó como la «fórmula revolucionaria» de Balduino, recientemente casado con Fabiola de Mora. Para esta fórmula, que Pemán describió sin ironía como la de «la señorita virtuosa», «es posible que el Príncipe Don Juan Carlos tenga mayor sensibilidad... exagerando lo abierto y democrático, si es preciso, que sus padres». Unos días después, ya en Estoril, comprobó que los rumores perdían fundamento. Don Juan no había excluido a la Princesa, «porque hubiese sido indelicado excluirlo como vetada», pero nunca había estado tan próximo el anuncio del compromiso. «En cualquier caso —añadió el conde de Barcelona— no considero a Juanito maduro para la boda hasta dentro de un año y medio o dos».

»El diario de Pemán parece indicar que ya entonces se consideraba que el tipo humano de la candidata sería semejante al de la Princesa —es decir, se trataría de una persona perteneciente a una familia real—, pero la elección iba a recaer en una joven hasta el momento no considerada como candidata. De hecho, aunque los Reyes de Italia asistieron a la fiesta de los condes de Barcelona, la Princesa estuvo ausente. La boda de Don Juan Carlos tuvo lugar en el plazo indicado y además reunió ciertas características que habían sido presagiadas. Siempre se consideró la boda como una cuestión dinástica, no meramente personal, se pensó con gran cuidado en la específica idoneidad de la elegida para la función que un día le tocaría desempeñar y no parece que en ningún momento apareciera esa «fórmula revolucionaria» a la que había hecho mención Pemán. Todavía eran tiempos en los que, en efecto, la boda de un miembro de una familia real con quien no perteneciera a otra merecería ese calificativo de "revolucionaria"»[6].

María Gabriela de Saboya se casó finalmente con el millonario Robert de Balcany, amigo del Rey, íntimo de Alfonso de Borbón, y que actualmente tiene como consejero de sus inversiones inmobiliarias en España a Jaime de Marichalar. Robert y María Gabriela se divorciaron, pero su hija fue apuntada como candidata ideal para el Príncipe Felipe en los años en los que se buscaba una novia *como Dios manda*.

Marta Gayá y la ausencia del Rey

La vida íntima del Rey ha sido siempre objeto de rumor, pero casi nunca nadie se ha atrevido a aclarar nada. La primera intromisión vino de la pluma de Jaime Peñafiel, ya fuera de *¡Hola!* y reconvertido en columnista de *El Independiente*. En un viaje oficial de los Reyes a Chile afirmó como la prensa local había comentado que Don Juan Carlos y Doña Sofía dormían en habitaciones separadas. Sobre la posible existencia de amantes reales todo el mundo lo afirma en voz baja, pero nadie da nombres ni lugares. El tema no existía para los medios, hasta que saltó el nombre de una mujer mallorquina, entrada en años y con una estética que en absoluto responde a los cánones de belleza explosiva. La posible relación que el Rey haya podido tener, o tiene, con Marta Gayá, ha permanecido siempre en el mundo de las entretelas. Se sabía y no se sabía, se insinuaba pero no se decía, hasta que un día todo saltó.

Todo comenzó con el deterioro físico de Francisco Fernández Ordóñez, evidentemente ministro, que ocupaba la cartera de Asuntos Exteriores en los años europeístas de Felipe González. La enfermedad estaba haciendo mella en él, y después de pedirle, incluso rogarle a Felipe que le sustituyera, en la rueda de prensa posterior al Consejo de Ministros celebrado el 12 de junio de 1992, Narcís Serra anunció que en los próximos días el Presidente anunciaría el nombre de su sustituto. El miércoles 17 el propio Felipe, a preguntas de los periodistas, dijo que no podía hacerlo público ya que no había podido hablar con el Rey porque estaba fuera de España; «el Rey no está», fue su concisa sentencia. Dos días después, el viernes 17, en la rueda de prensa posterior al Consejo, a preguntas sobre el paradero del Rey se negó a responder. Don Juan Carlos llevaba, como mínimo, una semana desaparecido en combate. La tensión y el ruido de teletipos hizo que Sabino saliera al paso diciendo que el Rey estaba en una clínica de los Alpes sometiéndose a un tratamiento de rehabilitación.

«La salud del Rey ha sido materia de debate en numerosas ocasiones, y aún más, motivo de encuentro del Monarca con los directores de los medios para desmentir en persona rumores que resultaron infundados. El más alarmante, el que se propagó hace cinco años sobre un supuesto tumor testicular que Don Juan Carlos se ocupó de negar con altas dosis de humor. Los accidentes de esquí se han entremezclado en estos años con abundantes rumores acerca de transfusiones de sangre —recuérdese la hemofilia que aquejó a algunos antepasados de su dinastía— y descalcificaciones de huesos. Sin embargo, esta revista ha podido desechar esta hipótesis. Fuentes de absoluta solvencia y competencia en la materia aseguran que la ausencia del Rey nada tiene que ver con razones médicas. La vigilancia a que ha sido sometido en los últimos meses, a raíz de su reciente operación de rodilla, podría apoyar esta rotunda información. Claro que este desmentido no incluye otra posibilidad. *Época* ha sabido que el doctor Kovacs sugirió recientemente a su amigo y paciente el Rey Don Juan Carlos la posibilidad de someterse en Suiza a un muy específico tratamiento de rejuvenecimiento»[7].

En el mismo reportaje, y sin que la frase encaje por ningún lado, añade la periodista de *Época*, Carmen Remírez de Ganuza, «del mismo modo se sabe que ninguna dama de lanza ha viajado de Mallorca a Suiza en las pasadas semanas».

Tratamiento o no, al día siguiente Don Juan Carlos estaba en La Zarzuela para recibir al presidente del Gobierno que le iba a comunicar el nombre del nuevo ministro de Asuntos Exteriores, Javier

Solana. Terminada la reunión, el Rey regresó a Suiza, volvió a España el martes 23 para firmar el decreto del nombramiento de Solana, y tras despedirse regresó inmediatamente a Suiza. ¿Qué es lo que tanto le atraía del país alpino?

Don Juan Carlos apareció tras el escándalo delante de los medios el 25 de junio en una visita a la Expo de Sevilla. Preguntado por los medios eludió cualquier respuesta con una frase que, en algunos círculos, se tomó como un desafío: «Vosotros sois los periodistas, yo no». Desde ese momento los rumores se dispararon en dos direcciones: qué estaba haciendo el Rey y por qué Felipe González le había dejado con el culo al aire. Empecemos por la segunda cuestión. Las diversas fuentes consultadas afirman que en ese momento, en el que el felipismo hacía aguas por todas partes por los clamorosos casos de corrupción, el Rey alzó la voz para pedir una limpieza del Estado. Esta proclama real podría haber enfadado al Presidente que le habría respondido poniéndolo entre la espada y la pared, en un acto que algunos analistas entienden como una amenaza en el sentido de: o se calla o todo se saca a flote. Es sólo una teoría, pero como recordamos en otros capítulos unos meses después, ante las elecciones de 1993, diversos poderes fácticos, entre los que podría incluirse a la Corona, se conjuraron para que González siguiera sentado en el trono de La Moncloa.

Esta teoría, defendida por unos, no fue tenida en cuenta por los medios próximos al felipismo que habrían impulsado una teoría que encontraba causas fundadas a los hechos referidos. «En Moncloa, sin embargo, se ha negado con insistencia estas interpretaciones, al tiempo que se aseguraba a este semanario que «entre Felipe González y el Rey no ha ocurrido nada. Las relaciones siguen siendo las mismas de siempre». Algunos miembros del Gobierno y funcionarios del Palacio de Santa Cruz han aclarado que la demora en los cambios en el Gobierno se debió a que González quería que Ordóñez pasara el día de su cumpleaños siendo todavía ministro de Exteriores y al deseo del presidente de concederle el collar de la Orden de Isabel la Católica.

Al aumento de los rumores contribuyó, también, el hecho de que el Rey decidiera semanas antes suspender la multitudinaria recepción que celebra todos los años con motivo de su onomástica y reemplazarla por una reunión familiar en La Zarzuela y un encuentro posterior con los miembros del Gobierno»[8].

El punto álgido, el que puso a todo el mundo en posición de disparo, fue un artículo que el difunto Juan Balansó publicó en *El Mundo* a principios de julio de 1992: «¿Cómo es posible que nuestro Rey se encuentre de vacaciones sin que nada haya sido comunicado públicamente, y estando pendiente la cumbre de Lisboa sin que el Gobierno haya presentado todavía a Su Majestad la candidatura del nuevo ministro de Asuntos Exteriores? [...] Nos retrotrae este desdichado asunto a la leyenda forjada dos años atrás en Mallorca cuando, en plena crisis del Golfo, se ofreciera la imagen de una superficial camarilla de aduladores desocupados, ilustres buscavidas aristócratas de pacotilla y alguna que otra gaya dama de lance pretendido secuestrando al nuestro buen Rey en la trastienda de un figón de cuchipandas». El comercial publicitario reconvertido en especialista en realeza se arriesgó como nunca lo había hecho al hablar de una posible «gaya dama», lo que permitía el más que fácil juego de relaciones. Este primer ataque periodístico directo a la intimidad del Rey se completaba con un chiste de Ricardo y Nacho, en el que se veía un palacio, y una señora con melena corta con permanente, esperando tras la puerta con un rodillo de cocina en la mano.

«Para colmo de sobresalto las ondas herzianas se agitan, y los tertulianos de una y otra emisora se lanzan a hablar en clave «de lo que todo el mundo sabe» —como decía Juancho Armas Marcelo en Onda Cero—. Pero lejos de las ambigüedades y más lejos aún de las figuras literarias, otro conocido periodista se decide a contar lo que sabe. Y la bomba es ya un verdadero estruendo: «El Rey pasa por un momento emocional muy delicado —se atreve a decir Jaime Peñafiel en el programa de Encarna Sánchez de las tarde en la COPE— derivado de un viejo problema matrimonial que ha terminado por hacer su crisis, y que, estoy seguro, si se le deja tranquilo, acabará por superar»[9].

El verano de 1992 tuvo al Rey como uno de sus protagonistas, y no por lo que hizo, sino por lo que se insinuó que hizo sin que nadie se atreviera a decir que lo hubiera hecho. En los mentideros políticos se interpreta todo como una conspiración republicana que habría tenido uno de sus vértices en Mario Conde. Lo cierto es que fueron unos meses muy duros, en los que por primera vez no se publicó, pero sí se insinuaron cosas, y desde La Zarzuela se notaron peligrosos cambios de viento que en cualquier momento podían llevar el barco de la Monarquía hacia la más peligrosa de las marejadas. Los periódicos, pero sobre todo las revistas políticas, dedicaron portadas a informaciones en las que, en muchas ocasiones, lanzaban la piedra y escondían la mano. Un ejemplo, *Tribuna de Actualidad*, en su número de fecha 24 de agosto de 1992 abría la portada con una fotografía ociosa de Su Majestad, con el titular, «El Rey, en el centro de la polémica», y el antetítulo «Chismes, rumores y mentiras. Ataques a la vida privada de Don Juan Carlos». Reportaje que no encontraba su correspondencia en páginas interiores, donde se acusaba a la prensa extranjera, se hablaba de conspiraciones, pero no se entraba para nada en la vida privada del Monarca.

Una semana después, *Época* (fecha 31 de agosto de 1992) daba un paso más analizando la campaña de rumores, pero citando ya nombres y otros datos: «Casi mes y medio más tarde, en el número de fecha 11 de agosto, la revista francesa *Point de Vue* dedicaba su portada a los Rey*es españoles con el título «Amenazas sobre la corona de España»*. En páginas interiores comentaba la relación entre Don Felipe y la señorita Sartorius —sin añadir novedad alguna a lo publicado por la prensa española— y la supuesta relación amorosa del Rey, aunque en este caso sí incluía una novedad: la de citar el nombre de la presunta amante, una española de mediana edad —catalana de origen, aunque residente en Mallorca— llamada Marta Gayá. Una semana más tarde, dos revistas sensacionalistas italianas —*Oggi* y *Novella 2000*— copiaban en lo esencial la información de *Point de Vue*, con algunos detalles nuevos de su propia cosecha».

La aportación de Época no se quedaba en esto sino que se atrevía a más al incluir una biografía de Marta Gayá. Su autor, Juan Luis Galiacho, trata el tema con mucho cuidado pero diciendo mucho si se sabe leer entre líneas. En esta biografía se incluyen muchos nombres que, bien colocados, permiten intuir un entorno real del que se quería huir desde el servicio de prensa de la Casa Real. Por su interés reproducimos esta biografía de quien en ese momento se especulaba podía ser la amante del Rey; estamos en 1992.

«Marta Gayá, mallorquina de nacimiento, 44 años, divorciada, sin hijos, 1,75 metros de altura, cuerpo esbelto, sonrisa franca, piel suave, ojos negros, aunque a veces utiliza lentillas de color verde, decoradora de profesión, vinculada en algunos negocios al Príncipe georgiano Zourab Tchokotua, íntimo amigo y socio del monarca español, se ha convertido en el centro de la atención pública.

»Marta Gayá, belleza exquisita, discreción personificada, es hija de madre foránea adinerada y de Fernando Gayá, un hotelero mallorquín, dueño del Hotel Villamil, antiguo palacete reconvertido en residencia en la zona turística de Paguera, y propietario a su vez de la empresa de cementos y hormigón Prebetón. Marta estudió el bachillerato en el Colegio Sagrado Corazón de Palma de Mallorca, colegio *chic* femenino al que iba toda la nobleza de Mallorca, los llamados *butifarras*. Allí, Marta aprendió todos los modales que luego le han servido para relacionarse y comportarse como una perfecta aristócrata.

»Posteriormente marchó a Barcelona donde cursó algunos cursos de decoración. A finales de los años sesenta se casó con el ingeniero industrial Juan Mena, hoy relacionado con la sexóloga Susana Canellas y que entonces trabajaba para el padre de Marta en la citada empresa cementera Prebetón. Su relación matrimonial con Mena apenas duró tres años y de aquel matrimonio no nació ningún hijo, contra lo publicado por italianos y franceses que, incluso, catalogaban a Mena como un rico industrial del bizcocho.

»En aquellos años Marta Gayá comenzó a frecuentar la noche mallorquina y a codearse con los creadores de la célebre marcha de la plaza Gomila, que tenían su centro de reunión en el local de la antigua discoteca Rodeo, hoy ocupado por el disco pub Factory. Marta Gayá comenzó a conocer a los que luego compondrían su círculo de amigos íntimos y con los que también se reunía en el Sporting Club, un club de tenis situado a escasos metros de Puerto Portals.

»Entre ellos se encuentran Pepe Oliver, ex propietario de la discoteca del Club de Mar y hoy dueño del DPP, centro de reunión de Puerto Portals, nido de la llamada *jet*; Gabriel Oliver, hermano del anterior, hombre de confianza y presidente del consejo de administración de los negocios del presunto Príncipe georgiano Tchokotua, íntimo amigo y socio del Rey Don Juan Carlos y al que se conoce en los ambientes mallorquines como *Zu*; Juan Ferrer, empleado también de confianza de Tchokotua; Juan Marqués, alias *El Cubano*, *play boy* de la noche palmesana; Rafael Colomar y su esposa Txiqui, conocidos rentistas mallorquines; el arquitecto Luis García Ruiz, con el que Marta Gayá suele trabajar como decoradora en sus proyectos; su compañera, Concha Calvo, el editorialista del *Diario de Mallorca*, Andrés Ferret, y el consignatario de buques Miguel Puigserver. Estos personajes constituyen uno de los principales núcleos de amigos íntimos de Marta Gayá, con los que asiste a fiestas.

»Sin embargo, sus verdaderos amigos y quienes la introdujeron en el círculo de la *jet* y de la aristocracia fueron los recientemente fallecidos, en accidente de circulación, Rudy Bay, ex propietario de la compañía de vuelos charter Spantax, y su esposa Marta Girod, hermana de Janinne, compañera sentimental del presidente del Real Madrid, Ramón Mendoza. Los Bay fueron hasta su muerte, el pasado mes de mayo, quienes introdujeron a Marta Gayá en todas las fiestas palmesanas y del Príncipe Tchokotua, con el que le une una gran amistad y relación profesional, ya que ha decorado alguno de los proyectos inmobiliarios de Tchokotua. Entre sus trabajos destacan dos antiguos palacetes típicamente mallorquines que ha restaurado.

»Marta Gayá solía salir siempre a navegar en la lancha *Cigarette* de los Bay, embarcación similar a la lancha *Njao* del Rey Juan Carlos, con la que alguna vez han coincidido en alta mar. Marta Gayá también frecuenta con asiduidad la cubierta del velero *América*, de Ramón Mendoza, este año ausente de la isla, con el que ha realizado algún que otro crucero y con quien en varias ocasiones se les ha visto cenando en solitario.

»También algunos de los llamados amigos del Rey Don Juan Carlos han tenido como acompañantes en sus salidas marítimas a Marta Gayá, como el Príncipe Aga Khan o el misterioso argentino Perdomo, propietario de uno de los mayores veleros del mundo, el *Jessica*.

»El fallecimiento de Rudy Bay y de Marta Girod ha supuesto un duro golpe para Marta Gayá, ya que incluso días antes del trágico accidente había comentado a sus amigos que ese domingo fatídico iba a ir a comer con los Bay fuera de Palma, al restaurante *C'an Tia*, un antiguo monasterio en el pueblo de Santa María. Finalmente no acudió y pudo salvar su vida, viajando posteriormente a Suiza para una cura de reposo tras una crisis nerviosa.

»Marta Gayá se mueve por la isla de Mallorca conduciendo dos vehículos de su propiedad, un Volkswagen Cabrio preparado, tipo escarabajo, de color blanco crema, con teléfono móvil incorporado desde el cual suele realizar todas sus llamadas, y un vehículo Nissan.

»Actualmente tras el fallecimiento de los Bay se la ve muy unida al decorador Tony Obrador y a su compañera sentimental, cuñada del popular presentador televisivo Joaquín Prat y a su vez ex mujer del pintor mallorquín Joaquín Torrens. Marta Gayá tenía previsto marchar los primeros días de agosto, junto a Obrador y señora, a la isla de Corfú, en Grecia. Sin embargo, tras la primera publicación por la revista francesa *Point de Vue* de la noticia de su presunta amistad con el Rey, Marta Gayá se reunió con sus más íntimos amigos en Palma de Mallorca, donde comentó su gran malestar, desapareciendo posteriormente de la circulación.

»Marta Gayá es muy aficionada a viajar, normalmente acude a Italia a comprobar las últimas tendencias de la moda y decoración, ya que aparte de llevar en Mallorca representaciones de joyas y bisutería, es asesora de imagen de una firma de zapatos italiana. Esta vocación le viene de antaño, ya que a finales de los años setenta fue relaciones públicas del Club de Mar, uno de los lugares a los que solía acudir el Rey Don Juan Carlos, llevando incluso el propio monarca discos que luego entregaba al propietario Pepe Oliver para que se los pinchara en la discoteca.

»Marta Gayá también acudió el pasado año a la India y estuvo pasando una temporada en California en la finca que tiene el Príncipe Zourab Tchokotua.

»En la isla de Mallorca, uno de los lugares preferidos por Marta Gayá es la zona del puerto de Andraitx, principalmente conocida como La Mola, donde poseía hasta el pasado invierno un chalé el Príncipe Tchokotua y su esposa Marieta Salas, una de las principales fortunas de la isla. También en esa zona reside un gran amigo suyo, el escritor José Luis de Vilallonga, con el que Marta Gayá acudió hace tres años a una fiesta organizada por el Rey Don Juan Carlos en el Beach Club del Casino de Palma, en honor del Aga Khan.

»En invierno Marta Gayá acude varias veces de visita a Madrid y a Barcelona, viajes que este año ha intensificado. En Madrid suele reunirse con el amigo del Rey Don Juan Carlos, Miguel Arias, propietario del restaurante Flanagan en Puerto Portal y ex director de la estación de esquí de Baqueira Beret. Marta Gayá organizó hace tres años junto a Pepe Oliver una gran fiesta en el restaurante de Miguel Arias.

»Marta Gayá, aficionada al esquí, tiene en Madrid a su mejor e íntima amiga: Vicky Flores Estrada, ex mujer de Fulgencio Batista, hijo del conocido dictador de Cuba. Marta también tiene amistad con la hermana de Vicky, *Peque*, casada con Ranfis Trujillo, hijo del presidente de la República Dominicana.

»En la actualidad Marta Gayá vive en soledad en la zona conocida como C'an Bárbara, en Palma de Mallorca, junto al Club de Mar. Primero vivía en un bloque de pisos situados encima del pub Corn Mari, uno de los locales que antes visitaba asiduamente el Príncipe Felipe. Hace dos años se cambió a un edifico anexo, donde compró un impresionante ático, con vistas laterales a la bahía y un gran salón-comedor decorado en estilo modernista por el decorador Carlos Serrano, compañero de Marta Gayá en sus tiempos de estudiante. El ático ha sido diseñado por su amigo el arquitecto Luis García Ruiz, responsable del diseño de la discoteca DPP y del local vanguardista de copas XL. Con García Ruiz le une también una relación profesional ya que ha colaborado con él en decoración de inmuebles. Marta Gayá trabaja habitualmente con la empresa Line, S.A., dedicada a la decoración de hoteles.

»Para inaugurar su piso Marta Gayá realizó una gran fiesta a la que acudieron todos sus amigos. Como todos no cabían en la casa, hizo varias fiestas por grupos. Tchokotua y los suyos por un lado y los ex Club de Mar por otro. Para estas fiestas Marta Gayá suele contratar los servicios de una empresa de menús preparados y sus ágapes se basan en langosta y ensaladas varias, no faltando a la cita la coca mallorquina. Marta Gayá suele pagar estas comidas con alguna de sus múltiples tarjetas oro.

»Marta Gayá había anunciado para finales de este mes de agosto, una vez hubiera regresado a la isla de sus vacaciones, una gran fiesta con todos sus amigos, que quizá las circunstancias que ahora rodean a su persona puedan hacer que no se realice.

[...]

»Marta Gayá, a la que sus amigos califican como una persona nada afectada, muy atractiva, sosegada, tranquila, de una gran personalidad, interlocutora ágil, con un gran sentido del humor, dominadora de cualquier situación, suele ser centro, sin quererlo, de todas las reuniones a las que acude, en las que suelen predominar sus salidas ingeniosas y simpáticas, sin nombrar en ninguna de ellas su presunta amistad con el monarca español. Amiga fiel de sus amigos, suele actuar con normalidad absoluta en Mallorca.

»Su desdoblamiento de personalidad, por otro lado inevitable, le hace convertirse en una mujer inaccesible en las fiestas y actos públicos, donde jamás ha comentado con nadie ningún detalle sobre su vida privada. Marta Gayá ha sabido, durante más de diez años, llevar todo con el máximo grado de discreción. Las nuevas circunstancias no parecen que vayan a romper su habitual tónica de prudencia. De su boca jamás ha salido en todos estos años, en público ni en fiestas privadas, un nombre: Juan Carlos»[10].

La biografía de Galiacho, bien leída es más que elocuente. No vamos a ampliar la larguísima lista de insinuaciones al respecto. Sólo un último apunte que, como apareció de manera colateral, parece que se escapó. En los primeros meses de 2007 en el programa de Tele 5 *Hormigas Blancas* se emitió un serial sobre la vida de Ana Obregón. Cuando la citada actriz empezó su romance con el conde italiano Alessandro Lequio, sobrino segundo del Rey, con quien hasta entonces tenía una relación muy fluida, el conde estaba casado con la modelo italiana Antonia dell'Atte. Al comentar su ruptura, Jaime Peñafiel señaló en el referido programa que, en medio de la vorágine mediática, Alessandro se refugió en Mallorca en casa de Marta Gayá. Parece claro que la conocía y no es arriesgado aventurar quien le sugirió ese posible refugio.

El *affaire* Gayá fue la primera piedra en su camino, sirvió para que *El Mundo* hiciese cuentas y dedujese que era imposible que el Rey hubiese firmado la Ley de Creación de la Universidad de La Rioja, tal y como figuraba en el BOE, porque ese día no estaba en España. Cuesta creer que el Rey siga sancionando personalmente todas las leyes, pero en teoría es condición *sine qua non*, de lo contrario no pueden entrar en vigor.

¿Tiene el Rey bastardos?

Desde hace unos años pulula por el mundo mediático Leandro Ruiz Moragas, ahora autorizado a utilizar el apellido Borbón, que ha puesto de moda el tema de los bastardos reales. Hay que decir que no ha sido el primero, y seguramente no será el último. Si nos remontamos a los Austrias encontramos a varios bastardos que tuvieron un papel muy importante, como Don Juan de Austria, hijo de Carlos I, y Juan José de Austria, hijo de Felipe IV, los dos enterrados actualmente en El Escorial. Ruiz Moragas tiene pretensiones de todo y derecho a nada, empezando por el título de infante que se da, en contra de la legislación vigente, o los numerosísimos errores históricos, por no decir mentiras, que incluye en sus libros.

El proceso que inició Ruiz Moragas fue únicamente ante el juez encargado del Registro Civil para que le autorizase a utilizar el apellido Borbón, nada más. Pero la Historia sí conserva una demanda de paternidad presentada por los presuntos hijos de Alfonso XII, y que fue resuelta nada menos que por el Tribunal Supremo.

La demanda fue presentada en 1903, y tenía como base un antiguo acuerdo entre la Casa Real y la familia Sanz alcanzado en 1886, tras la muerte de Alfonso XII y durante la minoría de edad de los niños, que habían tenido como abogado en las negociaciones a Nicolás Salmerón. La reclamación, a quien afectaba directamente era a la viuda de Alfonso XII, la reina María Cristina, que se negó a un nuevo arreglo y decidió que el asunto se resolviera en el Tribunal Supremo, para lo que contrató como abogado al célebre Eugenio Montero Ríos.

El letrado basó su defensa en tres argumentos: Las Leyes de Toro, recogidas en la Novísima Recopilación, que sólo permiten reconocer a los hijos naturales y, por lo tanto, los bastardos no son reconocibles. La Constitución de 1876, que dice que la figura del Rey es inviolable; de esto se concluye que los únicos hijos que puede tener son los nacidos del matrimonio. El Código de las Partidas, cuarta partida, título XIV, ley tercera: «Cuáles mujeres son las que no deben recibir por barraganas los hombres nobles y de gran linaje». Esta ley dice que los nobles, y especialmente los Reyes, pueden tener barraganas, pero estas no pueden ser: Siervas y sus hijas; aforradas (manumisa o liberta) y sus hijas; juglaresa y sus hijas; tabernera ni sus hijas; regatera y sus hijas; alcahueta y sus hijas; ni ninguna de aquellas mujeres que sean llamadas viles. La madre de los reclamantes, Elena Sanz, era cantante de ópera, lo que la asimilaba con una juglaresa y por lo tanto no podía ser barragana. Dice así el argumento de la defensa: sus hijos «no serían llamados naturales sino espureos que quiere tanto decir como fornecido. Y tal hijo como éste no debe partir en los bienes del padre, ni es el padre tenido de criarle si no quisiese.» El Tribunal Supremo aceptó estas argumentaciones y desestimó la demanda de los hermanos Sanz.

¿Podría ser el Rey demandado actualmente? La Constitución de 1978 lo deja bien claro con idéntico argumento que uno de los esgrimidos por Montero Ríos hace un siglo. El artículo 56.3 es contundente: «La persona del Rey es inviolable y no está sujeta a responsabilidad».

Los Tribunales está claro que nada pueden hacer al respecto, pero sí los medios de comunicación, y así ocurrió con las pretensiones de la condesa italiana Olghina de Robilant, que aprovechó el tirón provocado por la publicación de sus cartas de amor con Don Juan Carlos. «Olghina de Robilant conoció al joven Príncipe Juan Carlos de Borbón en Portugal en las vacaciones de la Navidad de 1956. En esos años se concentraban en Cascais los pretendientes y herederos de los tronos de Italia, España, Yugoslavia, Francia, Bulgaria y otras muchas familias aristocráticas europeas.

»En aquel año de 1956 el joven Juan Carlos de Borbón, entonces alumno de la Academia General Militar de Zaragoza, conoció a la también joven condesa veneciana Olghina de Robilant, de 24 años, cuatro más que el futuro Rey de España. Olghina pertenece a una familia que en el pasado consiguió establecer lazos matrimoniales con diversas casas reales europeas. Se dice que una Robilant llegó a casare con un hermano de uno de los zares de Rusia.

»Aquel año Olghina estaba en casa de la marquesa Olga de Cadaval, hermana de su padre, oficial de aviación. Fue durante una cena en casa de la marquesa cuando los dos jóvenes se conocieron y, según dicen algunos testimonios de la época, nació entre ellos una muy profunda relación, que duró tres años. La pareja se intercambió dos docenas de cartas»[11], que fueron publicadas en la revista italiana *Oggi* a principios de 1988.

Las cartas incluyen párrafos muy curiosos, sobre todo uno en el que su autor, de ser Don Juan Carlos, revelaría su amor a Olghina a la vez que le diría que no podía casarse con ella y apuntaba como posible esposa a María Gabriela de Saboya: «El otro día era el cumpleaños de Gabriela, le he regalado un brazalete con la insignia de la Infantería. Le ha gustado... No puedo casarme contigo, debo pensar en otra, en la única que me atrae físicamente y para el resto... Es Gabriela. Pero creo prudente, por ahora, no hablar con nadie»[12].

La noticia fue publicada por la revista *Tiempo*, que en el número del 8 de febrero de 1988 publicaba unas declaraciones de la citada condesa en la que explica como ellas, para evitar malentendidos, dos años antes de que todo saltase a la opinión pública, había remitido los originales de las cartas a La Zarzuela, a la vez que se negaba a decir quien es el verdadero padre de su hija mayor.

«Los originales de estas cartas se encuentran desde hace dos años en La Zarzuela. Ahora se han puesto de nuevo en circulación en versión fotocopiada. Oficialmente, quien las ha propuesto a los periódicos de medio mundo es un misterioso fotógrafo italiano, que sostiene actuar por cuenta de la condesa Olghina de Robilant. «Hace años que no frecuento fotógrafos —rebatió la condesa—, y si este señor tiene coraje y no miente, que se presente con su nombre y apellidos y sin tantos misterios. La verdad es que tras él se esconden otras personas que no tienen el valor de enfrentarse con su propias responsabilidades».

»La condesa no tiene dificultad en dar el nombre del misterioso personaje que habría puesto en el mercado las fotocopias de la correspondencia habida entre ella y el entonces heredero al trono de España. «Detrás de este asunto puede estar solamente una persona: Jaime Peñafiel. En efecto, fue a él a quien en enero de mil novecientos ochenta y seis envié los originales de las cartas para que le fueran consignadas al día siguiente a Don Juan Carlos».

»Según la versión que ha suministrado la condesa Olghina de Robilant a este semanario, en el otoño de 1985 ella propuso a un intermediario sondear en las casas editoriales españolas y portuguesas la posibilidad de publicar un libro o una serie de artículos que, además de contar la vida y aventuras de las coronas en el exilio, comprendería también toda una serie de documentos y fotografías de la época. Entre estos documentos también figuraban las famosas cartas de amor que la condesa había recibido de Don Juan Carlos. «Nadie demostró interés por el proyecto del libro —explica Olghina de Robilant—. Sin embargo, se me hizo saber que el director de un semanario español, Jaime Peñafiel, estaría dispuesto a comprar la correspondencia, no para publicarla, sino para conservarla como material histórico. La propuesta, tanto desde el perfil económico como desde el uso al que estaba destinada, me pareció interesante y decidí ir a encontrarme con él a Madrid».

»Según la condesa, el contrato contenía ciertas cláusulas especiales: «Después de la firma del contrato, que por otra parte se refería sólo a la concesión de las cartas y no al «copyright» de su publicación, que sólo sería posible después de sesenta años de la fecha de su redacción, Jaime Peñafiel me declaró que al día siguiente había puesto los originales en manos del Rey Juan Carlos en La Zarzuela». Por lo que se ve, antes de ser consignadas se hicieron diversas fotocopias, las que ahora parecen estar en posesión de algunos periodistas españoles. Según Olghina de Robilant, sólo pueden darse dos hipótesis: una fuga de documentos del palacio de La Zarzuela o «una sucia operación efectuada por personas que a través de mí quieren atacar al Rey». «Quien ha ideado esta operación —continúa— y ha lanzado contra mí acusaciones difamatorias tiene, en realidad, como objetivo a Don Juan Carlos. Pero que quede claro que también yo estoy dispuesta a saltar por los aires con esta bomba de cartas si ello sirviera para salvar a Don Juan Carlos, por quien continuo sintiendo cada vez más estima».

Y sobre las hijas de la condesa, la misma publicación explicaba que «después de la ruptura de su relación con el Rey Juan Carlos, Olghina encontró al pintor italiano Antonello Aglioti, con quien se casó en 1966. Su matrimonio, durante el cual Olghina tuvo a su segunda hija, Valentina, que cuenta en la actualidad con 16 años, concluyó en 1972. En una relación posterior Olghina tuvo a su primogénita, Paola, hoy casi treintañera, que vive en Nueva York, donde enseña en la Columbia University. «No quiero revelar el nombre de su padre, un romano casado y con dos hijos, pero si alguien le lanzara ciertas insinuaciones él no se demoraría en reivindicar públicamente la paternidad de mi hija».

Bárbara Rey y Antonia dell'Atte

Los rumores sobre la intimidad del Rey Juan Carlos siempre han pasado bastante desapercibidos, aunque en los últimos años han corrido dos, sobre los que no hay prueba alguna de su veracidad, que relacionaban al Rey con dos *mujeronas* como Bárbara Rey y Antonia dell'Atte; de físico, orígenes y estética semejantes.

Bárbara Rey es una de las musas de la transición. Criada para el espectáculo en los últimos años del franquismo su nombre ha sido siempre sinónimo de sensualidad y provocación. No es el momento de contar su biografía, pero sí recordar un incidente que la relacionó con el entorno regio y con los servicios secretos. El asunto ocupó los titulares de la actualidad nacional gracias a las informaciones publicadas por *El Mundo* en junio de 1997, y que se basaban en datos que había hecho públicos Antonio Herrero en su programa matinal de la COPE.

Los hechos referidos parten de una denuncia que Bárbara Rey presentó el 13 de junio de 1997 en la comisaría de Policía del madrileño barrio de Tetuán, en la que acusaba a Manuel Prado y Colón de Carvajal de haberle robado cintas de audio, vídeo y fotografías, que además de contener imágenes pertenecientes a su persona podrían causar un grave perjuicio a «una persona importante de la cual no desea en estos momentos decir su identidad». La denuncia decía lo siguiente:

«El pasado día 25 del mes de mayo, denunció en estas dependencias un robo en su domicilio de documentación personal, la cual implica a personas importantes de este país por ser comprometedoras para ambos».

«El día 5 del presente mes, se ausentó de su domicilio y su hijo entró en su casa en la madrugada del día 9, notando el día 10 que personas extrañas habían entrado en el domicilio sustrayendo del mismo carretes fotográficos sin revelar, cintas grabadas de varios autores, una agenda personal, todo esto propiedad de su hijo, tres cintas de casete, cinco de vídeo, 20 diapositivas, todas ellas comprometedoras para ambas partes y propiedad de la declarante, especialmente relevantes para esta persona importante de la cual no desea decir su identidad».

«Que sospecha que las personas autores de este hecho, han podido ser mandadas a su domicilio con el fin de retirar toda la documentación comprometedora para dicha persona por el señor Manuel Prado y Colón de Carvajal así como un tal Eladio García Suárez ya que estas personas se pusieron en contacto con ella queriendo tener información de tales documentos así como involucrar a la declarante en un negocio supuestamente legal, el cual, por grabaciones obtenidas por esta persona se tiene la sospecha de que el mismo no es legal, o bien la querían involucrar aportando cheques supuestamente de ventas ilegales, para luego implicarla si la operación salía mal».

«Que la denunciante, ante todo, quiere salvaguardar el nombre de la persona con quien mantuvo relaciones sintiéndose utilizada para que en caso de problemas, aparezca la culpable del daño que le pueda producir a esta persona a través de estas operaciones, para lo cual ha sido robada en su domicilio, intentado ser estafada, así como amenazada de muerte tanto ella como sus hijos, acusándola mediante llamadas telefónicas de haberse deshecho del material y puesto en circulación en prensa».

«Que quiere hacer constar que tiene en su poder cintas magnetofónicas grabadas por la denunciante en las que se demuestra el intento de involucrarla en una operación financiera mencionada anteriormente, así como ponerla en contacto con Luis Anasagasti a quien considera Prado una persona de su entera confianza».

«Que teme hacia la declarante y sus hijos cualquier tipo de daños físicos producidos por estas personas o por personas mandadas por ellos dado que hasta la fecha a la declarante ya se le han producido daños irreparables profesional, moral y humano así como boicot en su medio profesional. Igualmente teme que se utilice a la persona con la que ésta mantenía una relación para hacerle un daño irreparable».

«En la denuncia, la actriz menciona el nombre de Luis Anasagasti como una de las personas que la presionaron. Se da el caso de que algunos agentes del Cesid utilizan habitualmente el apellido Anasagasti. En el Centro, cuando se dice Anasagasti se hace el siguiente comentario jocoso: "¿Cómo dices que te llamas: Ana Sagasti?"»[13].

El diario dirigido por Pedro J. Ramírez dio amplia cobertura a la noticia, explicando que «Bárbara Rey se entrevistó a finales de enero con Mario Conde para facilitar al ex banquero la información que la actriz califica de «comprometedora». Durante el encuentro, la presentadora manifestó a Conde que había sido presionada por Manuel Prado para que no se difundiera lo que ella sabía. El ex banquero asegura que tras la entrevista se limitó a informar a los afectados. Respecto a con qué fin mantenía en su poder documentación tan «comprometedora», la actriz declaró ayer a *El Mundo*: «Se trata de recuerdos de mi vida privada. No tenía ningún objetivo». Bárbara Rey también intervino anoche en el programa de televisión *Tómbola* donde ratificó los términos de su denuncia. «Estoy llegando a un límite, me siento desprotegida», dijo la actriz con voz desesperada»[14].

Dos días después la información era ampliada en diversos sentidos, a la vez que se vinculaban las últimas actividades profesionales de la vedette con el misterioso material que tendría guardado en su casa. «El 4 de noviembre de 1994 Bárbara Rey regresó inesperadamente a la pequeña pantalla como presentadora-vedette del programa de variedades *Esto es espectáculo,* en la primera cadena de la televisión estatal, en un día estrella, y a una hora estelar. Tras 17 años de ausencia televisiva, pocos se acordaban ya de lo grave que sonaba ante las cámaras la voz de la artista en un programa de éxito de finales de los 70 que se llamaba *Palmarés* y que catapultó a esta enorme mujer a la fama. Un marido amante de los leones y poco amigo de la actividad de su esposa había sido, al parecer, el responsable de tan largo paréntesis.

»No ha hecho falta que volvieran a pasar años para que Bárbara Rey recuperase, tras el fin de la emisión de su último programa, en 1996, el cetro del espectáculo, esta vez como protagonista de una noticia estelar. Al mismísimo secretario de Estado de Comunicación, Miguel Ángel Rodríguez, le preguntaron el pasado viernes, al término del Consejo de Ministros, sobre una eventual inquietud del Gobierno en relación con unas denuncias presentadas en la comisaría por la actriz. Rodríguez zanjó el tema con un tajante no. ¿Y cómo es que a alguien se le ha podido ocurrir que las denuncias de una actriz-vedette-presentadora de 47 años ex miss y ex esposa de un domador podrían llegar a inquietarle a todo un Gobierno? El misterioso nombre de «personas importantes para este país» cuya identidad se desea proteger y la mención expresa del aristócrata, empresario y embajador permanente de España Manuel Prado y Colón de Carvajal tienen la clave.

»El jueves comenzó el espectáculo. A las redacciones de distintos medios de comunicación llegó la fotocopia de una denuncia presentada por Bárbara Rey en la comisaría madrileña del barrio de Tetuán el 13 de junio pasado y ampliatoria de unas diligencias abiertas, también allí, el día uno del mismo mes. En ella, María García García —nombre bautismal de Bárbara Rey— hacía constar el robo, producido entre los días 5 y 10 de enero, de tres cintas magnetofónicas, cinco de vídeo y 20 diapositivas con escenas y conversaciones presuntamente comprometedoras para «una persona importante». También vertía sus sospechas de que Manuel Prado y «un tal Eladio García Suárez», que se habían puesto en contacto con ella para obtener información de esos documentos y para involucrarla en un negocio poco claro, podían ser los responsables del robo así como de los daños físicos que ella teme llegar a recibir —incluso la muerte—, tanto en su propia persona como en la de sus hijos.

»El envío de la denuncia estaba acompañado de un documento anónimo de nueve páginas en las que se pormenorizaban, narradas en tercera persona y, a veces, en primera, los rocambolescos peligros que han acosado y que todavía se ciernen sobre la actriz. El relato arranca en la primavera de 1996, fecha en la que, según se dice, se distribuyó en los medios de comunicación un «panfleto» en el que se daba cuenta y se aportaban detalles de la relación de Bárbara Rey con una relevante figura del Estado, así como de la intención de la actriz de chantajear a su amante con un vídeo grabado por ella misma y tasado en 400 millones de pesetas. Un vídeo que habría contribuido, a la postre, para encontrarle a la vedette un multimillonario contrato en televisión. Según el anónimo relato, Prado y Colón de Carvajal fue el emisor de aquel comunicado.

»Prado, cuyo anuncio de traslado temporal a su residencia de Laussane (Suiza) ha recordado que su implicación en el sumario del caso De La Rosa está por decidirse en la Audiencia Nacional, encargó el viernes a sus colaboradores que estudiasen una respuesta legal a las manifestaciones de la artista y que transmitieran a los medios que está tranquilo. Es decir, que Prado, que para eso es diplomático, ha sabido plantarle cara de póquer al asunto. Quienes no parecen estar tan acostumbradas a jugar a las cartas son otras de las personas que trufan el enrevesado y anónimo relato de los mencionados nueve folios. Es el caso, sin ir más lejos, de Cristina Ordovás, condesa de Ruiz de Castilla. La supuesta amiga que, según se desprende de lo narrado, pudo aprovechar encuentros pretendidamente ocasionales con la actriz y una inocente merienda de tarde de domingo en su casa para hacerse con la llave con la que los secuaces de Manuel Prado y Eladio García Suárez pudieron penetrar limpiamente en el domicilio de la artista y hacerse, entre otras cosas, con el material comprometedor que ésta guardaba en una caja fuerte y bajo clave de 18 dígitos»[15].

¿Qué guardaba la vedette en aquellas cintas? ¿Realmente existían las cintas? ¿Aunque no existiesen la posibilidad de su existencia podía inquietar a más de uno? ¿Intervino el Cesid en la operación? Muchas preguntas, ninguna respuesta y demasiadas especulaciones, como los juegos con el nombre de la hija de Bárbara Rey, Sofía.

«La historia de Bárbara Rey con el monarca comenzó en los primeros tiempos de la Transición. Se hicieron «amigos» por medio de

Adolfo Suárez, en una etapa en que la vedette apoyaba al líder de UCD como mejor sabía (pidiendo el voto para la formación política en las campañas electorales). A Juan Carlos siempre le habían gustado las mujeres de rompe y rasga y, al parecer, aparte de sus largas piernas, disfrutaba especialmente de las delicias culinarias que le preparaba en la barbacoa de su chalé. La relación había continuado de manera intermitente a lo largo de los años, hasta que un buen día, el mes de junio de 1994, el Rey, con frases amables, le hizo saber que la historia había acabado. Pero Bárbara no estaba dispuesta a pasar página tan fácilmente. Para lo cual disponía de todo un arsenal de grabaciones, filmaciones y fotografías obtenidas en varios encuentros. Por alguna razón desconocida, la vedette siempre había tenido la afición de dejar constancia de las conversaciones privadas con sus parejas. En la televisión, una vez (a primeros de marzo del año 2000, en el programa en directo *Crónicas Marcianas*), ya salió en antena la grabación de una discusión entre ella y su ex marido, Ángel Cristo, que su fiel hija Sofía puso vía telefónica a los telespectadores. La intención de Sofía Cristo era hacer quedar mal a su padre, que en la cinta, sin que se supiera a santo de qué, insultaba a Bárbara diciéndole a grito pelado que era una puta. Pero consiguió el efecto contrario cuando el domador de tigres en decadencia, presente en el plató, soltó un lastimoso: «Si esta señora ha sido capaz de chantajear a uno de los hombres más importantes de nuestro país, cómo no va a tratar de destruir a un pobre y humilde hombre de circo como yo».

»Al parecer, la discreción no es uno de los dones de Juan Carlos, y con su amante hablaba sin tapujos de todos sus problemas, incluyendo aspectos íntimos sobre la Reina. Cuando los cómplices de Bárbara Rey en el chantaje que tenía previsto vieron y escucharon algunos ejemplos de lo que tenía grabado, se asustaron de la sangre fría de la vedette. Lo que es verdaderamente preocupante son las conversaciones en las que el monarca había comentado como si nada cuestiones de política nacional y, muy especialmente, algunas frases relativas a los sucesos del golpe de Estado del 23-F. Por otro lado, también había material gráfico abundante. «Algunos recuerdos», según Bárbara, entre los cuales estaban fotos amateurs hechas por su hijo Ángel desde el jardín, mientras la pareja disfrutaba de una paella. Pero además se supo que, desde 1993, asesorada por un proveedor de materiales de espionaje, en su chalé de Boadilla del Monte (Madrid) había montado todo un nido de «vigilancia» que disponía incluso de una cámara de vídeo camuflada en las cortinas del dormitorio. Y había hecho copias de los materiales grabados, que tenía repartidos tanto en España como en el extranjero. Según sus cómplices, Ramón Martín Ibáñez entre otros, Bárbara le echó imaginación y se inventó que había recibido un paquete en casa suya, con algunas copias del material gráfico. Lo único que hizo ella, según su versión, fue entrar en contacto con la persona correspondiente, para avisarla del peligro. Martín entraría en escena a continuación encarnando a quien da la cara como supuesto chantajista, para solicitar nada menos que 12.000 millones de pesetas. Pero el montaje no funcionó. Por cómo era de delicado el material del que se trataba, sobre todo en el ámbito político, Palacio, que había informado de todo al Cesid, encargó el asunto a Manuel Prado y Colón de Carvajal. Y Prado dudó de Bárbara desde el primer momento, convencido de que lo había hecho ella misma. Ante la negativa de Prado de negociar con los chantajistas, la vedette intentó ponerse en contacto directamente con el Rey, pero no lo consiguió. Y en los tiras y aflojas del asunto, los cómplices acabaron quedando fuera de la negociación. Todo parecía que entraba en vía de solución gracias a un programa de TVE que arregló el entonces director del Ente, Jordi García Candau, y que hizo volver fugazmente a Bárbara Rey a la fama de la pequeña pantalla. Por otro lado, se le entregó en un sobre cerrado con el estipendio mensual (unas fuentes dicen que de un millón de pesetas, otras que más), a lo largo de 1995 y parte de 1996. Pero la preocupación principal de Prado seguía siendo recuperar el material comprometedor.

»El 23 de febrero de 1996 la vedette padeció una extraña enfermedad en medio de la grabación del programa *Esto es espectáculo*. Le acababan de dar la noticia de que personas no identificadas estaban buscando en casa de sus padres, en Totana (Murcia), las grabaciones. Ya no se fiaban de ninguna manera de su palabra. A partir de entonces todo empezó a ir mal, sobre todo cuando no le renovaron el contrato en televisión. El programa desapareció de la parrilla por falta de audiencia y Bárbara, muy enfadada, empezó ahora a presionar otra vez exigiendo un aumento de la asignación (hasta dos millones mensuales). Algunas personas, a pesar de los pesares, aseguran que lo que de verdad quería la vedette era volver a estar en la tele, satisfacer su ego; pero los encargados de negociar con ella no lo entendieron así.

»El asunto se complicó sin remedio y en 1997 se puso en marcha la frase más dura del chantaje. Comenzó con dos denuncias presentadas en comisaría por Bárbara Rey (una el 25 de mayo y otra el 1 de junio del mismo año), cuyo motivo era el robo de «tres cintas de casette, cinco de video y veinte diapositivas», de contenido comprometido para una «alta personalidad». Se endureció poco después con una tercera denuncia (del 13 de junio), en la que se hablaba de amenazas de muerte contra ella y sus hijos, e interpuesta, explícitamente, contra Manuel Prado y Colón de Carvajal. La noticia se difundió primero de manera anónima, escrita en un informe de siete folios que se dio a la prensa, de la cual el Rey dijo no saber nada, aún cuando nunca desmintió una palabra del contenido. El documento narraba la historia con toda clase de detalles, e incluía una copia de la última denuncia. La prensa sólo se atrevió a explicarlo entre dientes, pero la Casa Real tuvo que intervenir directamente cuando la misma Bárbara pretendía ir a explicarlo todo en directo al programa *Tómbola* (líder de audiencia en la televisión valenciana, Telemadrid y Canal Sur). Se le vetó la presencia en el último momento, pero nadie pudo impedir, en primer lugar, que ella cobrara lo que le correspondía por la intervención fallida en el programa; y, en segundo lugar, como consecuencia de lo anterior, que por lo menos se diera a conocer que se había impuesto la censura desde la Casa Real, cosa que ya era bastante grave por sí misma. Después de aquello las cosas finalmente se arreglaron, con una nueva negociación, al parecer esta vez llevada a cabo por Fernando Almansa, actual jefe de la Casa Real. En lugar de una asignación mensual, se optó por comprar el material por una única suma, que unas fuentes sitúan en 4 millones de dólares (600 millones de pesetas), y otras en 40. En todo caso, se trataba de una cantidad más que suficiente para que Bárbara no volviera a tener problemas económicos en su vida y pudiera dejar que su asunto con el Rey descansara en la paz del silencio y el olvido. Si lo hicieron bien, y no se les escapó ninguna copia escondida en un rincón, esta última operación debe haber cerrado el caso definitivamente… Y nos quedamos sin escuchar la famosa cinta sobre el 23-F»[16].

Otra de las muchas historias de faldas que han sacado a pasear el fantasma de La Zarzuela tiene un nombre mucho más lastimoso, el de la modelo Antonia dell'Atte. La italiana llegó a España del brazo de su entonces marido, Alessandro Lequio, con quien se casó por lo civil a los pocos meses de conocerse debido a su estado de buena esperanza que, según las malas lenguas siempre calculadora en malo, debió quedarse embarazada a los pocos días de casarse. Antonia nunca fue aceptada por la familia Lequio, especialmente por su abuela, la infanta Beatriz, que prohibió rotundamente a su nieto casarse por la Iglesia. Cuando Lequio fue trasladado por su empresa a España —la Fiat de los Agnelli, íntimos amigos de su familia— fue recibido con los brazos abiertos por su familia española, incluido su tío Juanito.

Antes de trasladarse a vivir a España Alessandro había pasado en el solar de sus antepasados varias vacaciones, teniendo entre otros destinos Marivent y Baqueira Beret. Cuando se viene a vivir a España su relación con la Familia es continua, y no sólo en sus visitas a La Zarzuela, sino en las ocasiones en las que los Reyes van a casa de su sobrino a comer la pasta que prepara Antonia. No vamos a recordar los escándalos protagonizados por Lequio, pero sí recordar unos rumores que hablaban de la amistad que Don Juan Carlos mantenía con la ex mujer de su sobrino, cuando a éste no podía ni verle.

Esta relación sorprendió a todos, como cuando un verano se pudo ver a Antonia en la cubierta del *Fortuna*, o como cuando se le veía pasar las vacaciones en Mallorca, frecuentando los barcos de Ramón Mendoza y Samuel Flores, amigos del Rey y a quien se les atribuye su colaboración para atender a determinadas amistades de Don Juan Carlos, que es mejor que pasen desapercibidas. Pero esto no son sino rumores empujados por la erótica del poder y, quien sabe, a lo mejor también tienen una base de verdad; es posible, pero es sólo una posibilidad.

NOTA

1. *Época*. 8 de agosto de 1992, págs. 16-23.
2. *Ibid*.
3. *Época*. 29 de noviembre de 1992, págs. 20-24.
4. *El Mundo*. 13 de enero de 1997.
5. EYRE, Pilar: «El amigo más seguro del Rey». *El Mundo*, 14 de mayo de 1996.
6. TUSELL, Javier: *Juan Carlos I. La restauración de la Monarquía*. Temas de Hoy. Madrid, 1995, págs. 348-350.
7. *Época*. 6 de julio de 1992, pág. 13-20.
8. *Tiempo*. 6 de julio de 1992, págs. 12-22.
9. *Época*. 6 de julio de 1992, págs. 13-20.
10. *Época*. 31 de agosto de 1992, págs. 16-18.
11. *Tiempo*. 1 de febrero de 1988, págs. 142-145.
12. *Tribuna de Actualidad*. 12 de junio de 1989, págs. 10-14.
13. *El Mundo*. 27 de junio de 1997.
14. *El Mundo*. 27 de junio de 1997.
15. *El Mundo*, 29 de junio de 1997.
16. SVERLO, Patricia: *Un rey, golpe a golpe*. Editorial Arakatzen. San Sebastián, 2000, págs. 160-162.

9

Sabino Fernández Campo, la silenciosa sombra del Rey

Unos pocos años antes de morir, el gran editor sevillano José Manuel Lara comía en un restaurante madrileño con Sabino Fernández Campo con el fin de lograr que el general le escribiera sus memorias. El olfato de Lara, que había convertido a su grupo editorial en uno de los primeros del mercado del libro en el mundo, le hacía otear en el horizonte uno de los mayores pelotazos en su larga carrera como editor. El astuto sevillano comía con Fernández Campo para convencerle por enésima vez de la conveniencia de escribir aquellas memorias. Pese a ponerle en varias ocasiones un cheque en blanco encima de la mesa para que Sabino aceptara, la respuesta era siempre negativa, pero en aquella comida, que tenía lugar en un lujoso restaurante de Madrid, Sabino le dijo a Lara: «Te voy a dar la razón por la cual no voy a escribirte mis memorias. Lo interesante no lo puedo contar y lo que puedo contar, no tiene ningún interés».

Si hay una persona leal y entregada en la vida de Don Juan Carlos se puede decir que es Sabino Fernández Campo. Sabino, la sombra del Rey, ha labrado su leyenda a base de callar y saber utilizar el silencio por el bien del Estado y de la Monarquía.

Nacido en Oviedo en 1918, la infancia de Sabino estuvo rodeada de un ambiente derechista e ilustrado asturiano. El joven Sabino se alistó en las tropas falangistas al cumplir los 18 años. Durante la guerra civil ingresó en la Academia del Ejército de Tierra. Al concluir la terrible contienda civil finalizó su carrera universitaria. Licenciado en

Derecho, entre 1959 y 1960 trabajó en varios destinos en el ministerio de Defensa. A partir de ese año y hasta 1963 trabajó como interventor en la Casa Militar de Franco. En 1975, gracias a la recomendación de Alfonso Armada, al que conoció mientras trabajaron juntos en la Comisión de Enlace con la Misión Americana, es nombrado subsecretario en el ministerio de la Presidencia, uno de cuyos objetivos era tutelar la formación del Príncipe Don Juan Carlos, en aquel tiempo bajo la supervisión del general Alfonso Armada y Alfonso Osorio.

Cuando el Rey nombra presidente del Gobierno a Adolfo Suárez, Armada sugiere el nombre de Sabino para que ocupe la secretaría del ministerio de Información y Turismo. Este puesto político era uno de los más relevantes del gobierno, principalmente porque uno de los cometidos de mayor relevancia era llevar a cabo el desmantelamiento efectivo de los medios de comunicación del Movimiento.

El 31 de octubre 1977, a sugerencia de Adolfo Suárez —con el que había trabajado estrechamente en la comisión gubernamental que analizaba la propaganda política y en las reuniones que se celebraban en La Moncloa para tratar la cuestión de la televisión estatal—, es nombrado secretario general de la Casa de S. M. el Rey. La decisión la consensúan Suárez y el Rey, tras la sustitución de Armada a petición del primero.

Desde el primer momento de su llegada al cargo, Sabino centró su interés en mantener cordiales relaciones con los medios de comunicación. El general estaba versado en cómo funcionaban los medios en España y sabía, que en una hora tan crucial para el devenir del país, era fundamental un buen tratamiento informativo de la Corona y, sobre todo, de la figura del Rey.

Sabino pactó con los directores y propietarios de los medios un trato favorable y respetuoso a Su Majestad. A lo largo de muchos años ese «pacto entre caballeros» funcionó a la perfección. Sabino sabía que el derecho a la libertad de expresión expresado en la Constitución podía causar estragos en la Monarquía y supo negociar diplomáticamente el contenido de ciertos artículos y publicaciones. Su método de trabajo era muy sencillo. Silencios a cambio de información privilegiada. Sabino conseguía ofrecer información sobre otras cuestiones también interesantes a cambio de evitar una noticia que perjudicara los intereses de la Corona.

A lo largo de sus más de veinte años de servicio al Rey, Sabino vivió momentos cruciales de la historia de España. El general fue una figura clave en el desmoronamiento del golpe de Estado del 23-F. Sabino se ha caracterizado siempre por tratar de salvar la cabeza del Rey en relación a su implicación con el golpe militar de febrero de 1981. Suyas son las palabras de «todo el mérito es del Rey. Yo sólo tuve la suerte de estar al lado de él, suerte de la que no quiero vanagloriarme. Soy muy compañero de mis compañeros y fue muy triste que gente querida del Ejército se equivocara, lo lamenté muchísimo» (Véase el capítulo *El Rey y el golpe militar del 23-F*).

En 1983 se produjo uno de los momentos de mayor crisis en el entorno del monarca. José María Ruiz-Mateos acusa al Rey, tras la expropiación de Rumasa, con documentación que demuestra los pagos que, mediante transferencia bancaria desde Nueva York o por medio de maletines forrados de piel de la firma Loewe repletos de billetes, ha ido realizando a la Casa Real. Ruiz-Mateos se encontraba instalado en Londres, prófugo de la justicia española, y trató de presionar a Don Juan Carlos para que el Gobierno González no cometiera aquella tropelía económica. El Rey se puso del lado del Gobierno socialista y Ruiz-Mateos denunció la entrega de mil millones de pesetas a la Casa Real. El empresario hizo llegar la información directamente al líder sindical Justo Fernández, de la UGT, que pudo leer toda la documentación que implicaba al Rey. Por intermediación de Fernández Campo ningún medio de comunicación se atrevió a publicar la noticia. El asunto llegó incluso a manos del Fiscal General del Estado que acusó al jerezano de injurias al Rey pero desde varios sectores, principalmente del Gobierno, le recomendaron que retirara las acusaciones para no ahondar más en la enfangada situación en la que se encontraba el Monarca.

Patricia Sverlo explica como Don Juan Carlos se lamentaba a Ruiz-Mateos por sus dificultades económicas, hecho que permitió al empresario iniciar las relaciones con el Monarca: «"¡Es que no tengo ni para pagarle al servicio!" O bien «Esto no puede ser, Constantino me cuesta mucho dinero... son unos inútiles, no ganan dinero... No puedo más». Y Ruiz-Mateos rápidamente le tranquilizaba: «No se preocupe usted de nada, Alteza. Usted dedíquese a los problemas de España, que para lo demás ya estamos nosotros, estoy yo». A veces, Juan Carlos también recurría al empresario del Opus para que «diera un golpe de mano» a alguna amiga. Una vez le llamó por teléfono para decirle que le iría a ver una «señora» de parte suya: «Se trata de una persona que se dedica a la beneficencia, que no tiene sede...» Y Ruiz-Mateos, aunque la señora en cuestión no tenía el aspecto de pertenecer al club de la Madre Teresa de Calcuta, pues le compraba un piso»[1].

En 1985, Sabino tuvo que hacer frente a un nuevo encontronazo con la prensa. Esta vez la cuestión tenía carácter sentimental, la adquisición de las cartas amorosas de la condesa Olghina de Robiland. Situación que el general logró solventar con exquisita diplomacia y serenidad. Dos años más tarde, *Tribuna de Actualidad* publica el reportaje «Así se forran los amigos del Rey. Sus fortunas y negocios». Se empezaba a romper el tabú sobre los escándalos que rodeaban a la Monarquía.

En aquel tiempo se produce la entrada de Mario Conde en el entorno real y el ambicioso banquero convencerá al Rey de que Sabino le está haciendo la cama, dando información privilegiada a determinados medios de comunicación. Conde convenció al Monarca de que la estrategia de Sabino era desprestigiarlo con el fin de ponerlo en vereda. La demostración más clara era que muchos medios de comunicación vulneraban de manera sistemática el «pacto de caballeros» que habían acordado con Sabino al acceder a la secretaría de la Casa Real. *El Mundo* y *Tribuna de Actualidad* lanzaron varias andanadas informativas sobre la vida alegre del monarca. «Al Rey no le gustó nada el atrevimiento de la prensa, aunque, desde el punto de vista de Sabino, las críticas eran un «correctivo» poco dramático que no le venía mal, para que aprendiera a comportarse»[2], pero aquellos espacios de libertad significaron el comienzo del fin para Sabino.

La sustitución de Sabino por Fernando Almansa fue una operación larga y compleja, que habría empezado en el mes de agosto de 1992, cuando el Rey fue fruto de una ofensiva por parte de la prensa europea. En esta campaña las revistas *Point de Vue*, *Oggi* y el periódico *Corriere della Sera* especularon con una posible relación sentimental del Rey con la mallorquina Marta Gayá, historia de la que se hicieron eco en España el semanario *Época* y el periódico *El Mundo*, vinculado empresarialmente a Mario Conde. Este hecho hizo que desde el entorno regio se le pidieran explicaciones al todopoderoso banquero.

«Al día siguiente, Mario Conde se pone su mejor traje y se presenta en Palma de Mallorca. Va dispuesto a presentar sus respetos al Rey y a explicar las razones por las que *El Mundo* reprodujo el reportaje de *Oggi*:

—Fue una decisión poco afortunada, incluso bastante lamentable. Pero no hubo «complot» ni ninguna mala fe en ello. Pedro J. Ramírez se hallaba fuera de España.

El Rey estaba ese día verdaderamente disgustado y aceptó las excusas de mala manera. A Don Juan Carlos, que vivía muy de cerca el divorcio del Príncipe Carlos de Inglaterra y Diana de Gales a raíz de los escándalos de prensa, le inquietaba que los periódicos y revistas españoles siguieran por el mismo camino. El banquero de Tuy, cuyos intentos de acercamiento a La Zarzuela habían fracasado estrepitosamente hasta entonces, intenta sacar provecho de la situación:

—Majestad, si ésos son todos sus problemas, yo estoy dispuesto a solucionarlos.

El presidente de Banesto le da la vuelta al asunto. De supuesto detractor se convierte en defensor de la Corona. Empleando sus excelentes dotes de persuasión, hace gala de su influencia en los medios de comunicación españoles, de la capacidad financiera de su bando y de la necesidad de cortar de raíz cualquier especulación malintencionada sobre la familia real.

Mario Conde reitera, bajo su palabra de honor, que tras la publicación de la información de *El Mundo* no ha existido ninguna mano oculta «moviendo los hilos». Se necesita una cabeza de turco a la que echarle la culpa y al banquero de Tuy se le ocurre una idea.

—El responsable de todo este follón ha sido el secretario de la Casa Real, Señor.

—¿Sabino?

—Sí, Sabino Fernández Campo. Sus declaraciones a la prensa son las que han creado esta tormenta en un vaso de agua. [...] Majestad —le dice—, usted no puede tener a su servicio a una persona que critique públicamente sus actos. Eso es impropio de un servidor de la Corona. Necesita poner a su lado a una persona joven, que le entienda y no le cree problemas»[3].

Desde ese momento se abrió la veda contra la cabeza de Sabino. Las críticas eran múltiples, pero fundamentalmente se centraban en tres actuaciones del aún Jefe de la Casa que habrían puesto en entredicho a la Corona: el *affaire* Sartorius, la entrevista de Selina Scott para la cadena de televisión inglesa ITV en 1992 y el libro de José Luis de Vilallonga.

En aquella entrevista a la rubia periodista inglesa, Su Majestad venía a decir que el Príncipe Felipe debía fijarse en como actuaba él porque no hay más principio más adecuado para aplicar sobre su trabajo diario que el ir inventándose sobre la marcha el oficio de Rey. Las principales críticas radicaban en la familiaridad del Rey con aquella guapa periodista, que en un amago de informalidad tiró vestida a la piscina; la escena de Don Juan Carlos intentando poner en marcha una moto a la que no le pasaba nada; y el por qué se había dado la oportunidad de que fuera entrevistada por una cadena de televisión extranjera cuando había numerosos periodistas españoles de gran prestigio que habían solicitado previamente una entrevista sin recibir respuesta. Sabino trató de evitar que el reportaje se emitiera en televisión. Inicialmente lo consiguió, pero la revista *Tiempo* compró los derechos para vender el reportaje en un video acompañando a la publicación, distribuyéndolo con gran éxito entre sus lectores. Poco después, Televisión Española compró los derechos a ITV y emitió el programa para todos los españoles. El Rey quedaba como un hombre simpático, sin grandes ocupaciones ni pretensiones, que disfrutaba de su trabajo y aprovechaba su cargo para disfrutar de lo que la vida le deparaba.

La gran crisis en Zarzuela se produce en 1992 con la desaparición del Rey en Suiza con su amante, Marta Gayá. La nula cooperación de Felipe González hizo que el asunto se escapara de las manos al Rey y durante un tiempo fue motivo de comodillas en los mentideros políticos del reino.

Las desapariciones del Rey son algo común en su reinado. Como denuncia Elconfidencial.com es «como si formara parte del protocolo». Uno de los casos más flagrantes se produjo con el nacimiento de la infanta Sofía, hija de los Príncipes Felipe y Letizia. El abuelo paterno no se dignó a conocer a su nieta hasta dos días después de su nacimiento por la graciosa excusa de que estaba de puente. Como informa el confidencial digital «Don Juan Carlos llegó sobre las seis y diez de la tarde a felicitar en persona a su hijo, el Príncipe Felipe, y a Doña Letizia por el nacimiento de Doña Sofía, su octava nieta. A esas alturas ya habían pasado por la clínica Ruber Internacional todos los familiares «reales» habidos y por haber. Pero en medio de un puente, nada ni nadie puede apresurar al Rey. Según argumentan fuentes conocedoras de su entorno, para él los días de asueto son lo más sagrado. Sin embargo, algo más que esa explicación circulaba por los mentideros de Madrid. La versión oficial es que Don Juan Carlos acudió a conocer a la pequeña Sofía «nada más regresar tras un viaje de carácter privado que le ha tenido ausente de la capital estos días». Un viaje que, según se rumorea, podría tener como destino algún país extranjero, o bien, una jornada de caza junto a su *inseparable* Alberto Alcocer... o vete tú a saber, que, cuando se trata de inventar, el magín de los españoles da para mucho. De todas formas, los Príncipes no se ofenden por el desplante ya que no es la primera vez que el Rey de España tarda en conocer a sus nietos. Cuando nació la hija menor de los Duques de Palma, Irene Urdangarín, el 5 de junio de 2005, la noticia le pilló junto a su esposa la Reina Sofía en París viendo la final de Roland Garros. La Reina se apresuró en acudir a la clínica Teknon de Barcelona para estar junto a su hija la Infanta Cristina, incluso ayudó a su yerno Iñaki Urdangarín con los tres hijos mayores. El Rey, sin embargo, no fue hasta el día 7 porque tenía una cita en Madrid con el presidente de Lituania. Y es que las prisas nunca son buenas consejeras».

El desnudo del Rey

Uno de los principales quebraderos de cabeza de Sabino fueron los frecuentes accidentes que sufría el Rey mientras practicaba sus deportes favoritos. En julio de 1981, tuvo que dar explicaciones a la escayola que llevaba en un brazo como consecuencia de un encontronazo contra una puerta acristalada que daba acceso a la piscina de Palacio y que le había afectado el nervio radial. Dos años más tarde, en enero, mientras el Monarca se encontraba esquiando en la estación suiza de Gstaad, una de las más elitistas de Europa, donde se dan cita las grandes fortunas empresariales y la mayoría de las familias reales europeas, Don Juan Carlos resbaló con una placa de hielo. El accidente comportó una fisura en la pelvis. El Rey fue ingresado de inmediato en un hospital suizo pero el daño que había sufrido era mayor del esperado. Zarzuela se movilizó para trasladarlo a Madrid donde fue ingresado para tratar de salvarle uno de los testículos, que estaba muy afectado. Cuando el general Fernández Campo recibió a Don Juan Carlos en el aeropuerto de Madrid le espetó al Monarca: «Con todos mis respetos, Señor, pero un Rey sólo puede tener ese aspecto si regresa de las Cruzadas». El aspecto del Rey era patético, dolorido y demacrado por el dolor. Desgraciadamente para él, la recuperación se demoró varios meses y este tiempo se convirtió en un calvario para él y para los que le rodeaban debido a que el accidente y la operación dejaron una secuela de graves consecuencias para su salud: una fibrosis reactiva que exigió que el Monarca volviera a pasar por el quirófano dos años más tarde. Los médicos que le operaron se vieron en la obligación de extirparle la fibrosis y parte del testículo izquierdo. Entre la terapia a seguir estaba el tomar baños de sol que afectaran a las partes más íntimas del Monarca. El Rey, gran aficionado al mar, decidió tumbarse desnudo sobre la cubierta del *Fortuna*. Las imágenes fueron tomadas por un papparazzi que ofreció las fotografías a varios medios de comunicación nacionales. A instancias de Sabino nadie quiso publicar las instantáneas por miedo a represalias. Antonio Asensio, presidente del grupo Zeta, respondió cuando le comentaron la posibilidad de adquirir las fotos para *Interviú*: «No quiero ni verlas».

Finalmente, las fotografías aparecieron publicadas años más tarde en la revista italiana *Novella 2000* con el siguiente texto «el Rey, repanchingado en el puente del yate *Fortuna*, en espléndida soledad... ofrece las reales rotundeces a los besos del sol». En un comunicado público, la Casa del Rey deploró «la publicación en medios de comunicación italianos de un reportaje manipulado y, al parecer, realizado hace varios años, que afecta a la intimidad personal y a la propia imagen del Rey que, como ciudadano español y como Jefe de Estado, tiene ambos derechos constitucionalmente protegidos». La Casa del Rey aclaraba que tiene «la mayor estima y respeto por el uso legítimo del derecho fundamental a la libertad de información, pero confía también en la protección de los derechos y valores que pueden ser afectados por el ejercicio abusivo de esa libertad». «Por ello», agregaba la nota, «ha encargado a los servicios competentes de la Administración del Estado que estudien la actuación pertinente y consideren el ejercicio de las acciones que procedan». Nunca se hizo nada.

En 1988 el Rey se encuentra disfrutando de un fin de semana cinegético en Suecia. Mientras perseguía a una pieza que habían puesto a su alcance, una rama golpeó con fuerza uno de sus ojos. La herida le produjo un hematoma importante que tardó tiempo en curarse. En diciembre de 1989, mientras pasaba las vacaciones navideñas con otros miembros de la Familia Real, un esquiador se abalanzó contra el Monarca provocándole graves contusiones en la cara. La misma situación se produjo durante las Navidades de 1991, mientras esquiaba en su estación preferida, Baqueira Beret. Durante un descenso por una pista se rompió el disco de la rodilla derecha. El Rey se vio obligado a llevar muletas durante varios meses.

En el año 2001, Don Juan Carlos fue operado de unas varices en la pierna izquierda, una intervención quirúrgica sencilla que exigió tres días de ingreso y convalecencia. La operación tuvo lugar tras realizarse en Madrid una revisión médica rutinaria. Lo curioso del caso es que para una operación tan sencilla se desplazó a Barcelona, a la clínica Sant Josep, donde fue intervenido por el doctor Gil Vernet, reconocido internacionalmente por ser uno de los más respetados urólogos y que ya trató al monarca tras su accidente en Suiza.

El Rey se somete anualmente a regulares chequeos médicos. Los resultados del habitual reconocimiento médico, firmado por el jefe de los Servicios Médicos de La Zarzuela, son siempre satisfactorios. El monarca acude al Centro Internacional de Medicina Avanzada y a la Clínica Planas de Barcelona. Pese la información escueta sobre su fortaleza física, los datos que circulan sobre la salud de Don Juan Carlos han sido siempre muy escasos y están siempre rodeados de poca transparencia informativa lo que genera rumores que no benefician a la institución. Ese es el motivo por el cual el diario francés *Le Figaro* publicara en marzo de 2006 un documentado artículo que señalaba que el Rey tenía graves problemas de salud y estaba preparando su abdicación en el Príncipe Felipe. Aunque la información fue inmediatamente desmentida por La Zarzuela, las incógnitas sobre su veracidad quedaron en el aire.

Sabino, censor del libro de Vilallonga

Otro de los mayores encontronazos entre el fiel escudero y don Juan Carlos se produjo a consecuencia de la redacción de la biografía definitiva que se debía escribir sobre Don Juan Carlos. En un principio se había escogido al escritor mallorquín Baltasar Porcel, cuya obra novelística es una de las más personales del panorama literario español del siglo XX. Un escritor de estilo rico y realista, amigo personal del Rey, con quién comparte momentos de asueto durante las vacaciones estivales de la familia real en Baleares. Porcel y el Rey mantuvieron largas conversaciones en las islas y en el mismo Palacio de La Zarzuela, pero los asesores del monarca consideraron que Porcel no tenía el perfil adecuado para escribir la biografía. El escritor de Andratx asumió con elegancia la sugerencia de abandonar el proyecto y aparcó definitivamente el proyecto que con tanto empeño e ilusión había trabajado.

A instancias de Constantino de Grecia, la Reina ofreció a su primo Miguel de Grecia, que aprovechó las largas entrevistas con el monarca para escribir un esbozo de biografía que más tarde se convertiría en una serie de entrevistas publicadas, sin más relevancia, en numerosos semanarios y periódicos europeos. El contenido de las mismas, llenos de lugares comunes, no aportaba ningún elemento nuevo al pensamiento y las vivencias de Don Juan Carlos.

Sin embargo, en el verano de 1991 el aristócrata, *play boy*, escritor y actor José Luis de Vilallonga, marqués de Castellvell y Grande de España, un hombre polémico, de fina escritura y lengua viperina, mantuvo un encuentro casual con el Rey en Palma de Mallorca. Vilallonga, durante su etapa de portavoz de la Junta Democrática en París, había realizado unas declaraciones a una emisora de radio francesa en la que calificó al Rey, con el sobrenombre de Juan Carlos «el breve». Su argumentación era que como monárquico, la línea tradicional como sucesor de Alfonso XIII correspondía a don Juan de Borbón, su hijo. La figura de don Juan Carlos no le causaba ninguna simpatía al haber estado formado por los máximos dirigentes del franquismo y para el escritor era motivo suficiente para no contar con el respaldo de los españoles. Vilallonga cambió de opinión cuando el Rey le dijo aquello de que «lo que yo aprendí en el franquismo es a escuchar y a callarme». En aquel encuentro de Palma con el aristócrata reconvertido en *juancarlista* se fraguó el libro sobre Don Juan Carlos. Sabino se opuso frontalmente a que el biógrafo oficial de Su Majestad fuese un escritor polémico, *bon vivant*, demoledor en sus opiniones y sus juicios e íntimo de Marta Gayá, la amante del Rey. Don Juan Carlos le conminó a Sabino a respetar su decisión, irrevocable, y en la primavera de 1992 Vilallonga inició las entrevistas. La idea de convertir el libro en unas memorias noveladas fue iniciativa del Rey. Cuando comenzaron a trabajar en ellas, el monarca le dijo al escritor: «Oye, apaga el casete que esto es un coñazo. ¿Por qué en lugar de empezar por mi infancia, luego que hacía de joven, etc., no me preguntas cosas y yo a ti, y charlamos?». Vilallonga obtuvo más de 70 horas de entrevista y tardó dos años en poner toda la información en orden. El Rey campechano, solaz, abierto y confiado, había abierto su corazón a Vilallonga contándole la tristeza que reinaba en su interior, las experiencias del pasado, la legalización del Partido Comunista, de cómo logró que nadie supiera lo que pensaba realmente durante el franquismo con el fin de generar dudas de cómo iba a actuar, su relación con Franco o con su propio padre y los acontecimientos vividos el dramático 23-F. Entre otros párrafos se podía leer: «No, José Luis, no es que la existencia del «juancarlismo» me disguste; íntimamente me siento muy halagado, pero me preocupa. Me preocupa porque un hombre, un Rey, puede hacerse querer muy rápidamente. A veces basta poca cosa, un gesto que impresiona, una palabra pronunciada en el momento justo... Qué sé yo... Pero una monarquía no arraiga en el corazón de un país de la noche a la mañana. Se necesita tiempo. Y el tiempo pasa tan rápido... Mi tarea consiste en obrar de forma que los españoles vuelvan a reanudar la tradición monárquica [...]. Y yo tengo que llegar a demostrar a los españoles que la monarquía puede ser útil al país [...]. Si Dios me da vida, continuaré trabajando para que los españoles acepten que esa persona a la que llaman familiarmente «Juan Carlos» encarna una institución, y que es esa institución la que cuenta. De momento hago todo lo que puedo para que mi hijo, el Príncipe de Asturias, siga el consejo que me dio el general Franco: «Alteza, haced que los españoles os conozcan.» Y espero que Don Felipe se haga querer por los españoles tanto como al parecer me quieren a mí. Eso es todo lo que pido»[4]. Según lo convenido, el escritor envió el manuscrito terminado a Zarzuela, y cuando cayó en manos de Sabino éste tuvo que aplicarse a fondo para eliminar más de una tercera parte de la obra. De salir en aquellas condiciones, hubiese sido demoledor para la Monarquía. Sabino no pudo concluir la tarea al ser despedido de su cargo. Correspondió el trabajo a Fernando Almansa, quien contrató a Javier Tusell para que llevase a cabo la edición del libro. La editorial presionó de tal manera que el trabajo no pudo llevarse a cabo en su totalidad y cuando el libro apareció, en siguientes ediciones tuvo que eliminarse gran cantidad de material, especialmente relacionado con el 23-F.

El general Fernández Campo es despedido a la borbónica

La salida de Sabino de la Casa Real fue traumática e imprevista. Una sorpresa para la mayor parte de la clase política, periodística y empresarial. Tan incomprensible que algunos se atrevieron a definirla como suicida. El Rey se lo comunicó a Sabino de pasada, durante un almuerzo con la Reina, porque el monarca no se atrevía a decírselo a la cara a quien durante años había sido su tutor, su valedor y su guardián. Por no decir, también, su verdadero maestro. Sabino es un hombre de integridad a prueba de bombas. Honrado en sus consejos al Rey, consejos que a Don Juan Carlos no le gustaba escuchar ni estaba dispuesto a aceptar porque no le convenían.

Aquel almuerzo tiene lugar en un reservado del restaurante madrileño Horcher y las palabras del Rey a la Reina fueron: «Sofía, ¿Sabes que nos deja Sabino?»[5]. El hombre hermético comprendió la indirecta propia del ensayo *El príncipe*, de Maquiavelo, su libro de cabecera y que el general utilizó en su investidura como miembro de la Real Academia de Ciencias Morales y Políticas, en 1994.

Sabino siempre ha afirmado que hay que tener muy en cuenta los consejos de Maquiavelo referente a ese príncipe totalitario y, en especial, el consejo de la doble moralidad: la política y la privada. Algo que el Rey no estuvo en condiciones de entender.

De hecho, los negocios de Don Juan Carlos con Mario Conde fueron el detonante de aquel despido, pues Sabino había advertido al monarca de la inconveniencia de aquella relación. Las palabras de Fernández Campo no pueden ser más clarificadoras: «Yo salí por una puerta, por la otra entró Mario Conde». De hecho, el banquero gallego trabajaba en la sombra para contravenir la confianza del Rey en Sabino, haciéndole creer que el jefe de la Casa filtraba información a la prensa, que padecía trastornos de índole mental y que padecía el «síndrome del sirviente».

La evidencia de que su destino estaba marcado la tuvo Sabino el 30 de abril de 1992, cuando el Rey le otorgó el título de conde de Latores, título con Grandeza de España. Como ocurría en el pasado, los ceses en la Casa Real venían precedidos de un título nobiliario[6], la honesta manera de Don Juan Carlos de compensar a sus más cercanos colaboradores. Latores es una pequeña aldea pegada a Oviedo pero Sabino, que agradeció en su momento la distinción, no ha hecho jamás uso de ella.

Cuando Sabino comprendió que no duraría mucho más tiempo, propuso como sustituto a José Joaquín Puig de la Bellacasa, desde 1990 secretario de la Casa del Rey, en sustitución de Nicolás Cotoner marqués de Mondéjar. Puig de la Bellacasa, diplomático de carrera, hombre de hondas convicciones morales y religiosas, comenzó su trabajo preparando las vacaciones estivales de la Casa Real en Mallorca. Unas semanas antes de que viajara la familia del Rey el diplomático se estableció en el complejo del Palacio de Marivent. Organizó convenientemente todos los encuentros y actividades reales en las islas pero palideció cuando tuvo conocimiento de primera mano del comportamiento del Rey en Mallorca. El Rey se escapaba día sí y día también con alevosía y nocturnidad de Marivent. Asistía a fiestas privadas de amigos sin advertir al personal de seguridad de Palacio. La conducta de Don Juan Carlos era contraria a su forma de entender la moral y la ética y Puig de la Bellacasa no tuvo ningún inconveniente en hacérselo saber a Sabino, instalado en agosto en Palma para sustituirle. El Rey se sintió de nuevo fiscalizado, como ocurría últimamente con Fernández Campo. Puig de la Bellacasa propuso, incluso, acelerar la formación del Príncipe para que su padre abdicara y se dedicara a su vida alegre sin poner en peligro la Monarquía. Esta idea sedujo también a Doña Sofía. No tardó mucho tiempo en llegar este proyecto a oídos del Rey. Don Juan Carlos no estaba dispuesto a soportar tal osadía, en especial si provenía de un hombre con el que no tenía ningún tipo de afinidad personal. Al regresar de sus vacaciones ya había tomado la decisión de cesarlo de manera fulminante. Un comunicado del Ministerio de Asuntos Exteriores señaló que la concentración de funciones en la jefatura de la Casa de Su Majestad y sus discrepancias con el general Fernández Campo eran la causa principal de aquella dimisión, aceptada por el Rey. Se anunciaba también que Puig de la Bellacasa negociaba con el ministro de Asuntos Exteriores un nuevo destino como embajador. La realidad era otra: las aventuras amorosas de Su Majestad y «porque se lo exigió Marta Gayá, su amiga de entonces, cuando llegaron a sus oídos las críticas expresadas por Puig de la Bellacasa a que la relación entre ambos no se llevara más discretamente»[7]. Don Juan Carlos logró que Puig de la Bellacasa creyera que el culpable del despido había sido el propio Fernández Campo y para ello le hizo entender que «el jefe de la Casa le había puesto entre la espada y la pared: "Señor: o Su Majestad cesa a Puig o me veré obligado a presentar mi dimisión"». Sólo la intervención del periodista Jaime Peñafiel, amigo de ambos, y que reunió a los dos afectados en el restaurante Club 31 logró aclarar la situación. Entonces Puig de la Bellacasa supo con quién había trabajado y las verdaderas razones de su truculento y desdichado despido.

A Sabino le afectó mucho la broma con la que el Rey deleitaba a sus amigos referente al título nobiliario que le había conferido. Todo comenzó en una cena entre Mario Conde, Pedro J. Ramírez y el Rey a raíz del fracasado intento del general por impedir que el monarca pasase el verano de 1991 en Baleares para hacerlo en Santander. «Conde acabó de convencer al monarca de la presunta falta de lealtad de Sabino en un ágape con Pedro J. Ramírez, en el que los tres se rieron mucho pensando en cómo había sido de oportuno el título de conde de Latores («delator es»), considerando las circunstancias. Y a partir de aquí, el relevo se precipitó traumáticamente. Sin que se llegara a acordar un sustituto con Sabino, ni esperar la jubilación prevista tan sólo para unos meses después, el jefe de la Casa Real y la Reina se enteraron por sorpresa»[8].

Sabino, sin embargo, no guarda ningún rencor. En unas declaraciones a *El Mundo*, reconoció el complot de Mario Conde contra él. «Hay cosas que conviene perdonar pero no olvidar, porque sirven de experiencia. Yo perdono la calumnia, la faena, y estoy dispuesto a darle la mano a todo el mundo: no quisiera tener enemigos [...] En su día soporté la urdimbre que me destituyó de La Zarzuela, y me demostró que soy fuerte. Fue injusto, pero Dios es muy generoso y a veces pone las cosas en su sitio. Estoy muy satisfecho de haber sufrido. Siempre tuve la mejor voluntad de servir a las personas y a España [...]». En esa misma entrevista, el general reconoció que tuvo que tapar muchos escándalos que concernían a la Casa Real. «Yo le pedía favores a la prensa, y viceversa. Siempre me he llevado excelentemente con los medios de comunicación, que hicieron una gran labor en los albores de la democracia. Les dejaba muy claro qué se podía y qué no se podía decir, nunca hubo un silencio rotundo. A veces se publicaron reportajes sobre los amigos del Rey y cosas así, peligrosas; y si yo tengo algún pesar es que mis advertencias hayan terminado por darme la razón. Hablando francamente, personas que me empujaron fuera de La Zarzuela, porque les estorbaba, están en peor situación que yo, que ni estoy en el banquillo de los acusados ni en la cárcel ni pendiente de condena (habla de Mario Conde). Pero no quiero que les pase nada a quienes me agredieron y calumniaron, estoy en la época del perdón; ni estoy satisfecho de haber acertado, porque entonces sería malo, y tengo mucho miedo a lo que me pueda pasar en la otra vida. A veces estoy confiado en la generosidad de Dios, pero otras tengo un miedo terrible».

La decisión adoptada por el Rey a instancias de Conde se tomó definitivamente. El entorno de Don Juan Carlos, las personas que le hacían ver la necesidad de cambiar al Jefe de su Casa a la mayor brevedad, ganaron la partida. «Camino del final de año, la situación de Sabino se va deteriorando al mismo ritmo que se fortalece la de Mario Conde en palacio; el banquero, cuyas relaciones con el Rey van por el mejor camino, trabaja activamente en los últimos meses del 92 en la sustitución del jefe de la Casa Real. El nombre de Fernando Almansa va ganando puntos, porque tampoco le va mal a Prado, que Manolo y Julio Prado, conde de la Conquista, se han pasado la vida cazando en casa del padre de Fernando Almansa y el Rey no da un paso sin contar con Manolo.

»El Monarca ya está convencido de que hay que cambiarlo cuanto antes, y de que además tendrá que ser él quien se lo diga, porque por más intentos que ha hecho Prado para que Sabino plantee la dimisión, no da el paso de ninguna manera. Don Juan Carlos ha llegado a la conclusión de que tiene que ser antes de Navidades, porque su discurso de fin de año deberá ser muy importante a la vista de la situación del país.

»Su Majestad ya ha celebrado un primer encuentro con Almansa y todo ha ido muy bien. Para Fernando este nombramiento es definitivo [...] Pero el Rey no acaba de decidirse. Su preocupación aumenta conforme pasan las semanas. Sabe que el cambio debe hacerse, porque ya no hay necesidad de un solo dato más para comprobar su deslealtad, fruto posiblemente de la edad y de sus frustraciones personales. Manolo y Mario lo tienen todo bien atado, pero el Rey no se atreve, no sabe cómo hacerlo, tiene miedo a la reacción del propio Sabino y de la Reina, que en los últimos tiempos ha iniciado una carrera de apariciones públicas, de salir constantemente en la prensa, lo cual tiene sorprendidos a todos en palacio [...].

»Para acabar de complicar la situación, *El País* ha publicado un editorial acerca del Rey que en palacio causa alarma, a don Juan Carlos le preocupa Polanco por el inmenso poder que tiene y porque no sabe si algún día podrá utilizarlo contra él [...]»[9].

La caída de Mario Conde comportará la entrada en el círculo de influencia de Don Juan Carlos de Jesús de Polanco. El dueño y señor del Grupo Prisa, que había avalado la victoria de Felipe González desde 1982, no tuvo acceso al restringido núcleo de amigos del Monarca hasta ocho años más tarde, pero curiosamente no de la mano del dirigente socialista. Lo hizo por mediación del ambicioso banquero cuyos tentáculos llegaban a los cuatro puntos cardinales del país.

En 1994, cuando el desplome de Mario Conde es efectivo y se haya recluido en la cárcel madrileña de Alcalá-Meco, Jesús de Polanco pasa a la acción de la mano del servidor real, Manuel Prado y Colón de Carvajal. Esa cárcel es como la pasarela de un festival de cine, repleto de galanes de las finanzas detenidos por sus actuaciones irregulares en el mundo de las finanzas. Conde comparte confidencias con Javier de la Rosa, que le informa de que Manolo Prado ha recibido del financiero catalán la nada despreciable cifra de 100 millones de dólares procedentes del entramado de KIO. De la Rosa confía a Conde su intención de utilizar esta información para chantajear a la Corona.

Al poco tiempo Conde se pone en contacto con Fernando Almansa, el hombre que ha tutelado para sustituir al *delator* Fernández Campo, pero el nuevo jefe de la Casa Real hace caso omiso a las informaciones que recibe de Conde. El exbanquero se las ingenia para hablar con el Rey, un hombre que sabe marcar el *tempo* de sus relaciones de amistad y de negocios. Don Juan Carlos es, en este sentido, maquiavélico para jugar con las relaciones del entorno regio. El Rey le remite a Prado, con quien Conde se reúne en el exclusivo hotel Villamagna de Madrid, en marzo de 1995. El abogado del Estado trata de ser fiel al Monarca y se siente en la necesidad, pese haberse visto traicionado por el Rey, de ayudar a Don Juan Carlos. En aquel encuentro en el Villamagna Prado lo niega todo. El manco convence a Conde de que De la Rosa ha vuelto a mentir para salirse del atolladero. Y Conde comprende entonces que su soledad es total. Pese a los altibajos de su relación, sólo Manolo Prado es el hombre de confianza del Rey.

La gravedad del caso lleva al embajador por designación real a lanzarse a los brazos del todopoderoso Jesús de Polanco. Prado necesita al Rey midas de la comunicación española para que ponga freno al desvarío mediático que puede suponer la filtración de una noticia de estas características.

«El escándalo KIO sirvió en bandeja al amo de Prisa la posibilidad de convertirse en el verdadero poder fáctico del Estado, porque a partir de aquel instante dispuso de los secretos mejor guardados del monarca. Juan Carlos se había convertido en su patrimonio informativo de futuro. El PSOE, desde entonces, no tuvo complejos en lanzar veladas amenazas contra el monarca para resolver sus conflictos. La técnica consistía, básicamente, en atribuir a Mario Conde, o a otras personas, presuntos intentos de intimidación a la Corona, para sacar a la luz que disponía de información contra el Rey sobre los mismos temas en que la opinión pública atacaba al Gobierno en aquel momento. Era una especie de advertencia de que, si caían ellos, también caería el Rey. En septiembre de 1995, *El País* publicó que Mario Conde había pretendido dar un ultimátum al Gobierno con los centenares de microfilms que el coronel Perote se había llevado del CESID, y dejaba entrever que el Rey también estaba en peligro. Poco después, el 10 de noviembre de 1995, se lanzaba una nueva historia de «Chantaje al Rey», por parte de Javier de la Rosa y, nuevamente, de Mario Conde, en una segunda entrega de lo que se interpretó como una conspiración para derrocar al Gobierno y a la monarquía»[10]. Mario Conde bebía de las mismas aguas con las que había destruido a Fernández Campo, de la insidia, la mentira y las falsas insinuaciones.

El Real Decreto 1/1993, de 8 de enero, hacía oficial el cese de Sabino Fernández Campo como Jefe de la Casa Real, pese al intento infructuoso de Felipe González de retrasarlo. Para compensarlo, el Gobierno concede a Sabino la Gran Cruz de Carlos III. El día 13, la totalidad del personal de La Zarzuela se despedía cariñosamente y con gran pena del hombre que había tutelado el funcionamiento de la Casa Real. Fernando Almansa, su sustituto, estaba presente y pudo oír como Sabino se lamentaba de la celeridad inexplicable con la que se le había sustituido. Hay en su despedida un poso de amargura, la Casa Real —en su opinión— debería actuar de otra manera, pero lo acepta con honor y servicio de Estado. En declaraciones a la COPE, Sabino defiende que tal vez «ha podido haber opiniones diferentes con el Rey; puede haber consejos atendidos o no; puede haber diferencias de criterio en la apreciación de una cosa u otra, pero yo a eso no lo puedo llamar discrepancias». Desde ese momento, el general que sirvió con fidelidad al Rey se ha convertido en el guardián de innumerables secretos. Y se mantendrá fiel a su estilo. Por encima de todo está el servicio y la fidelidad al hombre al que ha servido.

Aún así ha recibido numerosos desplantes por parte del Rey. El 9 de septiembre de 1994, su hijo Sabino José Fernández, de 44 años, fallece a las tres de la madrugada en un accidente de tráfico en la carretera N-362, a la altura de la localidad asturiana de Cullidero. Al entierro, en el cementerio de La Carriona, en Avilés, asistieron numerosos amigos del ex jefe de la Casa del Rey. Pero los allí presentes echaron en falta a los Reyes de España. No había transcurrido mucho tiempo desde que Don Juan Carlos había decidido prescindir de Sabino, pero los veinte años al servicio de la Casa Real —con su capacidad para sacar al Rey de numerosas situaciones comprometidas y su capacidad para limpiar la imagen de la Monarquía española— no fueron suficiente motivo para que los monarcas le acompañaran en tan difícil momento. En su lugar, el Rey decidió enviar como representante a su sucesor, Fernando Almansa. La mejor forma de agradecer los servicios prestados.

Cuando cerca de 700 personas se congregaron a cenar en el Palacio de Congresos y Exposiciones de Madrid el 22 de marzo de 2007 para homenajear a Fernández Campo, considerado uno de los grandes protagonistas de la transición, ningún miembro de la Casa Real hizo acto de presencia. Alberto Aza y Ricardo Díaz Hochleitner lo hicieron en nombre de los Borbones porque «no es costumbre que la Familia Real asista a este tipo de actos», según un portavoz de Zarzuela. El

Rey envió una carta leída por el homenajeado a todos los presentes donde el monarca agradecía «el consejo sabio y permanente, la vocación de servicio y la lealtad absoluta».

Al menos estas palabras reconocían el valor de Sabino como persona fiel al Rey. Por ejemplo, cuando en marzo de 1981 se inicia el juicio por el golpe de Estado de Tejero, Miláns del Bosch y compañía, el general Fernández Campo hace esfuerzos denodados para que el Rey no tenga que declarar ante los jueces. Sabino convenció a los funcionarios y a los más altos representantes de las instituciones del Estado de la inconveniencia de tal acto, especialmente porque la defensa de los militares acusados de perpetrar el golpe defendían que los encausados habían actuado «por obediencia al Rey». La mayoría de los abogados defensores eran de la opinión que Don Juan Carlos declarara, aunque lo hiciera por escrito. Sabino se ofreció a hacerlo por el Monarca. Ello no fue óbice para que los militares de más alta graduación —a excepción de Armada— declararan que el Rey estaba informado de la ejecución del golpe y que, incluso, llegó a participar en su elaboración. Al tiempo que declaraba, Sabino llevó a cabo una intensa política de protección de Su Majestad, entrevistándose con los directores de los medios y los columnistas de primera línea para que evitaran cualquier referencia al Rey.

Cuando el 3 de junio de 1982 se dio a conocer la sentencia del 23-F había desaparecido cualquier referencia al Monarca. La labor de Sabino Fernández Campo había dado sus frutos. El general apareció citado en lugar del Rey en alguna de las actas del juicio. Parecía que, durante aquellas horas intensas para la historia de España, el Rey no hubiese desempeñado ningún papel.

«Por ejemplo, se atribuyó al secretario de la Casa la conversación que el Rey había tenido con Armada, a las 18:30 aproximadamente, en la que el general se «ofrecía» para ir a La Zarzuela. Y esto teniendo en cuenta que esta novísima versión no se correspondía con ninguna de las declaraciones que habían tenido lugar durante el juicio: ni con la de Fernández Campo ni con la de Gabeiras, ni con la de Armada.

Después el mismo Rey también se encargó de desmentirla en las conversaciones que tuvo con Vilallonga para su biografía autorizada. No fue la única vez que metió la pata en aquellas largas entrevistas, en qué, además, se permitía descalificar a los golpistas, con exclamaciones como «¡Verdaderos amateurs!» o «¡Era un golpe de Estado montado sin sentido común!». Exclamaciones que le habían podido valer que fieles como Armada le perdieran el respeto y rompieran el pacto de silencio, pero que Sabino, siempre más atento a los detalles que el monarca, se encargó de que fueran suprimidas en la edición española del libro»[11]. Aunque posteriormente surgieron diversas publicaciones que dejan claro el papel del Rey en el golpe de Estado, como la del coronel Amadeo Martínez Inglés quién escribió haciendo referencia al 23-F: «Se trató de una operación político-militar-borbónica, dirigida por el Rey Juan Carlos, quien estaba enterado de que un grupo de militares ultraderechistas preparaban un movimiento para derrocarlo [...]. La Corona española ha rentabilizado durante todos estos años aquel evento y el Rey se ha convertido en un mito democrático. Eso es mentira, pues fue el Rey Juan Carlos quien autorizó al general Armada montar el 23-F»[12].

¿Qué sabía el Rey sobre la creación de los GAL?

En el interior de los sobrios despachos del complejo de La Zarzuela, Sabino Fernández Campo vivió con inquietud serena la tormenta que supuso para la política española la marejada de los GAL. La historia de los GAL está considerada como uno de los episodios más negros de la historia de España. La realidad es que los jueces llegaron a establecer una X sobre el máximo responsable de la operativa que puso en marcha el entramado terrorista en el seno mismo del Estado. Los indicios se dirigían al presidente del Gobierno, Felipe González, pero una cosa son los mentideros políticos y otra la capacidad para revelar el nombre del máximo responsable de aquella atrocidad política. Varios fueron los condenados, alguno de ellos en el seno del propio

Gobierno, pero su presidente, Felipe González, nunca llegó a estar encausado. ¿Era conocedor de lo que se había tramado en los despachos de su gobierno? ¿Conocía también el Rey lo que ocurría en las entretelas del Estado?

Este apartado no tiene como pretensión encausar a nadie ni, mucho menos, tratar de implicar al Monarca en el más truculento episodio de la guerra secreta del Estado. Pero hay ciertas evidencias que dejan constancia del conocimiento que el Rey tenía de lo que se estaba tramando y que la Casa Real trató de frenar.

«La primera cuestión que ha preocupado a quienes han investigado la trama del GAL, con respecto al Rey, ha sido descubrir si Juan Carlos sabía lo que estaba pasando, y desde cuando lo sabía. En este sentido, es importante señalar que el inicio de la guerra sucia de los GAL se sitúa en octubre de 1983, en una reunión del entonces ministro de Defensa, Narcís Serra, con la Junta de Jefes del Estado Mayor (JUJEM), integrada por los Jefes del Estado Mayor de cada uno de los ejércitos y por un presidente, que era Álvaro Lacalle, en la que con toda probabilidad se habló de los GAL. Según las declaraciones de Serra en el juicio por el secuestro de Segundo Marey, la JUJEM, a raíz del atentado contra el capitán Martín Barrios, pidió intervenir directamente contra ETA. Algunas fuentes sostienen que aquella reunión estuvo presidida por el Rey, extremo que ha sido desmentido por La Zarzuela. Formalmente no tenía que presidirla, aunque el monarca había de estar enterado a la fuerza, según la cadena de mando, porque el Rey es el Jefe Supremo de la Junta de Jefes del Estado Mayor, la máxima autoridad, el último escalón»[13]. Son las consabidas razones de Estado.

«En 1989, cuando el juez Baltasar Garzón empezó a instruir la investigación inicial de los GAL (en el proceso contra Amedo y Domínguez), explicó delante de doce personas, en un ágape en el restaurante Y'Hardy de Madrid, que el Rey le había llamado a La Zarzuela y le había dicho: «Yo de ti no avanzaba eso del GAL. Hombre, los dos sabemos que es un tema de Estado...» Cuando Garzón se dio cuenta de cómo reaccionaban todos ante lo que les estaba explicando, se despidió apresuradamente y sin postre. Un mes después, hablando nuevamente del tema GAL, delante de algunas de las mismas personas que habían estado en aquella mesa, Garzón comentó: «Yo no creo que en el GAL estuvieran ni Felipe González ni el Rey». Sus contertulios le recordaron entonces lo que había explicado la otra vez, y el juez lo negó rotundamente: «¡Yo nunca he dicho tal cosa!», hecho que sorprendió a todo el mundo»[14]. Poco tiempo después, Garzón asumiría una responsabilidad política como independiente en el segundo lugar de la candidatura del PSOE a las elecciones generales. González había logrado tener controlado a su principal enemigo judicial, gracias a las buenas artes de su amigo, José Bono, presidente de Castilla La Mancha.

El 19 de septiembre de 1991 se dicta la primera sentencia por el caso GAL. La Audiencia Nacional condenó a más de 108 años de cárcel a los policías José Amedo y Michel Domínguez, por organizar los Grupos Antiterroristas de Liberación (GAL). La sentencia era la primera de una serie que provocaría el encarcelamiento de varios miembros de las Fuerzas de Seguridad del Estado y de la cúpula del Ministerio del Interior durante los gobiernos del PSOE en los años ochenta.

A los policías, el Gobierno les promete un indulto inmediato. Cuando el Tribunal Supremo ratifica la sentencia y los policías tienen que cumplir más tiempo de estancia en la cárcel, el indulto no llega. Amedo y Domínguez sienten que les están engañando y comienzan a ponerse nerviosos. En aquel momento, el ministro de Justicia e Interior era Juan Alberto Belloch, recién nombrado por Felipe González. Belloch, juez de profesión, tomó decisiones drásticas en calidad de superministro. La primera, cortar de raíz los sueldos que las esposas de Amedo y Domínguez recibían a cargo de los fondos reservados. La segunda, dejar en cuarentena el indulto prometido. Aquella decisión era peligrosa y en un hotel de Madrid se reúnen tres altos cargos de la lucha antiterrorista del pasado —Juan Alberto Perote, Francisco Álvarez y Julián Sancristóbal—. Ninguno de los tres trabajaba ya en la Administración. En aquel encuentro los tres plantean la grave situación del momento y comentan la gravedad de la actuación de Belloch. Sabían que en cualquier momento podían verse afectados por el efecto dominó del caso GAL. Se conjuraron para permanecer en silencio pero para ello era necesario que Belloch no pasara a la acción. Sancristóbal, el que más pavor tenía en entrar en prisión, le exigió a Perote que hablara con el director del CESID: «Dile que esto se está escapando de las manos y que sólo La Zarzuela puede pararlo. Ya sabes que Felipe no quiere oír hablar de este tema y lo que nos pase a nosotros le importa un bledo»[15].

El Rey ni se inmutó. Aquella guerra no iba con él. Otro de los que estaba verdaderamente preocupado por la desidia de González y por su propio destino personal era Rafael Vera. El antiguo secretario de Estado de Seguridad necesitaba hablar con urgencia con el Rey para transmitirle su situación. Aunque el general Fernández Campo ya no trabajaba en La Zarzuela, Vera intentó que éste intermediara por él. Fue en vano, porque Sabino ya no tenía la influencia necesaria en palacio y porque tampoco tenía ningún interés en involucrarse en aquella historia, de la que por otro lado era completamente ajeno. Las relaciones de Vera le permitieron ser recibido en La Zarzuela, pero el Rey tampoco quiso intervenir en esta ocasión. La situación se desbordó a partir de entonces.

Al verse abandonados, Amedo y Domínguez cambiaron de estrategia. Y utilizaron el sistema del «ventilador» contando lo que había sucedido con el GAL al diario *El Mundo*. Además, decidieron colaborar en la investigación judicial que llevaba a cabo el juez Garzón. Éste había retomado el caso tras su fugaz paso por el ejecutivo de Felipe González, que le había traicionado no ofreciéndole el ministerio de Justicia prometido cuando José Bono, presidente de Castilla La Mancha, le convenció para presentarse como segundo en las listas del PSOE por Madrid.

Las declaraciones de Amedo y Domínguez a Garzón fueron demoledoras porque, como habían previsto los afectados, comenzaron las detenciones. En pocos días, entraron en diferentes prisiones Julián Sancristóbal, Rafael Vera, Miguel Planchuelo, Francisco Álvarez y Ricardo García Damborenea.

Mientras, el coronel Juan Alberto Perote, espía del CESID, se puso de lado de los detenidos. En aquel momento había logrado entrar en la empresa privada, donde trabajaba en el departamento de seguridad de Repsol, la multinacional española del petróleo. Perote, como buen espía, había logrado poner a buen recaudo toda la información microfilmada de las operaciones en las que había participado, incluyendo la creación del GAL. La posesión de aquel material en manos de Perote era una bomba de relojería que podía explotar en cualquier momento. Esta información llegó a oídos de Mario Conde, a quién informó de la situación en Alcalá Meco el preso Sancristóbal. Cuando Conde logró salir de la cárcel en el mes de marzo, una de las primeras cosas que hizo fue contactar con el coronel. Conde y Perote mantuvieron varias reuniones. Cada uno tenía sus propios intereses. Perote necesitaba a Conde para que utilizara su influencia en determinados medios de comunicación, como era el caso de *El Mundo*. Y para Conde era necesario disponer de material de primera mano sobre el GAL para llevar a cabo su política de coacción política. Ambos se conjuraron entonces para presionar al gabinete de Felipe González. En aquella situación, el Gobierno del PSOE se encontraba en una situación muy delicada. Perote sabía que si lograba coaccionar al gobierno, nadie se atrevería a condenar a sus amigos.

Conde era consciente de que el Rey no contaba con la libertad de movimientos para presionar en el tema del GAL y evitar que la situación llegara a los extremos que había alcanzado en ese momento. Así las cosas, Perote hizo entrega del valioso material al que había sido, poco tiempo antes, el hombre más poderoso del reino.

Desde que había entrado en prisión, a Mario Conde se le habían cerrado las puertas de entrada en La Zarzuela. Si pretendía llegar de forma directa, el Rey no le recibiría en palacio. Utilizó entonces el único as en la manga que tenía. Su amistad con Adolfo Suárez, un hombre que le debía innumerables favores personales. El expresidente contactó con el Rey y le transmitió la problemática. La recomendación de Suárez era muy clara. Era imprescindible negociar para evitar un escándalo político. El Rey utilizó la única vía posible: la intervención directa del presidente del Gobierno. Felipe González recibió la llamada del monarca y recibió la instrucción de escuchar al ex banquero.

En mayo de 1995, ante la pasividad del ejecutivo y de Barrionuevo, el coronel Perote le envía a éste un informe confidencial dedicado a los GAL. La información es tan precisa que el político socialista está convencido que procede de sus antiguos colaboradores Planchuelo y Sancristóbal. Barrionuevo desconocía que la información procedía de fuentes internas del CESID y no tardó ni un momento en visitarles en la prisión. El miedo de Barrionuevo era que ese mismo informe llegará directamente a manos de Garzón. De ser así, él mismo estaría condenado.

Tras la conversación con Planchuelo y Sancristóbal Barrionuevo se hace una composición de lugar. Sabe que el informe lo ha redactado Perote como instrumento de coacción. Para desgracia del Gobierno, el informe es distribuido entre un nutrido grupo de personalidades del mundo de la política y el periodismo. Cuando Felipe González es informado trata de poner freno inmediato a la situación y ordena al jefe de la División de Interior del CESID, Santiago Bastos, que ponga freno a las amenazas de Perote. Todos los intentos son en vano. El monarca, que sigue la situación desde la distancia pero con un ojo puesto permanentemente en el asunto, ordena a González recibir al abogado de Perote, Jesús Santaella. El presidente lo recibe en La Moncloa dispuesto a llegar a un acuerdo. Pero lo tratado aquel día 23 de junio de 1995 es un misterio. González no asume las demandas de Perote y deja al descubierto la falta de fidelidad a los subordinados que han obedecido órdenes del gobierno. La suerte de sus más fieles colaboradores está echada. González acude entonces a sus amigos del grupo Prisa. Desde *El País* se filtra la noticia de que Conde y Perote chantajean al Gobierno con los papeles secretos del CESID. Perote acabará ingresando en la cárcel mientras González denunciará una trama urdida para acabar con su gabinete y traer a la derecha al Gobierno. Una trama que tiene también como fin poner una fecha de caducidad a la monarquía, encarnada en la figura de Don Juan Carlos.

Las elecciones de 1996 darán la victoria al Partido Popular presidido por José María Aznar. El centroderecha español lograba una victoria por la mínima en las elecciones celebradas el 3 de marzo pero suficiente para gobernar con el apoyo de los partidos nacionalistas moderados. Apoyado por la prensa afín, el PP alcanza el poder con un mensaje de regeneración democrática con el fin de poner coto a los desmanes y corruptelas que el PSOE había protagonizado la última legislatura. Cuando se formaliza el gobierno, toda la información del Estado pasa a manos del nuevo ejecutivo, que tratará de no utilizar el revanchismo político pese a las declaraciones de algunos dirigentes populares durante la campaña electoral en el sentido de que se iban a desclasificar los documentos secretos del CESID para entregarlos a la justicia. Uno de los que más abogaban por esta política era Rafael Arias Salgado, que en todas las quinielas aparecía como candidato a ocupar el ministerio de Defensa. De hecho, el dirigente popular había entablado varias reuniones con el ministro Gustavo Suárez Pertierra en la sede del ministerio con el fin de ir poniéndose al día de los asuntos más importantes que concernían a ese departamento. La desclasificación de los papeles de la guerra sucia contra el GAL no sólo comprometía el papel de Felipe González y de su ejecutivo, sino que ponía también en el disparadero el papel de la Corona. El dirigente socialista, preocupado por su futuro político, se dirigió de inmediato a La Zarzuela en busca del apoyo de la Corona. Aquello suponía un ultraje político que González no podía tolerar. González, que mantiene buenas relaciones con el Rey, convence a Don Juan Carlos para que hable con Aznar y le convenza de la necesidad de situar en un ministerio tan comprometido a un hombre menos beligerante en la cuestión de los GAL. El tridente Borbón-González-Aznar ya había convenido en 1993, cuando mantuvieron una reunión en La Zarzuela para deshacerse de Mario Conde, que el PP no hurgaría en exceso en los casos de corrupción del PSOE. Cuando el Rey llama a despacho a Aznar, el Monarca le sugiere la conveniencia de buscar a un hombre de perfil más moderado, que satisfaga los intereses de la Corona y tenga buenas relaciones con el Partido Socialista. Surge entonces el nombre de Eduardo Serra, un político bragado en cuestiones militares que ha ocupado cargos de responsabilidad en el gobierno socialista —ocupó también la cartera de Defensa— y que está muy próximo también a la figura del Rey. Aznar, se desconoce todavía los motivos, accede a la petición del Rey y Serra ocupará el ministerio en el primer gobierno del Partido Popular. Y los papeles del CESID seguirán custodiados por los servicios secretos para no llegar jamás a las manos del juez.

El mismo día que tiene lugar la reunión de Aznar con el Rey, todos los expresidentes de la democracia, a excepción de Leopoldo Calvo-Sotelo que es excluido sin razón aparente, se reúnen en el palacio de La Moncloa. Es una reunión secreta que no trasciende a los medios de comunicación hasta unos días más tarde. Las conversaciones de los tres dirigentes políticos quedan en el secreto de las cuatro paredes del despacho de Aznar, pero mucho de lo que se habló ese día queda al descubierto con algunos de los nombramientos imprevistos del nuevo gabinete conservador. Ricardo Martí Fluxá, ex jefe de Protocolo de La Zarzuela, es elegido en el importante cargo de Secretario de Estado de Seguridad y Jaime Mayor Oreja es nombrado ministro del Interior. En el CESID es también nombrado un hombre cercano a la casa real, el general Javier Calderón, que ha integrado el patronato de la Fundación de Ayuda contra la Drogadicción, cuya presidencia de honor ocupa la Reina Sofía. Arias Salgado no ocupará la cartera de Defensa y será premiado con el ministerio de Transportes y Comunicación.

Cuando en el año 1998 las cosas comienzan a torcerse para Felipe González, *El País* publica un editorial —el 2 de septiembre de 1998— en el que la figura del Rey queda cuestionada. La pinza del Grupo Prisa sobre Don Juan Carlos comenzaba a ser utilizada, en un momento crítico para Felipe González. El editorial, elaborado por Juan Luis Cebrián, el hombre que guarda en el seno del grupo las purezas democráticas del socialismo entregado al poder, deja entrever que el expresidente puede llegar a romper el consenso constitucional. En su caída, el dirigente del PSOE no lo haría sólo. Con él caería también la máxima jefatura del Estado. Como Su Majestad había sido informado de algunas decisiones respecto a los GAL, y alguna reunión había contado con las anotaciones precisas de los representantes del CESID, nadie estaba libre de culpa en un asunto tan farragoso como el terrorismo de Estado. Como señala Jesús Cacho, «evidentemente, la amenaza de Felipe apuntando con el dedo a Palacio habría supuesto, en caso de concretarse, llevarse por delante [...] el régimen de consenso surgido tras la muerte de Franco. Habría significado hacer saltar por los aires el modelo de poder formado [...] por esa pirámide en cuyo vértice institucional está la monarquía juancarlista, con Felipe González en el político y Jesús Polanco en el mediático. Y ello con el apoyo complaciente de las grandes fortunas del país [...] Un modelo piramidal (Juan Carlos I, Felipe y Polanco con sus infinitos guardias de corps) que en crisis desde principios de los años noventa [sic] parecía haber entrado en barrena [...] conforme se acercaba la hora de rendir cuentas ante los tribunales de justicia, muy a pesar de la justicia misma»[16].

Don Juan Carlos estaba cada vez más preocupado por la evolución que iban cogiendo los acontecimientos antes del verano de 1998. El juicio por el secuestro de Segundo Marey se inicia el 29 de mayo de ese año y se alarga durante los meses de junio y julio de 1998. El desarrollo del juicio inquieta a muchos. Durante este tiempo, el Rey se compromete de manera decidida por poner a salvo a Felipe González. Sabe lo que se juega. Durante este tiempo «se habían celebrado hasta catorce reuniones (de Felipe con el Rey, de Aznar con la ministra de Justicia, del Rey con Aznar) orientadas todas ellas a salvar el escollo del terrorismo de Estado, empezando por el inminente juicio por el caso Marey, sin poner en peligro el sistema.

Ello por no hablar del discreto desfile de magistrados del Supremo y del Constitucional por la Zarzuela, para pulsar la opinión de su majestad en torno al citado caso Marey»[17]. El 14 de julio el juicio queda visto para sentencia. El juez veía indicios de criminalidad en José Barrionuevo y otros implicados por los delitos de relación con banda armada, detención ilegal y malversación de fondos. Durante la vista, el ex vicepresidente y ex ministro de Defensa, Narcís Serra, declara que «Luis María Anson me advirtió que iba a comenzar una campaña para obligar a González a dejar el Gobierno y con la monarquía como objetivo final». Durante el proceso, la lealtad de Barrionuevo y Vera para con Felipe González y los dirigentes del PSOE está fuera de toda duda teniendo en cuenta las declaraciones de Luis Roldán, cuando una vez preso, declaró ante el juez aquello de que: «Barrionuevo me confesó en 1990 que Felipe González lo sabía todo sobre la guerra sucia». Y añadió que cada vez que había un atentado de ETA, Alfonso Guerra le pedía «más caña». En Zarzuela se sigue con mucha atención el desarrollo del juicio. Unos días antes de iniciarse González admite «que hubo excesos en la lucha contra ETA». La policía y la Guardia Civil pudieron cometer esos excesos entre 1983 y 1987, justificándolos «porque la incipiente democracia española era demasiado débil para frenarlos».

Unas semanas antes del juicio, apareció el famoso video en el que se mostraban las actividades sexuales privadas del director de *El Mundo*, Pedro J. Ramírez, enviado masivamente por personas vinculadas con el juicio.

Finalmente, el 29 de julio de 1998 se hace pública la sentencia. El Tribunal Supremo condena a Barrionuevo, Vera y Sancristóbal a diez años de cárcel por el secuestro de Segundo Marey; a Francisco Álvarez, Miguel Planchuelo y José Amedo a nueve años y seis meses; a Ricardo García Damborenea a siete años; a los ex policías Julio Hierro y Francisco Saiz Ojeda a cinco años y seis meses; a los ex agentes José Ramón Corujo y Luis Hens a cinco años, y a Michel Domínguez a dos años y cuatro meses.

En agosto, Barrionuevo y Vera presentan un recurso de amparo ante el Tribunal Constitucional, una acción apoyada por Felipe González. El 10 de septiembre, Vera y Barrionuevo entran en prisión. En diciembre, el Tribunal Supremo informa a favor de un indulto parcial para los condenados, a excepción de Amedo y Domínguez. Acogiéndose a la decisión del Supremo, el Gobierno concede el indulto parcial y el tercer grado penitenciario a los condenados salvo a Amedo y Domínguez.

El 31 de diciembre de 1998, tras la puesta en libertad de Barrionuevo y Vera, en *El Mundo* se puede leer una noticia titulada «Anguita ve la mano del Rey tras los indultos del caso Marey»: «El coordinador general de Izquierda Unida (IU), Julio Anguita, declaró ayer que suscribía las afirmaciones realizadas por el portavoz de Justicia de la coalición, Pablo Castellano, sobre la excarcelación de los condenados por el caso Marey, que atribuía a lo que denominó como los pactos de Marivent, y advirtió que se están preparando las condiciones para que sumarios como el del caso Lasa y Zabala no lleguen a juicio.

Castellano denunció recientemente unos pactos entre los ex presidentes del Gobierno Adolfo Suárez y Felipe González, y el actual jefe del Ejecutivo, José María Aznar, para «dar solución a todos estos temas» bajo la «vigilante mirada de la Corona».

Anguita, en declaraciones a Europa Press, indicó ayer que se sumaba a las palabras pronunciadas por el dirigente de su partido, y añadió que es la evidencia de eso que él ha llamado «doble Estado», un conjunto de conexiones, de intereses de todo tipo, económicos, políticos, que mantienen lo que se llama la razón de Estado».

NOTAS

1. SVERLO, Patricia: *Un rey golpe a golpe*. Editorial Arakatzen. San Sebastián, 2000, pág. 134.
2. *Ibídem,* pág. 166.
3. DÍAZ HERRERA, José y DURÁN, Isabel: *Los secretos del poder*. Temas de Hoy. Madrid, 1994, págs. 632-624.

4. VILALLONGA, José Luis de: *El Rey*. Plaza & Janés. Barcelona, 1993.
5. Para sorpresa de la Reina Sofía y del general Fernández Campo, los últimos en enterarse, ya habían sido informados previamente un sinfín de personalidades de diversos ámbitos como el presidente del Gobierno, Felipe González; el vicepresidente Narciso Serra; el ministro de Asuntos Exteriores, Javier Solana; el director del CESID, el general Alonso Manglano y los amigos del Rey Francisco Sitges, Manuel Prado y Colón de Carvajal, Mario Conde y Pedro J. Ramírez además de los sustitutos en la Casa Real, Fernando Almansa y Rafael Spottorno.
6. Tras la dimisión forzada de Arias Navarro, el Rey le nombró marqués de Arias Navarro; al fiel Torcuato Fernández Miranda se le otorgó el título de duque de Fernández Miranda y Adolfo Suárez, el hombre de la transición, recibió el título de duque de Suárez.
7. GARCÍA ABAD, José: *La soledad del Rey*. La esfera de los libros. Madrid, 2005.
8. SVERLO, Patricia: *op. cit.*, pág. 167.
9. CACHO, Jesús: *MC, un intruso en el laberinto de los elegidos*. Temas de Hoy. Madrid, 1994, págs. 230-231.
10. SVERLO, Patricia: *op. cit.*, pág. 173.
11. *Ibídem*, pág. 121.
12. MARTÍNEZ INGLÉS, Amadeo: *23-F. El golpe que nunca existió*. Editorial Foca. Madrid, 2001.
13. CACHO, Jesús: *El negocio de la libertad*. Foca. Madrid, 1999.
14. SVERLO, Patricia: *op. cit.*, pág. 176.
15. *Ibídem*, pág. 177.
16. CACHO, Jesús: *El negocio de la libertad*. Foca. Madrid, 1999.
17. *Ibídem*.

10

La monarquía: una incógnita de futuro

El gran debate sobre la Monarquía y la República todavía no ha llegado al seno de la sociedad española. Ni siquiera al nivel de la opinión pública, a través de los medios de comunicación. Algún que otro libro o algún folleto esporádico es lo que existe. Todo llegará. Recientemente se ha publicado un texto importante sobre el tema, escrito por el catedrático de Filosofía en la Universidad de Zaragoza, J. L. Rodríguez García. Su título es suficientemente claro: *Panfleto sobre la Monarquía*. Con el subtítulo de *Sobre la inutilidad de los reyes*. En su parte final y como colofón, le envía tres sugerencias al actual monarca español, que por su interés reproducimos a continuación, dejando para el final nuestra propia opinión: «Acepta lo que con cariño te recomiendo que sometas a consideración. Se trata de tres breves sugerencias, cuya observación no te comportará mal alguno, sino, al contrario, servirán para avivar tu legítimo orgullo y para que lo que entiendes por libertad, siendo servidumbre, se transforme en un veraz ejercicio de tu ser libre —en el caso, claro está, de que te ofenda ser considerado esclavo o súbdito—. Y seré breve como acabo de prometer.

Te recomendaría, en primer lugar, que sometas a juicio lo que se ha venido denominando credulidad en diversos momentos. En verdad que no existe fantasma o dislate que se mantenga sino a costa de tal actitud. Ser crédulo es el principio de la ignorancia, aunque los crédulos se irriten frecuentemente contra quienes de tal les motejan, pues nada hay más insultante que alguien venga a recordarnos que nuestras quimeras son el fruto de la inconsciencia o del deseo de saberse protegido por alguien o algo. Esfuérzate en aprobar que no es ni pensable ni deseable una figura que esgrima su origen, su nobleza, su astucia o su sabiduría para legitimar sus privilegios. Más firme origen y astucia tienes tú, puesto que anterior eres a cualquier fantasma, ya que todos han sido producto de tu fantasía, aunque haya sido desaforada, y más grande sabiduría posees porque todo lo grande y magnífico que te rodea es producto de tu esfuerzo y ambición. Es fácil recordar cuán difícil es liberarse de la apaciguadora credulidad, que se asemeja a un milagroso ungüento que sana la preocupación que invade al tener que afrontar estos retos importantes y necesarios.

Pensarás Majestad que te será costoso vivir sin el objeto de tu credulidad. Y es razonable que así te inquietes. Pero te señalaré, en segundo lugar, que dejar a un lado la credulidad revaloriza tu propia vida, ese tiempo que tan ardorosamente estimas y al que te esfuerzas por dar sentido. Ten en cuenta que la vida del crédulo es existencia vacía a la que sólo impropiamente podemos denominar vida humana por ser semejante a la existencia del animal doméstico que ha perdido su libertad y su natural coraje. El olvido del fantasma monárquico es la exigencia primaria de la auténtica vida política: si el hombre sólo comienza a ser libre cuando se desvanece el celo de las divinidades, entiende que el hombre sólo comienza a ser sujeto político cuando su virtud misma se libera de la soberanía dorada de los poseedores del cetro.

Y cuando comiences a vivir liberado de presencias fantasmas entenderás el gozo que aviva el saber que la majestad de la multitud garantiza la posibilidad de la libertad, pues, no habiendo libertad plena cuando alguien se arroga supremos derechos, existe posibilidad de libertad cuando cada ciudadano plantea la insólita novedad de sus intereses y deseos. Al pensamiento de la posibilidad de la libertad debiéramos denominarlo justamente felicidad. Y aunque difícilmente el hombre alcanza una felicidad plena y perdurable, mejor es sufrir por el temor a perder lo que se ansía que no por acariciar la estupidez como preferible juguete.

Va siendo hora de acabar. Bien estará finalizar agradeciéndote que prestes estas páginas a tus amigos y descendientes con el ánimo de que la secular credulidad vaya deteriorándose y con la sana intención de que lo que has leído alimente no sólo la irritación contra los reyes, sino, más firmemente, el ánimo de la libertad».

LA MONARQUÍA, UNA INSTITUCIÓN DESFASADA Y UNA ANTIGUALLA VIGENTE

Llegado a este punto, cabe preguntarse si la institución monárquica tiene algún futuro en nuestro país. ¿Se merecen los españoles tener a la cabeza del Estado a unos titulares dinásticos que han pagado la confianza depositada en ellos, de la forma en que lo han hecho y salvo algún que otro raro ejemplar, con el comportamiento privado, familiar y político que ha dejado mucho que desear, para decirlo de una forma suave y piadosa? La respuesta podría estar en todo lo relatado anteriormente.

Por otro lado, es evidente que la Monarquía a la altura del nuevo siglo, es una institución desfasada, desprestigiada y contraria a los aires democráticos que poco a poco se van imponiendo en nuestro tiempo. Es una antigualla, contraria a los Derechos Humanos y, quizá, a nuestro ordenamiento constitucional.

La actual Carta Magna española proclama la igualdad de todos los ciudadanos ante la ley «sin que pueda prevalecer discriminación alguna por razón de nacimiento, raza, sexo, religión, opinión o cualquier otra condición o circunstancia personal o social»[1]. ¿Cómo se justifica este derecho fundamental con la permanencia implícita de la ley sálica[2] en la actual monarquía en la que, en el orden de primogenitura, las mujeres son relegadas a favor del primer varón? La Constitución de 1978 es clara y taxativa al respecto.

En los últimos años las encuestas demuestran que, aunque el respaldo a la monarquía es alto, cada vez son más los jóvenes que se decantan por un sistema republicano. «La caída de la imagen de la institución y la emergencia entre los jóvenes de un sentimiento republicano permiten predecir que Felipe de Borbón tendrá que reinar con mayores niveles de exigencia que su padre y que, por ello, deberá afinar mucho para ganarse el respaldo de los españoles. Es cierto que la Corona sigue teniendo un apoyo muy alto y que Don Juan Carlos y Doña Sofía son bien valorados, pero el descenso del nivel de consenso no debería ser menospreciado por la Casa Real.

La polémica sobre los símbolos históricos, la alianza de Zapatero con ERC y la reforma del Estatuto son factores que no van a contribuir precisamente a mejorar la imagen de la monarquía. Por ello, un referéndum para cambiar los derechos de sucesión sería hoy una operación muy arriesgada, que podría convertirse en un refrendo sobre la monarquía, si no fuera acompañado de otras reformas constitucionales»[3].

Una institución que vulnera la Declaración Universal de los Derechos Humanos

Además, ¿por qué el Rey no puede ser juzgado en los tribunales como los demás españoles y por qué se le declara inviolable y no está sujeto a responsabilidad alguna? He aquí otra vulneración de la Declaración Universal de los Derechos Humanos, refrendada y firmada por nuestro país.

Otra contradicción: ¿por qué el Rey no tiene que dar cuenta a nadie, ni siquiera al Tribunal de Cuentas, de las asignaciones que recibe de los Presupuestos Generales del Estado, provenientes del dinero que todos los españoles pagamos religiosamente a través de los impuestos y tributos obligatorios? ¿Significa esto que puede hacer uso de todas las tropelías que crea justificadas sin tener que dar cuenta de sus actos?

Por otro lado, la actual rama de los Borbones instalada en España perdió la legitimidad de origen, por lo menos a partir de Isabel II; y la de ejercicio, con el reiterado comportamiento anticonstitucional de Fernando VII y Alfonso XIII, entre otros.

Después de todo lo expuesto: ¿hay algo de bueno o positivo en la monarquía española? Supongo que sí, pero no me corresponde a mí resaltarlo, sino al pueblo soberano.

El futuro incierto

Hace pocos años, en un encuentro informal con los periodistas que habitualmente cubren los viajes del heredero a la Corona, el Príncipe Felipe se expresó con toda naturalidad ante los informadores. Para asombro general, Don Felipe señaló que le resultaba muy difícil racionalizar en pleno siglo XXI la justificación del sentido de la monarquía. Lo decía alguien que estaba recibiendo la formación adecuada para convertirse en el monarca de un país que va hacia la desmembración a pasos acelerados.

Esta declaración —que ha pasado desapercibida para el público en general— contrasta con el «sentido del deber» propio de su padre, consciente de que el país es ante todo más *juancarlista* que monárquico y que considera que la Corona, para pervivir y afianzarse, debe legitimarse día a día a través del buen comportamiento de todos los miembros —directos y acólitos— que forman la dinastía.

«Un repaso a las manifestaciones sobre la Monarquía parlamentaria realizadas por diversos miembros de la familia Borbón reinante acuñan ya una cierta concepción de una «monarquía republicana». El propio heredero, con motivo de su boda con Doña Letizia Ortiz, afirmaba que continuaría con el modelo de su padre, la Constitución como institución útil al servicio de España.

Este aparente contrasentido de primar la legitimidad por el ejercicio razonable del cargo sobre el principio monárquico hereditario constituye un rasgo de realismo y sentido democrático por parte de la institución».[4]

La «legitimidad» democrática de la monarquía española viene de tres pilares fundamentales incuestionables que, con el tiempo, pueden ser revisados por voluntad del pueblo español. Hoy, constitucionalmente, España es una Monarquía parlamentaria y democrática, donde la Constitución está perfectamente regulada a la asociación a la Corona. El experto en monarquías Juan Luis Maury va más lejos y considera que «el Rey es elegido por la propia historia, por lo que significa una continuidad histórica como signo de representación del presente y del pasado, lo que implica la permanencia de una tradición hacia el futuro» principio que está complementado con la voluntad de los ciudadanos expresada a través de la Constitución. Para Maury «la Corona se constituye como la mejor garantía de estabilidad, concordia, democracia y libertad».

El 22 de noviembre de 1975, a las 12:45 horas, el presidente del Consejo de Regencia, Alejandro Rodríguez de Valcárcel, presidente asimismo del Consejo del Reino y de las Cortes españolas, inicia la lectura del juramento de Don Juan Carlos a las Leyes Fundamentales del Reino y los Principios del Movimiento. Don Juan Carlos era elegido Jefe del Estado en sustitución de su valedor, el general Francisco Franco.

El tercer aspecto es la renuncia del conde de Barcelona, Don Juan de Borbón, al trono de España, una renuncia dolorosa asimilada con los años por el Rey que no pudo alzarse con la corona.

Treinta años más tarde, con todos los avatares políticos que ha vivido el país, la institución monárquica parece haber sido asimilada por la sociedad española, que observa a los Reyes y los demás miembros de la Casa Real en una cotidianeidad propia de los sistemas democráticos. En palabras de Francisco G. Besterra «ha superado la prueba de la legitimidad funcional. Ha adquirido un valor funcional.» Aunque son muchas también las voces críticas, como la de Antonio García-Trevijano que señalan que, por su esencia, «la monarquía no puede garantizar la unidad de España». Este movimiento contrario a la monarquía se ha desarrollado esencialmente desde el matrimonio de Don Felipe con Doña Letizia —poco afortunado para muchos pues la actual Princesa de Asturias es una mujer ambiciosa, poco preparada, de origen humilde, «elitista en las formas aunque no en ciertos aspectos de su vida» y de la que el Príncipe depende emocionalmente como le ocurría antes de casarse con la Reina Sofía—.

Si bien la Monarquía española obtiene en todas las encuestas sociológicas el mayor grado de confianza, por encima de instituciones de carácter más democrático, como el Parlamento, no se puede despreciar el hecho de que con mayor asiduidad es posible hablar abiertamente en todos los foros de los valores de una República. El Rey Don Juan Carlos, a diferencia de su hijo, es consciente de ello. El Rey sabe que España es un país libre, desatado de las ataduras con el pasado reciente que obligó a su abuelo a exiliarse y que a él le obligó a aceptar los principios inherentes al régimen dictatorial que imperaba en España. Sabe que España goza de una libertad como hasta ahora jamás había disfrutado. Que la mayoría de los ciudadanos españoles son libres en sus costumbres, en sus pensamientos y en sus actuaciones. Que son libres en las manifestaciones propias de sus sentimientos nacionales —en cuanto a lengua y cultura— y con una amplia diversidad de principios políticos. Y no todos tienen un sentimiento favorable a la monarquía constitucional.

A corto plazo es impensable un movimiento que ponga en peligro la monarquía, pero el sentimiento republicano es cada vez más evidente. El Rey es consciente de que el trono perpetuo está al albur de las circunstancias políticas y por eso se ha preparado para poder retirarse, sin remordimiento de conciencia, a un retiro dorado. La posición de Don Juan Carlos está afianzada por su compromiso con la sociedad española, por el cumplimiento de sus funciones constitucionales —meramente representativas—. Pero si se trata de perpetuar la dinastía es necesario —e imprescindible— dar mayor protagonismo a un heredero que no ha mostrado hasta el momento grandes dotes de cercanía popular.

El papel desempeñado por Don Juan Carlos durante la transición española ha jugado a su favor —la elección de Adolfo Suárez en 1976 para sustituir a Arias Navarro en la jefatura del Gobierno fue una decisión valiente y arriesgada que facilitó el carácter pacífico de la transición—. Pero Don Felipe no va a tener mejor suerte. A diferencia de lo que sucedió con su padre no es previsible que su consolidación venga por un proceso como el que vivió su progenitor tras la muerte de Franco. El Rey, y su entorno más cercano, es consciente de que la monarquía debe modernizarse. Y debe hacerlo a marchas forzadas para no perder el tren de la historia. En el pasado, un Príncipe se legitimaba por la sangre. En la actualidad, no tiene más remedio que hacerlo por el ejercicio.

El principal problema es como dar mayor protagonismo al heredero a la Corona. La legitimidad del ejercicio de Don Felipe viene de la delegación de funciones recibidas de su padre, pero éstas son meramente protocolarias y sin ningún peso político.

Tampoco la actual política del gobierno Zapatero —«Don Juan Carlos es un Rey republicano»— y las exigencias de las formaciones políticas más nacionalistas favorecen la estabilidad de la monarquía. El ejemplo más claro se encuentra en la negociación de la reforma del Estatuto catalán. La afirmación de que el Rey puede garantizar la unidad de España es una mera quimera porque bajo los principios de la actual Constitución, la responsabilidad política no recae sobre el Rey —que es un mero espectador— sino sobre los partidos políticos. Durante los agrios debates que se abrieron sobre la cuestión, que generaron una amplia crispación política en el país, tuvieron a Don Juan Carlos como un florero decorativo. Sólo se le escuchó decir aquello tan democrático de «hablando se entiende la gente».

A todo ello hay que unir la pérdida de peso social de todos aquellos movimientos sociales y políticos que sociológicamente están más cerca de los movimientos sociales. La Iglesia ha ido perdiendo influencia social a medida que avanzan los tiempos y los sectores más conservadores han sentido como una afrenta el matrimonio de Don Felipe con la actual Princesa de Asturias. Por otro lado, los ocho años de gobierno Aznar supusieron una absoluta frialdad de relaciones entre los dos principales actores de la política nacional.

Asimismo los medios de comunicación no son ajenos a las trifulcas políticas. Son muchos los periodistas que prefieren autocensurarse cuando se trata de hablar de la Casa Real española, pero cada vez con mayor asiduidad la familia real es foco de atención no por su carácter institucional sino por los escándalos humanos, empresariales, sociales o económicos de sus miembros y de quienes les rodean. La democracia mediática no respeta a los miembros de la familia real como no lo hace con el resto de los actores que aparecen en la pequeña pantalla por su asiduidad a los despieces sociales o en las pantallas de Internet, uno de los foros donde mayor imaginación y crítica se vierte sobre la familia real española.

A pesar de que Sabino Fernández Campo considera que «la Monarquía española tiene un fuerte poder moral para moderar y regular el funcionamiento de las instituciones», García Abad considera que «aunque hoy en día no es un tema central en el debate político, evidentemente no va a ser siempre así. La monarquía tiene hoy un déficit democrático. A diferencia de lo que pasó en la transición, ya no es tan necesaria aunque puede seguir siendo útil en un papel mediador». Para ello «la Corona debe superar dos pruebas: en primer lugar; la autocensura, liberarla del tabú. Habrá que ver si la monarquía resiste la luz y taquígrafos. En segundo lugar, las previsiones sucesorias. El Príncipe se ha dado cuenta de lo que se juega la institución. La boda con Letizia puede verse como un intento de democratizar la institución casándose con una plebeya, pero también puede acabar con el carácter mágico de la monarquía, con su glamour».

«La opinión sobre la Monarquía —señala Francisco G. Basterra— y el sucesor pueden ser determinadas, y no precisamente para bien, por este perverso sistema de basura catódica. Ya tuvimos un entremés con ocasión de la boda del Príncipe... Por otro lado, estamos embarcándonos en un cambio del modelo territorial y se habla de encontrar un nuevo acomodo para otro cuarto de siglo. Este debate puede afectar a la Monarquía: el Rey es símbolo de la unidad y permanencia de España. Pero nadie está pensando hoy que después de 25 años haya que cambiar la forma política del Estado. Cabría pensar en la Corona como vértice de encuentro de una España distinta, de una suma de sus partes denominadas o distribuidas de manera diferente».[5]

NOTAS

1. *Constitución Española.* 1978. Título I. Capítulo 2º. Artículo 14.
2. En 1713 el primer Rey de la dinastía de los Borbones, Felipe V, promulgó la denominada Ley Sálica española, normativa por la cual se impide que las mujeres puedan reinar en España. Debido a que había una serie de articulados que consideraba que atentaban contra sus derechos, el Rey Carlos III decidió que era el momento de abolirla. El totalitarismo del monarca permitió la aprobación, sin discusión por parte de las Cortes, de la Pragmática Sanción, ley que establece que los herederos varones tienen el derecho preferencial a acceder al trono de España. Esta ley, sin embargo, quedó sin efecto hasta que en 1830, el más traidor de los Reyes españoles, Fernando VII, una vez había contraído matrimonio con María Cristina de Nápoles, la cuarta de sus esposas, decidió que para evitar problemas con su hija Isabel, sería conveniente que esa ley se aplicase en el reino. La oposición frontal de su hermano llevó a España a una guerra cruenta y estéril, pero la Pragmática Sanción siguió siendo vigente en España.

   El 18 de diciembre de 1979 se vota en la Asamblea General de Naciones Unidas, reunida en Nueva York, un texto fundamental en la historia de la organización, la Convención sobre la eliminación de todas las formas de discriminación contra la mujer. Este texto recuerda que la discriminación contra la mujer viola los principios de la igualdad de derechos y del respeto de la dignidad humana, que dificulta la participación de la mujer, en las mismas condiciones que el hombre, en la vida política, social, económica y cultural de su país, que constituye un obstáculo para el aumento del bienestar de la sociedad y de la familia y que entorpece el pleno desarrollo de las posibilidades de la mujer para prestar servicio a su país y a la humanidad. España es uno de los países que suscribe este texto de la Convención pero lo hace con una excepción que marca el signo de la monarquía. Todo lo que el texto establece no es aplicable en materia de sucesión a la Corona Española porque la Constitución Española, firmada un año antes, establecía la preferencia masculina en la línea de sucesión al trono.
3. *El Mundo*, editorial del 20 de noviembre de 2005.
4. BESTERRA, Francisco G.: «El futuro de la Monarquía», *El País*, 18 de octubre de 2004.
5. *Ibídem.*

11

¿Llegará a reinar Felipe VI?

Desde su nacimiento, la formación de Don Felipe Juan Pablo Alfonso de Todos los Santos de Borbón y Grecia, nacido en Madrid el 30 de enero de 1968, está destinada para que el Príncipe acceda con las mejores garantías al trono de España. Los años de formación académica y militar tuvieron lugar cuando la democracia estaba ya consolidada. Desde ese momento, como ha declarado el militar José Antonio Alcina, que fue su sombra durante una década —los años que transcurren desde 1983 a 1993— el Príncipe ha mejorado en «impuntualidad y en su pasotismo, propios de aquella edad». Considerado un hombre observador, tímido, reflexivo en exceso, prudente, moderado en sus juicios y en su forma de actuar, el Príncipe Felipe se ha formado en la Universidad y en los tres Ejércitos. La economía y la naturaleza —llegó a presentar una serie de TVE sobre la naturaleza, titulado *La España salvaje*— son dos de los aspectos que más interesan al heredero al trono.

Los Reyes —con los que ha mantenido serios encontronazos por cuestiones de índole amoroso— han tratado que, desde que iniciara sus estudios en el colegio privado de Santa María de los Rosales, no tuviera ningún tipo de tratamiento especial. Recibió siempre el mismo trato que sus compañeros de aula. Sólo un aspecto lo hacía diferente. Era siempre el último de la clase en todo. Por la altura —ocupaba los últimos pupitres— y por la asimilación de los conceptos.

Sus deficientes calificaciones preocuparon tanto al profesorado como a quienes estaban al frente de su formación como heredero. Sus tutores decidieron entonces la conveniencia de que estudiara el COU en un colegio extranjero. El centro elegido estaba situado en Canadá. En el Lakefield College School el joven Príncipe estuvo alejado de la atención de la prensa y, por ello, de la menor presión de los medios de comunicación españoles. Durante este período no tuvo más remedio que ganar experiencia y responder a los retos cotidianos por sí mismo. Además, ganó en fluidez idiomática y consolidó sus conocimientos del inglés, lengua que utiliza para relacionarse con Doña Sofía.

Al regresar de Canadá el Príncipe ingresa en la Universidad española donde cursará siete asignaturas de Económicas y Derecho en la Universidad Autónoma de Madrid y de ahí iniciará un máster en Relaciones Internacionales en la Universidad de Georgetown, en Washington. Más tarde recibirá formación militar.

¿Qué hacer con el heredero? Un Príncipe desocupado

Mucha formación universitaria pero... Los méritos que Don Juan Carlos ha ido adquiriendo a lo largo de su reinado no son asumibles, sin embargo, en la figura del vástago que tiene la misión de sucederle en el trono de España. Según el periodista José García Abad, autor de un importante libro sobre la monarquía española, el Príncipe Felipe ha creado una imagen «un tanto frívola con un punto de prepotencia». Cuando el Príncipe de Asturias cumplió los veintiún años la sociedad española consideró al joven Borbón como una garantía para el futuro de España. La preparación que los Reyes decidieron para el heredero fue consensuada por todas las fuerzas sociales del país, y un futuro prometedor se cernía sobre la preparación de Don Felipe.

Sin embargo, en palabras de Gómez Abad, «el Príncipe Felipe no pareció comulgar con la tradición monárquica, ni en la elección de sus novias ni de sus amigos, entre los que predominarían los «ociosos hijos de papá», hecho que pudo estar influido por la misma Constitución, pues la «ley suprema» no le atribuye función alguna».

Al Príncipe le rodean hijos de papá, herederos de grandes fortunas empresariales, jóvenes adinerados que se arriman a Don Felipe al tiempo que aprovechan su relación con el Príncipe para asentar su posición en el reino. Gómez Abad ahonda en el problema: muchos de ellos «generarían una subcorte de gente, que utiliza su relevancia para prosperar en los negocios a costa de la imagen de la corona, planteando incertidumbres institucionales deseables».

Son las amistades peligrosas de Don Felipe. La periodista Marta Alfageme[1] recuerda que «durante años —¿décadas, tal vez?—, Felipe ha sido un heredero de papel couché. Un Príncipe abonado a los devaneos sentimentales y las regatas. Donjuanesco y esponsorizado. Mucha escapada a esquiar y poco acto institucional. Mucha camarilla de la jet y escasas renuncias por razón de Estado. Porque la monarquía viene aburguesándose a golpe de amistades peligrosas y matrimonios igualitarios. Desmitificándose a sí misma a fuerza de comportamientos frívolos e inadecuados». El comentario es que la ambición de Doña Letizia, a quien el personal de la Zarzuela denomina *La Jefa*, es otro escollo aunque está intentando poner orden en la vida y la persona del Príncipe a costa de enfrentarse a los suegros.

UN PRÍNCIPE EN LAS REVISTAS ROSAS

Antes de contraer matrimonio con Letizia Ortiz, las frecuentes apariciones del heredero en la prensa rosa han cuestionado en numerosas ocasiones el papel que Felipe de Borbón desempeña como sucesor a la corona. Estas apariciones —muchas autocensuradas por la prensa— las hacía acompañado de amigos de ese entorno a veces mal visto en palacio. Algunas de las personas que rodeaban al Príncipe le proveían de parejas sentimentales. Entre sus amigos está el empresario Javier Hidalgo, con fama de noctámbulo, juerguista y concupiscente, un joven de larga melena, guaperas y famoso que trabaja —con excelentes resultados— como director general de Globalia que abarca, entre otras empresas, Travelplan, Air Europa, Halcón Viajes, Pepe Car, Pepe Travel o Ecuador. El círculo de amistades de Hidalgo es muy amplio como el futbolista Ronaldo, el «aventurero» Álvaro de Marichalar, la modelo Eugenia Silva o el abogado Fernando Gómez-Acebo. Sus fiestas privadas en su exclusiva mansión de Puerta de Hierro son célebres por la colección de modelos y famosos que pasan por ellas. Hidalgo es dueño de la agencia View Management que cuenta entre sus modelos con alguna de las *top model* españolas más internacionales como Eugenia Silva o Laura Sánchez.

Al mundo de la farándula también pertenece Carlos Mundi —exjinete y amigo de su hermana, la infanta Elena— y Javier Merino, actual esposo de Mar Flores, ambos copropietarios de la agencia de modelos Magic, donde Eva Sannum trabajó sin gran éxito como modelo. Javier López-Madrid, asiduo también de la vida social de la capital, hijo del que fuera presidente de Volvo fallecido hace un tiempo, ha sido uno de los amigos íntimos del Príncipe que mejor ha sabido preservar su intimidad. En su casa han sido acogidas de las miradas indiscretas las diferentes novias del Príncipe. De hecho, en el verano de 2000, por ejemplo, Eva Sannum se refugió en la mansión familiar que Javier tiene en la exclusiva urbanización gaditana de Sotogrande. En la salmantina finca de los López-Madrid en Peñaranda se ocultaban Isabel Sartorius y más tarde Gigi Howard de los objetivos de la prensa rosa. Otros son los hermanos Ricky y Álvaro Fuster, hijos del malogrado Ricardo Fuster que presidió durante muchos años el entramado empresarial de McDonnell Douglas en España. Los hermanos Fuster son dos asiduos en las páginas de la prensa rosa, de las discotecas de moda de la capital y compañeros de aventuras nocturnas y deportivas con el Príncipe. Ricky Fuster, por ejemplo, fue novio de Isabel Sartorius antes de que la joven aristócrata saliera con Don Felipe. La madre de los Fuster, Carmen Garaizábal, conocida íntimamente como «Pichu», una segunda madre para el Príncipe, abre siempre las puertas de sus casas de Madrid y de Marbella —de día o de madrugada— al Príncipe para preservarlo de las miradas indiscretas. Más discretos son el abogado Juan Antonio Jiménez Izquierdo —un gran aficionado al golf y el squash—, Alfredo Vázquez y Fernando León, con quién Don Felipe comparte sus aficiones deportivas.

Habituales son sus encuentros con sus primos Pablo, Alexia y Nicolás de Grecia y los Príncipes Kubrat, Konstantin y Kyril de Bulgaria así como Pelayo Primo de Rivera, hijo de Miguel Primo de Rivera; Jaime Carvajal, hijo del marqués de Isasi; Joaquín Fernández de Córdoba, hijo del duque de Arión; Borja Díaz de Rivera; Francisco de Borja Prado Eulate; Pablo de Hohenlohe, Miguel Goizueta, Pepe Barroso y Carlos y Jorge Ortiz —ambos miembros de la tripulación del *Aifos*–, Alfredo Vázquez y Javier Vidal, dos de los amigotes con los que el Príncipe tomaba copas en los exclusivos bares Fortuny o Gabana, ambos en Madrid.

Desde que Don Juan Carlos asumiera la Jefatura del Estado el 22 de noviembre de 1975 la transformación de la sociedad española ha sido imparable. Los problemas de ayer no son los mismos del presente y la monarquía es vista con otros ojos y con otra perspectiva. Por edad, el Rey todavía tiene por delante muchos años de reinado. ¿Qué hacer entonces con un Príncipe cuya única tarea reside en realizar visitas oficiales por las distintas Comunidades Autónomas, representar a su padre en las tomas de posesión de los diferentes presidentes latinoamericanos, asistir a entregas de premios —como el que lleva su nombre en Asturias—, recibir a delegaciones institucionales en el palacio de la Zarzuela y contestar las cientos de cartas que se reciben en su despacho oficial del complejo real?

La formación intelectual del Príncipe se ha llevado a cabo para que el futuro monarca esté más preparado que su padre cuando éste accedió al trono de España. Don Juan Carlos —consciente de que «el niño» no puede pasarse la vida esperando su destino— se ha planteado en varias ocasiones como adecuar la agenda de su hijo. En la actualidad su agenda está repleta de audiencias y representaciones.

Y ha estudiado la posibilidad de que Don Felipe sea empleado en alguna Fundación privada, recibiendo un suelo y cumpliendo, en la medida de lo posible, unos horarios que le permitan seguir asistiendo a los actos propios como Príncipe de Asturias.

Uno de los organismos que se plantearon fue El Real Instituto Elcano, una fundación privada, independiente de la administración pública y de las empresas que mayoritariamente la financian constituida bajo la presidencia de honor del propio Príncipe de Asturias, el 27 de diciembre 2001, con una tarea fundamental: realizar un estudio exhaustivo de los intereses de España y de los españoles en la sociedad internacional, para ponerlo al servicio de la comunidad. Forman parte como miembros natos los ex presidentes del Gobierno, Leopoldo Calvo-Sotelo y Felipe González, los ministros de Asuntos Exteriores y Cooperación, Defensa, Economía y Hacienda y Cultura; los presidentes de las grandes empresas que contribuyen a su financiación; así como un patrono a propuesta del principal partido de la oposición.

Finalmente se descartó esta opción debido a que la Corona no puede comprometerse políticamente con instituciones que emiten documentos de carácter político como hizo la Fundación al apoyar la intervención del gobierno Aznar en la guerra de Irak.

Al Príncipe Felipe no le entusiasma la institución monárquica

La historia sentimental del Príncipe Felipe ha estado jalonada de episodios oscuros y de enfrentamientos directos con sus padres, los Reyes de España. Don Juan de Borbón había recomendado siempre a su nieto Don Felipe que tuviera cuidado con la elección de su prometida. El conde de Barcelona estaba sumamente preocupado por el futuro sentimental de su nieto, marcado por sus conquistas amorosas poco recomendables. Don Juan advirtió a Don Felipe de que se podía casar con quisiera pero también con quien debiera. Pero iba mucho más allá de su recomendación. Una Reina de España no podía verse sometida a los comentarios sobre su vida anterior porque una Reina no puede tener pasado porque éste, dadas las circunstancias de la sociedad actual, siempre se torna presente. Bastaba con echar una simple mirada a los libros de historia o a los acontecimientos recientes en la propia familia.

En 1989 saltó a la prensa la noticia del noviazgo de Don Felipe con Isabel Sartorius, una niña bien de Madrid, de belleza rubia, ojos azules y padres divorciados. Hija del malogrado Vicente Sartorius, marqués de Mariño, y de la argentina Isabel Zorraquín, la relación sentimental fue llevada con mucha discreción por los dos jóvenes pero la condición de plebeyos y divorciados de los padres obligó a la Reina a tomar carta en el asunto.

Isabel, a la que se conoció con el cariñoso apodo de «la novia de España», es sobrina del dirigente comunista y abogado Nicolás Sartorius Álvarez de las Asturias, quién en 1960 había abucheado al entonces Príncipe Don Juan Carlos mientras hacía su entrada en la Universidad Complutense de Madrid. El inicial rechazo hacia la figura de Don Juan Carlos se fue suavizando con el tiempo e, incluso, el tío Nicolás participó en varias cenas organizadas a mediados de los años ochenta y noventa en casa del embajador Manuel Bermúdez de Castro a las que asistían los Reyes y *monárquicos convencidos* tales como los comunistas Diego López Garrido y Antonio Gutiérrez —ambos ahora en la órbita del PSOE— y Cristina Almeida.

El noviazgo de Don Felipe e Isabel duró hasta bien entrado el año 1991 y los encargados de deshacer aquel amor juvenil fueron la propia Reina y Sabino Fernández Campo, jefe de la Casa del Rey. Felipe aceptó a regañadientes, pero la relación se fue al traste provocando un gran pesar sobre todo en el Príncipe. Isabel Sartorius ha declarado en alguna ocasión que «teníamos muchísimo por vivir, por aprender, por hacer. Éramos muy jóvenes y llegó un momento en el que tomamos caminos diferentes». Incluso ha tratado de solapar el hecho de que Doña Sofía fuese la causante de la separación del Príncipe.

Otras versiones indican que la desgracia de Isabel fue ser la primera novia oficial de Don Felipe y tener mucha más experiencia en la vida que él. Licenciada en Ciencias Políticas en la American University, Isabel entendió que el Príncipe debía tomar una decisión respecto a su futuro. Le exigió una decisión que el Príncipe no estaba en condiciones de dar. Isabel estaba convencida de que haciéndole tomar partido —«Esto no puede seguir así, debes adoptar un decisión»—, iba a ganar la partida.

El 7 de agosto de 1992 Sabino Fernández Campo se vio en la difícil tesitura de negociar con el diario sensacionalista *Claro* la autocensura de un reportaje ampliamente ilustrado y documentado en el que se hacía hincapié en la vinculación de Isabel Zorraquín, madre de Isabel, y de su hermano, detenido por consumo de cocaína en Argentina, en un asunto de drogas, caso investigado por el juez de la Audiencia Nacional Carlos Bueren, otro de los motivos que llevaron a la Reina a desmarcarse de aquella familia que podía romper los cimientos de la monarquía. El artículo iba firmado por el periodista José Ayala y se titulaba «Drogas, la razón por la que Isabel Sartorius nunca será reina de España».

Ambos tomaron caminos separados. Don Felipe marchó —¿tal vez castigado?— a estudiar a Estados Unidos mientras que Isabel se estableció en Londres donde más tarde se uniría sentimentalmente con Javier Fitz-James Stuart, empresario y miembro de la Casa de Alba, con quién llegó a tener una hija, Mencía, que las malas lenguas atribuyeron, sin demostrarlo, a Don Felipe. Sobretodo porque días después del nacimiento de la niña, Isabel anunció la sorprendente ruptura de la relación con su marido alimentando así todas las rumorologías.

La ruptura del Príncipe con la guapa y discreta Isabel atrajo a Madrid a una procesión de Princesas europeas casaderas que se establecieron en España con el fin de «perfeccionar o mejorar» su obsoleto castellano. En las casas bien del reino se hospedaron Tatiana de Liechtenstein, Catalina de Habsburgo, Flor de Wurtemberg, Victoria de Borbón-Dos Sicilias, Gabriela Windsor y Adelaida de Orleáns, entre otras. Pero los ojos de Don Felipe no estaban puestos en estas jóvenes ricas, elegantes y educadas pretendientes de la más arraigada nobleza europea. Con quien verdaderamente se sentía a gusto Don Felipe era con las plebeyas que le circundaban e intensa tuvo que ser la labor de Fernández Campo para aplacar los rumores en varios sentidos.

Coincidiendo con su 27 cumpleaños y mientras se encuentra estudiando en la Universidad de Georgetown (Washington), Felipe de Borbón conocerá en una discoteca de Nueva York a la que se convertirá en su novia hasta finales de 1996, la modelo Gigi Howard, hija de un millonario empresario norteamericano. La prensa publicó unas comprometedoras imágenes de la pareja en la isla de Saint Martin. Las dificultades impuestas por el entorno deterioraron la relación y el Príncipe inició varios romances con distintas jóvenes como la modelo Yasmin Gahuri, una canadiense de origen franco-paquistaní; Gabriela Sebastián de Erice, hija del que fuera embajador de España en Alemania, José Pedro Sebastián de Erice; Viviana Corcuera, hija del empresario Vicente Corcuera; o la modelo checa —que trabajaba entonces de camarera— Alicia Krezjlova, a la que conoció en el restaurante Flanigan de Palma de Mallorca.

La soltería de Don Felipe comenzó a provocar las mofas en los medios de comunicación españoles. Una caricatura publicada en el diario *El Mundo* y firmada por los humoristas Ricardo y Nacho, obligó a su director Pedro J. Ramírez, a pedir disculpas en Zarzuela. En el dibujo se podía ver la figura de Don Felipe conversando con su padre. «Papá: Ahora que está a punto de casarse Cristina, quiero darte dos noticias, una buena y una mala... La buena es que he encontrado pareja... Y la mala es que es Alberto de Mónaco». La situación se tornaba peligrosa para la monarquía y los comentarios en determinados círculos eran cada vez más dolientes cuando llegaban a oídos de palacio. En 1993 la revista *People* elige a Don Felipe como uno de los diez hombres más atractivos del planeta. Pero en la calle surgía una pregunta: ¿será capaz de encontrar pareja femenina?

Saltándose a la torera todas las normas que exigen que un heredero a la corona contraiga matrimonio con una persona de su rango,

Don Felipe rizó el rizo. Según Juan Balansó «la dinastía española ha preservado la tradición de que sus herederos se casen con Princesas, adaptadas a su papel, o renuncien en favor del siguiente infante. Sólo en dos siglos pueden contabilizarse 14 exclusiones entre los transgresores... Si el Rey es el legítimo heredero de la dinastía histórica, habrá que cumplir las reglas del juego». Y ese juego exige contraer matrimonio con alguien de su mismo rango. Aunque Don Felipe había afirmado en varias ocasiones que «el Príncipe se casará con quien tenga que casarse. Lo tiene muy claro. Y lo hará por encima de cualquier inclinación eventual. No me gusta el término profesional, pero una Reina tiene que serlo», el joven Borbón eligió —fiel a su estilo de mujer— a una modelo de segunda, Eva Sannum.

La historia de la relación se había iniciado en el mes de junio de 1997 cuando el Príncipe de Asturias viajó a Oslo, la capital de Noruega, para asistir a los actos conmemorativos de las bodas de plata de los Reyes de Noruega. Al concluir los actos oficiales, un nutrido grupo de jóvenes pertenecientes a la nobleza europea asistió a una fiesta en la que se encontraban varias jóvenes noruegas invitadas por Haakon Magnus, el anfitrión de la velada. Una de esas jóvenes era Eva Sannum, una muchacha de 26 años, conocedora de la vida, modelo de pasarelas de segunda, de confesión luterana y con grandes pretensiones por relacionarse con jóvenes adinerados. Esta estudiante de publicidad entabló una buena amistad con el Príncipe Felipe.

Tres años más tarde, en diciembre de 2000, se publican unas fotografías del Príncipe y la modelo saliendo de un restaurante de la capital de España. Poco tiempo después, las instantáneas del Príncipe y su amiga en un viaje a la India suponen la confirmación de un noviazgo que no podía ocultarse. Especialmente cuando en la revista *Hola* aparece el Príncipe en actitud cariñosa despidiéndose acaloradamente de la joven noruega en el aeropuerto parisino Charles de Gaulle.

La forma atrevida de vestirse, su estrato social, el hecho de que fuera hija de padres divorciados, la poca categoría personal de la candidata, su falta de preparación para acceder al cargo de Princesa, su inapropiada vestimenta en la boda de Haakon de Noruega el día que tuvo la ocasión de conocer a la Reina Doña Sofía, su fracasada carrera de modelo, su confesión religiosa y muchos otros aspectos provocaron que la opinión pública española se pusiera en su contra. Eva Sannum no estaba preparada para ser Reina y una inmensa mayoría de los españoles no la aceptaba como tal. Había que poner en marcha una operación para poner fin a aquella inadecuada relación.

«Parece que esa «operación derrocamiento Sannum» se activa a espaldas del protagonista. En esos días es imposible confirmar un rumor que circula con mucha cautela entre gente generalmente bien informada: una reunión que un alto funcionario de la Casa mantuvo con Eva Sannum en la que se le ruega que deje de ver al Príncipe por el bien de la Monarquía. Esa información tan cautelosa casi podría estar inspirada o, al menos, seguir el guión, en versión siglo XXI, de *La dama de las camelias* del escritor francés y estudiante del liceo Borbón, Alejandro Dumas. Sobre todo cuando el padre del enamorado visita a la joven Margarita, que hace peligrar el buen nombre de la familia y le ruega que abandone a su hijo: «Usted ama a Armand; demuéstreselo por el único medio que le resta aún para demostrarlo: sacrificando su amor en aras de su porvenir»[2]. Esta tarea correspondió, en nombre del Rey, a Fernando Almansa. El resultado fue demoledor.

En su crónica de sociedad en *El Mundo*, Juan Fornieles cuenta como se anunció la ruptura con Eva Sannum: «A pesar de ser viernes y última hora, desde la Casa Real se había hecho especial hincapié en que era importante asistir a ese encuentro.

Con carácter muy informal, en una pequeña sala del palacio, Almansa había empezado haciendo un balance positivo del año 2001, así como un adelanto de la agenda de los Reyes y del Príncipe de Asturias para 2002. Llegados a este punto, y tras admitir que Don Felipe de Borbón se iba a trasladar a su nueva casa en el primer semestre del año que viene, alguien tocó con sus nudillos en la puerta.

Se abrió lentamente, algunos esperábamos una visita relámpago del Rey Don Juan Carlos y, ante la sorpresa de los presentes, entró

Don Felipe vestido con un jersey gris de punto y de cuello vuelto, una chaqueta sport verde claro, un pantalón vaquero y unos zapatos altos de ante.

El heredero saludó afectuosamente a todos los presentes, uno por uno. Después de haber compartido con ellos muchos viajes, de leer sus crónicas escritas, radiofónicas o televisivas, conocía al dedillo a cada uno de ellos. Tras interesarse por detalles tan personales como la mudanza que estaba realizando una redactora de un periódico catalán, el heredero tomó asiento en una butaca.

Ante la creciente expectación de los presentes, y después de decir que se está convirtiendo en un verdadero experto en interiorismo, escogiendo picaportes y remates para la decoración de su residencia aledaña, dijo que tenía algo que decirnos a los allí presentes.

Ante el asombro de unos redactores cuyo corazón se aceleraba a medida que iba hablando, el Príncipe de Asturias empezó a hablar de su relación con la ex modelo y de que, dada la importancia de la noticia, había decidido contarlo así, en primera persona.

«A título personal, y de mutuo acuerdo [con Eva Sannum]», hemos decidido «poner fin a la relación. Simplemente no ha prosperado y punto. No hay más lecturas», reconoció Don Felipe de Borbón.

La decisión conjunta ha sido tomada «con libertad y desde la intimidad», subrayó el heredero de la corona española. «No ha habido compromiso en el pasado y no lo habrá en el futuro. Y por razones estrictamente personales, cada uno seguirá su camino en la vida», matizó.

El futuro Rey de España quiso resaltar que aunque reconocía la enorme presión mediática y social que se había ejercido en torno a su relación con Eva Sannum, «no se han planteado disyuntivas, deber y querer, razón y corazón no están separados, siempre han ido juntos».

El Príncipe Felipe aprovechó la ocasión para recordar que habían tenido la ayuda de ambas familias. «Siempre he contado con el apoyo de los Reyes que, como Reyes y como padres, han confiado en mi criterio y en mi decisión», dijo Don Felipe»[3]. Este apoyo de Sus Majestades fue un ultimátum en toda regla hacia el heredero a la corona que no podía contraer matrimonio con una mujer que había posado semidesnuda como modelo y cuyo póster —su sonado *top less* publicado en *Interviú* en 1999— estaba colgado en numerosas paredes de talleres mecánicos y fábricas de toda España.

El Príncipe Felipe describió a Eva Sannum como una persona «muy querida, admirada y respetada» destacando también su «fortaleza, dignidad, sentido de la justicia, determinación, sencillez, sensibilidad, capacidad de superación y excelencia en todo lo que hace».

El Príncipe se vio obligado a acatar y aceptar con frialdad y respeto la orden de su padre de romper definitivamente la relación con Eva Sannum. Lo hizo, a pesar de que se encontraba completamente ligado afectiva y humanamente a la modelo noruega. «Almansa habría trasladado a Don Felipe el malestar del Rey, y el del propio presidente del gobierno, José María Aznar, por su prolongada relación sentimental con la modelo noruega, que la pareja tenía intención de formalizar con el anuncio de su enlace matrimonial.

El aún jefe de la Casa de Su Majestad habría tratado de persuadir al Príncipe de que debía estar a la altura de su papel institucional, y de que un matrimonio contrario a los deseos de la Corona y del gobierno afectaría negativamente a la institución monárquica y a su imagen en la sociedad española.

La relación sentimental, finalmente, se frustró. Pero, según algunos medios, el papel jugado por Almansa en la ruptura de la pareja dificultó su continuidad al frente de la Casa del Rey, ya que tanto el Príncipe como la Reina aprobaban el matrimonio con la modelo noruega»[4].

Sentimentalmente, Felipe de Borbón acabó pagando las consecuencias pero aquel sacrificio personal implicó una venganza servida en forma de despido fulminante. El diplomático Fernando Almansa, jefe de la Casa de Su Majestad, encargado de cumplir las órdenes del Rey de poner fin a uno de los problemas más desagradables y complejos a los que se enfrentaba la Monarquía desde el 23-F, fue cesado de su cargo[5], remodelación que afectó también a su más estrecho colaborador en La Zarzuela, el secretario general de la Casa, Rafael Spottorno. Uno y otro recibieron, sin embargo, una compensación en forma de cargo: la presidencia de la Fundación Caja Madrid y un puesto en el consejo de Telefónica.

La ruptura con Eva Sannum dio pie a que se persiguiera a los nuevos *cameos* amorosos del Príncipe y que se acusara al Príncipe de no prestar atención a sus responsabilidades como heredero[6]. Además, se le atribuyeron romances con Diana Martínez-Bordiú, la actriz Gwyneth Paltrow y Flor Valero, nieta de un presidente de Venezuela. Hasta que saltó la sorpresa.

Letizia Ortiz, el as escondido

Felipe de Borbón tenía un as en la manga. La elegida fue la periodista asturiana Letizia Ortiz, divorciada y con un interesante pasado a sus espaldas. El Príncipe había ganado la partida en palacio. No importaba que el matrimonio fuese desigual. Ni las simpatías de Doña Letizia con la izquierda[7], que algunas personas que conforman el entorno de Letizia Ortiz se caractericen por su republicanismo y sus feroces críticas hacia la institución monarquía y todo lo que ello representa —uno de ellos es Joaquín Sabina[8] que en su libro *Yo también sé jugarme la boca. Sabina en carne viva,* ha conseguido romper muchos de los tabúes que rondan a la Corona—, o que la periodista Lucía Méndez de *El Mundo*, contara que antes de comenzar el Telediario, Letizia preguntara si teníamos más principito en las noticias y que le llamara de manera despectiva, «Felipito». Muchas redacciones de prensa escrita recibieron indicaciones indirectas para no ahondar en el pasado —turbio para algunos— de Doña Letizia. La nueva Princesa de Asturias debía tener un currículum impoluto, perfecto y limpio, propio de una princesa de cuento de hadas. Pero nadie podía frenar los insistentes rumores que circulaban en los cafés de los diferentes pueblos de España y en las redacciones de los medios.

Letizia ha sufrido el rechazo de la gran mayoría de los sectores monárquicos de España contrarios a este romance. Incluso, la periodista Pilar Urbano, autora de una excelente biografía sobre la Reina Sofía, reconoció abiertamente que Felipe de Borbón había plantado cara a sus padres si no le permitían seguir su relación con Letizia, divorciada e hija de divorciados. El ultimátum fue tajante. O aceptaban a su prometida o estaba dispuesto a renunciar a la corona. El pánico cundió en el palacio de La Zarzuela.

Para Jesús Cacho, director de Elconfidencial.com, «el problema de los monárquicos con la elección del heredero a la Corona es que el propio Príncipe Felipe no está dispuesto a sacrificarse por una institución en la que no cree. Todo hace entender, y de hecho esta opinión está muy extendida en la alta burguesía española, que al Príncipe no le entusiasma la institución monárquica y heredar el trono. Eso es un problema para alguien que está llamado a suceder al Rey Juan Carlos».

El colofón de este libro será el de incidir en el debate que está en la calle. La sucesión a la corona tiene dos escollos: el de superar el inconveniente constitucional de que la sucesión a Don Felipe esté conforme con el espíritu y la ley de la misma, en el sentido de que no se pueda discriminar el acceso a la misma por el hecho de ser mujer. Y, en segundo lugar, Don Felipe se ha saltado todas las normas y costumbres de la dinastía al casarse con una plebeya y no con una persona de estirpe regia o real.

En efecto, Doña Letizia Ortiz Rocasolano es hija de padres divorciados: la enfermera Paloma Rocasolano y el periodista Jesús Ortiz, unido sentimentalmente a la también periodista Ana Togores. Ella misma, Doña Letizia, también se divorció del que fuera su profesor de instituto, Alonso Guerrero Pérez, al año de su matrimonio el 7 de agosto de 1998 en el ayuntamiento de Almendralejo, bajo la bendición de un alcalde del PP y ante 200 invitados. Guerrero, un hombre de aire bohemio y amante de la literatura, era el típico profesor por el que suspiraban la mayoría de las alumnas del Instituto Ramiro de Maetzu, pero la pasión sólo surgió con Letizia.

Las normas sucesorias de la Casa de Borbón requieren que la elegida fuera de estirpe regia y que hubiera sido educada para ser Reina. Ninguna de ellas las reúne Doña Letizia. Al nacer su primera hija, Doña Leonor, ésta se convirtió en la segunda persona llamada a suceder en el trono a su padre, y dado que la Carta Magna española otorga preferencia al hombre sobre la mujer para reinar, la Constitución debería reformarse. Como el segundo hijo de Doña Letizia no es varón, el problema no está solucionado.

Letizia tenía un *haber* en su biografía familiar. Es nieta de la reconocida periodista asturiana Menchu del Valle. Menos conocidos son sus abuelos maternos que han forjado su vida a base de trabajo y sacrificio. Francisco Rocasolano, hijo de un albañil madrileño, fue propietario de un pequeño almacén de materiales de construcción en el barrio de Prosperidad. El abuelo de Doña Letizia combatió durante la guerra civil española en el bando republicano y, más tarde, ejerció la profesión de taxista. Otro de los tíos de Doña Letizia ejerce la misma profesión que el abuelo Francisco, ya que trabaja como chófer en Bruselas, en el parque móvil de conductores del Parlamento Europeo. La abuela Enriqueta es hija de una pescadera de Oviedo y ha trabajado siempre como ama de casa.

Paloma Rocasolano, la madre de Doña Letizia, ha trabajado como ATS en el Hospital Gregorio Marañón de Madrid. Ha trabajado como sindicalista en el progresista sindicato de enfermería SATSE, la organización con implantación mayoritaria en el sector sanitario. Jesús Ortiz, padre de la Princesa de Asturias, ha tenido una carrera desigual en el mundo de los medios de comunicación. Trabajó como técnico de sonido en la misma emisora en que su madre trabajaba como locutora. Más adelante dirigió Antena 3 Radio en Asturias, pero se vio obligado a abandonarla poco tiempo después. El despido le llevó a Madrid donde ha colaborado en el Gabinete de Comunicación que posee el periodista Lalo Azcona[9].

Aunque parezca un contrasentido, Felipe de Borbón no soporta a los profesionales que trabajan en los medios de comunicación —profesión de su esposa—, especialmente a los de la prensa denominada rosa, a los que hace responsables de la ruptura de su relación con Eva Sannum. Tras el sonado fracaso con la que fuera su prometida durante casi cinco años, el Príncipe se juró que su próxima novia gozaría de la máxima protección de su entorno más cercano. Álvaro Fuster y Javier López-Madrid les procuraron lugares reservados. Su hermana, la infanta Cristina de Borbón y su marido, Iñaki Urdangarín, se convirtieron en los cómplices de la familia. Letizia se lo cuenta a su madre, Paloma Rocasolano, con quién tiene una gran confianza y ésta mantiene el secreto hasta el día de la petición de mano y a un reducidísimo grupo de amigas. Pero Felipe se lo esconde inicialmente a sus padres y a los consejeros de la Casa Real temeroso de que filtren la noticia a la prensa. No se puede permitir un segundo tropiezo como el de la Sannum, que ha removido los cimientos de la institución. Si los programas televisivos del corazón, cada vez más feroces en sus contenidos, conocen la noticia, despezarán a Letizia. Hurgarán en su pasado, en su presente y en su futuro y destrozarán la impoluta imagen que el Príncipe quiere dar de ella y, tal vez, pongan fin a su carrera de periodista que con tanto empeño ha estado trabajando su prometida. Es, también, una exigencia de Letizia. Y el Príncipe, enamorado, acepta. Si no hay hermetismo en la relación, ella no está dispuesta a verse con el heredero.

«Quienes veían a Letizia a diario empezaron a notar un cambio. Se le había dulcificado la sonrisa, andaba en un Audi A3 (regalado por el Príncipe) y a cada rato contestaba un celular que no era el mismo que usaba para su trabajo, y hablaba en susurros con alguien. El Audi se justificaba, porque recientemente la habían ascendido a locutora del noticiero más importante de la televisión española, el Telediario, a la hora estelar, y le habían aumentado considerablemente el sueldo. No tenía nada de raro que hubiera comprado un auto nuevo. Y las llamadas telefónicas misteriosas las atribuyeron al diplomático. Pero a nadie se le pasó por la cabeza que esa mujer, que seguía cumpliendo con su trabajo con una laboriosidad de hormiga —como siempre—, estaba a punto de convertirse en la futura reina de España.

A comienzos de octubre [de 2003], Letizia y Felipe se reúnen en Nueva York. El día antes de su llegada a los Estados Unidos, el Príncipe les comunicó a sus padres su intención de casarse con la periodista divorciada Letizia Ortiz Rocasolano. No se sabe cuál fue la reacción de los Reyes de España en ese primer momento, pero sí sorprendió el que el Príncipe no hubiese regresado a su país, por primera vez en la historia, para el desfile de las Fuerzas Armadas, el 12 de octubre. Nadie pensó que la razón de su ausencia era que iba a encontrarse con su novia secreta en la ciudad de los rascacielos.

La pareja pasó el fin de semana en Manhattan, cenaron con Woody Allen y regresaron el 12 por la noche. Al día siguiente, Letizia Ortiz aparecía, puntualmente, como todos los días, en las pantallas de la televisión.

Tres semanas después de esta escapada a Nueva York, Gaspar Abascal, el portero del humilde departamento que tiene Letizia en Madrid, la vio salir de su casa, muy temprano en la mañana, con una maleta de ruedas.

—¿Cómo va a trabajar tan temprano? —le preguntó.

—No voy a trabajar. Voy a otra cosa más complicada —respondió ella.

¿Destino? El palacio de la Zarzuela donde iba a vivir en esos días. Trece horas más tarde aparecía el comunicado que confirmaba su noviazgo con el Príncipe. El lunes 3 de noviembre la pareja posó para la prensa. Se veían felices. «Me da muchísima alegría manifestar lo feliz que me hace anunciar nuestro compromiso y lo enamorado que estoy de Letizia», dijo Felipe.

Por la noche asistieron a un concierto del violonchelista Mstislav Rostropovich en el teatro real de Madrid, y todos los suspiros de la reina y del Rey de España, de los consejeros de la corona y otros monárquicos, quedaron escondidos tras las cortinas del palacio»[10].

Con el fin de preservar el noviazgo de Don Felipe y la periodista, la Casa del Rey diseñó un plan de seguridad que velaría por la intimidad de los novios. Cuando en Zarzuela se tuvo constancia de que el noviazgo estaba confirmado y de que el Príncipe de Asturias había decidido seguir con la relación, pese a las advertencias de sus padres de la inconveniencia del mismo, los responsables de seguridad de la Casa Real pusieron en marcha un discreto plan que protegiera aquella relación. Si el Príncipe había decidido seguir ese amor, al menos que lo hiciera de la manera más discreta posible.

Se estableció entonces dónde y cómo debían producirse los encuentros. Sólo un reducido número de personas debían conocer la relación de la nueva pareja. Letizia informó de la relación del Príncipe a dos amigas íntimas, también periodistas, mientras que todos los amigos del Príncipe —siempre discretos en cuanto a los ligues del heredero— eran sabedores del notición. Letizia se ocupó de transmitir a sus compañeros de profesión, especialmente en los últimos momentos, que había un «chico» muy especial en su vida. Al tiempo que doña Letizia salía con el Príncipe lo hacía con el grupo de amigos a los que frecuentaba de toda la vida, incluido su novio, el periodista David Tejera, con quien cortó en el mes de mayo. La relación con Tejera —con quien Letizia Ortiz convivía desde hacía un tiempo— se encontraba en uno de los momentos más críticos tras dos años de relación. El Príncipe era conocedor de la relación de su nueva novia con el periodista deportivo de los Servicios Informativos de Antena 3. Don Felipe le pidió a Letizia que, si quería oficializar el noviazgo con él y convertirse en Reina de España, tenía que romper con Tejera y explicarle a su novio claramente los motivos. A Letizia no le costará hacerlo pero la noticia causará un gran impacto emocional en David, que tenía la esperanza de recomponer la relación.

Tejera, sin embargo, se comportó como un caballero. No divulgó los detalles del comportamiento de Letizia y se mantuvo fiel a la discrecionalidad que le pidió su antigua pareja. Se limitó a guardar silencio —discreción que ha mantenido hasta el momento— y, para no alimentar más rumores, dejó de acudir a su puesto de trabajo y desconectó su teléfono móvil. Letizia sabía que podía contar con su discreción y silencio como el de todos los amigos que asistieron a su boda, a los que conminó a no divulgar las fotografías de aquel día, que nunca han aparecido en los medios de comunicación.

Durante un tiempo Letizia, la novia *oculta* del Príncipe, es la imagen de los informativos nocturnos de Televisión Española. Y, casualidades de la vida, es enviada a cubrir los más importantes sucesos informativos —la guerra de Irak; el desastre del *Prestige* en la Costa da Morte gallega con Letizia enfundada con el mono blanco de los voluntarios y casualmente también con un equipo de televisión grabándole mientras prepara los reportajes, sus entradillas y se informa entre la gente; la entrega de los Premios Príncipe de Asturias...—. La relación con el heredero a la Corona pasa inadvertida, pero la operación de imagen de la periodista se va acrecentando. Como inadvertidas son las visitas que Don Felipe hace al sencillo y recoleto apartamento de Valdebernardo, un barrio madrileño de clase media, donde vive Letizia, elegido por la periodista por su cercanía a Torrespaña.

En el verano de 2003 los Reyes son informados por su hijo de que se ha enamorado de una joven muy especial con la que se ve asiduamente desde primavera. Los servicios de información del CNI investigan entonces a Letizia. Las revelaciones sobre su familia y su pasado alteran en palacio. Durante esas vacaciones, después de participar en las tradicionales regatas en las aguas de Baleares, el Príncipe se marcha de viaje al extranjero. ¿Dónde? A tenor de lo que Letizia dice a sus compañeros de trabajo —«me voy sola de vacaciones a Sudamérica»—, los novios cruzan el Atlántico.

A su regreso se pone en marcha el proceso de petición de mano. El 1 de noviembre de 2003, a media tarde, las televisiones interrumpen su programación para dar lectura a un comunicado oficial de la Casa de Su Majestad el Rey[11]. El Rey se entera en una cacería. El texto ha conmocionado anteriormente al presidente del gobierno, José María Aznar, a la presidenta del Congreso, Luisa Fernanda Rudi y al jefe de la oposición, José Luis Rodríguez Zapatero, informados previamente de la noticia. Había que remontarse a mayo de 1906 para encontrar en España un evento similar. En aquella ocasión se celebró en Madrid el enlace del Rey Alfonso XIII con la Princesa Victoria Eugenia de Battenberg.

Dos días más tarde los rumores indican que la petición no tendrá lugar en La Zarzuela sino en el Palacio Real o en El Pardo, con el fin de dar mayor cabida a los numerosos periodistas acreditados. Para preservarla de los medios de comunicación, Letizia Ortiz se instala en el complejo de La Zarzuela, invitada por los Reyes.

Finalmente, el jueves 6 de noviembre se realiza la petición de mano en el patio cubierto de los Austrias del Palacio de El Pardo. El día es soleado y luminoso y tras un breve paseo por los jardines del recinto, demostrando una complicidad propia de enamorados, ambos hacen su entrada cogidos de la mano. Todas las cadenas retransmiten el acto en directo, acto para el que hay acreditados 350 periodistas, de 150 medios y de 12 países diferentes. La prensa la considera una petición menos «protocolaria» y «solemne» de lo esperado donde «hay mucha sonrisa y complicidad». Doña Letizia lucía en su mano izquierda un anillo de oro blanco y brillantes —«de diseño moderno» en palabras del Príncipe—. Letizia, a la que gusta sentirse diferente de las demás personas, regaló a Don Felipe unos gemelos de zafiro y oro blanco, adquiridos en la exquisita joyería Suárez. Aparte de estos regalos, los novios informaron que en la intimidad, el Príncipe le iba a regalar un collar de perlas y zafiros perteneciente a la familia y Letizia una joya literaria 1850, obra de Mariano José de Larra, que es una historia caballeresca del siglo XV[12].

Letizia —vestida con sencillo traje pantalón de Armani, de color blanco: la chaqueta, sin cuello, cerrada con tres botones, y con escote chimenea— se permitirá romper incluso el protocolo al interrumpir las palabras del Príncipe. «Ahora déjame a mí»[13], regañará la periodista a Don Felipe, atónito ante esta inesperada intervención que deja al descubierto el carácter de la futura Princesa. Ese mismo día supuso el primer encuentro entre los Reyes y los padres de Doña Letizia, que hicieron su entrada al acto cogidos de la mano, pese haberse separado en 1999. Las formas son las formas aunque algunas críticas se ciernen sobre Doña Letizia que durante el acto ha olvidado saludar a los Reyes y a las infantas con una reverencia.

Para aparentar normalidad, el Rey —consciente de las amenazas entre bastidores de su hijo— se declara un padre feliz.

Al día siguiente de la petición oficial del compromiso del Príncipe de Asturias con Letizia Ortiz, la Reina celebra «con enorme alegría» su 65 cumpleaños en el Palacio de la Zarzuela. Un comunicado de la Casa Real señala que la Reina lo ha celebrado en la intimidad acompañada por el Rey, sus hijos, sus nietos y su hermana. Dos ausencias significativas que los responsables de comunicación se niegan a confirmar: la del Príncipe y Letizia Ortiz —«Vendrá quién pueda», son sus palabras—. La misma noche del viernes, la nueva prometida del Príncipe se reunió con él en algún país extranjero lejos de las miradas de los periodistas y de la compañía de su nueva familia política.

El 22 de mayo de 2004 se celebra finalmente el enlace matrimonial en la catedral de La Almudena. La ceremonia ha congregado en la catedral de Madrid a 1.400 invitados. Miembros de la realeza, jefes de Estado, las más altas instituciones y representantes de la política y la cultura de España asisten al enlace oficiado por el cardenal Rouco Varela. El arzobispo de Madrid pidió a los contrayentes que no tuvieran miedo ante las exigencias extraordinarias que van a tener por la responsabilidad histórica que les toca asumir como familia del heredero de la Corona Española. El enlace cuesta a los españoles 4.133 millones de euros.

Don Felipe había afirmado a su abuelo, el conde de Barcelona que «no me siento obligado a contraer matrimonio con una persona de sangre real». Y no iba errado: con arreglo a la Constitución de 1978, Don Felipe podía casarse, siempre que el Rey y las Cortes no se opusieran a la boda. Y no se opusieron. Por lo tanto, Don Felipe separó la jefatura efectiva del Estado de la jefatura dinástica, ambas encarnadas hoy por su padre el Rey Don Juan Carlos I.

El director de la Real Academia de la Historia, Gonzalo Anes, en su tercera de *ABC* el día del anuncio de la petición de mano del Príncipe escribió: «Las monarquías de hoy, insertas en la sociedad a que pertenecen, tienen que adaptarse a las exigencias del presente. La unión de coronas es cosa del pasado. También lo son los matrimonios en los que impera la consanguinidad, al pretender que se celebren entre miembros de familias reales. Las capacidades femeninas para reinar ya no son monopolio de las familias reales. Al aumentar los niveles generales de la educación femenina, se origina una rica y variada floración de mujeres capaces de desempeñar las altas responsabilidades que implica el hecho de reinar. En España, se invoca la famosa pragmática de marzo de 1776, en la que se prohibía «a los hijos de familia los matrimonios con personas desiguales, no precediendo el consentimiento de los padres o de los que hiciesen sus veces». Los llamados matrimonios morganáticos no tienen, en España, otro fundamento que la costumbre. Hoy, la costumbre tiene que dejar paso a las exigencias del corazón y a las de la eficacia, fundadas en la capacidad de entrega y de servicio a los intereses generales. Dura carga, difícil de soportar si no se funda en el amor, en las afinidades culturales y en compartir el interés por entender al mundo en que vivimos»[14].

Sin embargo, Francisco Vallespín rebate esta idea: «La primera sorpresa para los monárquicos tradicionalistas ha sido la elección de una persona de clase media, casada por lo civil y divorciada. Gran parte de la magia asociada a la institución se pierde a favor de una modernización de sus prácticas. Y ésta se manifiesta en la prioridad de que se dota a la libre elección del Príncipe sobre supuestas cualidades objetivas de posibles candidatas. La gran cuestión que se abre es si algo que estaba destinado a sobrevivir por enraizarse en los intrincados laberintos de la tradición puede hacerse compatible con la modernidad y provocar el subsiguiente desencantamiento del mundo de la realeza. ¿Puede perdurar una tradición cuando se abandona su cualidad como tal? ¿Hasta qué punto puede afectar la desacralización de alguno de sus elementos a la legitimidad de la institución como un todo?»[15].

Al contraer matrimonio morganático, en Don Felipe coexisten dos dinastías: la instaurada por él mismo como jefe del Estado, con el apoyo total de la Constitución democrática; y la histórica, que probablemente pasaría a la Princesa María de Borbón Dos Sicilias, hija del infante Don Carlos, duque de Calabria, casada con el archiduque Simeón de Austria, que tiene un hijo, Juan Habsburgo y Borbón, archiduque de Austria, nacido en 1997. Es decir, Don Felipe no sería el depositario de la legitimidad histórica, sino sólo jefe del Estado monárquico.

¿Cómo acabará todo este galimatías jurídico-político? Todo depende de todos: de Doña Letizia, de Don Juan Carlos I y de las Cortes Españolas de la democracia, para que adopten las reformas constitucionales necesarias y se realicen las renuncias de rigor. Todo está por ver.

Y repetimos la pregunta: ¿Llegará a reinar Felipe VI?

NOTAS

1. ALFAJEME, Maite: 10 de octubre de 2005 en *El submarino de Época.*
2. PORTERO, Ángela y Carmen DUERTO: *Príncipe de corazones*. La Esfera de los Libros. Madrid, 2004.
3. *El Mundo*, 15 de diciembre de 2001.
4. *El Mundo*, 7 de febrero de 2002.
5. Real Decreto 1368/2002, de 16 de diciembre, por el que se dispone el cese de Don José Fernando de Almansa y Moreno-Barreda, Vizconde del Castillo de Almansa, como Jefe de la Casa de Su Majestad el Rey. En el mismo el Rey dispone que José Fernando Almansa ejerza a partir de ahora como consejero privado. «Como muestra de mi agradecimiento y cariño, a fin de no prescindir de su colaboración y experiencia (...), vengo en disponer que Don José Fernando de Almansa cese como Jefe de mi Casa y, en lo sucesivo, desempeñe las funciones que como Consejero Privado le sean encomendadas por mi persona». Una cosa era pactar con el hijo, otra no reconocer el trabajo bien hecho encomendado. Su sustituto fue Alberto Aza, que trabajaba en la Oficina de Información Diplomática del Ministerio de Asuntos Exteriores.
6. Uno de los hechos que más irritaron a determinados sectores cercanos al Gobierno y la Monarquía fue la ausencia del Príncipe en las celebraciones del Día de la Fiesta Nacional el 12 de octubre de 2003 ya que se encontraba de regreso de un viaje

oficial a Nueva York con motivo de la fiesta de la Hispanidad. En Washington y Nueva York Don Felipe mantuvo reuniones con el presidente del Banco Interamericano de Desarrollo, los embajadores iberoamericanos acreditados en la ONU, con los representantes del Instituto Cervantes y visitó la exposición «The Real Royal Trip» en el Museo de Arte de Moderno, evento financiado por el Principado de Asturias. A simple vista parece lógico que no acudiera al desfile militar porque se encontraba en el extranjero, pero la realidad es que los actos oficiales terminaron el viernes 10 de octubre, con una cena en honor de los galardonados con el Premio Príncipe de Asturias que residen en Nueva York. Es difícil justificar la ausencia, sobre todo cuando la agenda del Príncipe desapareció de las fuentes oficiales. Don Felipe dedicó entonces su estancia en Nueva York para cumplimentar a sus amigos y recorrer las selectivas tiendas de la ciudad de los rascacielos. Varios periodistas se ocuparon de alimentar las críticas, entre ellos, Fernando Jáuregui, tan cercano habitualmente a la Casa Real, que en un artículo titulado *El Príncipe*, reconocía que «la presencia de los Reyes, del heredero y del resto de la familia en la fiesta nacional es una garantía, entre otras razones, porque la Corona encarna muchas seguridades que no queremos, la mayoría, perder». Ana Pardo de Vera en *El Siglo* —nº 574, 20 de octubre de 2003—, ahondaba más en la cuestión: «Finalmente, se acabó la controvertida relación [con Eva Sannum], en la Casa Real comenzó la operación *volver al redil* y Don Felipe, a pesar de rumores esporádicos que hablaban de reencuentros con Sannum pero que se fueron distanciando con el tiempo hasta desaparecer, se centró en sus actividades institucionales. Sin embargo, se extiende la sensación —acrecentada a raíz de la chirriante ausencia del Príncipe el 12 de octubre—, de que el heredero está descuidando todo lo que representa, que no es poco. Ni más ni menos que el futuro de la Monarquía. Muchas fotos oficiales, mucha prensa rosa y muchas supuestas novias, pero su papel como Rey en potencia está sin definir. Los que le rodean aseguran que, aparte de los «¡Guapo!» y similares que levanta entre las mujeres, no inspira la confianza de su padre. En España, el *juancarlismo* está generalizado, incluso, entre muchos republicanos. Son innegables las simpatías que despierta el Monarca, sobre todo, por su calidez humana, pero el *felipismo* —que no sea el que concierne al ex presidente del Gobierno socialista— está por fraguarse y el carácter de Felipe de Borbón, a quien alguna persona que ha trabajado con él en actos oficiales tachó de rígido e intolerante a la menor de las infracciones, no parece el más adecuado para crear esa corriente de afecto entre los españoles y su futuro Rey».

7. «Tanto él como la mayoría de las personas que formaban el círculo de amistades de Letizia Ortiz eran jóvenes progresistas, identificados con la izquierda. Las simpatías políticas de Letizia en aquel entonces estaban en Izquierda Unida. «Era la época de la corrupción en el PSOE», recuerda uno de sus amigos. Pero no se destacó por su militancia política. «Era de izquierdas, como su madre, sindicalista, pero la política no le interesaba demasiado», asegura una persona que la conoce

bien y que tampoco recuerda que se declarara nunca católica». Fuente: CLEMENTE, Enrique y Gonzalo Bareño, «Una reina del siglo XXI» en *La Voz de Galicia*, 7 de noviembre de 2003.

8. En uno de los capítulos del libro (Javier Menéndez Flores, Ediciones B. Barcelona, 2006), el cantautor describe con minuciosidad su encuentro con los Príncipes de Asturias, lo que ha provocado una enorme indignación en Palacio y en la propia Princesa. «Simoneta Gómez Acebo empezó a decirme que Leti quería conocerme. Yo había leído algunas revistas mexicanas en las que antiguas amigas de Leti decían una cosa que a mí me gusta mucho: que yo era su cantante de cabecera. El caso es que los simonetos me llamaron dos veces para que nos viésemos en su casa con los principitos, y por prejuicios, porque sé lo que le conviene a mi carrera y porque hay fotos en las que no quiero salir, no fui. La tercera vez que me llamó (Simoneta), gritó: «¡Si no vienes te mando a la Guardia Civil, cabrón!». Era una cena absolutamente privada. Entonces le dije a Simoneta que parecía que no querían mezclarse con la plebe y que si no era así que aceptaran venir ellos a mi casa. Pero ella me dijo que no, porque deSastrón les había compuesto un vals de boda a los principitos y se lo querían poner. Me pareció un argumento estupendo, así que fuimos nosotros. Estuvimos solos los seis hasta las tres o cuatro de la mañana, que empezaron a llegar cachorros de la aristocracia con modelos. Es decir, Laura Ponte, el hermano de Simoneta que luego se casó con ella y cuatro o cinco más. Todos de esa índole, muy simpáticos y con cara de haber estado montando a caballo por la tarde. Cuando deSastrón puso el vals, que era un vals dedicado, yo, con un poquito de maldad, en lugar de que fueran los principitos los primeros que bailaran su vals, saqué a Leti a bailar. El caso es que estoy bailando con Leti y le digo al Príncipe a gritos: «Oye, Felipe, ¡saca a bailar a mi novia que le está dando un tremendo ataque de cuernos!». El Príncipe la sacó porque es un caballero —no por Príncipe, sino por caballero— y bailamos el vals nupcial Leti y yo y el Príncipe y Jimena. Luego me contó mi novia que, cuando acabó el vals, el Príncipe le dijo una sola frase: «Bailas de cojones». La Leti me contó, casi de entrada, un chiste de Lepe sobre ella muy divertido: «¿En qué se parece Estefanía de Mónaco a Letizia? En que Estefanía folla con un funambulista y Letizia es una fulana muy lista». Ése es el límite al que puedo llegar sobre esa noche. Leti es una chica lista e inquieta. En fin. Yo la apoyo porque creo que, con un poquito de suerte, puede traernos la Tercera República. Y ya no diré más».

9. Vera Castelló, en su artículo «Operación Princesa» (*El Siglo*, nº 577, 10 de noviembre de 2003) señala que «ha sorprendido saber que Jesús Ortiz, padre de la prometida del Príncipe, lleva más de 15 años trabajando con Lalo Azcona. El que fuera una de las caras más conocidas de la televisión en los 70 abandonó definitivamente el periodismo en 1983 para dedicarse a los negocios, arropado por los numerosos contactos que había ido configurándose desde la televisión pública. Su gran pelotazo fue en Explosivos Río Tinto, donde ganó 2.000 millones de pesetas tras vender sus acciones a KIO. Con los bolsillos llenos, comenzó a configurar

su valiosa colección privada de arte y fraguar un pequeño emporio de empresas relacionadas con la comunicación y la difusa tarea de consultoría. En una de estas empresas, Estudios de Comunicación, trabaja Jesús Ortiz desde 1987 como consultor senior. No sería de extrañar que comiencen a aparecer voces cuestionando la idoneidad de que el consuegro real trabaje con Azcona, como conseguidor, un adjetivo que esconde la indefinida tarea de lograr para sus clientes las relaciones necesarias para el éxito de sus negocios. No en vano no es raro encontrar a Azcona en peculiares operaciones financieras junto a polémicos inversores en sectores, sobre todo relacionados con las telecomunicaciones».

10. GARCÍA-PELAYO, Paloma y Ángela Portero: *Tú serás mi reina*. Espejo de Tinta, Madrid, 2003.
11. «Sus Majestades los Reyes tienen la gran satisfacción de anunciar el compromiso matrimonial de su hijo, Su Alteza Real el Príncipe de Asturias Don Felipe de Borbón, con Doña Letizia Ortiz Rocasolano. La petición de mano tendrá lugar en el Palacio de la Zarzuela el próximo jueves, día 6 de noviembre. La boda se celebrará a principios del verano de 2004 en la Catedral de Santa María la Real de la Almudena de Madrid».
12. *El doncel de Don Enrique el Doliente* relata una intriga cortesana en el siglo XIV. Enrique III el Doliente, Rey de Castilla entre 1390 y 1406, fue llamado *el Doliente* por su frágil salud. En medio de sus padecimientos, tuvo que enfrentarse a la nobleza cuando ésta intentó sacar provecho de la inestabilidad política provocada por la masacre de judíos de 1391. Enrique se enfrentó también a los Trastámara, Alfonso y Fadrique y finalmente los sometió. La obra tiene como trasfondo histórico algunas de estas peripecias, narradas en una atmósfera de tensión protagonizada por relevantes personajes de la política de entonces.
13. Las palabras de Doña Letizia Ortiz en su primera aparición pública fueron: «Entiendo la sorpresa que ha causado esta decisión a casi todos pero es una decisión madura, fruto de reflexiones muy intensas y sobre todo con el peso y la solidez del profundo amor que nos tenemos y del proyecto común que iniciamos.
    Desde muy joven soy periodista y hasta los 31 años que tengo ahora he ejercido mi profesión con ganas, con ilusión, con fuerza. De esa misma manera afronto lo que ahora iniciamos, con responsabilidad, con ilusión y con vocación de servicio a los españoles. Muchísimas gracias».
14. ANES, Gonzalo: «Bodas Reales», en *ABC*, 7 de noviembre de 2003.
15. VALLESPÍN, Francisco: *El País*, 6 de noviembre de 2003.

DOCUMENTO I

LAS TRES VIDAS DE LETIZIA

Uno de aquellos amaneceres en los estudios de CNN Plus en Torre Picasso, cuando el canal de noticias acababa de ponerse en marcha, la presentadora del tramo matinal se quejó —lo hacía a menudo— del exceso de informaciones políticas. Prefería los temas sociales.

«¿Qué tenemos? ¿Más política, más País Vasco y más principito?».

Otras veces se refería al Príncipe de Asturias como «felipito». La prometida del heredero, Letizia Ortiz, había empezado ya su segunda vida y, exceptuando alguna carta oficial, nadie la llamaba Doña.

La transición de una vida a otra no le estaba resultando fácil. Éxito profesional y fracaso personal —el pan nuestro de cada día en una profesión así— se mezclaban en aquellas interminables madrugadas que empezaban con una hora y media en maquillaje y acababan en el estudio repitiendo una y otra vez las mismas noticias cada cuarto de hora.

Letizia se levantaba en su pequeño apartamento de dos habitaciones en Rivas Vaciamadrid (a donde ni siquiera llegaba el Metro) a las dos y media (de la mañana). Aunque ya las cosas empezaban a torcerse en casa, su entonces marido, Alonso Guerrero, se levantaba también para darle ánimos y tomar algo con ella.

Un taxi —siempre un Mercedes, eso sí— la recogía en la puerta para llevarla al Paseo de la Castellana. Letizia trabajaba mucho y también lloraba mucho en el hombro de sus compañeros.

Lloraba como era ella, sin depresiones, sin hundirse, con altivez. Pero no sólo por el naufragio de su matrimonio. Los periodistas que compartieron los comienzos de la segunda vida de la futura Princesa de Asturias aseguran que la presentadora del tramo matinal se quejaba amargamente del trato que recibía por parte de sus jefes.

Nada extraño, como todos. Ahora bien, ella creía tener motivos suplementarios para sentirse maltratada. Primero, porque la preferida era la otra presentadora, Marta Fernández, a quien le dieron el horario más cómodo. Y eso que había muchos compañeros que consideraban que entre el porte principesco —así lo dicen— con el que Letizia daba paso a los vídeos y la imagen de la guapísima Marta, no había color. Los mismos compañeros que le insistían en que comiera porque era «un saco de huesos». Cuando el reportero de *El Mundo* Julio Fuentes fue asesinado en Afganistán, CNN Plus la mandó a la sede de este periódico, donde ese día no dejaron entrar a las cámaras. Ella logró colarse nadie sabe cómo e insistió en entrevistar al director. Mientras se empeñaba en lograrlo con esa tozudez que la caracteriza, sufrió un desmayo porque no había comido. Le dieron un bocadillo y una bebida para reanimarla.

La cadena de noticias le inoculó el virus de la televisión y la hizo consciente de la fuerza de su propia imagen. Empezó a frecuentar el ambiente periodístico madrileño, a comer y a cenar con compañeros, a interesarse por una atmósfera de glamour desconocida en su primera vida. Para ello tuvo que romper amarras con el pasado.

El matrimonio con el profesor de Literatura se fue a pique poco más de un año después de casarse en el Ayuntamiento de Almendralejo. Sus padres se separaron al día siguiente de una boda que fue muy animada.

La niña Letizia siempre tuvo admiración por su padre, Jesús Ortiz. Personas que la ayudaron a sobrellevar el trance del final de su matrimonio aseguran que ella se sintió muy culpable de la ruptura. «Soy una idiota, me he cargado mi matrimonio». Los mismos interlocutores —que como todos los consultados para este reportaje han pedido el anonimato— explican que ella quería mucho a su marido. No desaprovechaba ocasión cuando conocía a algún escritor o editor para mandarle la obra completa de Alonso y pedirle ayuda para darla a conocer.

La pareja era complementaria. Ella, nerviosa. Él, tranquilo. Ella siempre agobiada. Él, un ratón de biblioteca. Ella, periodista. Él, novelista. Ella, fascinada por el mundo intelectual. Él, orgulloso de leer con y para ella. Ella, con una mentalidad casi quinceañera. Él, en plena madurez.

La televisión acabó con la Elisa Doolitle de Pygmalión y nació una estrella. El tópico puede llevar a la conclusión de que fue ella quien le dejó a él. Sin embargo, los espectadores del final de la relación señalan que es al contrario, que Alonso no soportaba más esa clase de vida. El quería tener hijos y ella no. «Es más fácil —opinan sus amigos— que su matrimonio con el Príncipe sea un éxito a que lo fuera la boda de una periodista como ella con un profesor de instituto».

Nunca —al menos hasta ahora— se conformó con lo que el destino puso en su camino. Aspirar a lo más alto y buscar la excelencia. Eso es lo que hizo Letizia en sus dos vidas anteriores a la transfiguración del Día de Todos los Santos.

Quienes la conocen consideran que el calificativo de «ambiciosa» —en su acepción de trepa— que se le ha aplicado no le hace justicia. No cabe encontrar una periodista de televisión de 30 años que no tenga ambición. Pero lo suyo era otra cosa. Y seguramente le venía de familia.

Su madre, Paloma Rocasolano, es enfermera, pero siempre quiso un futuro más elevado para sus hijas. Para empezar, les puso unos nombres nada corrientes: Letizia, Telma y Erika. La futura Princesa de Asturias —muy parecida a su madre en carácter— fue la mayor y nació el 15 de septiembre de 1972 bajo el signo de Virgo.

«Los Virgo tienen un espíritu muy alto, saben apuntar muy bien para lograr sus objetivos. Tienen el Don de la palabra, les suelen atraer las personas con poder y creatividad. Tienen un deseo de perfección y pureza en todo lo que realizan». Como puro Virgo, la huida de la vulgaridad, la aspiración a cotas superiores fue una constante en las vidas de Letizia.

Para una aplicada alumna —de notable— del Instituto Ramiro de Maeztu, aficionada a la lectura, nada podría ser más elevado que un profesor culto y novelista.

Para una presentadora de noticias de una cadena como CNN Plus que veían cuatro gatos, la mayor aspiración era llegar a la millonaria audiencia de TVE.

Dicho y hecho. Letizia preparó un video con su trabajo y lo envió al director de Informativos de TVE, Alfredo Urdaci. «Tienes que verla, es magnífica», le dijo al entonces director general de RTVE, Javier González Ferrari. Lo visionaron juntos y Ferrari exclamó:

—Esta chica es un tiro, se come la cámara. Contrátala.

Sus jefes de CNN Plus no intentaron retenerla. Diríase que en el fondo respiraron aliviados. Porque Letizia —ya en el Olimpo— no era una persona de carácter fácil cuando parecía de carne y hueso. «Meticulosa, perfeccionista, pesada, nerviosa, fría, parlanchina, curiosa, inquietante, ordenada, testaruda, coqueta, agobiante, seductora, encantadora, vanidosa, calculadora, arriesgada, elegante, sobrada». Todos estos adjetivos vienen a la mente de sus amigos y conocidos a la hora de definirla.

«Sabía dorar la píldora», dice uno. «Siempre caminó tres palmos por encima del suelo», asegura otro. «Se la está presentando como lo que no era. No era una periodista de raza, aunque sí tenía un porte majestuoso», señala un tercero.

Qué fácil hablar ahora de su nimbo principesco. Pero muchos testimonios coinciden en que Letizia se consideraba «de otra pasta»: «Si no fuera porque es imposible, diría que la han estado preparando para esto durante 5 años». Este rasgo principesco de su carácter, que le puede ser muy útil en su tercera vida palaciega, la hizo algo antipática para algunos de sus compañeros. Ella no hablaba con cualquiera. Técnicos de sonido y cámaras, así como algunos redactores, dan cuenta de que se comportaba como un ser superior.

En los pasillos de RTVE, muchos la apodaron Letizia, *la Ficticia*. Bajo esa majestuosa capa se esconde, de acuerdo con las opiniones recabadas, una inseguridad poco visible en la superficie y una cierta zozobra emocional. «No es una persona tan segura como parece».

Una vez en la cadena pública, donde la destinaron a presentar «Informe Semanal», Letizia entró en un círculo más selecto. Conoció a personas más importantes y siguió estableciendo amistades con todos los profesionales interesantes que le salían al encuentro.

Su vida social era muy intensa. Logró también hacerse un hueco en uno de los trabajos más difíciles que existen en televisión: los llamados directos, que consisten en ir a los lugares donde se producen las noticias más destacadas para entrar en los telediarios.

Fue poco antes de viajar a Galicia y poco después de volver de Nueva York del Aniversario del 11-S cuando la futura Princesa de Asturias conoció a su prometido. Hace ahora un año, cenando en casa de un periodista —como no podía ser de otro modo— famoso, Pedro Erquicia, en presencia de otros profesionales del medio no menos conocidos.

«Lo que no podía imaginarme es que Letizia hubiera llegado al entorno del Príncipe», señala un ex jefe. La velada ha dado pie incluso a que muchos especulen sobre si se trató de una casualidad o alguien lo había preparado para que los novios se conocieran. Fue lo primero. Se cayeron bien, hablaron mucho, pero nada más.

Entonces Letizia estaba saliendo con un periodista de CNN Plus, David Tejera. Por esas fechas, ya la pareja no pasaba por sus mejores momentos. La Guerra de Irak fue la fecha mágica. Sólo el Príncipe y su prometida saben días y circunstancias, pero la relación se estrechó cuando el mundo temblaba.

Lo sabemos porque hasta ese momento, tras el viaje que realizó al cuartel general de las tropas españolas en Irak, Letizia no se comportaba como si tuviera novio formal. Los mensajes que enviaba a través del móvil, a los que era muy aficionada como toda España, eran los de siempre. «¿Qué tal lo he hecho?». «Tienes que verme hoy, a ver qué te parece el directo». «¿Cómo me has visto?». «¿Daba bien?». O sea, preocupada como siempre por la admiración y el reconocimiento de los demás.

Cuando volvió de Irak su actitud cambió. No dejó de cenar, comer e ir a fiestas de amigos, pero ya no era la misma. Se levantaba muchas veces de la mesa para atender las múltiples llamadas recibidas en su teléfono móvil. Todo el mundo dedujo que tenía novio. «Nunca la había visto tan feliz».

El primer viernes del mes de junio, un conocido le envió un mensaje diciéndole que tenía que contarle «muchas cosas». «Me voy de finde, yo también tengo muchas cosas que contarte», respondió ella.

Periodo de prueba

Fue en este momento cuando sus aspiraciones a lo más alto se vieron colmadas, personal y profesionalmente. Supo que presentaría el Telediario en verano. Un periodo de prueba, ya que el director de Informativos había decidido que la temporada 2003-2004 sería su pareja en el TD-2. Le subieron el sueldo, no muy elevado, cosa que le vino de maravilla porque así pudo ayudar económicamente a su familia.

Todas estas circunstancias han disparado los rumores —medios de comunicación, despachos oficiales, bares y restaurantes han sido esta semana un inmenso patio de vecindad— sobre si su ascenso profesional tenía algo que ver con su relación con el Príncipe. Distintos responsables aseguran que en modo alguno, que los directivos de TVE no supieron nada hasta el día antes, digan lo que digan ahora.

El Príncipe confirmó durante la petición de mano celebrada en el Palacio de El Pardo que su noviazgo comenzó en primavera.

Inmediatamente antes y después de las vacaciones de verano, Letizia ya comunicó a un puñado de selectas amigas que salía con el Príncipe. Incluso Don Felipe se incorporó a la sobremesa de una cena celebrada en junio.

Los amigos del Príncipe también sabían de esta relación, aunque algunos de ellos no le auguraron mucho futuro. Ya en septiembre, sin detener su intensa vida social de fiestas y cenas en casa de amigos, Letizia empezó a hablar de forma enigmática sobre la identidad de su «chico». «Ya verás cuando te enteres», «Tengo que hablar contigo de un problema gordísimo», «Ya te contaré, ahora no puedo». Y así.

Hasta el último momento ocultó la noticia. El viernes por la noche mucha gente la llamó porque Terelu Campos, en Telemadrid, había dado su nombre. «No os fiéis de la prensa rosa», les contestó. Desde entonces, apagón.

El Día de todos los Santos, ante el pasmo de todos los que la conocían, la periodista comenzó su tercera vida ascendiendo al cielo sin dejar de estar en la tierra. Las personas que han sido entrevistadas para este reportaje han hablado de ella en pasado. Como si hubiera desaparecido del mundo de los vivos. «Es que ha desaparecido de nuestro mundo, no creo que nunca volvamos a verla, y es lógico que así sea. Somos conscientes de cómo funcionan las cosas ahí arriba, si fuéramos abogados sería otra cosa, pero somos periodistas».

Distintas fuentes consultadas por este periódico aseguran que el anuncio no estaba previsto para la fecha en la que se produjo. Hasta los despachos del Gobierno habían llegado noticias de que para Navidades habría anuncio sobre el futuro del Príncipe heredero.

Cómo y por qué se extendió el rumor es una de las muchas incógnitas de esta historia. Pero quienes saben del asunto están convencidos de que la noticia del compromiso se improvisó ante el temor a que el rumor de las relaciones de Letizia con el Príncipe impidiera la boda, como sucedió en el caso de Eva Sannum.

El propio Don Felipe admitió el jueves durante la petición de mano: «Hubiéramos necesitado más tiempo para preparar todo esto».

La primera comparecencia de los novios, el lunes 3 en la casa del heredero en La Zarzuela fue improvisada. No había plan de medios. Cualquier experto en imagen habría desautorizado la aparición de un Príncipe y su novia de noche, con las connotaciones de furtividad que ello comporta. El hecho de que aún no se haya fijado la fecha concreta del enlace, a diferencia de lo que sucedió en el caso de las Infantas, es otro dato.

El Príncipe —feliz como nunca se le ha visto— parece haber tomado las riendas de su vida para preparar su reinado. El martes, una vez anunciado su compromiso, Don Felipe recibió en audiencia al presidente del Banco Central de Argentina en su propia residencia y no en la de los Reyes, como es habitual.

El huracán Letizia barre España de Sur a Norte y de Este a Oeste. Hace una semana que sus compañeros y amigos creen que todo es un sueño. Sabemos dónde estudió, a qué parque la llevaba su abuela en Oviedo, han hecho declaraciones su quiosquero, la vecina del cuarto, su profesora de párvulos, los abuelos...

Cualquiera que se haya cruzado con ella por la calle era amigo suyo de toda la vida. Los ex de Letizia y sus familias están siendo víctimas de un acoso insoportable.

La vida de quien ya es Doña y en verano será Princesa de Asturias está siendo sometida a un escrutinio que no lo resistiría ni la Madre Teresa de Calcuta.

Sin tener en cuenta que no hay nada en su biografía que no lo haya en la de cualquier periodista de televisión de 31 años. En el Palacio de la Zarzuela no se habla de pasado, sino de futuro, de un «eslabón más de la dinastía» reinante, como dijo el Príncipe. A sus 35 años —cumplirá 36 en enero—, impelido a casarse con urgencia por razones de Estado, el heredero logrará casarse con una mujer de la que está enamorado. Tal vez eso explique la premura de anunciar su compromiso matrimonial tras sólo seis meses de noviazgo.

Sin embargo, la España oficial está igual de conmocionada —o más— que los compañeros de Letizia. Por una parte, los gobernantes respiraron tranquilos. La Monarquía como símbolo de la unidad de España se hacía más fuerte. Hay respeto por la decisión del Príncipe, sí, pero también preocupación en las altas esferas por el futuro a medio y largo plazo.

La profesionalidad de la prometida, su perfecta dicción y dominio de la escena, su atractivo físico y la imagen de modernidad que transmite —opina un alto cargo— «la convertirán en un fenómeno mediático a corto plazo, las historias de amor y los cuentos de hadas apasionan a los españoles y, sobre todo, a las españolas. Pero se trata de un cambio tan radical que puede afectar al futuro de la Monarquía. El manto mediático y social que cubría a los Reyes se ha terminado. Don Felipe y su prometida tendrán que ganarse el respeto, esperemos que salga bien». «Los monárquicos rezamos para que sea así», concluye.

Tal vez si escucharan a alguno de los que conocen a Letizia dormirían los monárquicos más tranquilos. «Lo hará de maravilla, es una mujer perfeccionista y profesional. Hará lo que se espera de ella. Desempeñará su función igual que acataba las directrices de los editores de los informativos que presentaba». Algunos consideran que su perfil puede parecerse al de la elegante y humanitaria Rania de Jordania. También Doña Letizia tiene obsesión por el conflicto de Oriente Próximo. «La gente la adorará, es una bruja que sabe cómo hacerse querer», asegura otro compañero.

Fuente: MÉNDEZ, Lucía: «Las tres vidas de Letizia», en *El Mundo*, 9 de noviembre de 2003.

Bibliografía

ANSON, Luis María: *Don Juan,* Plaza & Janés. Barcelona, 1994.

ARANGUREN, Begoña: *Emanuela de Dampierre. Memorias.* La Esfera de los Libros. Madrid, 2003.

ARÓSTEGUI, Julio: *Don Juan de Borbón.* Editorial Arlanza. Madrid, 2002.

BALANSÓ, Juan: *La Familia Real y la familia irreal.* Planeta. Barcelona, 1992.

—*La familia rival.* Planeta. Barcelona, 1994.

—*La Corona vacilante.* Plaza & Janés. Barcelona, 1996.

—*Por razón de Estado. Las bodas reales en España.* Plaza & Janés. Barcelona, 2002.

BARRIOS, Manuel: *Los amantes de Isabel II.* Temas de Hoy. Madrid, 1996.

BELLOCH, Santiago: *Interior.* Ediciones B. Barcelona, 1998.

BORBÓN PARMA, Carlos Hugo de: *La vía carlista al socialismo democrático.* Grijalbo. Madrid, 1977.

BORBÓN PARMA, María Teresa: *La clarificación ideológica del Partido Carlista.* EASA. Madrid, 1979.

—*La Transición desde el Frente Exterior.* Magalia Ediciones. Madrid, 2001.

BORRÁS BETRIU, Rafael: *El Rey de los rojos. Don Juan de Borbón una figura tergiversada.* Ediciones Rondas. Los de Abril. Barcelona, 1996.

—*El Rey perjuro, Don Alfonso XIII y la caída de la Monarquía.* Ediciones Rondas. Barcelona, 1997.

—*Los últimos Borbones.* Ediciones Flor del Viento. Barcelona, 1999.

CIERVA, Ricardo de la: *El triángulo. La cuestión de Palacio.* Planeta. Barcelona, 1990.

CLEMENTE, Josep Carles: *Historia del carlismo contemporáneo 1935-1972.* Grijalbo. Barcelona, 1977.

—*Las guerras carlistas.* Península. Barcelona, 1982.

—*La educación de Don Juan Carlos y otras crónicas de la Transición.* Fundamentos. Madrid, 2000.

—*Carlos Hugo de Borbón Parma. Historia de una disidencia.* Barcelona, 2001.

—*La otra Dinastía.* Antonio Machado Libros. Madrid, 2006.

—*Diccionario histórico del Carlismo.* Pamiela. Pamplona, 2006.

EYRE, Pilar: *Secretos y mentiras de la Familia Real.* La Esfera de los Libros. Madrid, 2007.

GARCÍA RICO, Eduardo: *La vida y la época de Isabel II.* Barcelona, 1997.

GONZÁLEZ CREMONA, Juan Manuel: *El trono amargo. Austrias y Borbones, dos dinastías desdichadas.* Planeta. Barcelona, 1992.

HERAS Y BORREGO, Francisco Manuel de las: *Un pretendiente desconocido: Carlos de Habsburgo.*

—*El otro candidato de Franco.* Ediciones Dykinson. Madrid, 2004.

IZQUIERDO HERNÁNDEZ, Manuel: *Antecedentes y comienzos del reinado de Fernando VII.* Ediciones Cultura Hispánica. Madrid, 1993.

LÓPEZ RODÓ, Laureano: *La larga marcha hacia la Monarquía,* Editorial Noguer. Barcelona, 1977.

LUZ, Pierre de: *Isabel II, Reina de España. (1830-1904).* Juventud. Barcelona, 1973.

MARGARIT, Isabel: *La vida y la época de Alfonso XII.* Planeta. Barcelona, 1999.

MARTÍNEZ, Félix: *El clan de los mentirosos.* Editorial Mondadori. Madrid, 2004.

MONTERO ALONSO, José: *Sucedió en Palacio.* Ediciones Martínez Roca. Barcelona, 1999.

PLATÓN, Miguel: *Alfonso XIII. De Primo de Rivera a Franco. La tentación autoritaria de la Monarquía.* Plaza & Janés. Barcelona, 1998.

PUGA, María Teresa: *El matrimonio de Isabel II.* Universidad de Navarra. Pamplona, 1964.

—La vida y la época de Alfonso XIII. Planeta. Barcelona, 1997.

RODRÍGUEZ GARCÍA, J. L.: *Panfleto contra la Monarquía.* La Esfera de los Libros. Madrid, 2007.

SEM, *Los Borbones en pelota.* Editorial La Compañía Literaria. Madrid, 1995-96.

SVERLO, Patricia: *Un Rey, golpe a golpe.* Editorial Arakatzen. San Sebastián, 2000.

URBANO, Pilar: *La Reina.* Plaza & Janés. Barcelona, 1996.

—*Con la venia... yo indagué el 23 F.* Argos Vergara. Barcelona, 1982.

VIDAL SALES, José Antonio: *Francisco de Asís de Borbón y Borbón,* Planeta. Barcelona, 1995.

ZAVALA, José María: *La maldición de los Borbones.* Plaza & Janés. Madrid, 2007.

Índice Onomástico

«Feliz el pueblo cuya historia se lee con aburrimiento.»
Charles De Secundad Montesquieu